고대에서 도착한 생각들

고대에서 도착한 생각들
동굴벽화에서 고대종교까지

초판 1쇄 발행 / 2020년 2월 10일
초판 2쇄 발행 / 2020년 3월 20일

지은이 / 전호태
펴낸이 / 강일우
책임편집 / 박주용 이하늘
조판 / 박지현
펴낸곳 / (주)창비
등록 / 1986년 8월 5일 제85호
주소 / 10881 경기도 파주시 회동길 184
전화 / 031-955-3333
팩시밀리 / 영업 031-955-3399 편집 031-955-3400
홈페이지 / www.changbi.com
전자우편 / nonfic@changbi.com

ⓒ 전호태 2020
ISBN 978-89-364-8292-3 03910

고대에서 도착한 생각들

/ 전호태 지음

창비
Changbi Publishers

책머리에

모교의 후배 교수가 갑자기 강의 하나를 부탁해왔다. 꼭 좀 해달라며 내밀었던 제목이 '한국의 고대 사상'이다. 아니 웬 고대 사상이냐고 물으니 새로 개설했는데 강의할 사람이 마땅치 않다는 것이다. 본인이 담당해야 하지만 연구 학기라서 쉰단다. 선뜻 받기에는 좀 조심스러운 강좌였다. 학부 4학년을 위한 전공강의라지만 세부적인 검토가 우선되어야 할 석사급 연구 강좌를 개설해놓고 대뜸 한 학기만 맡아달란다. 그것도 거의 막무가내로.

강의를 맡기로 한 뒤 얼마 지나지 않아 한쪽 눈에 이상이 왔다. 눈이 아파 컴퓨터 모니터는 아예 볼 수도 없었다. 외눈박이 신세가 되니 어디 나갈 마음도 나지 않았다. 집에 틀어박혀 강의 준비 차원에서 노트에 고대인의 사고를 주제로 글을 쓰기 시작했다. 한 면에 한 주제를 다루며 떠오르는 대로 글을 썼다. 쓰다보니 200개 정도가 되었다. 이것을 15주 분량으로 나누어 토의식 강의안을 만들었다.

2016년 가을학기에 이 강의를 진행하면서 학생들도 나도 매우 흥미로운 지적 탐구의 시간을 보낼 수 있었다. 물론 강연 방식의 강의를 기대했던 학생들이 강의 첫 주에 다수 떨어져 나가는 바람에 소수 정예의 토론

강의가 되었지만 말이다. 2017년 봄학기에는 울산대에서 더 간추린 세부 주제로 대학원 석박사과정 연구발표 강의를 진행했다. 같은 제목과 세부 주제로도 다른 시각에서 접근할 수 있다는 것을 확인했다.

고대의 사상이지만 선사시대부터 중세 초기까지 조금 여유롭게 시대를 설정하고 글을 정리했다. 사실 선사시대와 지금을 비교하면 논리적 전개 과정이 더 복잡해진 것 말고는 사람이 세상을 보는 눈, 우주를 이해하고 설명하는 방식이 질적으로 얼마나 크게 달라졌는지 나는 확신하지 못한다.

책의 차례를 보면 알겠지만, 이 책에 실린 내용 대부분은 철학이나 종교학 분야에서 다루는 전형적인 '사상사'나 '종교사'와는 거리가 있다. 그보다는 '나와 역사의 만남' '내가 역사와 나누는 대화' 같은 표현에 가까울 것이다. 어떻게 보면 사람이 세상을 살아가는 모습을 말한다고 할 수 있다. 시대와 문명이 변할 때 각 개인은 어떤 관점으로 자신과 주변의 관계를 새롭게 설정하고 살아가는지를 상상해보려고 했다.

나는 지금까지 주로 '고분벽화'와 '암각화'를 어떻게 읽고 이해할지를 고민해왔다. 이런 분야는 어떤 한 학문에 속해 있지도 않지만, 그렇다고 각 전공과 관련이 없는 것도 아니다. 불가피하게 여러 학문 분야의 연구방법론을 참고하며 '선사·고대의 예술·문화 작품 읽기'를 시도한다. 역사학, 고고학, 미술사학, 종교학의 연구방법론을 기반으로 삼고 민속학, 인류학, 신화학, 심리학, 생물학, 보존과학 등에도 일부분 신세를 지면서 작품의 실체에 접근한다. '한국의 고대 사상'이 내게 의뢰된 것도 여러 학문의 경계에 걸터앉은 내 연구 방식과 성향이 고려되었던 까닭이 아닐까 싶다.

최근 3년 동안 많은 일을 겪고 학교로부터 1년간 쉼을 허락받았다. 연구안식년에 들어가기에 앞서 노트의 글을 컴퓨터에 옮겼다가 시간을 두고 조금 손보았다. 처음 작은 노트에 썼던 소주제별 메모를 거의 그대로 옮겼지만, 두 차례 강의를 거치면서 독자의 공감을 얻을 수 있는 것과 그렇지 않은 것을 가려내 될 수 있는 대로 공감이 가능한 주제 위주로 재조정했다. 그런 취지에서 글의 전개 방식도 부자간의 대화로 바꾸었다. 전문적인 연구서도, 일반인만을 위한 교양서도 아닌 이 책의 글쓰기가 어떤 이들에게는 신선하게 다가갈 수도 있지 않을까 기대해본다.

나와 아들 혜준을 모델 삼아 글을 펼쳐나갔지만, 다 가상이다. 수능까지 치른 아들은 대학을 가지 않았다. 지금도 집에서 다양하게 읽고 쓰면서 제 나름의 길을 걷고 있다. 언젠가 사상이나 종교를 두고 부자간에 이런 대화도 가능할 수 있겠다 싶어 우리 둘을 글의 화자로 정했다. 미래를 당겨 글로 먼저 실현했다고 할까. 아들의 대학 전공으로 소개된 아트앤드테크놀로지(Art & Technology)는 자립하여 학생이자 강사로 사회생활을 시작한 딸 혜전의 대학원 전공이다.

아버지와 아들의 경주여행에 등장하는 성오재 최선생 부녀 역시 실제 모델은 있지만, 전개는 가상이다. 넷이 한자리에 있었던 적도 없다. 혹 그런 일이 있다면 경주 남산기행 정도는 함께할 수 있겠다고 상정한 것이다. 불국토로 상정된 경주 남산의 불상들과 만나면서 불교적 깨달음에 대한 의견 정도는 서로 나눌 수 있으리라 싶다.

2016년 가을 한쪽 눈이 아프다가 보이지 않게 되었을 때, 나는 식탁에 앉아 이 책의 씨앗 원고를 썼다. 아내는 집안일을 하며 공동의 관심사이기도 한 문·사·철의 말동무로 나의 불편한 심신을 달래주었다. 노트의 초고를 곧바로 컴퓨터에 옮길까 고민하다가 한동안 그대로 두었다. 강의 원고를 편안하게 읽을 수 있는 책으로 내도 좋겠다던 아내는 그사이

천국으로 삶의 자리를 옮겼다. 같은 인문학자로 내 삶의 동반자이자 유일한 벗이었던 아내가 떠난 뒤 다시 1년여, 노트의 메모를 이제 글로 다듬어 세상에 낸다. 아내 장연희에게 이 책을 바친다.

2020년 1월, 일산 호수공원을 바라보며
전호태

차례

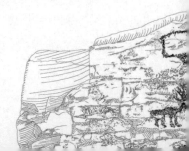

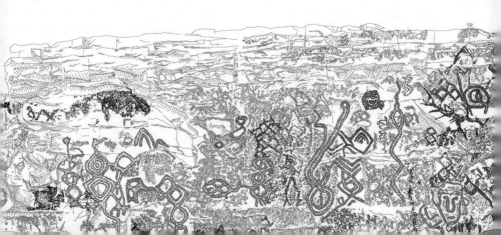

고대인의
생각을 만나는
낯선 여행

천상열차분야지도(조선, 국립고궁박물관) 조선 태조 때 고구려 천문도의 탁본을 바탕으로 돌에 새겨 만든 별자리 지도라고 전해진다. 맨눈으로 읽어낼 수 있는 1,467개의 별을 6등성으로 나누어 293개의 별자리로 표기했다. 조선 건국이 천명(天命)으로 이루어졌음을 내외에 알리는 용도로 쓰였다.

"아버지, 사상이니 철학, 이념, 이런 게 살아가는 데 무슨 도움이 돼요? 신문이나 TV 뉴스에서 종일 경제가 문제다, 좌파가 어쩌고, 우파가 어쩌고 하는 걸 보면 연관이 없는 건 아닌 거 같은데, 우리나라에서 좌파니 우파니 해도 사상이나 이념이 서로 크게 다른 거 같지도 않고요."

아들 진석이 설거지를 마무리하면서 거실 쪽으로 고개를 돌려 물었다. 긴 의자에 앉아 졸고 있던 내 귀에는 좌파, 우파, 사상, 이념 같은 말만 귀에 남았다. 나는 아직 답할 준비도 안돼 있는데, 진석은 대뜸 맞은편 긴 의자에 털썩 소리 나게 앉으며 한마디 덧붙였다.

"사상, 이념, 종교, 신앙 같은 게 중요하기는 한 것 같은데, 막상 하나씩 짚어서 설명하고 이해하기는 쉽지 않은 것 같아요. 아버지는 이런 것도 강의하세요? 역사에서도 이런 걸 다뤄요? 우리 동넨 이런 데 관심도 없고 다루지도 않아요. 중요하다는 생각도 안 하는 것 같고요."

"그래? 겉으로 보기에만 그런 거 아닐까? 사람은 누구나 사상이나 이념이 있어. 그걸 인식하고 논리적으로 설명할 수 있느냐 여부는 별개의 문제야. 종교나 신앙도 마찬가지라서 무종교, 무신앙도 종교, 신앙의 한 형태일 수 있지. 무정부주의처럼 말이야."

저녁식사 뒤의 졸음을 쫓아내려는 듯 나의 말이 또렷하고 길어졌다. 진석은 아버지가 혹시 지루한 이야기로 자신의 저녁 시간을 빼앗아갈까 염려하면서도 좀 쉬자는 생각인 듯 잠시 내 말에 귀를 기울였다.

사상, 세계와 나를 발견하기 위해 던지는 질문

"사상은 삶의 모든 것에 영향을 줘. 나는 어떤 생각과 태도로 사는가? 무엇으로부터 내 생각이 빚어졌는가? 내 태도나 신념은 어떻게 바뀌었는가? 내게 신앙이나 종교가 있는가? 혹은 철학이라고 부를 수 있는 무엇이 있는가? 내 철학이나 이념에 확신이 있는가? 이런 물음들을 자신에게 던진다고 생각해봐.

또 나는 유교나 불교에 대해 잘 알고 있는가? 구체적으로 이해하여 설명할 수 있는 정도인가, 아닌가? 알고 있다면 자료에 의한 지식인가, 경험이 수반된 지식인가? 이런 식으로 여러 가지 질문을 던지다보면 답이 가능한 것도 있고 답을 찾아야 하는 것도 있어. 어떤 면에서 정작 중요한 건 질문 자체인지도 몰라.

세상살이는 이미 합의되고 제시된 것과 나 사이에 다시금 교감을 시도하고 새롭게 합의하는 과정인 것 같아. 이런 과정은 끊임없이 반복되지. 살아가는 동안 강요받기도 하고 길들기도 하면서 수정되고 변형을 겪어. 그러면서 보이지 않는 것에 대한 시각과 태도가 결정되기도 하는데, 이때는 신비로운 것에 대한 해석과 수용 여부가 전제되거나 뒤따라야 해. 그래서 사상이나 이념은 늘 종교, 신앙과 연계되어 서로 표리를 이루지. 고리의 서로 다른 쪽처럼 연결되어 있고 서로 마주 본다고 할까?

선사시대는 현재와 문명적, 기술적 차이가 아주 커. 그러나 이것이 현대인이 선사시대 사람보다 인지적으로 앞섰다는 걸 뜻하지는 않아. 현대인이 인지적 깊이에서는 오히려 대단히 원시적일 수도 있어. 탐욕과 편견에 깊이 물든 현대인이라면, 그 사람은 오히려 선사시대 사람보다 더 야만적인 존재일 수도 있지.

이런 생각을 이어가다보면 여러 가지 질문을 던져볼 수 있어. 문명은 끊임없이 발전해왔지만, 삶에 대한 지혜도 그래왔을까? 시대가 내려올수록 폭력이 심해지고 이기적 삶의 양식이 확대되잖아. 왜지? 이런 흐름은 어떻게 설명해야 할까? 우리 자신이 누구며 무엇을 하는지, 왜 이러고 있는지를 찬찬히 묻고 답하려고 노력해봐야 해.

이때 인간의 인간다움과 동물적 태도, 본능적 반응은 구별할 필요가 있어. 문명과 야만이 반드시 대척점에 있는 것도 아니야. 문명이 야만을 수반할 때가 더 많지. 어떻게 보면 문명과 야만은 야누스의 두 얼굴이나 다름없어.

이 질문들에 대한 답을 찾기 위해 이번엔 이렇게 물어보자. 우리는 우리 자신을 볼 준비가 되어 있는가? 우리는 어떤 시간을 거쳐 어디에, 어떤 모습으로 서 있는가? 꿈 바깥에서 꿈속의 나를 보듯 나 자신의 내면을 볼 수 있을까? 긴 시간 인류가 경험한, 선사와 현대를 잇는 본질과 현상을 열린 마음으로 보고 받아들일 준비가 되어 있는가? 그렇다면 옛사람의 마음 안으로 들어가 실제 그들과 같이 호흡해보면 어떨까? 내 마음의 깊은 곳에서 그들을 만난다는 것은 어떤 의미가 있을까?"

진석이 고개를 약간 갸우뚱거리며 한마디 했다.

"도대체 사상이라는 게 어떻게 만들어진다는 거예요? 사람들이 무리를 이루고 생각을 공유하면 사상이 시작되는 건가요? 마치 선사시대 사람들도 사상이 있었던 것처럼 말씀하시네요."

"선사시대 사람도 생기기는 우리와 다르지 않았을 텐데, 생각이 없었겠니? 어쩌면 우리보다 느끼고 생각하는 시간이 더 많았을지도 몰라. 더 많이 묻고 더 많은 답을 얻었을 수도 있지. 어때, 몇만 년 전 우리 조상들이 살던 세상으로 한번 들어가볼래?"

제1장

구석기문화
: 생각의 시작

구석기(터키 아나톨리아 문명박물관) 인류는 처음에 손에 쥐고 쓸 수 있는 것을 주로 만들었다.
이후 돌도구를 나무 막대에 묶어 사용하는 방식을 발견한 것은 발명에 가깝다고 할 수 있다.

별 관심 없는 듯이 한차례 휙 구석기 전시실을 둘러본 진석이 아직도 주먹도끼 무리 앞에서 얼쩡거리는 내 곁으로 왔다.[1] 심드렁한 표정으로 내게 말을 붙였다.

"아버지, 전시기법에 특별한 건 없네요. 그냥 뭉텅뭉텅 같은 것끼리 모아놓은 정도라서 볼 게 별로 없는 것 같고요. 어떤 건 진짜 냇가 자갈밭 사이에서 주워온 것 같기도 해요. 이런 걸 어떻게 사람이 만들었다고 할 수 있죠?"

눈을 주먹도끼 무리에 그대로 둔 채 내가 되물었다.

"그럼 왜 이런 게 냇가가 아니라 산속 동굴이나 단단한 진흙 속에서 발견되겠니?"

"선사시대 사람들이 냇가에서 골라 썼을 수도 있죠. 뭐, 골라내기는 쉽지 않았겠지만 말예요. 이런 걸로 뭘 했을까요? 별 쓸모도 없는 것 같은데."

모처럼 시간을 내 함께 박물관에 왔지만 서로 관심사는 달랐다. 진석은 '아트앤드테크놀로지'라는 제 전공에 혹시 도움이 되는 게 있을까 싶어 전시기법을 보려는 것이었고, 나는 전시물에서 새로운 이야깃거리를 끄집어낼 수 있을지 가늠하러 왔으니 보고 받아들이려는 내용부터 달랐다. 생각이며 느낌도 서로 다를 수밖에 없었다. 주중에 혼자 박물관 오기가 멋쩍었다고 할까? 방학을 핑계로 아들을 반강제로 끌고 온 것이나 마찬가지라 녀석이 이런 식으로 투덜거려도 받아주어야 했다. 잘 참고 다독거려주자! 전시실 관람 뒤에는 근처 맛집에도 가고…

"쓸모라?" 내가 자신에게 던지듯 한마디 하고는 답했다.

"우리도 작대기 하나로는 무얼 쑤실 수 있고, 작대기 둘로는 젓가락질할 수 있잖아. 이렇게 손에 쥐기 알맞으면 때리든, 긁든 쓸모가 있겠지."

"글쎄요. 그래도 크게 쓸모 있을 것 같지는 않은데요?"

"도구는 이렇게 좀 조잡스러워 보여도 당시 조각상은 안 그래. 사자인간은, 이건 유럽에서 발견됐어, 3만 5천 년 전 작품이고, 세련되게 갈고 다듬어냈거든.[2] 아주 특별하고 깊은 의미가 붙었기 때문이겠지만 말이야."

"정말요? 3만 5천 년 전에 여기 이 주먹도끼 같은 것들과는 아예 다른 게 만들어졌다고요? 어떻게 같은 시대에 아예 다른 걸 만들 수 있죠? 게다가 그런 건 신상(神像)일 텐데, 신상을요? 그럼 구석기시대에도 종교나 신앙 같은 게 있었다는 거예요?"

"글쎄, 구석기시대에 종교며 이념을 말하기는 쉽지 않지만, 이 사자인간상에서는 도구 만들 때와는 다른 솜씨를 볼 수 있어. 여하튼 별나. 네말대로 사자인간이 신상일 수 있지. 믿는 대상을 형용하려다보니 평소와는 완전히 다른 사고로 작업이 이루어진 것일 수도 있어."

"혹시 연대가 잘못된 건 아니고요?"

구석기 도구는 어떻게 만들어졌을까

"사실 돌을 다듬어 도구로 만들 수 있다는 것도 놀라운 거야. 자연에 널려 있는 것들에 손을 대서 삶에 쓸모 있는 것으로 바꿀 수 있다고 생각해봐. 천지에 널린 게 전부 도구의 재료가 되잖아. 엄청난 발견이지. 괜찮아 보이는 걸 가져와 두드리다보면 뭐가 되니 말이야. 나무나 짐승 뼈도 다 도구로 만들 수 있잖아.

도구 만들기의 시작은 머릿속에서 먼저 그려내는 거야. 일종의 설계지. 물론 시행착오는 수십 번 거쳐야 해. 처음에는 무척 많은 시간과 노력이 필요했을 거야.

돌을 깨 만든 도구를 효과적으로 사용하는 방법도 오랜 시간에 걸쳐 개발됐겠지. 나뭇가지에 묶거나 홈을 내고 끼워 장착하는 방법을 발견하기까지도 시간이 꽤 걸렸을 거야. 도구의 사용법을 발견해내고 익히는 것도 기술상의 진보라고 할 수 있지.

돌을 손에 쥐고 사용하다가 나뭇가지를 매개로 사용하는 것도 기억, 경험, 연구 개발의 과정을 거쳤다고 봐야 해. 뗀석기로 쓰기에 적당한 재질의 재료 돌을 찾아내는 것도 간단한 일은 아니었겠지. 어떤 돌이 더 단단한가도 알아야 하고, 어떤 돌이 조각내서 떼어내기에 적합한가도 알아야 하니까 말이야.

떼어낸 돌은 날카로우면서도 쉽게 무뎌지지 않아야 해. 살고 있던 곳이 환경적으로 좋은 돌을 찾아내기 어려운 데일 수도 있어. 사람 무리에 따라 뗀석기로 사용하는 돌이 다를 수도 있지. 시행착오도 계속되었을 거야. 경험과 정보가 교환되거나 공유되는 긴 시간, 지혜와 의지가 하나로 모이는 복잡한 과정이 있었겠지. 뗀석기가 정교해지는 과정이며 시

불 피운 자리(중국 국가박물관) 불을 사용할 수 있게 된 후에는 불에 달구면 돌이 쪼개지는 현상도 유심히 관찰되었을 것이다.

간은 생각보다 길고 복잡했을 수 있어.

주먹도끼는 사람이 처음으로 만든 도구야. 한쪽 끝이 뾰족한 주먹 크기의 깬 돌. 후대 사람들은 손에 쥘 수 있는 도끼라는 뜻으로 주먹도끼라는 이름을 붙였어. 찍개는 한쪽에 깬 면이 남아 있어. 언뜻 보기에 큰 돌과 부딪혀 한쪽만 깨진 것으로 오해될 수도 있는 그런 도구야. 자연석이 깨진 것으로 보일 수도 있지. 흙 속에서 그런 걸 찾아내면 깨진 면에 사용된 흔적이 있는지, 깨진 면이 인위적인지, 정교하게 다듬어진 흔적이 있는지 확인해야 해. 보통사람의 눈에 찍개는 자연석과 크게 다르지 않을 수도 있거든. 긁개나 밀개도 크기만 더 작을 뿐 찍개가 작게 쪼가리난 것처럼 보이기도 해.

여기 몸돌이라는 게 보이지. 일종의 원재료야. 아무 돌이나 몸돌이 되는 게 아니야. 이런 적당한 걸 찾아서 머릿속에서 설계된 대로 조각조각 떼어내면서 원하는 도구를 만들어내는 거야. 생각보다 작업이 간단치 않아. 시간도 꽤 걸린다고 봐야지. 경험이 쌓이면 이전보다 쉬워지겠지만 말이야. 이런 작업이 반복되면서 사람의 머릿속 설계 능력도 점점 향상되었다고 봐야 해."

구석기시대 미술은 어떻게 시작되었을까

"무리 지어 달아나는 들소 떼와 큰 뿔 사슴들, 달려드는 호랑이, 곰, 늑대. 처음으로 돌 도구를 만든 사람들에게 주변의 거대한 짐승 무리는 놀라움과 두려움의 대상이었을 거야. '저들은 누군가?' 하며 답을 찾아 둘러본다고 해도 누가 답해주겠어? 서로를 쳐다보는 수밖에 없지.

구석기시대 사람들은 바위 그늘이나 동굴 입구에서 밤을 보냈어. 안쪽 깊은 곳은 어둡고 축축하니까. 그런데 사실 더 안으로 들어가면 넓고 높은 공간이 나오기도 해. 게다가 안전해. 사람보다 컸던 맹수들은 이런 동굴의 깊은 곳까지는 못 들어와. 그래서 어떤 사람들은 몹시 춥지만 않으면 이런 동굴 깊은 데로 들어가기도 했어. 그런 데서 구석기들이 발견되는 것도 그래서야. 사람들이 거기서도 머물렀던 거지.

게다가 언젠가부터 사람에게는 불이 있었어. 맹수도 불 앞에서는 멀찍이 물러나 으르렁거리다가 가버리는 거야. 지네며 거미도 달아나고. 아마 이런 동굴 생활이 그림 그리는 걸 가능하게 했는지도 몰라. 들소며 사슴, 곰과 늑대, 호랑이와 표범 같은 걸 동굴 벽과 천장에 그리는 거지. 물론 이런 걸 아무나 그렸던 것 같지는 않아. 심심해서 그린 것도 아닐 테고.

밖에서 가져온 돌가루를 나뭇진이며 끈적거리는 진액에 버무린 다음 나뭇가지에 찍거나 손바닥에 문질러 짐승들의 모습을 그렸겠지. 그런데 동굴 안은 어디나 캄캄해. 서늘하다 못해 춥기까지 하지. 그런 데서 한 사람은 불 막대를 들어 비춰주고 다른 한 사람은 그림을 그렸겠지.

사람을 보통 도구를 사용하고 말하는 동물이라고 하지만, 정도 차이는 있어도 도구와 언어를 사람만 쓰는 건 아니야. 침팬지는 나뭇가지를 흰개미 집에 넣어 개미가 붙으면 꺼내서 핥아먹어. 돌고래는 매우 다양한 소리로 의사소통하며 효과적으로 물고기를 몰고 잡아먹지.

보이지 않는 것을 생각하는 인간, 그리거나 만들어서 어떤 효과를 꿈꾸는 사람의 특성이야말로 유별난 거겠지. 종교와 예술 말이야. 물론 사상이며 이념, 신앙, 주술, 종교적 예술 같은 것도 다 포함돼.

캄캄한 동굴 안에 들소 떼를 왜 그렸겠어? 들소며 사슴 같은 걸 동굴 천장에 그려 붙잡아두려 했다고 봐야겠지. 울퉁불퉁한 천장과 벽에 형형색색으로 이런 것들을 그린다고 누가 감상이라도 하겠니?

본래 그리고 만드는 건, 그걸 되살리는 거야. 그림이며 조각으로 살아 있게 하는 거지. 대상이 지닌 힘과 능력을 붙잡아 자기 것으로 삼는 과정일 수도 있어.

그림과 그림 그리는 행위가 관련이 있다고 믿었을 수도 있지. 밖의 것이 안으로 들어오고, 안의 것을 밖으로 불러내는 거야. 반복해서, 어쩌면 영원히. 그림이 남아 있는 한 말이야."

진석이 조금은 수긍하는 표정을 보이며 다시 묻는다.

"미술책에 소개된 알타미라와 라스코 동굴 그림도 그런 의미를 지녔나요? 책으로 봐도 색이 선명하던데. 그런데 동굴 속이 그렇게 캄캄해요? 불로 비추지 않으면 안 보이고요? 새삼 신기하네요. 왜 그런 걸 그렸는지 잘 모르겠어요."

구석기시대 미술은 생존을 위한 반사적 행동?

"구석기 미술 작품은 무진장 많아. 네가 말한 프랑스의 라스코와 스페인의 알타미라가 잘 알려졌지만, 동굴미술 작품은 유럽에만 수백 군데가 있어. 인도에는 수천 곳이 있고. 호주 북부의 다윈 근처에 카카두라는 국립공원이 있는데, 그 안에는 원주민이 몇만 년 동안 그린 그림이 거의 그대로 남아 있어.³ 구석기시대부터인지, 신석기시대 내내 그렸는지는 확실치 않지만 말이야. 잠시 우리가 구석기시대 사람이라고 여기면서 우리를 둘러싼 환경을 돌아보고, 느낌이며 생각을 정리해보면 어떨 것 같니? 이런 것도 가능할 것 같지 않아?"

우리는 보이는 것, 느끼는 것, 믿는 것, 바라는 것, 그 모두를 뼈와 나무, 돌과 가죽에 그리거나 새겼다. 우리는 먹고 살아남으려고 무진 애를 쓰면서도 틈틈이 그리고 새기고 칠했다. 먹을 것을 찾아 모으고 짐승을 사냥하는 데 하루를 다 쓴 뒤 우리는 도구에 쫓고 찾던 것을 그리고 새겼다.

우리 주위에는 짐승이 많았지만 힘세거나 빠른 것은 잡지 못한다. 오히려 그런 것들에게 쫓겨 다닌다. 하루를 무사히 보내고 잠들기 전 우리는 안도하며 감사의 기도를 드린다. 누구에게인지 그것도 잘 모르면서 감사했다. 사나운 맹수 말고도 우리를 보는 눈이 있다는 걸 알면서부터 우리는 기도를 시작했다. 어둡고 낮은 동굴 입구에서 잠을 청하거나 우리 둘레에 불을 켜 짐승이나 해충을 쫓

들소(알타미라 동굴 그림 모사도, 중국 세계암각화박물관) 들소나 말, 곰 등을 그린 구석기시대 화가는 현장감이 강하고 실제 모습과 가까울수록 주술적 효과가 확실하다고 믿었을 것이다.

아버리려 애쓸 때도 우리는 우리를 보며 지켜주는 눈을 느꼈다. 우리는 그 눈을 향해 기도했다.

처음 그 눈을 느꼈을 때 우리는 고개를 갸우뚱거렸다. '도대체 뭘까?' 하며 서로를 보았다. 그 눈은 늘 우리를 지켜보고 있었지만 우리는 그게 무언지 몰랐다. 한순간 우리는 그것이 여태껏 우리가 마주치던 그 많은 눈과는 아주 많이 다른 무엇이라는 걸 알게 되었다. 그것은 어떤 새나 짐승보다도 강했다. 우리는 그 눈에 복종하기로 했고 그것에 머리를 숙였다. 우리는 그것을 신이라고 불렀다.

우리는 신과 말을 나누기 위해 열심히 그렸다. 다른 이들, 우리 뒤에 오는 이들, 우리의 자녀들과 그 뒤의 사람들도 알게 하려고 부지런히 그렸다. 열심히 많이 그려 신과 우리 사이에 어떤 이야기가 오갔는지 알게 해야 한다고 생각했다. 우리는 그리거나 새기면서 그것으로 신이 우리를 기억하게 된다는 사실을 깨달았다.

우리가 그리거나 새긴 것은 우리 곁에 있게 된다. 들소를 그리면 들소는 들에도 있고, 그림에도 있다. 사슴과 소, 말과 곰을 그리면 그것이 우리와 있고, 들판과 바위에도 있게 된다. 심지어 우리도 그림 속에 있을 수 있다. 신도 그림 속에서 우리와 말하면 영원히 우리 곁에 있게 된다! 우리를 돕고 우리를 위해 애쓰게 된다. 우리는 바위에 새기고 칠하여 세상의 모든 것이 우리와 함께 있게 할 수 있다.

라스코, 알타미라 동굴벽화는 어떻게 그려졌을까

"라스코며 알타미라에서 발견된 동굴 그림들도 구석기시대 사람들이 신과 나눈 이야기가 형상화된 것일 수 있어. 그림 솜씨가 주먹도끼니 찍개 같은 걸 만들 때하고는 비교가 되지 않잖아? 아마 구석기 화가는 불 막대 하나에만 의지했을 거야. 이렇게 생각했을 것 같아."

이렇게 그리면 소와 사슴, 말과 곰의 생명을 동굴 바위에 붙박을 수 있다. 우리의 눈과 손으로 저들의 생명을 붙잡는 것이다. 신께서 이 짐승들의 능력과 힘을 우리에게 덧입혀주실 것이다. 우리에게 들소의 힘, 사슴과 말의 발, 곰의 코와 지혜를 주신다. 어떤 짐승도 두려워 않는 용기도.

이 낮고 넓은 동굴은 차갑지만, 어머니의 몸속처럼 우리를 평안히 쉬게도 한다. 이 동굴 안에서는 작고 빠른 것들도 쉽게 다니지 못한다. 우리는 이 동굴 한 구석에 둔 짐승들의 머리뼈 앞에서 신에게 기도할 수 있다.

불이 있으니 들소와 곰을 생생하게 살아서 뛰어다니는 모습으로 그릴 수 있다. 이 벽과 천장에서 짐승들이 떼 지어 달리고 벌떡 일어나 크게 포효하게 할 수 있다. 이놈들을 뒤쫓아 다니며 새끼와 병든 것을 붙잡을 수도 있고. 건강한 놈이라도 절벽 아래로 떨어뜨리면 된다. 달리며 헉헉거리다가 눈을 희번덕이며 우리에게 달려들어도 두려워할 것 없다. 신이 우리를 지켜주시니까.

"이러면서 저들은 색깔 있는 돌들을 가루 내고 꽃과 풀을 찧어 섞어 범벅을 만들었을 거야. 손가락 끝에도 묻히고 막대 끝에 찍기도 하면서, 가늘고 부드러운 억새풀 줄기에 비벼 동굴 벽과 천장에 온갖 것을 그려 넣었겠지. 그러다보면 온갖 동물들이 동굴의 벽과 천장을 채우는 거야. 이런 상상도 하겠지. '이것이 얼마나 갈까? 오랜 시간 뒤에 다시 이곳에 와도 그대로 있을까? 멀리 나갔던 우리 후손들이 이곳을 찾아도 지금처럼 생생하게 눈에 들어올까?'

처음 이 그림을 발견한 사람들이 불을 들이대 그림을 잠에서 깨웠듯이 그 사람들도 때가 되면 불 막대로 그림을 깨웠을지 몰라. 들소들이 돌아올 때가 되면 들소들을 깨우고, 겨울이 지나 곰이 동굴에서 나올 때가 되면 곰을 깨우고, 말들이 들판을 뛰어다닐 때가 되면 말들을 깨우듯이 잠자거나 죽었던 것들이 모두 깨어나 들을 가로지르고 산에서 달려 내려오게 하는 거야. 그렇게 하면 되살아난 짐승들의 고기가 사람의 음식이 되는 거지. 이쪽에 저쪽에 불을 비추면 신도 눈을 뜨고 사람이 원하는 짐승들을 보게 되는 거지."

"아버지는 구석기시대 사람들도 신을 믿었다고 생각하세요? 제가 어릴 때 사주셨던 만화 과학책엔 공룡은 나와도 신전 같은 건 나오지 않았던 것 같아요. 아까 그 사자인간도 신상인지 아닌지 사실 의심스럽고요."

진석은 내가 '신' 운운하는 게 아무래도 미덥지 않은 눈치다. 어떻게 돌도끼, 그것도 주먹도끼라는 어설픈 도구를 만들어 쓰던 시대에 신을 생각하고 찾았다는 걸까? 대략 '좀 터무니없다. 얼토당토않다.' 같은 말을 하고 싶지만 참는 눈치다. '이 녀석 봐라?' 내가 헛기침으로 목소리를 가다듬는 척하며 마음을 다잡는다.

자연의 힘과 능력을 숭배할 것인가, 이해할 것인가

"그래, 이렇게 한번 생각해보자. 구석기시대 사람들이 보기에도 하늘과 땅, 산과 물에 동물이 많다는 사실은 알 수 있었을 거야. 새와 네발짐승이 있고 물고기도 있는 게 잘 보였겠지. 메뚜기와 벌, 개미 같은 것도 보았을 거고. 종류가 너무 많아 이름을 짓지 못한 것도 있었겠지.

짐승이나 새 가운데는 사람에게 없는 특별한 능력을 갖춘 것이 있어. 힘이 엄청나거나 눈으로 좇지 못할 정도로 빠른 것, 아주 멀리서도 보거나 들을 수 있고 냄새로 무엇이 있었는지 아는 것도 있어. 어떤 것은 밤에도 낮처럼 보며 소리 없이 움직여. 눈이 적외선 탐지기인 거야. 며칠을 달려도 지치지 않는 것이 있는가 하면, 곰처럼 몇 달씩 자취 없이 사라졌다가 다시 나타나는 것도 있어. 박쥐는 낮에는 동굴 속에 있다가 밤에 나타나 돌아다녀. 카멜레온은 몸빛이 수시로 바뀌고, 뱀은 평생 여러 차례 껍질을 벗지.

그런 짐승은 왜 있을까? 어떻게 그런 능력을 갖추게 되었을까? 왜 짐승마다 능력이 그렇게 다르지? 사람에게는 왜 그중에 하나의 능력도 없을까? 이런 의문이 떠오를 수 있어. 그런데 답을 찾을 수 없는 거야. 그럼 답이 없는 대로 그냥 잊고 살까? 그렇게는 안 돼. 사람이 짐승과 다른 건 그런 의문에 매달리기 때문이야. 어떻게든 답을 찾으려고 하지.

저 짐승들이 지닌 강한 힘, 뛰어난 능력을 누군가가 주었다면 그건 누굴까? 게다가 하늘의 별, 어디선가 불어오는 큰바람, 갑자기 쏟아져 내리는 비는 어떻게 된 거야? 이 세상에는 사람과 짐승 말고도 뭔가가 더 있는 것 아닌가? 땅에서 하늘로 올라가는 불, 소리를 내면서 번쩍거리는 저건 어디서 나온 거지? 저것도 누가 만든 거 아냐?

이런 의문이 쌓이고 쌓이다가 찾아낸 답이 '신' 아니었을까? 신이 있어서 만물에 능력을 주고, 사람은 이해할 수 없는 신비한 현상을 일으키는 거지. 자연에서 보고 겪는 위대한 힘이 모두 신의 손길에서 나온다고 보는 거야. 짐승이 지닌 이상한 능력, 특히 하늘을 날아다니는 온갖 새들을 신이라는 존재와 연결하는 거지. 신이 돕지 않으면 어떻게 하늘을 날아다니겠어? 이런 식으로 묻고 답하는 거야.

그러다가 특별한 능력이 있는 어떤 짐승들, 예를 들면 하늘을 날아다니는 새 중에서도 가장 강하고 힘센 것을 신과 동일시할 수도 있지. 다른 것들을 쉽게 잡아먹고 땅과 하늘을 제집처럼 편하게 다닌다면 그게 신이 아니고 무엇이겠냐는 거야. 땅속 깊은 곳에서 불을 내어 하늘로 올릴 수 있다면 그건 신이지. 이런 생각이 사람들 사이에 공유되는 거야.

사람이 신을 머리에 떠올리면 자연의 온갖 현상이나 여러 존재를 이해하기 쉬워져. 다 설명이 되는 거야. 다른 짐승들이 보기만 해도 벌벌 떨며 숨거나 달아나고 새들도 숲의 큰 나뭇가지 아래로 몸을 숨기게 하는 게 있다면 그건 신이지. 땅속에 사는 것들이 굴을 파며 여기저기로 옮겨 다니는 이유도 불을 내는 신을 두려워해서가 아니겠어?

신이 발견된다면 하나나 둘로 그치지는 않겠지. 이해가 쉽지 않은 힘과 능력, 현상은 모두 신과 관련될 테니까. 아주 작더라도 특별한 능력이 있는 무엇이 있다면 그건 신이거나 신을 돕는 무엇일 수 있는 거지. 신들의 세계가 출현하는 거야. 사람을 돕는 신, 사람에게 해코지하는 신, 자연 가운데 모습을 드러내는 신, 감추는 신!"

구석기시대의 신은 사람에게 무엇을 주었을까

"신이 있다고 생각하면 작은 새나 짐승, 심지어 손톱보다 작은 벌레가 살아가는 모습이 이해가 돼. 신이 그렇게 만들었으니까. 만일 신이 있다면 사람은 매사에 주의해야 해. 짐승이나 벌레에게 나타난 신이 사람에게 해코지할 수도 있으니까 말이야. 사람은 겸손해야 하는 거지.

자, 신이 여러 짐승을 우리 앞에 오게 한다고 생각해봐. 우리가 그것의 살을 먹고 가죽과 뿔, 커다란 엄니를 도구로 만들어 쓸 수 있게 해주는 신이 있다면 우리의 삶은 어떨까? 우리는 그 신에게 감사할 수 있어. 그런 신께 감사하며 우리의 쓸모가 되어준 온갖 것을 소중히 여길 이유가 생기지. 큰 짐승의 머리뼈 같은 걸 그냥 내다 버리지 않게 되는 거야.

구석기시대의 동굴에서 발견되는 동굴곰의 머리뼈가 왜 온전하게 받침대 위에 놓여 있을까? 구석기시대 사람이 진흙으로 들소를 만들어 동굴 벽에 기대놓은 이유는 뭘까? 아까 말한 사자머리의 인간은 왜 만들어졌을까? 신앙과 종교가 아니면 설명이 되지 않아. 사람이 신과 대화했다는 증거가 아니겠어? 사냥한 것과 똑같은 짐승이 돌아와 다시 자기들에게 잡히기를 기도한 흔적이 아닐까?

아마 사람들은 금방 답을 듣지 못했더라도 계속 신에게 기도했을 거야. 좋은 답을 귀에 넣고도 듣지 못했을 수도 있지. 듣지 못했으니 자꾸 기도했을 거고. 결국, 그 신이 누구냐, 어떤 모습으로 사람에게 왔느냐가 남겨진 수수께끼 아니겠어?

최초로 '출현'한 신과 관련해 가장 주목할 것은 불을 사용한 일이야. 사람과 짐승을 나누는 가장 큰 차이는 불을 쓰느냐 마느냐거든. 불로 무언가를 익혀 먹는다는 발상을 하고 실제 그렇게 한 건 사람밖에 없어. 불로 어둠을 밝히고 차가워진 몸을 데우는 것도 사람뿐이야. 짐승은 불을 두려워하지만, 사람은 그렇지 않아. 어떻게 보면 사람이 쓰는 가장 강력한 도구는 불이야. 깬 돌이나 다듬은 짐승 뼈가 아니라, 불이야.

구석기시대에 신이 발견되고 사람이 신에게 빌며 감사했다면 그 첫번째 이유는 불일 거야. 그다음이 음식이며 도구겠지. 근대까지, 바로 얼마 전까지 이사하거나 거처를 옮길 때 가장 먼저 챙기는 게 불이었어. 새로 이웃이 된 집에 찾아가거나 이사한 집을 방문할 때, 보통 '집들이'라고 하지. 그럴 때 너나없이 꼭 챙겨가는 게 성냥이었거든. 성냥은 불을 켜는 도구잖아. 불씨지. 사람들은 이걸 재산이 불 일듯 불어나길 의미로 해석하지만, 실은 구석기시대부터 '불씨'를 몸에 지니고 다니던 습관에서 온 거야.

사람에게 불을 가져다준 신이며 영웅의 이야기가 세계 곳곳에 남아있는 것도 사람이 신에게서 받은 가장 큰 선물이 불이라는 인식에서 비롯되었을 수 있어. 불을 준 신에 맞먹는 신이 있다면 생명의 신이겠지. 아기를 배게 하고 생명을 거두어가는 신, 짐승을 사람의 먹거리로 주는 신, 사람이 먹고살 수 있게 해주는 신. 생명의 신은 물론 여신이지. 아기를 배고 낳는 건 여성이니까 말이야. 구석기시대 최초의 신은 여신일 걸로 생각하는 학자들이 많아."

구석기시대 사람들은 왜 여신을 먼저 형상화했을까

"실제로 지금까지 남겨지고 발견된 선사시대, 특히 신석기시대까지의 신상은 90% 이상이 여신이야. 물론 구석기시대의 신상은 아주 드물지만.

아이를 낳는다는 건 사실 특별한 일이야. 짐승도 새끼를 낳지만, 사람은 그중에서도 특별하지. 사람의 아이는 태어난 뒤 가장 오랫동안 자립하지 못해. 맹수의 새끼보다 더 오랜 시간 먹이고 키워야 해.

그리고 사람은 짐승처럼 울부짖지 않아. 말하지. 불을 다루고 도구도 만들어 써. 짐승과 달리 사람은 한 무리로 살면서 끝까지 돌보고 서로 도와. 이런 사람 무리의 중심에 어미가 있어.

동서양 어느 곳의 신화를 봐도 사람에게 아이를 주는 이는 여신으로 나와. 여신은 사람을 처음으로 낳기도 했지. 생명을 준 거야. 여신이 자신의 아기집에서 새 생명을 내면 사람의 어미도 아이를 낳는다는 식의 신화도 있어. 아이를 다시 데려가는 이도 여신이고.

여신의 눈에서 흐르는 눈물은 대지를 적시는 비가 된다는 이야기도 있어. 이 비가 낮은 곳에 모이면 개울이 되고 강이 되어 흐르지. 강에 사는 많은 생명이 여신의 눈물을 먹고 마시며 자라는 거야. 여신은 하늘에서, 때로는 우리 곁에서 사람을 돌봐. 그러나 사람은 하늘만큼 큰 그분을 두 눈으로 보지 못해. 우리 곁에도 계시니, 본 듯이 여기고 말할 뿐이야. 그게 기도지.

석재와 모루(국립중앙박물관) 몸돌에서 작은 석편들을 떼어낸 뒤 잘 다듬으면 손에 쥐고 사용하기 좋은 도구가 된다.

후기 구석기시대 말기부터 신석기시대 초기 사이에는 여신의 모습이 돌과 흙으로 빚어져.[4] 이런 여신상이 신전에 모셔진 사례들이 확인되고 있어. 아마 앞으로 고고학적 발굴이 더 이루어지면 구석기시대와 신석기시대 신앙의 실체가 더 명확히 드러나겠지. 흥미로운 건 엄마들이 여신의 그림자로 여겨진 흔적이 있다는 거야. 열심히 아이에게 젖 먹이는 엄마의 모습에서 여신이 하늘의 젖과 눈물로 사람을 먹이는 모습을 상상했는지도 몰라."

나는 아들에게 구석기시대의 신, 특히 여신 이야기를 하면서 뭔가 부족하다는 느낌을 받았다. 유럽이나 중근동과 달리 한국의 구석기시대 유적에서는 신앙과 종교를 논할 만한 유물이 거의 발견되지 않는다는 사실이 박물관에서도 확인된다. 그런 것이 없으니 여신신앙을 말해도 설득력이 떨어질 수밖에 없었다. 구석기 전시실과 신석기 전시실 사이 휴게공간으로 발길을 옮기면서 우리 둘은 잠시 침묵에 빠졌다. 휴대폰에서 뭔가를 확인하던 진석이 자판기에서 생수와 캔커피를 뽑아, 내 옆에 와 앉는다. 저는 생수고, 아비 몫은 캔커피다.

"아버지, 구석기시대 사람들이 신을 찾았다고 해도 하루하루 살기는 만만치 않았겠죠? 그야말로 신이 도와주지 않으면 굶는 때도 많았을 거고요. 저 어설프게 만들어진 석기가 살아가는 데 어느 정도 도움이 됐을까요? 물론 맨손으로 뭘 하는 것보다는 나았겠지만 말예요."

구석기로 생각해보는 선사시대의 삶

"아무래도 깬 돌을 쓸 때와 그렇지 않을 때는 결과가 크게 달랐다고 봐야지. 먹거리를 얻고, 나를 지키고, 낮과 밤을 견뎌낼 때도 그렇지 않았겠니? 좋은 돌은 나무를 다듬고 짐승 가죽을 고르게 할 때도 도움이 됐을 거야. 이러니 돌을 깨 새 도구를 만드는 건 가치 있는 일이었겠지. 아이에게 가르쳐 이런 도구를 만들어 쓸 수 있게 해야 했을 거고. 시간이 걸려도 잘 가르쳐야 하는 거지. 그 아이의 아이들도 알아야 하고 말이야. 경험하고 기억하고 전수해야 하는 중요한 일이었을 거야.

잘 생각해봐. 돌에서 어떤 형상을 미리 보는 게 쉬운 일은 아니잖아. 밑그림 없이 돌에서 조각 하나라도 뗄 수 있겠니? 밑그림대로 되지 않는 것도 각오해야 하고 말이야. 원하는 대로 돌조각을 떼어낼 수 있겠는가도 고민해봐야지. 쓰임새에 따라 만들어내는 일도 간단치는 않았겠지.

몇 번이고 해보고, 만든 것도 자꾸 모양을 바꿔봐야 하는 거야. 이전에 숲이나 들에서 얻은 것을 도구로 써보았다면 그것과 비슷하게 만들기도 해봐야겠고. 자연에서 같은 것을 찾아내기는 쉽지 않잖아? 오히려 비슷하게 만들어보는 것이 더 나을 수도 있어. 쉽지 않지만 해볼 만한 일인 거야.

구석기시대는 하루하루가 살기 위한 숨바꼭질이었다고 봐도 과언이 아닐 거야. 돌조각 몇 개로 맹수도 피하고 작거나 큰 짐승도 잡아야 하니까. 열매도 거두고 뿌리도 캐야 해. 그러니 구석기시대 사람들에게 하루는 짧았다고 해야 할 것 같아. 그래도 쓰임새가 좋은 새 돌을 만들 시간은 내야지. 이런 걸 나무 막대에 달고 휘두르거나 던지며 사냥도 해야 하니까. 주위를 잘 살피며 줍고 모으는 일도 마찬가지야. 돌이나 뼈로 만든 도구가 있으면 내 몸을 지키는 일도 더 수월했을 수 있어.

초보적인 도구에 의존하던 전기 구석기시대의 가장 큰 목표는 살아남기였을 거야.[5] 무리가 새로운 세대로 이어지려면 살아남는 게 먼저지. 무리가 오래도록 살아남기도 쉽지 않았을 거 아냐? 맹수와 독충이 우글거리는 숲이며 계곡을 지나 거처로 삼은 동굴에 돌아오더라도 독초 섞인 음식으로 배탈 나고 열이 나면 어떻게 해야겠어? 그냥, 견뎌내야지. 사냥이나 채집 중에 몸이 긁히거나 찢어지고 부러지기도 했을 거야. 춥고 덥고 배고픈 시간도 자주 있지 않았겠어? 홍수와 지진은 겪지 않더라도 자연이 주는 온갖 위험에서 벗어나 제 목숨 제대로 건사하기가 쉽지는 않았겠지? 앞 사람들이 어려운 고비를 넘고 넘어야만 도구를 만드는 생존 기술이 뒤로, 뒤로 전해질 수 있었을 거야."

구석기시대 사람들의 하루와 일 년은 어땠을까

"구석기시대 사람들의 일상은 어땠을까? 일 년을 주기로 본다면? 네가 작품을 만든다면 이런 걸 VR로 만드는 것도 가능할 거야."

해 뜰 무렵, 눈 비비며 일어나도 동굴 안은 그저 깜깜하다. 잘 지펴놓았던 불이지만 지금은 가물거린다. 어둠이 눈에 익자 부지런히 자리 근처에 쌓아둔 마른 가지 더미에서 땔감 몇 개를 빼 화덕 가운데 올려 불씨를 살린다. 아이는 아직 어미 품에서 쌔근거린다. 불씨가 작게 사그라진 틈을 타고 자리 근처로 왔던 작은 도마뱀붙이들이 어둠 속으로 재빨리 사라진다.

바깥이 희뿌옇다. 동굴 밖으로 나갈 때가 되었다. 불 주위에 누웠던 다른 식구들도 잠자리를 털고 일어나 밖으로 나갈 준비를 한다. 내가 고갯짓을 하자 모두 돌이며 뼈로 만든 창과 작은 돌연장들을 챙겨 뒤를 따른다. 다들 허리춤에는 작은 가죽 주머니를 하나씩 차고 있다. 종일 다니려면 어떤 일을 겪을지, 무엇을 마주칠지 모르니 단단히 대비해야 한다. 그저 호랑이같이 무서운 놈을 만나지 않기를 빌 뿐이다.

동굴을 나서기 전, 모두 약속이나 한 듯 옆의 작은 굴 안의 곰 머리뼈 둔 곳에 들른다. 다들 돌아가며 머리뼈를 한 번씩 마주 보고 눈짓을 한다. 이제 되었다. 신께서 만날 것은 만나고 피할 것은 피하게 해주시리라.

진석이 맞장구치듯 나의 상상을 이었다.

"그럴듯하네요. 그럼 하루를 마치고 돌아오는 장면은 이렇게 그려도 되겠어요. 그런데 영상은 단순할 것 같아요. 장대한 장면도 없고요."

다행스러운 일이다. 오늘 하루 아무도 다치지 않고 우리가 머무는 동굴로 돌아왔다. 소년 하나를 붙여 보냈던 두 어미는 제법 많은 열매를 바구니에 담아왔다. 하지만 우리 세 사내와 두 소년은 아무것도 손에 쥐지 못했다. 오늘따라 작은 짐승 한 마리와도 마주치지 못했다. 철이 아니라서 그랬나? 작은 땅굴에 숨어 사는 토끼나 큰 쥐 같은 것만 몇 마리 보았을 뿐이다. 큰뿔사슴이며 노루 같은 것은 전혀 보이지 않았다. 작은 땅돼지라도 만났으면 좋았을 텐데. 토끼와 쥐는 여러 개 뚫어놓은 굴 이쪽저쪽에서 번갈아 머리를 내밀다가 들어가니 아예 잡을 엄두도 내지 못했다.

그 대신 우리는 쓰러진 커다란 나뭇등걸에 무리 지어 있던 아기 주먹 크기의 벌레들을 찾아냈다. 한눈에 보아도 먹음직스러웠다. 주변에서 큰 잎을 따 주머니처럼 엮고 벌레들을 담아 동굴로 가져왔다. 하루 한 번인 오늘 식사는 이 벌레들과 열매로 만족해야 할 것 같다. 그래도 빈손으로 돌아오지 않은 것이 얼마나 다행인가? 맹수를 만나지 않은 것만 해도 감사할 일이다. 신께서 우리를 지켜주신 거다.

나는 진석의 상상을 듣고 대견하다는 얼굴로 아들을 봤다.

"너도 제법이네. 마치 '내셔널지오그래픽' 다큐의 한 장면 같잖아? 야, 한감독! 이왕이면 '구석기시대 사람의 일 년' 같은 제목으로 VR 한번 만들어보는 건 어때?"

"에이, 그러지 마세요. 선배들 얘기하는 거 들어보니까 컴퓨터 영상 작업이란 게 생각보다 손이 많이 가는 것 같더라고요."

아버지의 칭찬으로 기분이 좋은지 진석이 자리에서 일어나지 않고 제 휴대폰에 뭔가를 부지런히 메모했다. 손가락 움직이는 게 그야말로 번갯불에 콩 볶아 먹는 수준이다. 그 모습을 보는 나의 눈이 어지러울 정도였다. 한참 그러던 진석은 아비에게 메모를 보여줬다. 나는 읽으며 감탄을 금치 못했다. '요즘 애들은 우리와는 정말 다르구나. 어떻게 이 짧은 시간에 이런 글을 쓸 수 있지?'

길다면 긴 시간이다. 봄부터 겨울 동안 많은 일을 겪었다. 나의 무리는 둘이 죽고 둘이 태어났다. 사람 수는 그대로지만 마음은 매우 아프다. 아기가 둘 나서 하나 죽었고, 어른 하나가 사냥을 나갔다가 곰에게 공격당해 결국 그날을 넘기지 못했다. 어른 하나가 줄어드는 바람에 사냥도 힘들어졌다.

지난번에도 맹수에게 쫓겼다. 그래도 다행인 것은 그날 숲 언저리에서 곰에게 쫓기다가 다친 큰뿔사슴 하나를 잡을 수 있었다는 사실이다. 그 덕에 한동안 먹을 것 걱정이 없었다. 사슴의 엉덩짝은 연기에 쐬어두고 조금씩 나누어 먹었다. 좋은 가죽과 뿔도 얻어 연장을 새롭게 만들고 주머니 몇 개도 엮었다. 두 어미와 두 아이 옷도 만들 수 있었다. 가을에는 짐승들이 들판 너머로 멀리 떠나기 전 들소와 뿔사슴, 노루 몇 마리를 더 잡았다. 신께서 우리를 불쌍히 여기고 도와주셨다.

새로 난 두 아기 중 하나가 죽는 바람에 밤을 지내던 동굴을 옮겼다. 죽은 아기는 우리가 살던 동굴에 묻었다. 동굴이 넓고 여러 갈래였으므로 우리는 지내던 동굴과 좀 떨어진 다른 갈래의 동굴에 살 자리를 마련했다. 불을 세게 피워 바닥을 말렸다. 지네와 도마뱀붙이 같은 것들은 다른 동굴로 쫓아버렸다. 옛 동굴로 통하는 길은 막았다.

가을 초입에 잡았던 곰의 머리뼈를 옮겨 간 동굴의 가지 친 굴에 두고 아침마다 그곳에 가 절했다.[6] 신이 그 머리뼈를 즐겁게 받고 그 위에 계셨다. 우리는 날마다 그 굴에서 신의 말씀을 들었다. 신은 우리가 그날 할 일을 상세히 말씀해주셨다.

내 무리의 어미 둘은 동굴에서 멀지 않은 숲에서 열매가 많이 맺히는 나무 몇 그루를 찾아냈다. 키가 작고 가지가 여럿으로 나뉜 나무였다. 아기 주먹 반 정도 크기의 열매가 주렁주렁 달린 특별한 나무들이었다. 우리는 한동안 그 열매들로 배를 채웠다. 먹어도 배가 아프지 않았다. 시면서도 달아 먹고 난 뒤에도 기분이 좋았다. 두 어미는 먹을 만한 나무뿌리도 얼마 찾았는데, 즙이 많았다. 굵기는 우리 어른 남자의 허벅지 정도였다.

아이들은 잘 자라고 건강하다. 배우기도 잘 배운다. 한 녀석은 연장을 잘 다루고 잘 만든다. 어른보다 빨리 돌을 깨고 짐승 뼈도 모양새 있게 갈아서 나무 막대에 끼운다. 한 아이는 재고 잘라내는 일을 잘한다. 어미들에게 빨리 배우고 때로는 어미보다도 낫다. 무두질한 가죽을 요령 있게 잘라 주머니도 만들어냈다. 큰 어미는 몸이 많이 약해졌다. 아기를 잃은 뒤로 기운을 차리지 못한다. 지금은 열매며 뿌리 캐는 일에도 나가지 못한다. 그래도 도토리를 갈고 뿌리를 찧는 일은 큰 어미가 한다.

내가 구석기시대 사람이라면 나와 이웃, 세상을 어떻게 보았을까

내 주변에 보이는 것은 다 신기하다. 저 울창한 숲에는 뭔가 많은 것이 있다. 시시때때로 나와 친구들을 노리는 맹수들 말고도 뭔가 더 있다. 시냇물 속에도 빠르게 달아나는 물고기나 돌 틈의 이끼, 모래 말고도 뭔가 더 있다. 차가운 물속에도 내 손과 발을 더 차갑게 하는 뭔가가 있다.

무엇보다 신기한 것은 하늘이다. 푸르고 높고 끝없이 펼쳐지는 하늘. 낮에는 해와 구름만 보이지만 밤에는 수없이 반짝이는 별이 빈틈없이 채워져 있다. 저 별들은 낮에는 어디 있을까? 밤에만 보이는 건 왜일까?

가끔 내리는 비는 어디에서 오는 걸까? 구름에서? 아니면 하늘의 어디엔가 있는 호수에서? 혹 구름이 비를 내린다면 그 구름은 어떻게 생겨나는 걸까? 어디서 온 거지? 왜 구름 안에 물이 있지?

이 땅속에는 벌레나 작은 짐승들 말고 또 뭐가 더 있을까? 눈에는 보이지 않는 뭐가 더 있는 건가? 불은 땅속 어디에 있다가 올라오는 거지? 번쩍거리며 날카롭고 굵은 소리를 내는 불은 어째서 땅에서 하늘로 올라가는 거지?

나는 나와 내 곁의 사람들이 여러 짐승보다 특별히 나은 것이 없는 게 마땅치 않다. 이빨이 더 날카로운 것도 아니고 눈이 더 밝은 것도 아니다. 무엇이든 냄새 맡을 수 있는 코가 있는 것도 아니고 미세한 소리도 잘 듣는 귀를 달고 있는 것도 아니다. 하늘을 날 수 있는 날개가 달린 것도 아니고 빠르게 달리는 발이 달린 것도 아니다. 도대체 그런 것 가운데 단 하나도 우리에게는 없다. 그중 하나만 있어도 먹을 것을 구하느라 쉼 없이 다니는 이런 수고는 덜할 텐데. 배를 주리며 두리번거리는 일도 드물 텐데. 나와 내 친구들은 늘 먹을 것을 찾아 이리 다니고, 저리 헤맨다.

이 땅에는 신기한 것이 아주 많다. 무서운 것도 많다. 숲과 강과 들판을 다닐 때는 주위를 조심스레 둘러봐야 한다. 여기서 만나는 것 가운데 제일 무서운 건 사람이다. 우선 말이 통하지 않으니 피해야 할지, 친구처럼 대해야 할지 알 수 없다. 그래서 어렴풋이 냄새를 맡아보거나, 멀리서 보이면 피한다. 그게 제일 안전한 방법이다. 우리가 마주치는 이들이 맹수처럼 힘세고 사나우면 겨우겨우 줍고 모은 것, 애써 사냥한 것도 빼앗기고 심지어 죽임을 당할 수도 있다. 우리보다 숫자가 많으면 우선 피한다. 우리보다 좋은 돌연장을 지니고 있어도 피해야 한다. 돌연장을 지니고 있지 않아도 피하는 게 상책이다.

깨알 같은 글씨를 다 읽은 내가 아들에게 휴대폰을 돌려주며 한마디 했다.

"진석아, 넌 작가 해도 되겠다! 감독까지 겸업하든지. 정말 구석기시대 사람처럼 썼는데?"

진석은 멋쩍어하며 목덜미를 쓰다듬었다.

"에이, 자꾸 왜 이러세요? 바람 넣지 마세요. 새싹은 잘 자라게 돼야 한다고요. 잡아 뽑으면 안 돼요."

진석이 전화를 받으러 잠시 전시실 바깥으로 나가는 바람에 나는 홀로 신석기 전시실에 들어섰다. 갑자기 짝을 잃은 기분이었다. 그것도 잠시, 아이들 한 무리가 재잘거리며 신석기 전시실로 들어왔다. 상쾌한 기운 같은 것이 아이들 주변에서 피어오르는 것 같았다. 재치가 번득이고 영롱하게 빛나는 짧은 말들이 잇달아 내 귓바퀴를 맴돌다 지나갔다.

"이걸 다 갈아서 만들었대? 흙으로 그릇을 처음 만든 거래? 개를 길들였대? 처음으로? 어떤 종류였대? 집이 이렇게 좁았어? 그럼 집에선 못 놀았겠네? 이게 불 피운 자리야? 그런데 왜 그릇을 불 곁에 둬? 깨지면 어떻게 하려고? 무슨 씨를 심었대? 밭에다 콩이 아니라 보리를 심었어? 그럼 밀은 어디다 심었어? 쌀은?"

제2장

신석기문명
: 토기와 무덤

갈돌(위), 돌도끼(중간), 이음낚시바늘(아래, 이상 국립중앙박물관) 음식 재료를 갈고, 물고기를 낚고, 나무를 쓰러뜨려 집을 세우거나 밭을 갈 공간을 마련하는 데 쓰인 도구들이다.

아이들 한 무리가 휩쓸고 지나간 전시실이 다시 적막에 빠졌다. 구석기실과 신석기실에는 아이건 어른이건 오래 머물지 않는다. 봐도 신기한 게 없기 때문이다. 관람객으로서는 돌로 만든 도구들과 그릇 정도가 전시물 대부분이니 굳이 오래 머무를 이유가 없다. 모두 사람이 만들어 쓰던 도구들이지만 현대인의 눈에는 사람의 온기며 체취가 잘 느껴지지 않기 때문이리라.

나는 아들 진석이 구석기 전시실에서 던졌던 질문들을 다시 떠올렸다. 신석기시대 유적과 유물에 대해서도 같은 질문을 한다면 어떤 답이 나올까? 아마 비슷하지만 조금은 결이 다른 답이 나올 것이다. 물론 같은 답이 나오는 것도 있겠지. 사람 사는 게 다 같으면서도 다르니까. 나고 죽는 건 같아도 날 때와 죽을 때 모습은 다르고, 웃고 우는 건 같아도 왜 웃고 우는지는 다르듯이. 누구나 느끼고 말하지만 느끼는 것과 말하는 내용은 다르지 않은가?

신석기시대의 가장 놀라운 일은 잘 갈아서 만든 도구를 쓰기 시작했다는 것이 아니다. 사실 갈아서 무얼 만드는 건 구석기시대에도 있던 일이다. 그때도 신상을 비롯해 정말 귀한 것은 갈아서 만들었고, 그런 것들을 몸에 지니거나 거처 깊숙한 데 두었다. 신석기시대에서 눈에 띄는 사건은 그릇의 발명이다. 이때 처음으로 흙으로 그릇을 빚어냈다.

신석기시대는 이전과 달라도 많이 다르다. 처음으로 집을 지은 것, 밭을 갈아 곡식의 씨앗을 심은 것도 그렇고, 짐승을 길들여 함께 지내거나 부린 것도 특별한 일이었다. 잡아먹던 것을 길러서 젖을 짜낼 생각을 하다니, 짐승과 사람이 함께 지낸다는 생각을 하다니, 얼마나 놀라운 일인가? 자연을 대하는 생각과 태도가 180도 바뀐 것이다. 자연 속에 있는 것을 찾아내 먹어 치우고 먹을 게 적어지면 거처를 떠나던 이전의 삶에서 벗어난 것이다.

신석기와 구석기의 차이

문명도 관념의 산물이다. 깨는 것과 갈고 벼리는 것 사이에 시대의 경계가 그어졌다. 이 경계를 넘는 데 그렇게 오랜 세월이 필요했을까? '갈기'라는 방법은 가죽을 무두질하면서 깨친 걸까?

먼저 '깨기'가 정교해지면서 구석기와 신석기 사이의 중간단계인 중석기가 모습을 드러냈다.[7] 특히 흑요석 중석기는 정교한 깨기 기법의 정수를 보여준다. 흑요석으로 만든 석기는 날이 극히 날카롭다. 크기도 아주 작고 가볍다. 이 흑요석 중석기의 날이 갈기라는 아이디어를 자극했을 수도 있다.

갈기 기법은 돌에 관한 생각을 어떻게 바꾸어놓았을까? 갈기를 거치면 돌은 원래의 형태에서 많이 달라진다. 자연에 존재하지 않는 새로운 도구가 된다. 새로운 물질은 아니지만, 그렇더라도 새롭다. 갈기로 만든

채도(왼쪽, 중국 감숙성박물관)와 반달형 돌칼(오른쪽, 국립중앙박물관) 채도는 토기가 신석기시대 농경인들에게 자신들의 경험과 생각, 이념과 신앙을 담는 캔버스로 여겨졌음을 보여준다. 반달형 돌칼은 애써 길러낸 곡식의 이삭을 잘라내는 도구이다. 정성 들여 갈아 만든 반달형 돌칼은 선사 예술의 결정품이기도 하다.

도구들을 보면서 인간은 상상력과 설계 능력을 자극받게 되었다.

인간은 사고의 도약을 시도하고 경험하는 존재다. 자연에서 유추해낸 것만이 아니라, 존재하지 않던 새로운 유형의 도구를 상상하고 만들어낸다. 물론 수많은 실험과 실패, 수정과 재실험의 결과이다.

인간에게는 보이지 않는 것도 적극적으로 상상하고 형상화하는 특별한 능력이 있다. 보이지 않는 것에서 유래한 형상을 깊게 고민한다. 힘과 능력의 원천을 보이지 않는 것에서 찾아낸다. 신에 대한 인식과 상상도 그중 하나다. 인간에게는 하늘도 고민의 대상이고 땅과 물도 진지한 관찰과 관념화의 대상이다.

보이지는 않으나 있다고 믿는 것을 자연 만물의 존재, 능력, 현상과 연결하면 신의 세계가 그려지게 된다. 신이 발견되는 것이다.[8] 신이 사람과 만물 사이에 존재를 드러내게 된다. 인간과 신의 관계가 의미를 지니게 되는 것이다. 자, 이제 다음 고민은 자연, 타인, 다른 무리에게 어떤 태도를 보일지이다. 신과 우리의 관계를 어떻게 내보일 것인가? 그 관계를 확장해 우리 눈에 보이는 자연, 타인과 어떤 관계를 맺을 것인가? 신석기혁명의 전야에 살았던 사람들의 고민도 이런 것이 아니었을까?

'생각해보니 도구를 갈아서 만드는 것도 큰 변화긴 하네. 그렇지만 토기의 발명만큼 특별한 건 아냐. 토기는 없던 거니까. 게다가 토기에는 장식을 더해 사람의 생각을 담잖아. 그것도 큰 변화지.' 나는 토기들이 놓인 칸으로 자리를 옮기며 '빗살무늬토기'로 불리는, 달걀을 반으로 자른 것처럼 생긴 신석기 토기의 유려한 선에 새삼 감탄의 눈길을 보냈다. 10살쯤 되어 보이는 아이 하나가 이 온전한 형태의 빗살무늬토기 앞에 서 있었다. 아이는 자못 진지한 표정으로 토기를 들여다보고 있었다. 뭐가 그리 신기할까 궁금해 아이를 보는데, 그 위로 아들 진석의 얼굴이 겹쳐졌다. '에구, 이 녀석은 청동기실에서나 볼 수 있을 거야.'

신석기시대 사람들은 토기의 발명으로 어떤 생각을 하게 되었을까

가만히 자연을 보며 감탄하는 눈에는 토기가 보이지 않는다. 흙은 흙이고, 햇빛은 햇빛이다. 물은 그냥 물일 뿐이다. 이렇게 서로 떨어져 있는 것을 하나로 묶어 보이지 않던 것을 보게 되는 것이 인간의 특별한 능력이다. 말 그대로 신이 주신 능력이다. 토기는 신이 사람에게 준 것이다!

사람이 나뭇잎이나 나무를 구부리고 얽어 그릇처럼 만들어 쓴 역사는 토기보다 오래되었을 것이다. 넝쿨식물의 마른 줄기로 그릇 형태의 물건을 만들어 쓰기도 했을 것이다. 그러나 땅 일부를 손으로 떼내어 특정한 형태로 만든 뒤 이것을 불에 말리고 굽는다는 생각은 오랫동안 하지 못했을 것이다.

사람얼굴장식 채도(왼쪽, 중국 감숙성박물관), 사람모습장식 채도(오른쪽, 중국 국가박물관) 이 채도들은 신석기시대 중국 감숙성 지방에 살던 사람들의 모습을 잘 보여준다. 특히 여성 모양 장식의 경우 얼굴 외에 젖꼭지와 성기가 두드러진다. 이 채도가 씨앗단지라고 생각했을 때, 이 장식은 생명을 낳는 신성한 존재에 대한 신앙과, 씨앗을 심어 곡식을 거두는 농경의 상응관계를 전제한 표현이라고 할 수 있다.

생각해보라! 흙이 물에 풀어지는 것만으로는 흙으로 무언가를 만들 생각을 하기는 어렵다. 물기 없는 흙을 햇볕에 쬔다고 형태가 바뀌지도 않는다. 흙이 자연상태에서 저절로 그릇 모양이 되는 것도 아니다. 그런데도 어느 날 인간은 흙을 물에 개고 주물러 오목하게 만들었다. 이것을 햇볕에 말린 다음 불에 구웠다. 그랬더니 뭔가를 담을 수 있는 참으로 쓸 만한 도구가 되었다!

토기는 인간의 발명품 중에서도 특이한 것이다. 자연에 없는 것이 인간의 손으로 만들어진 첫 사례다.[9] 그냥 자연에 존재하는 것을 얼기설기 엮어 형태를 바꾸어 쓰는 경우가 아니다. 돌을 깨고 다듬어 손도끼로 만들어 쓰는 것과는 차원이 다른 일이다. 나무와 풀로 집을 만들고 그 안에서 지내게 된 것과도 다르다.

어떤 흙에 적당한 정도로 물기를 더하면 반죽이 가능한 덩어리가 된다. 이것으로 가상의 공간을 만들어낸다. 그릇이라는 것이 담는 새로운 공간이 나타나게 된다. 이것을 햇볕에 말리면 처음의 자연상태보다 단단해지면서 무언가 담을 수 있게 된다. 다시 이것을 불 곁에 오래 두면 더 단단해져서 심지어 액체도 담을 수 있다. 처음의 흙과 성분상 다르지 않아도 물리적·화학적인 변화를 겪어 다른 물체로 재탄생하는 것이다.

토기는 인간이 자연에 존재하는 것을 형태만이 아니라 재질까지 바꾸어가는 과정을 잘 보여준다. 반죽하여 말리고, 다시 굽는 과정에서 토기는 인간이 일상적으로 가장 요긴하게 쓰는 도구가 된 것이다. 아마 불 곁에 둔 그릇은 갈라지고 터지기도 했을 것이다. 토기가 굳고 단단해지는 것을 보면서 사람들은 때로는 당혹감에, 또 때로는 경이감에 휩싸였을 것이다. 불에 그슬리는 수준으로 어설프게 굽던 토기를 가마에 넣어 굽고 꺼냈을 때, 그 감동은 또 얼마나 컸을까?

농경은 신석기시대 사람의 생각을 어떻게 바꾸었을까

농경은 어떻게 시작되었을까? 관찰의 결과일까? 왜 채집에서 농경으로 옮겨 갔을까? 채집에 생산이 더해지면서 사람의 생각은 어떻게 달라졌을까? 반복적 채집이 어느 순간 생산으로 이어진 것일까? 씨앗을 거두고 심는 행위는 창안한 것인가, 누구를 흉내 낸 것인가?

초보적인 농경은 막대로 땅에 작은 구멍을 내고 씨앗을 떨어뜨린 뒤 흙을 덮는 것으로 끝난다. 그 뒤는 하늘의 몫이다. 때가 되어 열매가 맺힐 즈음 사람이 찾아온다. 이렇게 사람은 심고 수확하는 일만 하고, 나머지 과정은 하늘이 담당한다. 어떤 면에서 채집과 별로 다르지 않다. 이런 방식으로 시작된 농사의 수확량은 단순 채집으로 얻은 것과 큰 차이가 나지 않았을 수 있다.

하늘이 맡아주던 농사의 한 부분, 물 주기를 사람이 하기 시작한 것은 언제일까? 적절한 시기에 비가 내리면 물 주기가 이루어지는 것인데, 왜 사람이 이 과정을 담당하게 됐을까? 더 많은 수확을 위해 경작지를 확대했기 때문일 것이다. 덕분에 채집 활동은 줄어들었으리라. 채집의 비중이 낮아진 만큼 물 주기 등으로 농사에는 더 깊이 매달리게 되었으리라.

그러나 때마다 비가 오지 않으면 잠깐씩 물 주는 정도로 농사를 계속하기는 어렵다. 밭 근처의 강이나 호수에서 물을 끌어와야 한다. 밭 가까이 물이 있거나, 밭에 줄 물을 따로 한곳에 모아두어야 한다. 하늘의 뜻이라며 마냥 하늘만 쳐다보아서는 안 된다. 자연에 손을 댄다고 신이 언짢아할까?

강이나 호수에서 밭으로 물을 끌어오더라도 농사 결과는 신의 뜻에 맡길 수밖에 없다. 물 말고도 농사에 영향을 주는 것은 많기 때문이다. 수확이 코앞인데 강력한 비바람이 몰아치거나 계속 날이 어둡고 눅진하면 곡식이 익지 못한다. 그해 수확은 알곡 없는 쭉정이 잔치로 끝날 수 있다. 사람은 최선을 다해야 하지만 결과는 신의 몫이다.

이런 까닭에 사람 중 신과 대화하는 이가 있어야 한다. 농사꾼이 신과 말씀을 나눌 수는 없지 않은가? 신과 교감하는 사람이 따로 있어야만 한다. 농경은 신이 사람에게 알려준 지혜.[10] 그러니 농사의 과정과 결과는 신과의 대화 속에 이루어져야 한다. 때 맞춰 비를 내리고 선선한 바람이 불게 하며, 햇볕을 비추는 이는 신이 아니겠는가? 농사가 시작되면서

풍요의 여신(왼쪽, 터키 차탈회위크 신석기 유적 출토, 아나톨리아 문명박물관), 여신(오른쪽, 아나톨리아 문명박물관) 신석기시대에는 남성이든 여성이든 통통한 얼굴, 살집 있는 몸이 이상형이었을 것이다. 살진 모습의 여신상은 신석기시대 사람들의 소망이 진지하게 투사된 결과로 보아야 하지 않을까?

신도, 사람도 할 일이 많아졌다고 할까?

나는 전시실 한쪽에 놓인 의자에 잠시 앉았다. 아들 진석 흉내를 내 휴대폰으로 뭘 써볼까 하다가 주머니에서 수첩과 볼펜을 꺼내 든다. 아무래도 아들처럼 좁은 화면 위에 번개 메모를 할 자신은 없다. '송충이는 솔잎을 먹어야지. 뱁새가 황새 흉내 내면 안 되지.' 독백 비슷하게 혼잣말로 중얼거리며 '내가 신석기인이라면'이라는 제목의 메모를 시작한다.

신석기시대 사람은 세계를 어떻게 보았을까

세상을 볼 때 늘 두려웠다. 앞일은 깊은 어둠에 덮여 있는 것 같았다. 신께서 지혜를 주시지 않으면 무언가를 해보려고 해도 어떻게 해야 하는지 몰랐다. 어느 때는 죽음의 여신만이 우리 앞에 서 있다는 생각이 들었다. '그분의 마르고 창백한 얼굴이 우리를 보고 있구나!' 했다.

불쑥 해가 떠오르면 하늘의 여신은 자취를 감춰버린다. 해가 하얗게 세상을 덮을 때면 우리는 큰 나무와 바위 밑 그늘을 찾는다. 너무 밝으면 보이는 것이 적어진다는 걸 잘 알기에 구름이 돌아오기를 기다린다. 하늘 여신의 옷자락처럼 긴 구름이 산 이편부터 저편까지 드리워지면 좋겠다고 생각한다.

신께서 그릇을 만들 수 있게 해주셔서 정말 감사하다. 여신이 지혜를 주어 흙에서 그릇을 들어 올렸다. 이파리와 가지로 엮었던 것보다는 무겁지만 단단해서 좋다. 벌레가 슬지 않는 멋진 그릇을 흙에서 꺼냈다. 흙이 그릇을 주다니, 여신이 준 지혜가 아니면 꿈도 꾸지 못할 일이다. 우리에게 흙으로 만든 그릇이 생겼다.

여신의 축복으로 받은 그릇에 여신의 말씀을 그려 넣었다. 나무나 뼈에 새기던 것을 그릇에 담으니 너무 아름답다. 밝게 빛난다는 느낌이 든다. 사실 정말 좋은 것은 그릇이 주는 느낌이다. 둥글게 그림이 돌아가도 제자리에 온다. 우리가 사는 세상, 우리의 느낌, 우리의 믿음을 이 작은 그릇에 담을 수 있다니, 신의 지혜가 놀라울 뿐이다.

여신께서 축복하실 때마다 땅은 더 많은 곡식을 낸다. 흙에다 씨를 뿌리게 된 것도 여신의 가르침 때문이다. 흙을 일구고 씨를 뿌려 덮으면 여신이 비를 내려 씨앗이 싹트게 하신다. 그런 뒤 몇날 몇밤 열 손가락으로 수십 차례 날을 헤아리면 싹이 줄기를 내고 줄기에는 많은 열매가 달린다. 하나의 씨앗이 수백 개의 알곡이 된다. 우리는 이제 언제 씨를 심고 열매를 거둘 수 있는지 안다.

여신은 모든 것을 주신다. 그분의 지혜로 옷과 음식, 집이 우리에게 주어졌다. 집이 먹을 것으로 채워진 것도 여신의 덕택이다. 우리는 때마다 여신의 집이자 조상의 무덤인 '신성한 곳'에 간다. 거기서 지혜를 얻고 생명을 받는다. 그런 날 우리의 여인들에게 새 생명이 들어온다. 배 속에 아기가 생긴다. 여신이 지키고 먹여주어 우리는 행복하다.

신석기시대 신전은 무엇을 말해주나

여신은 하늘에 계시지만 우리는 땅에서 제사를 지낸다. 그분의 집을 이곳 땅에 만드는 건 어떨까? 여신의 모습을 만들어 그 집에 모시고 우리의 마음을 전하는 것은 어떨까? 우리가 사는 이 집과는 다른 영원히 무너지지 않을 집을 지어 여신에게 드리자. 나무와 돌로 만들 수 있는 가장 아름다운 신상을 만들어 여신이 거기에 내려와 쉬게 하자.

신의 집은 어때야 할까? 신은 어떤 집을 좋아할까? 어떤 집에 머물며 제사받기를 원할까? 우리의 여신은 생명의 큰 그릇이다. 몸 안에 많은 생명을 안고 있는 분이다. 때마다 하늘 문을 열어 비를 내리시고 씨앗을 싹트게 하시며 우리의 가축이 새끼를 배게 하신다. 그분은 위대하다. 땅 위의 모든 것이 여신을 우러른다. 이 땅의 많은 신도 그분을 기리며 조심스레 올려다본다.

여신은 온몸으로 우리를 품는다. 그래, 여신의 몸을 본떠 그분이 머물 집을 짓자. 이 땅에 그분이 있게 하자. 생명의 그릇을 우리 손으로 흉내 내어 만들자. 동굴처럼 큰 방을 만들고 둘레에는 더 많은 작은 방을 붙여 꿀벌 집처럼 방이 많은 곳이 되게 하자.[11] 생명의 방들에 여신의 신상을 모시자.

신암리 여신상(국립중앙박물관) 울산 울주군 신암리의 신석기 유적에서 출토된 이 여신상은 군살이 없으면서도 볼륨이 풍부하고 인체 비례가 적절하게 빚어졌다. 다른 문명권 신석기시대 유적에서는 이런 형상의 여신상이 매우 드물게 발견된다.

여신의 집은 생명의 알로 가득한 곳. 큰 방에 오신 여신이 모든 생명을 돌본다. 이제 이 집은 여신의 집이니 죽은 자도 이곳에 들어오면 새 생명을 얻을 것이다. 죽어서 들어온 자가 살아서 나갈 것이다. 여신이 그분 몸 안의 생명으로 이곳에 삶의 기운이 넘치게 하실 것이다. 이제 이 돌들도 생명의 돌이다. 단단한 이 돌들이 생명의 빛으로 빛날 것이다.

여신의 눈은 모든 것을 볼 수 있다. 우리가 만든 이 신전도 그의 눈 안에 있을 것이다. 땅에 누운 자신의 그림자를 보며 생각하겠지. 땅을 품은 자신의 모습을 보며 눈에는 눈물이 글썽거리고 가슴에서는 젖이 돌 거야. '저렇게 애쓰며 내게 다가오는구나. 내게 오려는 간절한 마음으로 저런 것을 만들고 그 안에 내 모습을 넣었구나. 나로 비를 내리고 씨앗이 싹트게 하려는 거구나. 가축이 건강한 새끼를 얻게 하려 저런 작은 방들에 공양물과 작은 신들의 모습을 만들어 넣었구나.'

우리는 이제 신과 함께 살게 되었다. 신전을 만들었으니 날마다 풍성함을 누릴 것이다. 집에는 곡식이 가득하고 가축은 언제나 새끼를 배거나 키우고 있을

게 틀림없다. 큰 여신이 우리를 돌보시니 다른 작은 신들도 우리와 함께할 것이다. 우리에게 필요한 것을 쉼 없이 주실 게 확실하다. 우리는 이제 행복하게 지낼 수 있다. 큰 여신과 함께!

　그러고 보니, 울주 신암리 신석기 유적에서 나온 신석기 여신상은 제법 세련된 솜씨로 만들었다는 생각이 들었다. 머리와 팔이 없지만, 허리는 잘록하고 엉덩이는 볼록하다. 우리나라 신석기 유적에서 나온 몇 안 되는 신상 가운데 가장 멋지다. 한국에도 신석기 여신신앙이 있었음을 잘 보여주는 유물이다.[12]

　'처음 신상은 어땠을까? 여신이 어떻게 생겼다고 생각했을까?' 나는 잠시 일어나 전시실의 신암리 여신상 앞에 섰다가 생각에 잠겼다. 전시실에는 사람이 두셋밖에 없다. 경비원은 구석기실로 간 듯하다. 다시 의자로 돌아와 앉아 수첩에 메모를 더한다. '이러고 보니 내가 작가인 것 같네. 글은 아들 녀석이 더 잘 쓰지만, 아비도 그 뒤를 이어볼까?'

신석기시대 신상은 왜 제각각일까

"여보게, 큰 여신의 모습은 어떻게 나타내야 할까?"

"나도 모르네. 뵌 적이 없으니 알 턱이 있나?"

"그럼 신상을 어떻게 만들지? 난감하군."

"그래도 만들어야. 신의 집에 큰 여신을 잘 모시려면 만들어야지."

"그럼, 어디서 여신의 모습을 보는가? 큰 여신의 집이 저 큰 산 너머 어디에 있다지만, 저 산은 누구도 넘은 적이 없다니 어쩌지? 저 산은 또 넘어서는 안

되는 산 아닌가?"

"그러면 이렇게 하시게. 여신을 모시는 큰 어른께 찾아가서 어른이 꿈에서 봤다는 여신의 모습을 말해달라고. 꿈에 여신의 말씀을 들었다니 모습도 보았을 것 아닌가?"

"벌써 여쭤보았네. 못 봤대. 고개를 들 수 없었다는 거야. 아예 눈도 뜨지 못했다는구먼. 어떻게 감히 여신을 보냐며, 말씀만 들었다네. 나 보고는 스스로 깨우치라고 하셨어. 여신께 기도하면서 답을 들어보라는 게야. 보지는 못하더라도 어떻게 할지 말씀해주실 거라면서. 기도해봤지만 답이 없으시니 답답한 노릇이지. 기도하고 기도하다 자네에게 물어본 게야."

하늘 큰 여신의 모습을 본 사람이 없다! 여신의 집 바깥에 다른 신들을 모셨지만, 안에 들어가는 이는 몇뿐이다. 다른 이들은 감히 들어갈 수 없다. 신전 밖의 사람들은 안에서 어떤 일이 일어나는지 모른다. 그저 공손히 바깥에서 기도하며 기다릴 뿐이다.

신전 안에 모신 여신의 모습을 못 봐도 아무도 뭐라 하지 않는다. 그저 믿고 제사 드리고 기도할 뿐이다. 어떤 이는 보지 못하는 걸 다행스럽게 여겼다. 안전하니까. 보고 두려움에 휩싸이고 병이 드는 것보다 낫지 않은가?

여신의 모습은 다 다르겠지. 하늘의 큰 여신은 생명을 주시니 가슴도 크고 배도 나왔을 것이다. 엉덩이도 크고 아기집도 넓을 거야. 큰 여신의 가슴에서는 하늘의 젖이 흐른다고 했다. 그분의 몸에서는 생명의 기운이 돈다고도 한다. 그것이 밖으로 흘러나와 세상을 푸르게 만든다고 한다.

그렇지만 죽음의 여신은 그렇지 않다고들 한다. 깡마르고 창백하다고, 나뭇가지처럼 뻣뻣하고 죽음의 흰빛, 뼈의 흰빛이 밖으로 뻗어 나와 사람의 눈을 쏜다고 했다.[13] 그분 앞에서는 눈을 감고 입도 다물어야 산다. 실수로라도 그분의 눈을 본다면 바로 죽음의 세계로 끌려간다고 했다.

신석기시대 사람들은 어떻게 장례를 치렀을까

죽음의 여신이 우리 족장의 목숨을 거두어들였다. 다행히 족장은 오랫동안 시름시름 앓으며 온 마을이 걱정하게 만들지는 않았다. 사흘간 온몸에 열이 있더니 그제 새벽 여신의 부름을 받고 바로 신의 나라로 떠났다고 한다. 장례를 준비하는 동안 나는 마을 청년 몇과 뒷산 너머로 사냥하러 다녀오느라 마을에 없었다. 우리 사냥 무리는 사흘 만에 노루 두 마리를 잡았다. 정말 기분 좋게 마을에 돌아왔는데, 족장이 돌아가셨다는 말을 들었다.

마을 어른들이 족장의 장례를 위해 회당에서 두어 차례 모였다고 한다. 그가 마을을 위해 많은 일을 했으니 조상들에게 가기 전에 세상에서 며칠이라도 더 지낼 수 있게 신께 기도하자는 이도 있었고, 조상에게 가서 쉬다가 때가 되면 아기가 되어 마을로 돌아오게 바로 장례를 치르자는 이도 있었다.

족장이 조상들에게 가기 전에 그의 혼이 이곳에 머물게 하려면 누군가 그를 대신하여 조상에게로 가 있어야 한다. 누구에게 그 일을 맡길까? 거짓으로 소나 말을 보내 죽음의 여신을 속이거나 기분 나쁘게 하면 무슨 탈이 있을지 모른다. 혹 신이 무서운 병을 마을로 보내면 한꺼번에 여럿이 죽음 앞에 서게 될지도 모르는 일이다.

여러 의견을 주고받다가 족장의 혼이 조상에게 바로 돌아가도록 하자고 말을 맺은 모양이다. 어제부터 장례가 준비된 것도 이 때문인 듯했다. 전처럼 장례를 치르기로 했으니 주춤거림 없이 바로 진행되는 모양이다. 그래도 일은 많다. 족장을 위해 하늘 큰 여신의 신전 큰 방 곁에 새 방을 만들어야 하니까.

지금 일이 시작되어도 마무리 짓자면 족히 몇 달은 걸리는 일이다. 당분간은 마을의 누구도 사냥을 나가지 못한다. 특히 힘센 남자들은 매일 족장의 방 만드는 일에 매달려야 한다. 돌로 돌을 다듬는 일이라 힘이 든다. 돌을 뚫어 방을 만

죽음의 신과 사람(터키 차탈회위크 신석기 유적 전시관의 복원모사도) 거대한 날개를 펼친 새는 죽음의 신이다. 생명이 다하거나 목숨을 잃은 사람은 머리가 없다.

들고 그 안에 사람을 넣으려면 여럿이 부지런히 움직여야만 한다.

몇은 족장의 몸을 씻고 다듬고 단장한다. 죽은 자의 몸에서 벌레가 생기거나 흉한 냄새가 나지 않게 여러 가지 일을 해야 한다. 시신 주변을 차가운 공기로 감싸는 것이 첫째요, 향이 강한 풀로 몸을 덮는 게 둘째다. 여자들 몇은 향 나는 풀을 구하러 마을에서 멀찍한 곳까지 갔다. 족장의 몸을 뉠 자리에 쓸 나무판과 죽은 이를 위한 나무집을 만들 통나무도 마련해야 한다. 일이 많으니 아무도 쉴 수 없다.

신석기시대 무덤은 죽은 뒤의 세계를 어떻게 나타낼까

족장 센돌은 여신의 집에서 두 번째로 큰 돌방에서 쉬게 될 것이다. 처음 조상의 세계에서 나올 때처럼 그가 쉴 방을 새알 모양으로 만드는 중이다. 낯설거

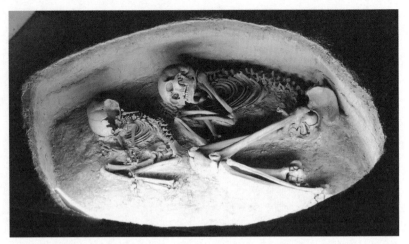

무덤 속 유골(터키 차탈회위크 신석기 유적 출토, 아나톨리아 문명박물관) 신석기시대에는 죽은 자를 아기가 엄마의 아기집 안에 있을 때의 모습으로 매장하는 사례가 많았다. 재생의 소망을 담은 장례가 이루어졌기 때문이다.

나 불편하지 않을 것이다. 옛날 어머니의 아기집처럼 아늑한 곳이 되리라. 그의 혼은 지금 죽음의 여신과 함께 있을 것이다. 여신은 그를 땅 밑 어딘가에 있다는 조상들의 땅으로 인도하는 사자를 보낼 거야. 족장이 그곳에 이르면 번개와 불을 다루는 땅의 신은 자기가 부리는 사자에게 문을 열어주라고 하겠지.

센돌은 족장이었으니 많은 것을 가지고 저세상으로 갈 수 있다. 이 세상에서 살 때 쓰던 것 말고도 여러 가지 도구며 음식, 옷가지, 약초 같은 것이 그의 곁에 놓일 것이다. 그의 새집은 이런저런 물건들로 채워져 빈틈이 없으리라. 그의 혼이 죽은 자의 세상에서 생활하는 데는 아무런 불편함도 없을 것이다.

우리도 때가 되면 그를 만나게 된다. 차례로 그를 만나러 온 우리 한 사람, 한 사람을 위하여 그가 잔치를 베풀어줄 거야. 우리가 죽어 갈 수 있는 곳은 족장 센돌의 혼이 사는 그곳밖에 없을 테니까. 모르긴 몰라도 그 땅은 굉장히 넓을 것 같다. 이곳보다 몇 배, 몇십 배 넓겠지. 우리 조상들 가운데는 오래도록 그곳에 사는 이도 있을 거야. 다시 우리 사이로 오지 않았다면 말이다.

예전 우리의 할아버지, 할머니 말로는 우리 조상들과 우리는 하나라고 했다. 우리가 잡는 곰이나 사슴도 그의 어미와 아비가 죽었다가 다시 태어난 것이듯 이 우리도 조상의 혼이 어머니 배 속에 들어가 다시 난 거라고. 하지만 우리 중에 누가 옛날의 할아버지의 아버지, 할머니의 어머니인지는 알 수 없다고 했어. 어쨌든 새로 태어날 때는 아기니까.

멀리서 와 우리의 물건을 사고 자기가 가져온 것을 내놓는 사람을 볼 때, 그를 어디선가 본 적이 있다는 생각이 들 때가 있다. 우리가 사냥을 나가 닿은 곳이 우리가 틀림없이 전에 왔던 곳이라는 생각이 들기도 해. 농사를 지을 때조차 오래전부터 했던 일이라는 느낌이 들 때가 있지. 아마도 이 모든 게 다시 태어났기 때문일 거야. 아련한 기억이나 경험 같은 것 때문인지 모른다.

앉은자리에서 휴대폰 대신 작은 수첩에 글을 몇 쪽이나 쓰려니 눈도 가물거리고 펜 잡은 손도 아팠다. 고개를 들고 목을 이리저리 움직여 근육을 풀었다. 수첩을 다시 포켓에 넣고 기지개도 크게 폈다. 마침 우르르 전시실로 몰려 들어온 어린아이들 가운데 하나가 '왜 저럴까?' 하는 표정으로 나를 보며 고개를 갸우뚱거렸다. 내가 그 아이에게 눈을 맞추며 미소를 보내니 놀란 토끼처럼 눈을 동그랗게 뜨더니 얼른 고개를 돌려 선생님 쪽을 봤다. 노란 유치원복을 입은 아이들을 인솔하던 선생님이 아이와 눈을 마주치자 얼른 괜찮다는 뜻의 미소를 보냈다. 아이도 안심이 된다는 듯 선생님을 마주 보며 웃었다.

신석기시대 사람이 생각한 신과 문명

신석기시대 사람들은 모든 것이 신에 달렸다고 믿었는지도 모른다. 돌과 나무, 뼈로 만든 도구가 전부였던 그들에게 집과 밭, 신전과 무덤은 신이 함께하지 않으면 짓기도 어렵고 쓰기도 쉽지 않았다. 신이 도와주어야 했다.

신석기 사람들은 신과 함께 살았다. 사람 모습의 신, 사람이기도 하고 짐승이기도 한 신, 짐승의 형상으로만 모습을 보이는 신. 신석기시대에 신은 아주 작은 일부터 큰일까지 사람에게 지혜를 주고 일이 잘되도록 도움을 준다고 믿어졌다. 사람들은 하나하나 모든 일을 신에게 묻고 답을 들으려 했다.

제일 어렵고 힘든 일이 농사와 가축 돌보는 일이었다. 물론 사냥이나 채집도 신이 눈을 열어주고 손발에 힘을 주어야 가능하다고 여겨졌지만, 농사는 신의 도움이 없으면 불가능했다. 정말, 정말, 제때 비가 와야 했다. 아니면 한 해 농사가 끝이었다. 게다가 뿌린 씨앗을 온전히 거두지 못하면 그다음 농사는 기약하기도 어려웠다.

가축에게 풀 먹이는 일도 마찬가지였다. 제대로 된 목초지를 제때 찾아야 했으니까. 하늘이 문을 닫아 비를 내리지 않으면 풀이 자라지 않는다. 그러면 가축도 굶어 죽을 수밖에 없었다.

하늘의 큰 여신이 내리는 비는 땅의 신도 기다렸다. 땅은 물을 받아야 풀도 자라게 하고, 씨앗도 싹 틔울 수 있었다. 하늘이 어두워지고 시커먼 비구름이 땅에 비를 떨어뜨리려 할 때, 번개를 번쩍거리고 천둥소리를 내며 땅이 비를 받을 준비가 되었을 때, 하늘에서 쏟아져 내리는 비는 만물을 소생시키며 춤추게 했다.

사람들은 신전을 짓고 무덤을 만들면 제일 먼저 하늘의 큰 여신에게 기도했다. 많은 사람이 힘을 모아야 하는 일에는 여신의 도움이 있어야 했으니까. 여신이 땅에서 여신의 몸 일부가 될 만한 곳을 알려주지 않으면 시작도 할 수 없었으니까.

동굴이 있는 낮은 언덕이라든가, 낮은 언덕이 잇달아 있어 그 사이에 오목한 공간을 만들 수 있는 곳이 있다면 제일 좋은 터로 여겨졌다. 하늘에서 보아 여신의 몸, 여신이 누운 자리처럼 보일 수 있는 곳이 그런 곳이다.

신전을 지을 때는 여신의 아기방을 설계하고 만드는 일이 먼저였다. 생명이 나오는 곳이니까. 가운데 큰방이 먼저고 둘레의 작은방들은 그 다음이었다. 동유럽과 남유럽의 신석기시대 신전들에서는 여신의 큰방에 큰 여신을 모시는 작은 여신들 여럿이 같이 발견되었다. 생명이 다한 자들은 큰방 둘레의 작은방에 잠든 채, 큰 여신이 새 생명의 씨앗을 넣어주기를 기다렸다. 중국 츠펑의 우하량유적 여신묘(女神廟)도 신석기 신전이다. 부근의 작은 무덤 수십 개는 죽은 자들이 다시 나기 위한 곳일 수 있다.

내가 신석기실을 막 나서려는데, 누군가 뒤에서 다가오며 팔꿈치 쪽을 살짝 건드렸다. 아들 진석이었다.

"아직 여기 계셨어요? 청동기실에도 안 계시기에 삼국시대로 가셨나 하다가 혹시나 해서 되돌아와봤죠. 야, 인사해. 우리 아버지. 아버지, 얘는 같은 과 규진이에요. 고고동아리 친구들과 왔다가 지금 막 헤어졌대요."

"안녕하세요!" 아들 뒤를 따라오던 규진이 고개를 꾸뻑했다. 나는 약간 어리둥절한 표정으로 인사를 받았다. "어, 반갑다."

구석기시대의 소와 말 그림(위, 알타미라 동굴그림 모사도, 중국 세계암각화박물관), 신석기시대의
여신상(아래, 아나톨리아문명박물관) 구석기시대 미술 작품의 특징은 사실감이 두드러진다는 점
이다. 세부 표현이 생략되고 약간은 경직된 모습의 신석기시대 여신상은 이미 존재하는 것을 재
현하기보다 종교적 관념을 형상화한 종교미술 작품의 특징을 잘 보여준다.

진석이 규진과 다시 자리를 뜨며 "얘랑 고구려실 잠깐 다녀올 테니까, 좀 이따 청동기실에서 봬요" 했다. 뭐가 그리 바쁠까. 아들 녀석은 또 아비를 혼자 남겨두고 친구와 휑하니 다른 전시실로 갔다.

청동기실에 들어가기도 어정쩡하여 나는 다시 자그만 울산 신암리 여신상 앞으로 갔다. 여신상을 만든 솜씨에 한번 더 감탄사를 내면서도 '구석기에서 신석기로 오면서 조각이나 회화의 생동감이 떨어지는 이유는 무얼까?' 의문 부호를 던졌다. '예술가가 전심전력을 기울이지 않게 되어서일까? 아니면 미의 기준이 바뀌었기 때문일까?' 최근 읽은 책 어디에서도 이 문제는 짚지 않았던 것 같았다. '그래도 신암리 여신상은 세련되었는데 다른 건 그렇지 않거든. 왜 그렇지?' 옆 사람에게 말 걸듯이 작은 소리로 중얼거렸다. 신석기 전시실에는 이제 아무도 없었다.

신석기시대 미술은 구석기시대 미술과 어떤 점이 다를까

여신상은 후기 구석기시대에 이미 만들어지기 시작했다. 돌을 깨 석기를 만들어 쓰던 사람들이 처음으로 돌을 갈고 다듬어 만든 게 신상이다. 신석기에 보이는 갈기 기법은 이전 구석기시대 후기에 여신상을 만들어본 경험에서 비롯되었을 수 있다. 어떻게 돌을 갈아 여신의 모습을 형상화할 생각을 했을까? 벽과 천장에 동물의 형상을 옮겨 그리던 사람들이 어떻게 입체적인 여신의 형상을 구현해냈을까?

생각해보면 조각이 등장하자 회화는 뒤로 물러난 것 같다. 물론 구석기시대 후기에도 조각은 있었다. 그래도 이때는 회화가 주류였다. 그런데 신석기시대에는 조각이 전면에 나온다. 이 시대 사람들은 돌을 갈고 다듬어 여러 형태의 신상을 만든다. 흙으로도 신상을 빚는다.

농경은 신석기시대 사람들에게 신에 대해 더 많이 생각하게 한 것 같다. 신과의 대화도 꿈꾸고 시도하게 한 듯하다. 신석기시대는 사람이 신과 말하기 위해 더 적극적으로 신의 모습을 현실로 끌어내려 애쓰던 시기이기도 하다.

동굴 회화는 찾아간 자리에서만 길지 않은 시간 동안 신과 대화를 나눌 수 있게 한다. 그러나 조각은 신당이나 집에서 신과 만날 수 있게 한다. 신상에 내려온 신과 만날 수 있게 되자 동굴 회화는 신석기 사람의 일상에서 멀어졌다.

신석기시대에 동굴 회화를 대신한 건 바위그림(암각화, 암채화)이다. 강변의 신성한 바위가 새 캔버스가 되었다. 어두운 동굴 속이 아니라 밝은 빛 아래 많은 사람이 모일 수 있는 곳에서 그림 작업이 이루어졌다. 많은 사람이 모이는 신성한 장소가 선택되었고, 물이 흐르는, 생명의 힘이 있는 곳에서 작업이 진행되었다. 돌 위에 새기거나 그린 그림은 돌이라는 도구 때문에라도 회화성이 떨어질 수밖에 없었다.

조각도 마찬가지다. 회화보다 세련된 작업이 어려웠다. 그렇지만 작은 조각은 어디에나 가져가 모실 수 있다. 지니고 다닐 수도 있다. 신당에 모신 신상은 마을 전체를 신성한 공간으로 만든다. 집의 신상은 그 집의 모든 사람이 신성한 힘 안에서 살게 한다.

신석기시대 사람들은 신과 동행한다는 느낌으로 신상을 만들었던 것 같다. 이 신상 앞에서 그들은 그해 농사가 풍년으로 결실되기를 기도했다. 신은 전능하여 생명과 죽음, 사람 삶의 모든 순간을 한 손에 쥐고 있다고 믿어졌다. 그런 신은 사람에게 여러 가지 일을 시킨다. 동물을 가축으로 사육하는 것도 신이 주신 지혜로 하는 일로 여겨졌을 것이다. 농경지를 선택하여 개간하고 씨앗을 심는 것도 신이 허락해야 가능하다고 믿어졌을 것이다. 신이 동의할 때만 사람은 하루도, 일 년도 온전히 지낼 수 있다는 믿음이 상식이 되었다.

신상 위주로 예술 활동이 이루어진다면 자연스레 추상적 표현이 많아진다. 신은 관념 세계에서 발견된 신성함 자체니까. 게다가 신이 이전 시대보다 권위적인 존재로 여겨진다면 사람들은 어떻게 반응했을까? 결국 신상에 권위라는 관념을 덧붙일 수밖에 없었을 것이다. 권위는 구체적 형상으로 눈에 들어오지 않는다. 그런 면에서 신석기시대 예술에서 구상적 표현이 자리를 잃어가는 것도 자연스러운 현상이라고 할 수 있다. 후대로 내려갈수록 이런 흐름이 강해진 듯하다.

내가 신석기시대의 예술가라면 어떻게 생각하고 행동했을까

이 세상이 살아 움직이게 하시고 우리를 낳아 숨 쉬게 한 이는 큰 어머니 신이다. 오늘은 흙으로 새 그릇을 만들면서 그분을 그렸다.[14] 그분의 품을 그리고 우리를 낳아주신 것에 감사하며 그분의 아기방을 세 개의 쐐기 모양 선으로 겹쳐 그렸지. 우리의 어머니, 우리의 딸들도 가지고 있는 아기방. 우리의 신도 그런 방에서 우리의 먼 조상을 낳았을 거야.

어릴 적 할아버지께서 내게 이런 이야기를 해주셨다.

"살아 있는 건 다 그분에게서 시작되었어. 그분의 몸에서 온갖 것이 나왔지. 우리도 그분의 아기방에서 생명을 받았어. 우리의 첫 조상이 거기서 나왔으니까. 아기들이 여자의 아기방에서 나오는 것처럼."

난 이 이야기를 마음에 담아두었다. 크면서도 늘 아버지처럼 훌륭한 토기장이가 되어 그분의 아기방을 토기에 그려 넣겠다고 마음에 다짐했다. 더 멋지게 그릇이 가득 차도록 그려야겠다고 생각했다. 제사 때 신당 앞에 놓인 토기들이 얼마나 멋있을까? 상상하면서 말이다.

나는 요즘 아예 그분을 토기에 그리면 어떨까 생각한다. 마을 신당에 모신 그분을 그리는 것이다. 똑같이 그리는 건 내게 쉬운 일이다. 오늘 마을 밭일만 마치면 신당에 가 절하고 그분을 한번 더 뵈러 갈 것이다. 신당 할미께 말씀드리고 특별히 큰 토기를 만들면서 그림 넣는 걸 허락받아야겠다. 어차피 신당에 드릴 그릇이니까 신당 할미도 좋다고 하실 게 틀림없다. 그래도 먼저 허락받아야 한다.

지난번에 그릇에 새를 그리겠다고 했더니 신당 할미는 바로 대답을 하지 않고 뜸을 들였다. 사실 무언가를 새로 그리려면 신당 할미도 신의 말씀을 들어야 했다. 다행히 며칠 만에 허락이 떨어져 커다란 새(鳥) 그림 토기를 하나 만들 수 있었다. 멀쩡한 새 그림 토기가 나온 날 얼마나 기분이 좋았는지 모른다.

신당 할미 말씀으로는 우리의 어머니 신은 새가 되어 오시기도 하고 다른 짐 승의 모습으로 오시는 때도 있다고 한다. 크고 흰 새로 오실 때는 마을에 큰 변고가 일어날 조짐이라고 했다. 그런 까닭인지 신당 할미는 새 그림 넣은 토기가 만들어진 뒤에도 그걸 신당에 두기만 하고 제사 때 사람들 앞에 꺼내지 않았다. 단순한 무늬만 있는 토기는 여럿 만들어 집집이 하나씩 두게 했으면서 말이다. 다음 해에 쓸 씨앗 곡식을 넣어둔다며 이런 토기를 여러 개 만들게 했다. 신기하게도 이 토기에 담은 씨앗 곡식에서는 다음 해 씨를 뿌리기까지 싹이 나지 않았다. 그림 토기에 신의 기운이 어린다는 걸 그때 알았다.

내가 신석기시대 사람의 하루를 경험한다면

예술가가 아니라 평범한 농사꾼이라면 하루를 어떻게 시작하고 마무리했을까? 구석기시대보다 더 바쁘고 힘든 하루가 아니었을까? 낯선 이웃을 만나면 어떻게 대했을까? 그때그때 어떻게 대할지 정해야 했을 것이다. 어쨌건 해가 뜰 즈음 일어나 종일 이리 뛰고 저리 뛰며 바쁜 하루를 보냈을 것이다. 해가 지고 나서야 집에 돌아왔겠지.

해 뜨기 조금 전에 일어났다. 오늘도 할 일이 많다. 아내도 바쁘다. 그러고 보면 산다는 게 쉽지 않다. 아내가 아이들을 두들겨 깨워 집 밖으로 내보낸다. 자기도 밖으로 나갔다가 뒤꼍 땔감 더미에서 잘 마른 나뭇가지 몇 개를 손에 쥐고 온다. 그사이 나는 불 자리에서 가물거리던 불씨를 살려놓았다. 늘 그렇듯이 재 안의 불씨는 생생하지만 조용하게 살아 있다. 아내가 아침으로 도토리와 몇 가지 곡식 가루를 섞어 멀겋고 텁텁한 죽을 끓였다. 말린 생선은 몇 마리 남지 않았으니 아껴야 한다. 아침은 그저 따뜻한 죽 한 그릇이면 된다.

어른 몫의 반쯤 하는 큰아들과 곧바로 밭에 올라갔다. 밤새 멧돼지나 사슴이 얼씬거리지는 않았는지 두루 살펴봤다. 나머지 아이들은 저희 엄마와 집 안팎에서 일하고 있을 것이다. 오늘은 마을 사람들과 같이할 일이 있어 마을 신당 앞 넓은 마당으로 간다. 사람들과 같이 마을 동쪽 강으로 가서 팔뚝만 한 황어를 잡을 참이다. 해마다 이맘때쯤 올라오는 놈들이다. 망태에 채울 만큼만 잡아도 집마다 한동안 먹을 수 있으니 얼마나 좋은 일인가.

해가 하늘 높이 오르면 물고기도 깊은 곳으로 들어가니 지금 부지런히 발을 놀려 물고기를 몰아야 한다. 해가 중천에 오르기 전에 간신히 큰 망태기 반만큼 잡았다. 이웃들과 공평하게 나누기 전에 가장 싱싱하고 굵은 놈 열 마리는 마을 신당 할미께 올렸다. 신당 할미의 축복 기도를 받으니 모두 얼굴에 희색이 가득하다.

해가 하늘 한가운데 오를 즈음 잠깐 숨을 돌린 뒤 마을 밭 넓히는 일에 나갔다. 마을의 모든 남정네가 참가하는 일이다. 마을의 큰 어른도 나무괭이를 잡고 밭으로 나왔다. 어제 사냥에서 돌아온 돌지네와 마로네가 함께 밭을 일구면서 짐승 잡다가 큰일 날 뻔한 이야기를 해줬다. 우리는 짐승 꼬리도 못 보고 허탕 쳤지만, 저들은 큰 멧돼지와 마주쳤단다. 엄니도 크고 덩치도 커서 급히 바위 위로 올라가 피했다고 한다. 저들이 먼저 멧돼지를 보았으면 어떻게든 해봤을 텐데, 멧돼지가 저들을 먼저 보았단다. 수리네는 자기네가 작은 노루 한 마리 잡은 것을 자랑하며 콧구멍에 힘을 준다. 제사 때 뭘 냈기에 저런 좋은 일을 겪었을까 하는 표정으로 다들 수리네를 본다. 새로 넓히는 마을 밭에는 돌이 너무 많다. 게다가 여기는 물 대기도 만만치 않다. 생각이 같은지 잠시 서로 돌아보며 한숨 비슷한 것을 쉰다.

신석기시대 사람들은 낯선 사람을 어떻게 대했을까

이웃 마을은 우리와 멀리 떨어져 있지만, 서로를 잘 안다. 서로 필요한 것을 때마다 오가며 주고받는다. 우리가 무엇을 몇 개 주어야 하는지, 그 대가로 저쪽이 무엇을 얼마나 건네주어야 하는지 서로 잘 안다. 그들은 우리 말고 다른 이웃과도 이것저것 바꿨다. 그래서 우리도 그들의 또 다른 이웃을 알게 되었다. 이제는 세 마을, 네 마을 사람들이 한곳에 모여 각자가 잘 만들거나 많이 마련한 것을 서로 바꾼다. 그런 식으로 우리는 아주 먼 마을에서 왔다는 신기하면서 쓸모 있는 물건들도 구해 쓸 수 있게 됐다.

그런데 아주 멀리 떨어진 마을의 사람들은 우리와 말이 좀 다르다고 한다. 그런 사람들과는 어떻게 해야 물건을 주고받을 수 있을지 잘 모르겠다. 듣기로는 여러 말을 다 알아듣는 사람도 있다고 한다. 그러나 우리 마을에는 그런 사람이 없다. 말이 다르면 무슨 생각을 하는지 알 수 없으니 마주치기도 좀 그렇다. 가까이해도 되는지 아닌지 알 수 없으니 되도록 마주치지 않는 것이 좋을 것이다. 그래서 우리는 세 다리 너머에 있는 마을의 사람들과는 잘 안 만난다. 우리와 아주 가깝게 지내는 이웃 마을 너머로는 되도록 발걸음을 내딛지 않으려고 한다. 가깝지 않은 사람들 사이에는 오해가 일어나기 쉽다.

우리를 지키는 여신을 믿기에 이웃 마을에는 편하게 다닌다. 거기서 잘 아는 그 마을 사람을 만나면 우리의 물건을 건네주고 다음에 가서 다른 마을 사람들이 두고 간 물건을 받아 오기도 한다. 아주 먼 마을 사람들은 이웃 마을 사람들도 직접 만나지 못한다. 필요한 물건 중에 어떤 것은 마을 여럿을 지나 우리에게 오기도 한다.[15] 어쨌든 마지막에 그 물건을 건네받는 것은 이웃 마을에서다.

우리의 신은 낯선 자들을 잘 대접하라고 하신다. 때로 우리가 믿는 신은 그런 낯선 자의 모습으로 우리에게 오기도 하고 이웃 마을에 나타나기도 한다. 그래서 우리도 낯선 자들은 일단 잘 대접한다. 실제로 이웃 마을에서는 어떤 낯선 자를 잘 대접했다가 그가 아주 귀한 물건을 놓고 가서 매우 놀란 적도 있다고 한다. 그 물건은 그 마을 신당에 올렸다고 한다.

신을 모시기도 어렵고, 낯선 자를 잘 대접하기도 쉽지 않다. 가끔 낯선 자로 모습을 바꾼 악한 영이 땅 밑에서 올라오거나 깊은 숲에서 나오기도 한다. 땅의 신이 아니면서 그런 척하는 가짜도 있다. 그런 것들은 신을 잘 모르는 먼 마을에 나그네처럼 들어선다고 한다. 그걸 모르고 귀한 손님 대하듯이 하면 무서운 병이 마을을 덮는 재앙을 겪는다고 한다. 이웃 너머에 있는 다른 마을에서는 악한 영이 흔들어놓은 바위들이 마을 앞산에서 굴러떨어져 사람들이 놀라고 다쳤다고 한다. 약한 사람들은 그런 일을 겪으면 그 자리에서 고꾸라져 시름시름 앓다가 죽기도 한다.

우리 마을로부터 두 개의 큰 산 너머에 있는 넓은 호수는 악한 영들이 산 저쪽의 호수 물을 산 이쪽의 마을에 쏟아지게 해서 새로 생긴 것이라고 한다. 물론 그 마을은 없어졌고 사람들은 모두 물고기가 되었다. 그래서 우리 마을과 몇 군데 이웃 마을들은 그 호수의 물고기를 잡아먹지 않는다. 우리가 아주 먼 곳에서 오는 검은 돌 거울을 귀하게 여기는 것도 이런 일들 때문이다. 반짝이는 검은 돌로 만든 이 거울에는 본 모습을 감춘 악한 영이 비쳐서 그 정체가 드러난다고 한다. 우리 마을도, 이웃 마을도 이 검은 돌 거울을 아주 귀하게 여긴다. 마을 신당에 이 거울을 모셔두고 마을에 아주 낯선 자가 들어오면 촌장 어른이 얼른 신당으로 가 그 거울을 본다.

청동기실에 들어선 뒤에도 진석은 모습을 보이지 않았다. 아직 친구와 고구려실에 있나보다. 전시실 초입에 단군신화를 설명한 안내판이 걸려 있었다. 사실 단군조선의 시작은 신석기시대였을 텐데, 역사의 주인공들이 남긴 기록이 없으니 실체를 알기 어렵다. 그래서인지 이 나라의 시작을 두고 논쟁이 끊이지 않는다. 신화가 역사를 온전히 전하는 것은 아니니 고고 발굴상황이며 여러 주변 정황도 함께 살펴보아야 한다. 단군신화는 언제 첫 줄거리가 만들어졌을까? 안내판에 적힌 『삼국유사』의 고조선 단군신화 일부 구절을 다시 읽어봐도 답이 잘 떠오르지 않았다. 내가 잠시 멍한 표정으로 그 앞에 서 있는데, 나이가 제법 있는 노신사가 동호인인 듯 보이는 사람들과 함께 전시실에 들어섰다. 일행의 도슨트를 겸한 듯한 그 신사가 내 바로 옆에 와 섰다. 나는 얼른 자리를 비켰다. 노신사는 제법 낭랑한 목소리로 고조선의 시작을 설명했다.

나무 밑동의 곰과 호랑이(각저총, 고구려, 중국 길림성 집안) 단군신화에서 곰과 호랑이는 중요한 조연이다. 벽화는 곰, 호랑이가 주역으로 등장하는 신화와 전설이 고구려에서도 여전히 민간에 회자되고 있었음을 시사한다.

"자, 여기 쓰여 있죠? 환인이 하늘에서 세상을 보더니 태백산에 눈길을 주고…"

단군신화는 언제, 어떻게 시작되었을까

나는 그 얘기를 들으며 머릿속으로 단군신화를 한번 정리해봤다. 아무리 생각해도 단군신화는 신석기시대에 첫 줄거리가 만들어졌다. 그리고 그 뒤 여러 차례 각색되었다고 보아야 한다. '단군은 신의 아들이다. 그러나 땅에서 났다. 아버지는 하늘에서 내려왔으나 어머니는 땅의 사람이다. 땅의 신이요, 땅의 딸이다. 어머니는 동굴에 살던 신이다. 거기서 사람과 함께 살던 곰신이다.'[16]

사실 동굴은 본래 여신의 아기집이니 생명이 나는 곳이다. 신석기시대 사람들에게 동굴은 생명이 자기 때를 마무리하고 돌아가는 곳이기도 하다. 태어나고 죽고 되살아나는 곳이 동굴이다. 곰신은 동굴로 들어가 생명의 원천과 만났다.

신석기시대 사람들에게 땅은 죽은 자를 다스리는 땅신의 영역이다. 땅의 신은 불을 관장하고 생육과 소멸을 다스린다. 그리고 번개를 타고 하늘을 올라 하늘의 여신과 만난다.[17] 하늘 큰 여신의 몸에 생명의 씨앗을 심고, 그것을 되받아 땅으로 돌아온다. 큰 여신은 비를 내려 땅으로 내려온 신의 몸에서 씨앗이 싹트게 한다. 새 아기신이 태어난다.

환인, 환웅은 남신이요, 하늘의 신이니 단군신화는 청동기 사회에 줄거리가 다시 쓰였다고 봐야 한다. 신석기시대에서 청동기시대로 넘어가면서 일어나는 가장 큰 변화는 빈번한 전쟁으로 인해 차별이 발생하고 이것이 제도화된다는 사실이다. 계급이 분화되고 신분이 나뉘면서 법을 통해 차별을 정당화하고 제도화하는 국가가 출현하여 이를 사회적 질서로 고정시킨다.

신화 세계도 이런 사회적 변화에 반응하여, 남신과 여신의 위상이 달라지고 신들 사이에도 차별이 일상화한다. 하늘은 만물의 질서를 담당하는 남신의 공간이 되고, 여신은 땅으로 내려와 생산을 담당한다.

문자화되어 전하는 단군신화는 하늘에서 남신이 내려와 땅의 여신과 결혼하여 단군을 낳았다고 하니 청동기시대 건국신화이다. 하늘에서 내려온 남신은 신화의 세계를 다시 구축한 청동기시대의 영웅신이다.

단군은 하늘신의 아들이다. 그는 나라를 세웠고 다스렸다. 오랜 세월이 흐른 뒤 단군신, 즉 단군왕검은 구월산에 들어가 산신이 되었다. 한때 산신은 여신이었다.[18] 산신이 남신이 된 것은 하늘과 땅을 잇는 하늘기둥, 하늘사다리도 하늘에 오른 남신의 몫이 되었음을 뜻한다. 청동기시대가 시작된 후 남신의 영역이 엄청나게 넓어진 것이다.

시대에 따라 변형되어온 단군신화

단군은 하늘 사람이다. 하늘에서 내려온 신 환웅의 아들이고 하늘의 최고 신 환인의 손자다. 청동기시대에 하늘의 주인은 남신이다. 하늘의 임금이던 큰 여신은 청동기시대가 되자 땅의 신이 되었다. 한 신은 올라가고 다른 한 신은 내려왔다. 땅과 하늘의 주인이 뒤바뀐 것이다.

환인의 이름은 본래 '하늘님'이었다. 후대에 석가모니 붓다의 불교가 자리 잡으면서 인도의 브라만교, 불교, 힌두교의 하늘신 이름인 환인으로 이름이 바뀐 것이다. 아들 환웅이 아버지 환인의 뒤를 이어야 하지만 그런 일은 일어나지 않았다. 무한수명의 신에게는 늙음이며 죽음이 붙지 못한다.

신은 어디에서나 같은 모습으로 나타날 수 있고 여러 장소에서 한 모습을 보일 수도 있다. 인도의 하늘신이 중앙아시아 오아시스 국가를 지나 중국과 한국, 일본으로 오는 것은 순식간이다. 시공의 거리가 아무런 장애가 되지 않는다. 신은 인도의 하늘세계에도, 한국과 일본의 하늘세계에도 동시에 있을 수 있다. 여러 시대에 여러 모습으로 나타나기도 했다.

고려의 승려 일연이 『삼국유사』를 쓸 때 하늘님이 환인이 된 것은 이런 맥락에서 보면 자연스럽다. 『삼국유사』에서 환인은 고조선 개국신화의 주인공 단군의 아버지, 할아버지가 되었다. 단군이 고조선이라는 나라를 열 때, 환웅은 아버지로서 아들을 도와주었다. 나라가 열리자 조용히 신단수(神壇樹) 위 열린 문을 통해 하늘나라로 되돌아갔다.

일연이 보았던 고조선 개국신화의 주인공은 단웅(檀雄)이었을 것이다.[19] 불교의 하늘신 환인은 일연의 붓끝에서 단군신화에 들어가 단군의 할아버지가 되었고 단웅은 성을 바꾸어 환웅이 되었을 수 있다. 적어도 몇천 년 동안 지켜지던 곰신의 이름이 일연에 의해 바뀐 셈이다.[20]

단군신화가 신석기시대 후기에 정리된 '세상이 열린 이야기'였다면 단군의 어머니 웅녀가 하늘의 여신이어야 한다. 아마 환웅으로 변신한 단웅이 본래는 곰 아버지였으리라. 곰은 땅의 신이 자신을 나타내는 여러 얼굴 중 가장 사랑받는 모습이었을 것이다.[21] 땅의 신이 곰의 모습으로 하늘로 올라가 큰 여신과 인연을 맺어 낳은 세상의 첫 임금이 단군이었던 셈이다.

곰이 된 땅의 신이 세상을 위해 하늘의 큰 여신을 만나려고 애를 쓰다가 여의치 않자 하늘기둥인 신단수 앞에서 빌었다고 할까? 세상을 위해 빌고 비는 모습에 감동한 큰 여신이 사자를 보내 쓴 나물과 거친 뿌리로 곰을 시험했고 곰은 이를 받아들였다. 어두운 동굴에서 변신의 고통을 이겨낸 곰이 건장한 남자의 모습을 하고 동굴 밖으로 나왔을 때, 그 모습에 반하지 않을 이가 어디 있었겠는가? 신단수 아래 우뚝 선 단웅의 몸은 여신이 내린 황금비와 닿았을지도 모른다.[22] 어쨌든 단웅과 하나가 된 여신의 몸에서는 극적인 변화가 일어났다. 세상을 다스릴 남자아이가 여신의 몸에서 나와 울음을 터뜨린 것이다. 바로 하늘기둥이자 생명나무인 신성한 신단수 밑동에서.

여신은 단웅에게 단군을 맡기고 다시 하늘로 올라갔다. 동시에 여신이 보낸 하늘 사람들이 신단수를 타고 내려오고, 아버지 단웅이 모은 세상 삶에 밝은 자들, 큰 곰, 작은 곰, 회색 불곰, 검은 곰이 단군을 둘러싸고 하늘 여신의 아들을 도왔다. 단웅은 신단수를 타고 하늘로 올라가 여신의 남편이 되고, 세상에 남아 나라를 열 자는 단군밖에 없게 되었다. 단군은 성장하면서 세상을 질서 있게 바꾸어나갔다. 단군의 세상이 열린 것이다.

제3장

청동기문명①
: 신과 인간의 만남

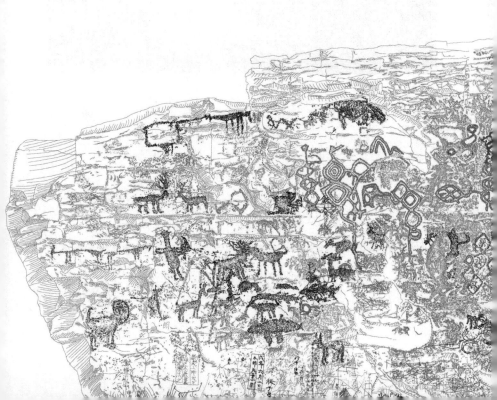

무덤에 부장된 청동기(복원 모형, 중국 보계청동기박물관) 제후와 귀족의 무덤에 시신과 함께 묻은 청동기는 신에게 제사를 지낼 때 사용하는 식기, 주기(酒器), 악기 등이다. 무기가 아닌 청동기는 대부분 제사 올리는 데 쓰였다.

노신사와 그의 일행을 멀찍이 서서 바라보던 나는 청동기 전시실을 가로질러 밖의 넓은 통로로 나섰다. 왠지 피로감이 느껴졌다. 발길을 통로 끝 카페로 향했다. 카페 한쪽에 자리 잡고 휴대폰을 꺼내 아들 진석에게 메시지를 보냈다. '동쪽 카페다. 좀 쉬고 있을게.'

청동기는 신의 선물

물끄러미 진동벨을 보던 내가 늘 지니고 다니던 낡은 수첩을 포켓에서 꺼내 탁자 앞에 놓는다. 문득 표지 귀퉁이가 약간 너덜거리는 수첩이 내 얼굴처럼 느껴진다. 하긴 이제는 어디 가나 '아버님'이니, '하비비(할아버지)' 소리를 듣는 나이다. 수첩을 펼쳐 오래전 메모한 것을 다시 읽어본다.

신께서 큰 선물을 주셨다. 땅에서는 구할 수 없는 단단하고 빛나는 새 돌을 주셨다. 신께서 쓰시던 것을 우리에게 주었다. 이것을 어떻게 만들었는지, 어떻게 만들 수 있는지도 알려주셨다.

처음 우리가 산속에서 찾은 돌은 색깔만 더 짙을 뿐 다른 것과 크게 다르지 않았다. 그런데 이 돌을 부스러뜨려 우리가 못 보던 것들을 찾아냈다. 이것을 달구고 녹여 보지 못하던 것을 얻었다. 신이 이것을 모아 다시 끓이라고 하셨다. 끓이고 또 끓여 돌의 생명수로 새 물건을 만들라고 하셨다.

아, 이것이 이 돌의 생명이구나. 피와 같은 것이구나. 따로 모아 녹여서 틀에 넣으면 새 물건이 되는구나. 우리는 이렇게 만든 새 돌, 반짝이는 새 돌이 깨지지 않는다는 것을 알았다. 날카롭고 단단하다는 사실을 알았다. 이것이 신의 손에 쥐어져 있던 바로 그것임을 알겠다.

이 반짝이는 신의 돌을 우리는 '청동'이라고 불렀다. 돌과 뼈로는 만들 수 없는 것을 이 돌로 만들 수 있게 되었다. 우리는 청동으로 뼈보다 질기고 돌보다 단단한 도구를 만들어 쓸 수 있게 되었다. 신이 그 지혜를 우리에게 허락하셨다.

청동은 우리가 신을 만나는 디딤돌이 되었다.[23] 우리는 청동으로 거울을 만들었다. 방울도 만들었다. 청동거울은 모든 것을 비춘다. 신이 오시는 것도 알게 한다. 청동방울은 신을 모실 때 쓴다. 흔들어 울리는 소리로 신이 어디에 계신지 알 수 있다. 신이 우리에게 언제 오시는지도 알려준다. 우리는 이제 울고 노래하며 소리쳐 신을 부르지 않아도 된다. 아름답고 맑은 방울 소리가 신의 귀에 들릴 테니까.

신이 주신 지혜가 아니었다면, 신의 사자가 우리 곁에서 돕지 않았다면 어떻게 이런 것을 만들 수 있었겠는가? 우리 힘으로는 결코 만들 수 없는 것이 우리 손에 쥐어진 것이다. 우리는 이제 신의 사람이다. 신이 특별히 아끼는 자들이다. 신이 아니면서 우리 앞에 서는 것들은 청동거울과 청동방울로 가려낼 것이다. 가려내어 멀리 쫓아버리리라.

히타이트의 신들(터키 초룸의 야질리카야 신전 유적) 청동기시대 신들의 계보에서 두드러진 것은 '전쟁의 신'이 여럿 등장한다는 사실이다. 청동기시대에는 전쟁이 노예 획득과 식량 약탈을 위한 효율적인 생산수단이기도 했다.

'청동이 돌보다 단단하지는 않은데, 내가 왜 이렇게 썼지? 돌보다 나은 점은 온갖 모양을 만들 수 있고 정교하게 다듬어낼 수도 있다는 거지. 돌로 어떻게 거울이며 방울을 만들겠어? 아, 하긴 흑요석으론 거울은 만들 수 있네. 하지만 거울 뒤에다 아름다운 무늬나 특별한 형상을 새겨 넣지는 못해. 돌에 비하면 청동이 더 가볍고, 뼈나 뿔과 다르게 삭지도 않지. 하여튼 특별해. 그러니 '신이 주신 새로운 돌' '하늘의 돌'이라고 부를 만하지.'

전쟁을 벌이는 신

그들은 자기들이 하늘에서 왔다고 하면서 우리를 땅의 사람이라고 불렀다.

갑골문(왼쪽)과 신의 얼굴(오른쪽, 이상 중국 국가박물관) 중국 상나라의 갑골문은 신의 뜻을 묻는 골점을 친 뒤, 신으로부터 받은 말씀을 점친 뼈 위에 새긴 것이다. 오른쪽 청동가면은 사천성 삼성퇴유적을 남긴 청동기시대 사람들이 섬기던 신의 모습이다.

우리의 신들은 땅에서 그들의 신을 돕는 작은 신들이라고 했다. 우리의 신들은 하늘에도 있고 땅속에도 있으며 이 세상에서 우리와 함께 지내기도 하는데, 그들은 왜 다르게 말할까?

그들은 우리가 알고 믿는 것과 다른 것을 말한다. 신들 사이에도 위아래가 있으며 명령과 복종이 있다는 것이다. 우리가 믿는 신들은 자기들이 말하는 하늘의 신들을 섬겨야 한다고 한다. 게다가 우리가 섬기는 여러 여신을 저희 신의 배우자라며 다른 이름으로 바꿔 부르기도 한다.[24]

우리가 알기로 그들이 말하는 신들은 우리 여신들의 배우자가 아니다. 그런 신들이 하늘에 있다는 소리도 못 들었다. 저 사람들의 신 가운데 어떤 신은 우리도 잘 안다. 그 신들은 죽었다가 살아난다. 해마다 삶과 죽음을 거듭한다. 그런데 저 사람들은 그 신들이 영원히 산다고 우긴다. 자기들은 그런 신들의 후손이란다. 어떻게 사람이 신의 후손이 되는가? 정말 말도 안되는 소리다.

그들은 저희를 신의 아들로 대하라며 우리를 윽박지른다. 이해가 안된다. 신과 사람을 핏줄로 잇다니 얼마나 불경스럽고 무례한가? 우리는 서로 형제처럼 지낸다. 그런데 그들은 저희와 우리 사이를 신과 사람 사이처럼 만들려고 한다. 정말로 이상한 생각이다. 도저히 받아들이기 어렵다.

우리에게도 믿는 신이 많다. 그러나 전쟁을 일으키고, 전쟁에 앞장서는 신은 없다. 그들에게는 전쟁의 신도 여럿이다. 그런 신들이 저희 조상이란다. 그들이 믿는 전쟁의 신들은 전쟁을 위해 자지도 않고 쉬지도 않는다. 겨울에도 잠들지 않는다. 자지도 않고 전쟁에 몰두하는 신들이 있다니, 그런 신이 여럿이면 세상은 얼마나 어지럽고 무서울까?

그들은 자신이 섬기는 무서운 신들을 들먹이며 우리에게 겁을 주려고 애쓴다. 저희의 신은 잔인하고 폭력적이니 노하게 해서는 안 된다는 것이다. 빨리 그 앞에 엎드려 복종하지 않으면 마을과 도시를 불사르고 신전도 잿더미가 되게 한다는 것이다.

사실 우리와 그들 사이에 벌어진 몇 차례 전투에서 우리는 호되게 당했다. 그들은 힘이 장사인 데다 지치지도 않는다. 여럿이 줄지어 같은 동작을 반복하며 우리 쪽 전사들의 대열을 밀어붙였다. 우리는 그들의 상대가 되지 않았다. 죽고 다치는 자가 많았다. 저들은 강하고 우리는 약하다. 저들은 이길 수 없다. 믿기 힘들더라도 이제 우리는 저들의 신을 우리 신으로 받아들여야 한다.

메모를 읽던 내 얼굴에 미소가 흘렀다. 날짜가 없는 걸 보니 3년도 더 된 것 같았다. 짧은 글이라도 메모 위에 날짜를 써넣기 시작한 지는 이제 3년 남짓 되었으니까. 어떤 상황에서 썼는지는 기억나지 않지만, 내용은 상당히 그럴듯하다는 생각이 들었다. 논문이 아닌 것도 마음에 든다. 언젠가부터 좀 더 자유로운 글쓰기를 꿈꿨는데, 실제 그런 시도를 한 게 이즈음부터였나보다. 메모는 길게 이어졌다.

사람과 신은 무엇이 같고 다를까

신은 죽지 않는다. 신은 세상의 질서를 바꿀 수 있다. 사람을 살리거나 죽일 수 있다. 마을이 한순간에 호수가 되고 그곳 백성들이 개구리나 물고기가 되게 할 수 있다. 새나 쥐가 말하게 하며 나무가 듣고 풀이 노래하게 한다. 신은 큰 파도를 일으켜 배를 삼키며, 큰비를 내려 땅이 바다가 되게 한다. 신은 동물이 되어 나타나기도 하고, 사람이 되어 사람 사이에 섞여 있을 수도 있다.

첫 사람은 신에게서 나왔다. 신이 사람을 낳았다. 신의 모습이 사람에게 있다. 그러나 신의 자손이 아닌 사람도 있었다. 그들은 땅에서 났다. 신이 손으로 빚은 사람도 있었다. 신은 그런 자들을 흙으로 만들어 혼을 불어넣었다. 그러니 같은 사람이라도 시작은 다 다르다.

신의 아들들이 그 외의 사람들을 다스린다. 신이 세상을 만들고 만물이 있게 했으니 신의 아들들이 신 대신 세상을 다스리는 것은 당연하다. 다른 사람은 신의 아들들에게 복종해야 한다. 질서를 지켜야 한다. 사람 사이에도 위아래가 있으니 이것을 거부하면 안 된다.

신이 만든 세상의 질서를 거부하면 신이 노여워한다. 세상에 죽음과 기아, 고통이 온다. 사람이 세상을 다스릴 힘을 잃는다.

신의 아들이라도 세상에 살면 늙고 병들어 죽는다. 신들과 같이 불멸, 불사(不死)하지 못한다. 그러나 땅의 사람처럼 쉽게 다치거나 병들지는 않는다. 세상 사람들은 약하여 오래 살지 못한다. 사람은 조상이 누구냐에 따라 사는 기한이 정해져 있다. 몸이 약하고 강한 정도가 다 달라서다. 신의 아들들이 가장 오래 산다.

땅의 아들은 지혜도 부족하다. 청동같이 특별한 재료로 특별한 도구를 만드는 방법을 모른다. 이것을 가르치려 해도 제대로 배우지 못한다. 불을 잘 다루

신(왼쪽), 청동 장식 소(오른쪽, 이상 터키 아나톨리아 문명박물관) 소는 청동기시대 제사에서 희생으로 자주 쓰인 중요한 동물이자 신앙 대상이다. 신석기시대와 달리 청동기시대 신들의 모습에서는 풍요의 이미지가 두드러지지 않는다.

기 어려운 까닭이다. 불은 본래 신들이 다루던 것이다. 사람은 불을 너무 가까이해도 멀리해도 안 된다.

땅의 사람들은 순하여 순종한다. 신의 아들이 무언가를 시키면 그대로 한다. 토를 달지 않는다. 신의 아들들이 땅에서 평화롭게 지낼 수 있는 것도 이 때문이다. 청동은 신의 아들들이 하늘에서 내려온 자들의 피붙이임을 확인시켜주는 하늘신의 선물이다.

세계는 어떤 구조로 이뤄져 있을까

세상은 하늘과 땅, 땅속 세계로 이루어졌다. 각각의 세계에는 주인이 있다. 신이 주인이다. 신이 온 세상을 다스린다. 땅 위 세계에는 신과 사람이 함께 산다. 신이 사람에게 만물을 다스리게 한다.

신들은 대다수가 하늘에 산다. 그곳에 신들의 거처와 음식이 있다. 땅속에도 사람이 있다. 세상에서의 삶이 바르지 못해 벌 받는 자들이 이곳에 간다. 하늘에도 사람이 산다. 땅에서 신을 잘 섬겼던 자들이다. 그러니 세상 어디에나 사람이 있다. 사는 방식이 다르다. 물론 온전히 살아 있는 건 땅에서다. 신들은 사람이 땅에서 신이 원하는 방식으로 살기를 바란다. 만물을 다스리되 신에게 일일이 묻고 제사 드리며 감사하기를 원한다.

땅 위 세상에는 큰 산들이 있다. 이런 산을 기둥과 사다리 삼아 하늘로 올라갈 수도 있다. 사람과 신이 산에서 마주칠 수도 있다. 신은 마음대로 하늘과 땅, 바다를 오갈 수 있지만, 사람은 그렇게 하지 못한다. 이런 까닭에 사람은 신의 허락을 받고 신을 만나러 산에 올라간다.

그러나 모든 사람이 산에 오르지는 못한다. 신이 허락한 자, 신과 핏줄이 닿은 자만 높고 높아 끝이 하늘에 닿은 그 산에 올라갈 수 있다. 그렇지 않은데도 산에 올라가려 한다면 그는 신이 보낸 사자, 무서운 맹수에게 물려 죽을 수밖에 없다. 귀신도 잡아먹는 사납고 거대한 맹수가 지키는 이런 큰 산에 아무나 올라가려 해서는 안 된다.

큰 산의 꼭대기는 하늘과 닿아 있다.[25] 이곳은 땅에서 가장 높은 곳이자 하늘에서 가장 낮은 곳이기도 하다. 큰 산의 봉우리는 신의 거처로도 쓰인다. 신들은 큰 산의 꼭대기에 모이기도 한다.

신들이 한자리에 모이면 사람의 일을 말하기도 한다. 신들의 자손과 그들이 다스리는 세상에 대한 소식을 나눈다. 각기 다른 신을 대신하여 싸우는 자들이 계속 싸우게 둘지, 아니면 그치게 할지, 신들 사이의 갈등을 어떻게 중재할지도 함께 의논한다. 신의 아들일지라도 사람은 이런 자리에 갈 수 없다. 혹 엿보려 하는 자는 그 자리에서 죽임을 당한다.

땅속은 세상에 살다가 죽은 자들이 가는 곳이다. 처음 그곳에 가면 땅에 살면서 한 일을 그곳의 신에게 아뢴다. 신은 그의 말을 들으면서 그가 땅속에서 어떻게 살게 할지를 정한다. 많은 자가 땅속 세계에서 지낸다.

물론 죽어서 하늘로 올라가는 자도 있다. 주로 신의 아들이 올라간다. 신을 잘 섬겼던 사제나 왕도 하늘로 올라간다. 이 중 어떤 자들은 신의 속성을 얻어 별이 되고, 어떤 자들은 그냥저냥 하늘에서 산다. 신이 되지 못한 하늘 세계의 사람은 신의 궁전에서 잔잔한 일을 돕는 시종이 된다. 그렇다고 그들이 땅으로 다시 오고 싶어 하지는 않는다. 땅에서 겪는 번잡스러움을 다시 경험하고 싶지 않아서다. 땅은 고통과 슬픔, 분노와 좌절로 얼룩진 곳 아닌가.

'가만있자, 신석기시대에는 하늘에 큰 여신만 있다고 믿지 않았던가? 다른 신들은 하늘에 살지 않았어. 하늘은 정말 신성한 곳이었는데, 청동기시대에는 사람조차 죽어서 하늘에 갈 수 있네. 물론 땅속은 여전히 죽은 자들로 가득 찼지. 그리고 보니 신석기시대에는 사람을 죄지은 자와 신을 잘 섬긴 자로 나누지 않았다. 청동기시대에는 나누네? 내가 이걸 어디서 읽었던가? 왜 이렇게 썼지? 그리고 보니 청동기시대에는 신을 잘 섬기느냐, 아니냐를 '죄'라는 개념에 연결한 것 같군. 신의 아들 운운 하면서 신분, 계급을 나눈 것도 새로운 시대의 특징이라고 봐야겠어. 내가 썼지만 읽다보니 참 재미있네.' 나는 커피 마시다 말고 내 글 읽기에 빠져 있었다. 그새 카페의 빈자리는 거의 채워졌다. 다들 옆자리 사람을 의식하며 조용히 이야기를 나눴다.

'이크, 여기 너무 오래 죽치고 있었나? 슬슬 눈치가 보이는군. 메모도 다 읽었으니 그만 일어나야지. 그나저나 아들 녀석은 코빼기도 안 보이네.' 약간은 서운한 마음이 일었지만, 떨치듯 고개를 좌우로 한번 흔들면서 자리에서 일어났다. '때 되면 오겠지.' 내 걸음은 청동기실 가운데로 향했다.

세상은 어떻게 시작되고 끝나나

청동기실에 들어서니, 새삼 메소포타미아신화와 그리스신화에서 자주 나오던 신들의 계보가 떠올랐다. 사실 잘 더듬어보면 중국신화에도 신들의 세대를 추정해볼 수 있는 내용이 담겨 있다. 유럽이나 중근동처럼 계보가 별도로 정리되지 않았을 뿐이다.

세상은 이미 있었다. 신들도 있었다. 첫 신들은 아주 컸다. 그들이 세상을 만들었다. 큰 신들이 두 번째 신, 즉 작은 신들을 만들어 세상에서, 하늘과 땅과 땅속에서 살 수 있게 했다. 그러나 큰 신들은 아들 신과 딸 신에게 어떤 일도 맡기려 하지 않았다. 아들딸이 제멋대로 뭘 하다가 잘못할 수도 있다고 생각하며 미더워하질 않았다. 큰 신들은 너무 걱정되어서 시간의 신에게 새로 나온 작은 신들을 삼켜버리라고 했다.

두 번째 신들이 이 괴상망측한 음모를 알아차렸다. 그들은 첫 신들이 세상을 좌우하지 못하게 해야겠다고 결심했다. 신들 사이에 큰 싸움이 일어났다. 세상이 뒤죽박죽될 정도로 싸움이 컸다. 거인들은 자신을 창조한 첫 신들의 편이 되어 작은 신들을 괴롭혔다. 작은 신들을 땅 밑 깊은 곳에 있는 불구덩이에 집어넣고 큰 돌, 바위산으로 덮어버리려고 했다. 작은 신들은 큰 어머니신의 도움으로 간신히 거인들의 손아귀에서 벗어났다. 여러 차례 어려운 순간을 이겨내고 작은 신들은 큰 신들과 거인들을 하늘 꼭대기와 땅끝으로 몰아붙였다. 신들의 싸움은 결국 작은 신들의 승리로 끝났다.

이렇게 두 번째 신들은 제 부모신들을 하늘 한구석에 몰아넣었다.[26] 거인들은 땅으로 쫓아내고 산이나 바다의 특정한 곳에만 머물게 했다. 하늘의 주인이 되어 군림하던 두 번째 세대 신들은 땅을 내려다보다 정해진 곳에서 빠져나온 거인들을 발견하곤 그들을 붙잡아 이제는 땅속 깊은 곳에 처박아 넣고 거기서 살게 했다. 저항하는 거인은 아예 산의 큰 바위나 바다 한가운데 바위섬으로 만들어버렸다. 땅속이나 바다 밑에서 산이나 섬을 짊어지는 벌을 받는 거인도 있었다. 거인들을 꼼짝 못 하게 만든 하늘의 신들은 저희 아들과 딸들을 땅으로 내려보내 사람과 짐승을 다스리게 했다. 세상이 하늘에서 보낸 사람들의 손안에 들어간 것도 이때부터다.

'숙(儵)'과 '홀(忽)'이 절친한 친구신 '혼돈(混沌)'에게 눈코입귀가 없는 것을 안타까이 여겨 날마다 한 개씩 구멍 7개를 뚫어주자 혼돈이 죽었다.²⁷ 여와(女媧)는 하늘과 땅을 나누었다. 하늘을 떠받치던 거인 반고(盤古)가 죽자 그의 몸이 하늘의 별부터 강의 물고기까지 온갖 것이 되었다.²⁸ 이런 신화는 모두 신석기시대의 것이다. 청동기의 신은 세상이 어떻게 시작되었는지 알지 못했다. 이미 만들어진 세계에서 태어나 하늘과 땅을 다스렸기 때문이다.

잘 갈아 만든 돌 도구를 쓰던 신석기시대 사람들은 하늘과 땅이 어떻게 시작되었는지를 조상에게 들어 알고 있었다. 그런 이야기는 언제부터 내려왔는지 아무도 모를 정도로 오래된 것이었다. 그들은 큰 여신, 세상의 어머니신이 세상을 열었다고 믿었다. 큰 여신은 하늘에 있고 삶과 죽음도 주관하는 신이었다. 여신이 만든 세상에는 온갖 것이 있다. 하늘의 해, 달, 별도 여신의 손을 거쳐 하늘에 놓은 것들이다. 비를 내려 곡식을 많이 거둘 수 있게 하기도 했다. 곡식을 내는 땅은 남신이 지켰는데, 이들은 한 번씩 우레를 타고 하늘로 올라갔다 내려온다. 남신이 여신을 만나고 내려와야 비도 오고 곡식도 싹을 틔운다. 싹 틔우고 열매 맺는 곡식은 남신이 살폈다. 열매가 죽어 싹을 틔우듯이 땅의 것들이 시들고 죽

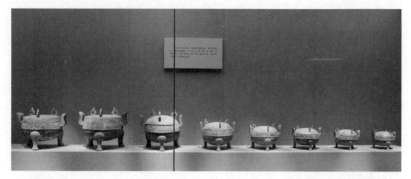

중국 춘추전국시대 제사용 집기 진설 복원(중산왕릉 출토, 중국 하북박물관) 청동기시대 제사에 오른 것은 주로 술과 짐승의 고기였다. 중국에서는 제사를 지내는 제후와 귀족의 등급에 따라 제기의 수에 차이를 두었다.

으면 남신이 이것을 거두었다.

그러나 청동기시대 사람들은 여신이 아니라 여신이 만든 것, 남신의 손을 거친 것을 숭배했다. 그들은 해, 달, 별에 제사하고 빌면서도 세상이 큰 여신의 손에서 빚어졌다는 사실을 잊었다. 여신은 새로운 세대의 사람들이 자신을 외면했지만 벌을 주지 않았다. 땅이 곡식을 낼 수 있게 비를 내리는 일도 잊지 않았다.

그러자 어떤 사람들은 비를 내리는 여신이 사람들을 지키며 살린다는 사실을 아예 잊기 시작했다. 비는 당연히 내린다고 여겼고 곡식을 여물게 하는 신은 땅에 있는 남신이라는 사실에 더 관심을 기울였다. 땅에 심는 곡물의 종류가 늘어나고 심는 자리도 강변부터 산기슭까지 다양해지자 남신에 대한 사람들의 신앙은 더 깊어졌다. 곡물의 씨앗을 다루는 남신이 여럿이라는 생각도 하게 되었다. 씨앗이 썩어 새싹이 나온다는 것을 안 뒤에는 남신들에 대한 신앙이 더욱 깊어졌다. 제사도 성대해졌다. 그사이 큰 여신은 사람들의 기억에서 서서히 지워졌다. 큰 여신의 세상,

그의 시대는 이렇게 조용히 저물어갔다.[29]

'그래 그러고 보니, 청동기시대의 어느 시점에 신석기시대 큰 여신에 대한 기억이 잊혔겠어. 관개시설이 잘되어 하늘에서 내리는 비를 간절히 구하지 않게 되어서도 그렇고, 심지어 땅에 있던 남신이 하늘의 주인이 되어 비를 내린다면 여신의 역할은 없어지는 거지. 게다가 청동기시대 제후와 귀족들은 전쟁과 제사로 날을 지새우며 노예를 얻고 백성들을 노비로 만드는 일에 여념이 없는데, 큰 여신이 끼어들 자리가 어디 있었겠어? 청동기시대에는 이래저래 큰 여신과 작은 여신들의 입지가 좁아졌겠군. 결국, 잊힐 수밖에 없었겠어.' 나는 중얼거리는 듯 마는 듯 애매하게 입술을 옴짝거리며 전시실 한가운데 제사용 의기들이 나란히 놓인 진열장 앞으로 다가섰다.

신은 어디에 있을까

신의 사자가 온 이곳은 이 도시의 가장 높은 언덕에 지은 신전이다. 이 도시의 신전들은 모두 언덕 위에 있다. 신은 높은 곳을 좋아하시기 때문이다. 평소에 하늘 궁전에 계시듯이 땅 위 세상에 오실 때도 주로 높은 곳에 오시려고 한다. 높은 곳 신전에는 오래 계시지만 낮은 곳에서는 잠시 머무르다 가신다. 거기선 우리의 기도를 오래 듣지도 않으신다.

신전을 지을 때는 어느 신을 위한 것인지를 정하고 설계한다. 그에 따라 봉안할 제물도 다르고 신의 행적을 나타낼 상징물과 장식도 달라져야 하는 까닭이다. 신이 오셔서 기분이 좋아야 오래 계시지 않겠는가? 신마다 대리하는 짐승도 다르고 화신으로 오는 모습도 다양하다. 설계에 신중할 수밖에 없다.

신이 늘 신전에 오시지는 않는다. 특별한 제사 때는 오지만 그런 때가 아니면 굳이 올 이유가 없다. 신전에는 신전지기만 있을 때가 많다. 신을 모시는 절차와 내용에는 사소한 흠도 있어서는 안 된다. 정성이 깔려 있지 않으면 신이 제사를 받지 않아 헛제사가 된다. 신에게 드릴 희생을 마련할 때는 그 신의 이름을 부르며 덫도 놓고 활도 쏘아야 한다. 희생될 제물도 온전하도록 신경 써야 한다.[30]

신이 신전 바깥에서 모습을 드러내실 때도 자주 있다. 신전지기가 어떻게 하는지도 보신다. 때로 신은 자신의 신전을 버리기도 한다. 사람의 마음이 거기에 없으면 신도 신전을 제집으로 여기지 않으신다. 신을 정말로 모실 마음이 있는지가 중요하다. 결국 다른 신을 모실 생각이면서 임시로 한 신전에 몸을 의탁해서는 안 된다. 신들 사이에 갈등이 생기면 그 원인을 만든 사람은 본인뿐 아니라 그 가문이 멸족하고 나라까지 망하는 수가 있다.

신은 신전만이 아니라 어디에서나 나타나신다. 늘 자신이 믿고 섬기는 신에게 마음으로, 몸으로 기도해야 한다. 낮말은 새가 듣고 밤말은 쥐가 듣는다. 새와 쥐가 사람의 말을 신에게 알린다는 것을 두려워해야 한다. 거짓이 아니라 진실로 신을 섬기면 새와 쥐도 그 사실을 신에게 잘 알려줄 것이다.

'하긴 새와 쥐가 신의 사자, 심부름꾼이 된다는 생각은 아주 오랫동안 사람들의 머릿속에 남아 있었어. 아마 신석기시대나 청동기시대에 시작되어 민간에서는 근래까지 이어졌겠지. 쥐와 까마귀와 돼지가 잇달아 등장한다는 신라의 서출지(書出池) 이야기도 그거니까.[31] 정월 보름에 찰밥을 준비해 까마귀에게 제사 지냈다는 오기일(烏忌日) 풍속도 사실은 오래된 신앙에서 비롯되었다고 봐야 할 거야.'

나는 삼국유사에 묘사된 장면을 머릿속에 떠올리며 혼자 고개를 주억

거렸다. 누가 나를 유심히 봤다면 '저 사람, 혼자서 왜 저러고 있나?' 생각하며 의아한 표정을 지었을 것이다. 내 아들 진석은 여전히 감감무소식이었다. 휴대폰 문자에도 답이 없었다. 이렇게 된 거, 조금 더 기다리며 생각을 정리해보기로 했다.

사람은 신과 어떻게 소통할까

아무나 신과 대화하지는 못한다. 그러려고 해서도 안 된다. 신의 힘은 신 앞에 선 자를 눈멀게 하고 병들어 죽게 한다. 신과 말을 나눌 수 있는 자는 신이 허락하신 자, 신의 아들뿐이다.

신의 아들의 아들은 신과 대화할 수 있나? 이미 땅의 사람이 되었으니 자유롭게 대화할 수는 없다. 제사장이 그를 대신해 신과 대화하는 게 더 안전하다. 제사장은 신과 사람 사이를 잇기로 결정된 사람이니까.

제사장은 신군(神君)이다. 신군은 신과 말하는 자여서 평소에는 다른 사람과 떨어져 지내야 한다. 그는 세상의 때가 묻지 않아야 하고, 세상의 음식도 가능한 한 적게 먹어야 한다. 당연히 세상 사람과 말도 적게 나누어야 한다.

신군의 집은 신성한 숲의 입구에 신당과 나란히 있다. 신의 사자들이 지켜주는 곳이다. 신군은 신도 아니고 사람도 아니다. 그러니 사는 곳도 신과 사람 사이의 경계다. 신군의 집은 세상과 떨어진 곳에 있다.

사람들은 많은 것을 신께 묻는다. 왕은 나라를 다스려야 하기에 알아야 할 것이 더 많다. 신께서 신군에게 말씀하시고, 신군이 왕에게 말한다. 왕은 자주 묻고 자주 답을 얻어야 한다. 신의 말씀에서 어긋나면 나라가 어지러워진다.

나라에서 가장 큰 일은 전쟁이다. 전쟁은 신께서 함께하셔야 이긴다. 신이 원하시면 하고 그렇지 않으면 일으키지 못한다. 제사도 나라의 큰 행사다. 언제, 무엇을 위해, 어떻게 제사할지 신께 여쭈어야 한다. 왕의 자리에 누가 있는 것이 좋은지도 신께 답하신다. 농사와 목축이 잘될지도 답해주신다.

사람에게는 신의 지혜가 없다. 사람은 신처럼 알지 못한다. 해와 달이 언제 바뀌는지 사람은 알 수 없다. 아기를 가질 수 있을지, 무사히 잘 나올지, 아기가 건강하게 자랄지조차 사람은 알지 못한다. 신이 정하고 돕는다. 사람이 신과 함께하지 않으면 많은 일이 갈피를 잡지 못한다.

신께서 함께하셔야 이웃 나라 작은 신들의 간섭과 훼방을 막을 수 있다. 악한 것이 틈타지 못한다. 산야에 널린 잡스러운 영이 사람의 일을 방해하지 못한다. 사람은 어리석고 약하여 속이는 것들에 둘러싸여 산다. 그러니 사악한 것들의 방해를 받을 수밖에 없다. 신을 잘 섬겨야 속이고 훼방하는 것들이 얼쩡거리지 않는다.

사람이 병에 걸리는 이유가 무엇인가? 악한 것들이 사람의 몸을 건드리기 때문이다. 마을이 어지럽혀지는 까닭은 무언가? 신 섬기는 일을 게을리하여 더러운 것들이 안팎을 헤집고 다니기 때문이다. 신을 잘 섬기는 일은 왕부터 백성까지 두 눈 부릅뜨고 정신을 바짝 차린 채 부지런 떨어야 한다.

신이 사람의 일상에 개입하는 이유

신께서는 우리의 모든 순간을 보신다. 신께선 우리가 신의 뜻에 맞게 살기를 원하신다. 우리의 삶에 일일이 참견하시기도 한다. 우리가 다른 신을 섬길까 걱정도 하신다. 신들 사이에서는 우리가 어떻게 할 것인지를 두고 내기가 벌어지기도 한다는 이야기가 있다. 다른 신들이 우리가 섬기는 신에게 '당신을 섬기는 백성들은 충성되지 않고 신심도 깊지 않아'라고 하는 날에는 우리의 마을, 도시가 신에게 버림받고 벌을 받아 멸망할 수도 있다.

조상들이 우리에게 전한 이야기가 있다. 산 너머 큰 호수는 본래는 작은 나라였단다. 그 호수가 나라였을 때, 신들이 만나 서로 자기를 섬기는 나라 이야기를 나누었다는 것이다. 그 나라의 신이 자기 백성의 신심을 자랑하자 이웃 신이 빙긋이 웃으며 '그럼, 한번 봅시다.' 한마디 하고는 자신의 모습을 사람으로 바꾸어 그 나라로 갔다고 한다.

그가 그 나라에 들어가 소문내기를 '산 너머 어떤 나라는 이런 모습의 신을 섬긴 덕택에 집집이 금을 항아리에 가득 담아둘 정도로 부자가 되었답니다.' 하고는 자기 모습을 그려주고 이름도 알려준 뒤 자취를 감추었다고 한다. 그러자 이 도시의 사람들은 곧바로 저희가 섬기는 신을 버리고 새 신의 신상을 만들어 신당에 모셨다는 것이다. 뻔히 두 눈 뜨고 이런 모습을 본 호수 나라의 신은 실망하고 창피하기도 하여 이 나라를 호수로 만들고 그 백성은 물고기가 되게 했다고 한다.

우리는 나라를 세운 뒤 섬기는 신을 바꾼 적이 없다. 우리 왕이 그 신의 자손이니 나라의 신을 바꿀 이유도 없다. 우리의 신이 모습을 바꾼 채 우리 사이에 계실 수도 있으니 우리도 약간은 긴장하고 산다. 신당에 가서 제사 드리는 일도 게을리 않는다.

우리는 나라의 신 외에도 여러 신을 섬긴다. 물론 최고의 신은 나라의 신이다. 우리는 신을 섬기는 순서를 어그러뜨리지 않는다. 신들마다 위계에 맞추어 신전을 지어 모신다. 우리는 늘 신을 섬기는 데 온 신경을 모은다. 그래야 신의 보호를 받을 것 아닌가?

이렇게 생각하니 새삼 청동기시대가 새롭게 다가왔다. 곰곰이 생각해보니 3년 전쯤 열린 청동기 특별전 개막식에 왔다가 따로 어디 카페 구석 같은 데 앉아서 비슷한 생각을 하며 잠시 메모한 적도 있었던 것 같다. 한꺼번에 청동기 명품들을 보고 영감 같은 게 떠올랐던가? 청동기시대는 신의 시대인지, 사람의 시대인지가 문득 궁금해진다. 말끝마다 신이지만, 그 이면에 어른거리는 건 사람 아닌가?

신의 힘과 능력은 어디에서 올까

신은 불사불멸이다. 신이 신을 낳는다. 신은 하늘에도, 땅속에도, 바다에도 있다. 신은 변신도 한다. 새가 되고 쥐가 되며 사람도 된다. 힘과 능력이 제한되는 생명이 되었을 때는 신의 힘과 능력도 제한된다.

신은 말로도 사람과 짐승에게 큰 고통을 안길 수 있다. 신이 말하면 산이 떨고 바위도 흔들린다. 폭풍과 뇌우도 신이 말하면 일어난다. 신은 세상을 끝없이 변화시킬 수 있다.

신은 매우 많다. 각자 제 역할이 있다. 신과 신 사이에도 위계가 있다. 신들 사이에도 명령이 있고 복종이 있다. 가장 높고 큰 신은 온갖 자연 현상을 일으키지만 작은 신에게는 그런 힘과 능력이 없다.

비록 불멸이라도 신들 사이의 전쟁에서는 신도 죽은 신, 잊힌 신이 된다. 사람과 짐승처럼 죽임을 당하는 것이 아니라 돌 안에 갇히거나 깊은 바닷속, 땅속에 갇혀 산다. 살아도 산 것이 아닌 삶을 살게 된다. 신으로서의 자유를 잃게 되는 것이다.

신의 힘과 능력은 처음부터 정해진 것이다. 제 것을 제가 가지고 태어난다. 제 장기(長技)가 하나씩 있다. 신성한 힘이 무기가 된다. 그러나 이것을 뺏기면 아무리 신이라도 힘과 능력을 발휘할 수 없게 된다.

신도 다 알지는 못한다. 능력대로 살기 때문이다. 크고 높은 신은 과거와 현재, 미래까지 모두 알지만, 그 외의 신은 제 앞가림만 한다. 자신이 맡은 영역 바깥의 일은 알지 못한다.

신도 사람이 어떻게 행동할지는 알지 못한다. 세상은 세상대로 돌아가도록 창조되었고 땅 위 세상의 일은 사람이 주관하도록 결정되었기 때문이다. 땅 위 세상은 사람의 몫이다.

그러나 크고 높은 신은 세상이 돌아가는 일에 개입한다. 신관을 통해 사람이 어떻게 해야 하는지를 알려주기도 한다. 그런데도 선택은 사람의 몫이다. 결과도 사람의 몫이다.

신상에 내리는 신

신은 자신의 모습을 사람에게 보이기를 원한다. 사람이 자신의 앞에서 엎드려 기도하며 호소하기를 바란다. 그럴 때 사람들에게 응답하고 위로하기를 즐긴다. 신이 신전을 땅의 거처로 삼고 신상에 내려오는 것도 사람을 만나기 위해서다.

신상을 돌, 나무, 쇠로 만들어도 신은 그것을 임시 거처로 삼는다. 자신의 모습과 같지 않아도 그것에 임한다. 그러나 신상이 생명체가 아니니 그것에 갇히지는 않는다. 그것 안에 들어오기도 하고 나가기도 한다. 신이 신상에 들어올 때, 신상은 들을 수 있고 말할 수 있다. 사람이 그 앞에 서거나 엎드려도 다치지 않는다.

신상에는 생명이 없다. 신이 항상 신상에 있는 것도 아니다. 신상을 깨거나

농경문 청동기(왼쪽, 국립중앙박물관), 솟대(오른쪽, 순천 국가정원) 남은 유물로만 보면 솟대의 기원은 최소한 청동기시대까지 거슬러 올라간다. 그러나 계절의 순환, 하늘신과의 교통이 철새를 통해 이뤄진다는 관념이 신석기시대에 이미 있었다면, 솟대신앙의 기원은 더 오래전일 수 있다.

불태워도 사람이 다치는 일은 없다. 사람이 그 신상을 통해 신과 만나지 못할 뿐이다.

장인이 신상을 만드는 동안 신이 그 신상에 들어가는 일도 없다. 신상은 신전에 봉안될 때 비로소 신이 올 수 있게 된다. 신관이 그 신상을 신전에 들이고 정식으로 제의를 치르면 신이 그 안에 들어와 사람의 기도를 듣는다.

작은 신상을 가정의 작은 신당에 모셔도 신은 그 신상에 임한다. 신은 동시에 여러 곳의 신상에 내릴 수 있기 때문이다. 여러 곳에 내려 사람의 말을 듣고 응답하는 게 신의 일이자 능력이다.

그러나 신이 항상 사람에게 대답하고 길을 보여주는 것은 아니다. 신은 자신이 원할 때, 그리고 싶을 때 응답할 뿐이다. 물론 사람의 정성이 지극하면 신도 감동하여 응답한다. 사람에게 자신의 사자를 보내기도 하고 다른 작은 신을 보내 돕기도 한다. 신이 그러고 싶을 때 그렇게 한다.

신은 신상에 매이지 않는다. 신전이나 신당에 매이는 것도 아니다. 단지 잠시 그것에 관심을 보일 뿐이다. 혹 신상이 낡거나 더러워지면 그 신상에 내리지 않기도 한다. 또 신상들이 여럿 섞여 있으면 잘 오지 않는다. 신은 자신의 신당,

신전이 따로 차려지기를 원한다. 자신만 홀로 모셔지는 것을 더 좋아한다. 신들끼리 마주 보기는 좀 불편해한다. 비교될 수 있지 않은가?

만약 정말 타임머신이 있어서 그걸 타고 청동기시대로 가서 그 시대 사람들이 제사 지내는 모습을 본다면 어떨까? 갑자기 아득한 옛 삶에 대한 기억, 예를 들면 청동기시대 제사장으로 살았던 경험이나 느낌이 빙의되듯 세계로 떠올라서 그걸 글로 쓴다면 그 시대의 삶을 어떻게 묘사할까? 전시 중인 대전 출토 농경문 청동기를 이리저리 곰곰이 뜯어보면서 든 생각이다.

내가 청동기시대 제의에 참여한다면

신상은 보이지 않았다. 아마 제사상이 차려진 신당 마루의 안쪽 깊숙이 모셔져 있겠지. 몰래 눈을 가늘게 뜨고 안쪽 깊은 곳을 보니 방안에 작은 닫집이 있었다. 가리개로 반쯤 가려졌지만, 그 안에 뭔가 앉아 있는 듯이 보였다. 저기에 앉은 분이시겠지. 의문이 들었다. 왜 제사를 지내면서도 신상은 밖으로 모시지 않는 걸까?

제사를 지내는 안뜰에는 잘 차려입은 남자들 여럿이 나란히 서 있었다. 그들 앞에 왕이 서 있었다. 제사의 첫 잔은 왕이 잡았다. 그러나 제사의 절차는 제사장인 신군(神君)이 주관한다. 왕의 신하들은 뒷줄에 여러 줄로 나뉘어 공손한 자세로 서 있었다. 신군과 왕의 옷차림이 유별나 모두의 눈에 쉽게 들어왔다.

낮은 마루의 상 위에 가지런히 놓인 청동 제기들에는 위엄이 서려 있었다. 가운데 놓인 술그릇 밑에서는 불이 아련히 올라와 술 향이 주변으로 피어나게 했다. 향긋한 술 냄새가 코를 간질였다. 좌우에 놓인 다른 그릇들도 따뜻하게 데워지고 있었다. 부드럽고 눅진한 기운이 사방으로 피어올랐다.

제일 앞의 큰 그릇들에는 찬 음식을 넣었는지, 온기가 없었다. 신군이 자기 앞에 놓인 향 그릇에 작은 향 조각들을 한 줌 집어 올렸다. 작은 불 막대에서 향 조각들 위로 불이 옮겨붙으며 짙은 향이 연기와 함께 피어났다.

향과 술, 음식 냄새가 뜰에 가득했지만, 사람들의 표정은 진지하기만 했다. 신군 외에는 움직이는 사람도 없었다. 헛기침 소리도 들리지 않았다. 뜰 한쪽에 모여 있던 신당지기들도 옷차림이 제법 그럴듯했다. 그들이 두 손에 받쳐 들고 있던 것들을 턱 높이로 들어 올리더니 줄지어 앞으로 나갔다.

신당지기 하나가 신군과 왕 곁에 비스듬히 늘어세운 청동으로 만든 종 모양의 악기 여러 개를 막대로 두드리기 시작했다. 맑은 소리가 공기를 뚫고 신당 안팎에 울렸다. 누군가 북을 두드렸다. 다시 맑은 소리가 이어졌다.

앞으로 나간 신군이 큰소리로 축문 같은 것을 외웠다. 잠시 뒤 그가 자리에서 물러나자 잠깐의 침묵이 좌중을 흘렀다. 왕이 앞으로 한 발 나갔다. 아마 술잔을 올리려는 것 같았다. 그사이 뜰을 휘돌던 향 연기는 주변의 침묵과 어우러지며 사람들 사이에 더욱더 낮게 깔리기 시작했다. 다시 한번 맑은 종소리와 북 두드리는 소리가 이어졌다. 신군이 가슴에 차고 있던 청동거울이 '반짝' 하며 빛을 냈다.

내가 청동기시대 제사장이라면

아버지께서 말씀하셨다. 우리 조상이 하늘에서 내려올 때, 이 땅의 사람들은 돌과 나무, 뼈로 온갖 도구를 만들어 농사를 짓고 있었다. 그들은 하늘에 무엇

청동거울과 비녀(우즈베키스탄 국립역사박물관) 뒷면에 여러 가지 장식무늬를 넣고 끈 꿰는 구멍 한두 개를 도드라지게 만들어 사용하는 동아시아의 청동거울과 달리 중앙아시아부터 유럽에 이르는 지역의 청동거울은 둥근 거울에 손잡이가 달린 것이 일반적이다. 거울에 부여하는 신성한 능력에 대한 관념에 차이가 있었기 때문일까?

이 있는지, 그곳에 사는 이들이 누구인지 알지 못했다. 그들은 살아서 말하는 것과 그렇지 않은 것이 어떻게 다른지 몰랐다. 꽃과 나무, 이끼와 풀도 처음부터 살아서 말하고 속삭이는 줄 알고 있었다.

우리 조상은 하늘에서 반짝이는 돌, 청동을 가지고 내려왔다. 단단하고 빛나며 깨지지 않는 신비한 돌을 보고 그들은 놀라 엎드렸다. 두려움에 가득 차서 입도 벙긋하지 못했다. 그들은 우리 조상 앞에 멍하니 서 있었다. 자신들이 믿던 신과 모습도 다르고 말도 다르니 그럴 수밖에 없었다.

우리 조상 가운데 몇은 저들에게 청동 만드는 법을 가르치려고 했다. 그러나 저들은 두려움으로 떨 뿐이었다. 자신들이 보지 못했던 것, 겪지 못했던 일과 거리를 두려고 했다. 저들은 돌을 잘못 다루면 신의 분노가 임한다고 알고 있었다. 우리가 내민 것이 큰 돌에서 나왔다는 말에 저들은 두려워 벌벌 떨었다. 돌을 가루 내다니 상상도 하지 못하던 일 아닌가? 결국, 저들에게는 돌을 가루 내어 녹이는 첫 번째 일도 가르쳐줄 수 없었다. 우리 조상 중 한 가문이 이 일을 맡아서 하는 이유는 저들이 배우려 하지 않았기 때문이다.

청동 대장장이 가문과 제사장 가문은 늘 함께 있었다. 두 집의 자손들은 마을과 도시에서 떨어진 곳에 있었다. 왕궁 근처나 도시의 별도 구역에 집을 짓고 대장간과 신당을 세웠다. 신당의 제사장 가문 사람들은 청동 도구로 신과 대화하며 하늘과 세상의 일을 알았다. 왕궁 사람들에게 이 일을 알리는 것도 제사장 가문의 사람들이었다. 대장장이들은 때마다 청동 도구를 만들어 신당으로 보냈다.

그러나 대장장이도 제사장도 왕에게는 복종해야 했다. 왕은 하늘 큰 신의 자손이기 때문이다. 일상적인 것은 대장장이와 제사장의 몫이지만 아주 중요한 일은 왕이 직접 하늘의 신과 소통했다. 그래도 특별한 경우가 아니면 제사장에게 신의 말씀을 듣도록 하고 왕은 왕궁에서 소식이 올 때까지 기다렸다. 왕은 다른 일로도 바빴으니까.

제4장

청동기문명②
: 종교와 권력

수면문방이(獸面紋方彛) 부분(위, 중국 상나라시대, 중국 상해박물관), 청동 말머리 장식(아래, 중국 서주시대, 일본 동경국립박물관) 맹수 혹은 괴수의 얼굴은 중국 상주시대 청동기 장식의 특징 가운데 하나다. 이런 장식무늬는 청동기가 지닌 신비스러운 능력을 드러냄으로써 그 힘을 현실화시키는 방편일 수 있다.

휴대폰이 한 차례 부르륵 떨었다. '청동기 전시실 앞에서 기다리고 있어요!' 아들 진석이 보낸 메시지였다. '소식 참 빠르군.' 짜증을 슬쩍 얹은 혼잣말을 중얼거리며 청동기 전시실 입구로 되돌아 나갔다. 전시실 초입에 진석이 친구 규진과 함께 있었다. 규진이 아까처럼 고개를 꾸벅이며 인사했다.

"어, 전시 보고 계셨네요. 그런데 아버지, 사진으로만 봐도 청동기는 좀 차갑다는 느낌이 들어요. 안 그래요?"

"그렇지. 아무래도 금속이니까 온기를 느끼기는 힘들지. 다른 금속과 비교해도 차고 단단하다는 느낌이 들긴 해."

청동기에는 신의 얼굴이 담겨 있다

"청동기는 신의 기운을 담는 그릇이야. 신의 말씀을 새겨 기억하게 하는 도구이기도 하지. 아마 그래선지는 몰라도 청동기를 보다보면 신이 보낸 사자가 우리에게 말한다는 느낌이 들기도 해. 신의 모습이 기괴한 얼굴의 동물에게서 돋아나오는 것 같을 때도 있지.

신에게 제사를 지낼 때, 청동 그릇에 술과 음식을 담을 때, 청동 그릇 아래서 피우는 불기운이 위로 올라 그릇에 닿을 때, 청동으로 만든 향 그릇에서 향이 타오를 때, 제사장은 청동 그릇에 돋게 한 그 얼굴들이 한순간 살아 움직이는 듯한 표정으로 자신을 향해 다가온다는 느낌을 받았을지 몰라. 때론 제사 지내는 모든 사람이 그런 착각에 빠져들 수도 있지.

아마도 그런 순간에 사람 혼이 빠졌을 거야. 헛것에 씌어 시름시름 앓게 됐을 수도 있지. 보지 말아야 할 것을 봤기 때문에 말이야. 눈으로 받아들인 신의 얼굴이 더 크고 강하게 다가왔을 수도 있는 거지. 중국 상주(商周)시대 청동기는 기괴한 얼굴로 장식된 게 많아. 그걸 신이나 신의 사자의 얼굴로 봐야겠지. 향 기운 가득한 제사 중에는 그런 얼굴과 마주치지 않는 게 중요했을 것 같아.

제사장이든 아니든 제사 중에 신의 그런 얼굴에 씌면 그때부터는 신의 나라로 갈 때를 기다리며 준비하는 거야. 세상과 작별하는 거지. 깨끗이 씻고 무릎을 꿇은 채 떠날 때가 되기를 기다리는 거야. 어떻게든 이 세상에 더 있고 싶다면 깨끗하고 흠이 없는 소와 양, 개와 돼지를 끌고 신당지기에게 가서 제사를 청하는 거지. 물론 그렇다고 그 제사를 신이 다 받는 건 아니지만 말이야. 옛이야기에도 그 시대의 그런 사고방식이 담겨 있잖아. 유대인의 구약성경에는 '신의 얼굴을 봤으나 다행히 살았구나' 하며 감사하는 이야기가 나와.[32] 청동기시대의 관념이라고 할 수 있지.

언제부터 청동 그릇에 신과 신의 사자 모습을 넣고, 신의 말씀을 새기게 되었는지는 아무도 몰라. 어쩌면 처음 이런 그릇을 신에게 직접 받았을 때부터인지도 모르지. 사실은 그릇 장식을 도안한 사람은 장인이고,

밑그림은 오래된 제의용 채색 토기나 옥으로 만든 제사 도구에서 왔을 가능성이 크지만 말이야. 몇십 세대 전의 신석기시대부터 내려온 기억과 경험이 일부 이런 방식으로 청동 그릇에 담기게 되었다고 할까.

장식문은 이 청동 기물들이 사람이 아니라 신에게서 나왔다는 것을 기억하게 했을 거야. 신이 사람의 손을 빌려 청동기에 자신의 얼굴과 말씀을 넣게 했다는 거지. 청동기를 실제로 만든 사람들은 제사를 지내건, 전쟁에 나가건 신이 사람을 돌본다는 사실을 사람들이 늘 마음 깊이 새기게 하고 싶었겠지."

나라면 청동기에 무엇을 새길까

"내가 청동기시대 제사장이자 장식무늬 넣는 사람이라면 이렇게 생각했을 거야."

둘의 표정이 약간 심드렁하다는 느낌을 받으면서도 나는 자못 진지하게 상상의 나래를 폈다.

오늘 청동으로 만든 새 그릇들을 받았다. 내가 밑그림을 그려준 대로 그릇 안과 바깥이 신의 말씀과 신의 모습으로 채워졌다. 처음 그릇 틀을 새길 때 넣게 한 것이다. 쇳물을 청동그릇 틀에 넣어 굳힐 때 글자며 그림이 뭉그러질 만도 한데, 굳어진 뒤 약간 다듬는 것만으로도 선명하게 잘 나온 것 같다. 처음 틀을 만들 때 신경을 썼기 때문이리라.

신이 꿈결에 보여주신 모습을 머리맡에 놓아둔 사슴 가죽에 잘 옮겨 그려놓았고, 그것이 밑그림이 되었다. 꿈에서 신께서는 자신의 수많은 얼굴 가운데 하나라고 하셨다. "이것은 나의 온전하고 온화한 얼굴이다. 두렵지 않을 것이다. 그러나 보면 잊지 못하고 잠들지도 못할 다른 얼굴도 있다. 보려고 하지 마라. 두려움이 너를 들판과 계곡으로 달아나게 하리라. 머리에서 지우려 정처 없이 쏘다니다 짐승 밥이 되리니, 생각지도 마라." 나는 말씀만 듣고도 오금이 덜덜 떨렸다. 사슴가죽에 그린 이 얼굴도 무서운데, 다른 모습은 얼마나 무섭겠는가?

신께서 자신을 어떻게 부르며 기도할지도 알려주셨다. 그릇의 틀을 새겨 만들기 전, 신당에 홀로 앉아 있을 때 알려주셨다. 잠든 것도 아니고 깬 것도 아닌 상태에서 내게 오시고 내 손을 들어 사슴가죽에 그려주셨다. 처음 보는 그림이었으나 신께서는 읽으라고 하셨다. 글이라고 했다. 그리고 나는 읽을 수 있겠지만 다른 사람에게는 소리로만 듣게 하라고 말씀하셨다. 다른 사람이 읽을 수 있으면 그땐 '네가 죽으리라'라고도 하셨다. '죽는구나!' 아예 잊어야지 했는데, 잊히지 않는다.

그 후에 사슴 가죽의 그림글을 가만히 들여다보니 어디서 본 듯했다. 어디서 보았을까? 틀림없이 보았는데, 어디서 보았는지 기억나지 않았다. 보았다는 사실 외에는 기억나는 것이 없었다. 이제 이 새 청동 그릇을 받아보니 이 그릇도 이미 본 적이 있다는 생각이 들었다. 도대체 이건 또 어디서 보았지?

갑자기 진석이 내가 혼자 흥을 낸다는 듯 딴죽을 걸었다.

"아버지, 청동기에 꼭 신의 얼굴을 새기는 것도 아닌 것 같은데요? 여기, 우리나라 청동기에는 사람이건 짐승이건 얼굴이 새겨져 있지 않잖아요?"

진석의 말대로 한국 청동기에는 얼굴이 보이지 않는다. 청동기 문화가 지역마다 자기 색깔을 지녔기 때문일까? 내가 잠시 머뭇거리는데, 규진이 친구의 말에 힘을 보태면서도 어색한 분위기를 풀어보려는 듯 둘

청동제 도구와 무기(터키 아나톨리아 문명박물관) 청동제 무기가 누구에게나 주어지지는 않았다. 청동이 귀중한 금속이었으니 당연한 일이다. 청동제 무기를 지닌 자는 지배자나 귀족이었다.

사이에 끼어들었다.

"신의 얼굴이 아니어도 청동기에는 신비한 힘이 서려 있다고 믿었을 지도 모르죠. 여하튼 청동기는 그 시대 누구에게나 특별하게 여겨졌을 테니까요."

청동기에는 어떤 힘이 깃들어 있을까

규진의 말에 기운을 얻으며 내가 한마디 덧붙인다.

"청동기에 깃든 권위는 전쟁의 승패에도 영향을 끼쳤을 수 있어. 전쟁은 무력만으로 결판나지 않았으니까. 예를 들면 이런 식이지."

싸움은 싱겁게 끝났다. 우리 신당의 제사장 마루한이 청동거울을 목에 걸고 높은 바위에 올라 적을 향해 서자 거울에서 빛이 뿜어져 나갔다.[33] 우리에게 신의 눈이 있음을 저들이 알게 되었다. 저들은 우리와 싸우겠다며 들로 나왔지만, 거울의 빛을 보자 그만 기력을 잃고 말았다. 우리가 보낸 사자가 그들에게 가니 모두 우두커니 그 자리에 서 있었다고 한다. 저들에게는 청동거울이 없었다.

우리는 먼 조상 때 하늘로부터 청동거울과 청동방울을 받았다. 그 뒤 청동검도 받자 주변의 어느 사회도 우리에게 맞서려 하지 않았다. 신께 받은 청동거울, 청동방울은 나라의 큰 신당 안 깊숙이 모셔져 있다. 아무도 그것을 보지 못한다. 제사장 마루한 한 사람만 성물이 모셔진 곳에 들어갈 수 있다.

우리 왕과 장수들이 전쟁 때 가지고 나가는 청동검과 청동창은 이 나라의 큰 장인 솟개 집안에서 만든 것이다. 신당 앞 큰 숲 한쪽에 솟개네 대장간이 있다. 늘 군사들이 지켜 아무나 그곳에 얼씬거리지 못하게 한다. 솟개 집안 사람들과 일꾼 몇 사람만 이곳에 산다. 그들이 만드는 검이나 창은 가마에 실려 곧바로 왕이 계시는 곳으로 간다. 우리는 전쟁이 일어났을 때 먼발치에서 그것을 힐끗 볼 수 있었을 뿐이다.

왕과 장수들이 들고 나가는, 바위보다 단단한 빛나는 돌, 번쩍이는 청동제 검과 창끝은 신비한 힘을 지니고 있다. 우리네가 손에 쥔 뼈와 돌로 만든 것들과는 비교할 수 없다. 전쟁이 시작되기 전 우리의 왕과 장수들은 신당에서 제사를 지낸다. 제사장 마루한이 그들을 축복하며 청동 검과 창에 한 차례씩 손을 대면 사람과 무기 모두 변화된다고 한다. 검과 창에서 기운이 나와 사람에게 들어간다고도 한다.

우리는 청동 검과 창에 신이 내린다고 믿는다. 신이 보낸 신령한 기운이 무기와 사람을 지킨다고 믿는다. 전쟁이 없을 때 왕과 장수들은 이 청동 검과 창

(왼쪽 상단부터 시계방향으로) 청동방울, 청동거울, 패형 청동기, 죽절문 청동기(이상 국립중앙박물관) 청동제 의기(儀器)는 몸에 지녔던 자의 신성한 혈통과 사회적 권위를 알려준다.

을 신당에 맡긴다고 한다. 보통사람일 때는 청동으로 만든 것들을 감당할 수 없기 때문이라고 한다. 우리가 전쟁 때 청동제 무기를 지닌 이들과 멀찍이 떨어져 있으려 하는 것도 이 때문이다.

청동거울은 보이지 않는 것을 비춘다

진석이 내가 말을 더 잇기 전에 새삼스럽다는 듯한 표정으로 한마디 했다.

"아버지, 청동거울로 전쟁이 결판난다면, 어떻게든 구해서 가지고 있어야겠네요? 그 시대에도 어디서나 청동거울을 만들 수 있었던 건 아닐 테니까 말예요."

"그럼, 청동거울이나 방울은 무기와는 만드는 방식부터 달랐겠지. 특히 청동거울은 뒷면에 주술적 의미를 담은 무늬를 얼마나 정교하게 담아내느냐가 중요했던 것 같아."

거울 거푸집을 만들면서 뒷면에 하늘과 비구름을 가득 새겼다. 아버지가 만들던 것보다 더 가는 선들을 빈틈없이 넣었다. 쇳물을 흘려 넣었을 때 이 선이 살아날까? 신께서 보신다고 하셨으니 틀림없이 모든 선이 생생하게 그대로 살아날 거야.

청동으로 거울을 만들 때마다 뒷면에 넣는 무늬가 잘 살아나도록 신께 빈다. 빛을 받는 앞면이야 정성스레 닦으면 반짝거리며 무엇이든 비추어낸다. 그러니 별걱정이 없다. 그러나 뒷면은 그렇지 않다. 무늬가 정교하고 생생하게 나와야 한다. 이것 때문에 밤잠을 자지 못하고 거울 뽑는 날을 기다린다.

사실 뒷면이 살지 않으면 앞면이 아무리 매끈해도 소용이 없다. 신께 기도하는 내용이 뒤에 새겨지니 어떻겠는가? 신에게서 오는 빛은 앞에서 받지만, 신에게 드리는 말씀은 뒤에서 바쳐진다. 거울 뒤의 말씀이 온전치 않으면 제사도, 기도도 효력을 낼 수 없다.

오늘 신당 앞에 걸어둔 거울이 빛을 내더니 앞마당 한구석의 큰 바위를 비추었다. 마당에서 작은 숲으로 이어지는 모서리 쪽 바위는 그늘진 쪽이 늘 어둡다. 거울의 빛이 바위 정수리를 비춘 일도 없었다. 오늘 그런 일이 일어났다.

한달음에 그리로 달려가 바위 앞뒤를 살펴보니 눈에 띄는 변화가 있는 건 아니다. 그러나 찬찬히 들여다보니 거울 빛이 비친 자리에 작은 구멍이 나 있다. 아니 구멍처럼 그저 오목하다. '그렇구나. 여기를 갈아 구멍을 내라는 뜻이로군.' 바위에 임하신 신께 제사 드리고 신당 안에 두었던 작은 돌을 손에 쥔 채 바위 앞에 섰다.

신은 가끔 거울로 말씀하신다. 어제처럼 바위 구멍을 내야 할 때도 있다. 사악한 것이 근처에서 얼씬거린다는 사실을 알려주며 그것을 쫓아버리라고 하실 때도 있다. 우리가 신의 말씀대로 하지 않으면 거울이 빛을 잃는다. 신이 떠나신다. 그러면 우리는 신 없이 오랜 기간을 지내야 한다. 비도 내리지 않는다. 신은 우리가 때마다 민감하게 반응하기를 원하신다. 우리가 움직여야 한다. 신의 손발이 되어야 한다. 거울이 신의 뜻을 알리면 우리는 그것이 가리키는 대로 한다.

청동기에 깃든 힘, 청동거울 이야기는 그래도 그럴듯했는지, 두 젊은 이의 얼굴에 뭔가 더 알고 싶다는 표정이 드러났다. 이럴 때는 오히려 그치거나 잠깐 뜸을 들여야 하는데, 내가 참지 못하고 말을 덧붙였다.

"국립전주박물관에 청동기시대 제사장 모습이 상상 복원되어 있는데, 가슴에는 청동거울을 걸었고 어깨 앞에는 청동방울을 달았어. 머리엔 사슴뿔 모자를 썼지. 실물 크기야. 재현이라고 보기는 좀 그렇지만 제법 그럴듯해.

아마 전쟁이 일어나거나 하면 이런 모습의 제사장이 특정한 곳에 서서 신성한 힘을 발휘했을 수도 있어. 기독교 『구약성경』에 모세라는 인물이 전쟁터 한쪽 높은 데 서서 두 팔을 들어 올리고 기도하는 자세를 취했듯이 말이야.[34] 팔을 내리면 히브리족이 지고, 올리면 이겼다고 하잖아. 그것과 비슷했을 것 같아. 전투를 치르는 이쪽이나 저쪽이나 신비한 청동기의 힘을 의식했을 수 있다는 거지.

청동거울도 그래. 거울에 어떤 장식무늬를 넣건 반짝이는 거울 면이 빛을 받아 사악한 것을 되비춘다는 믿음이 널리 퍼져 있었거든. 일본의 신사에 보관된 '신의 가마' 앞에는 지금도 청동거울이 걸려 있어. 마을 축제, 보통 무슨 무슨 '마쓰리'라고 하지. 신의 가마가 거리를 행진해. 그때 그 거울이. 제 역할을 한다고 믿는 거야. 사악한 것들이 청동거울에 제 모습이 비칠까 두려워 먼저 달아난다는 거지.

청동기시대나 초기 철기시대에는 거울의 역할에 대한 믿음이 대단했을 거야. 우리나라 삼한시대나 일본의 고훈(古墳)시대의 큰 무덤에 청동거울이 여러 개, 심지어 수십 개 묻혔다가 발견되는 것도 이 때문이겠지. 중국 남북조시대에 유행한 지괴(地怪)소설에 청동거울을 주인공으로 한 글이 여럿 포함된 것도 민간에서는 거울 신앙이 여전히 유지된 까닭일 거야."

"그럼, 그 신비한 힘은 어디서 오는 거예요? 신이 내리는 건가요? 하늘에 있는 신?"

진석이 마치 그런 일을 겪고 신기해하는 듯한 표정으로 묻는다. 친구 규진의 얼굴을 보니, 진석과 같은 의문을 품고 있는 듯했다.

"그렇다고 봐야지. 너희들이 VR을 만든다면 내레이터이자 주인공은 이런 식으로 독백하지 않을까?"

내 청동거울 이야기가 그칠 줄 모르고 이어진다.

신당에서 빛나는 청동거울

우리의 신은 하늘에 계신다. 별이 되어 우리를 내려다보신다. 신당에 모신 신상에 머물기도 하신다. 우리가 차린 제사상 음식을 맛보러 오셨을 때는 신상으로 오신다. 그러나 언제 오실지는 신당 할미도 알지 못한다. 우리는 그저 몸조심하며 이제나저제나 할 뿐이다. 어쨌든 제사 음식은 맛보실 테니까, 혹 신상에 무슨 표시가 없는지 조심스레 곁눈질하기도 한다.

신당 할미 말로는 제사를 지내지 않을 때도 신이 오신단다. 한순간 신당 할미가 눈자위를 뒤집으며 평소와 다른 목소리로 말하기 시작하면 우리는 '오셨구나' 한다.[35] 신상에 내렸던 신이 이제는 신당 할미의 몸으로 들어와 말하기 시작하는 것이어서 우리는 주의 깊게 듣고 기억해둔다. 그대로 해야 하니까. 신의 말씀이 끝나면 신당 할미는 바로 정신을 잃는다. 깨어난 뒤 물으면 기억하는 게 없다.

신당에는 반짝이는 청동거울이 있다. 신을 모시는 행사로 가마를 메고 마을을 한 바퀴 돈 뒤, 강까지 갔다가 신당으로 돌아올 때는 가마 앞에 미리 거울을 매어둔다. 가마꾼과 우리가 가는 길이 평탄하려면 반드시 해야 하는 일이다. 신의 기운이 깃든 이 거울이 악한 것을 비추면 정체가 드러나므로 감히 어떤 못된 것도 거울 앞에 서지는 못할 테니까. 아무도 우리 길을 막지 못할 테니까.

악한 것이 아무리 멋지게 차려입어도 소용없다. 영웅의 모습으로 가마 앞에 서 있어도 정체가 금방 드러난다. 우리 사이에 잠시 섞여 있어도 거울에 본래 모습이 비치면 달아날 수밖에 없다. 아주 강한 것들은 거울을 흐리게 하지만 어차피 자신을 감출 수 없으니 우리를 훼방하지 못하고 떠나게 된다.

마을에 혼인이 있으면 신당 앞에서 예식을 올린다. 신당의 너른 앞마당에 자리를 마련하고 사람들이 오게 한다. 신당 안쪽 문 입구에 높이 걸린 커다란 청

인골이 담긴 청동정(왼쪽, 중국 상나라, 은허박물관), 사람 모양 다리가 달린 청동기(오른쪽, 중국 서주, 산서성박물원) 청동기시대의 국가에서는 노예제가 당연시되어 괴롭고 힘든 일은 노예의 몫이었다. 중국 상나라에서는 제사에 사람을 희생물로 삼았으나, 주나라에서는 인신 공양 제사를 하지 않았다.

동거울이 '웅' 하고 소리를 내면 신당 할미가 작은 청동거울을 목에 걸고 앞으로 나온다. 신당 할미가 그 차림으로 마당에 나오기만 해도 기웃거리던 악한 것들은 순식간에 자취를 감춘다. 신께서 청동거울로도 우리를 지켜주시니 우리는 신당 안팎 어디에 있든 안전하고 편안하다.

신은 언제, 어떻게 오나

엊그제 왕궁 뒷산의 큰 동굴에서 곰이 울부짖는 소리가 들렸다고 한다. 그 소리가 너무 커서 왕궁 사람 가운데 듣지 못한 이가 없다고 한다. 제사장도 그

소리를 들었고 신당의 일꾼들도 들었다. 어떤 이는 그 소리에 놀라 하던 일을 그치고 땅에 엎드려 눈을 감고 두 손으로 귀를 막은 채 오래 그대로 있었다고 한다.

왕과 신하들이 바로 신당으로 갔더니 제사장은 벌써 청동 그릇들을 꺼내 제사 지낼 준비를 하고 있었다. 사흘 동안 제사가 진행되었는데, 소와 양, 개와 돼지를 여러 마리 잡고 술도 많이 준비했기에 잘 마쳤다고 한다. 제사를 마친 뒤 왕은 제사장에게서 신의 말씀을 전해 듣고 왕궁으로 돌아갔다.

얼마 지나지 않아 왕이 보낸 군사들이 이웃 나라로 향했다. 전쟁이 일어난 것이다. 제사장도 군사들과 전장에 갔다. 전쟁은 한 달 만에 끝났다. 그러나 전투가 벌어진 날은 사흘 정도다. 제사장이 청동거울로 적장의 눈을 멀게 했고, 청동방울을 흔들어 적 군사들의 귀가 들리지 않게 했다고 한다. 전쟁이 끝날 즈음 거대한 독수리 떼가 날아와 들판을 덮었다. 땅에서는 큰 쥐들이 떼를 이루어 적의 진영 바깥을 돌다가 들판 가운데를 흐르는 큰 개울 곁의 땅굴 속으로 사라졌다고 한다.

제사장은 이웃 나라 왕을 붙잡아 와 신당에서 제물로 드렸다. 그 왕의 옷과 허리띠를 신당 제물로 올리고 왕을 신당의 제물지기 노예로 삼았다. 포로로 잡힌 자들은 왕궁과 귀족 가문의 노예로 살게 했다.[36] 이런 모든 일을 마친 뒤에야 제사장 마루한이 우리 왕께 올렸던 말이 백성들에게도 전해졌다.

"하늘의 신께서 산중의 왕 곰에게 오셨습니다. 큰 강 건너에 있는 작은 범들이 내 앞에서 얼씬거리지 않게 하라. 내 잠을 방해하지 않게 하라. 범들의 우두머리는 내 집의 노비로 삼고 작은 것들은 멀리 쫓아버리라. 내 소리가 들리는 곳에서 나를 번거롭게 하는 오소리며 멧돼지가 없게 하라. 내가 너희와 함께하리니 내 눈빛이 그들을 향하게 하고, 내 소리가 그들의 귀를 울리게 하라. 내가 너희와 함께하니 앞으로 가라. 그들이 네 앞에서 엎드러지리라."

제사장에게는 특별한 힘이 있을까

우리 신당의 제사장 마루한은 하늘의 신과 통한다. 신과 대면해도 죽지 않는다. 그는 사람과 신 사이에 있다. 마루한은 13대 제사장이다. 첫 번째 제사장은 이 땅, 이 백성을 위해 하늘에서 내려왔다고 한다. 그의 이름도 마루한이다. 그는 본래 하늘의 신 가운데 한 분이셨단다. 땅과 하늘이 나뉜 뒤, 사람과 신 사이에 말이 통하지 않게 되자 신과 사람 모두를 위해 스스로 하늘에서 땅으로 내려왔단다. 당연히 땅에 오면서 신의 특권인 불멸과 불사를 버리셨지. 우리로서는 크게 감사하나 다른 한편으로는 너무나 미안한 일이다. 필멸과 필사의 삶을 택하셨으니까.

지금 우리가 섬기는 13대 마루한은 늘 이 땅과 우리의 왕을 위하여 하늘에 기도한다. 우리의 왕도 하늘에서 내려오신 신의 자손이다. 어떤 이는 신 중의 신께서 이 땅의 한 여자와 결혼하여 낳은 아이가 우리의 첫 왕이라고도 한다. 우리 왕은 그 왕의 자손이다. 신의 핏줄을 이었으니 신이다.

제사장 마루한은 모든 말을 알아듣는다. 심지와 쥐와 새의 말도 알아듣는다. 신들이 제 모습을 숨기고 새나 쥐로 와서 마루한에게 말을 걸기도 한단다. 그런 까닭인지 마루한은 아무도 못 듣는 말을 듣는다. 우리 귀에는 지저귀는 소리, 끙끙거리는 소리지만 제사장의 귀에는 새나 쥐의 말이다. 제사장은 그가 들은 신의 말씀을 왕과 신하, 우리 백성에게 전한다.

마루한은 청동거울의 빛과 청동방울의 소리로도 신의 뜻을 알아차린다. 때로 청동 그릇에 담긴 술 빛이 달라지면 마루한은 바로 그 뜻을 알아차리고 우리 왕에게 전하기도 한다. 왕은 신의 아들이지만 마루한을 통해 신의 말씀을 전해 듣는다.

새로 왕을 세울 때도 마루한은 먼저 신의 뜻을 묻는다고 한다. 때가 되었는

사람 얼굴이 묘사된 청동정(중국 상나라 시대, 호남성박물관) 정(鼎)에 신에게 올리는 인신 공양물이 담기기도 했음을 고려하면, 이 청동정에 묘사된 얼굴은 인신과 육축(六畜)을 공양받던 신의 형상일 수도 있다.

지, 왕위를 이어도 되는지를 묻고 답을 기다린다고 한다. 우리는 그저 제사장의 입만 쳐다본다. 비가 제때 올지 알아야 하니까. 올해가 흉년일지 풍년일지는 마루한만 아니까.

"에이, 아버지, 제사장이 그렇게 전지전능하면 왕이 왜 필요해요? 왕도 신의 아들이면 신과 소통할 수 있어야지. 오래전에 사주신 역사책에서 읽기로는 고구려의 주몽 같은 사람은 직접 하늘에 말하기도 하던데요."

진석의 말을 규진이 가로챘다.

"아냐, 직접 말한 건 아니지. 나도 주몽 이야기는 읽어봤는데, 사슴을 거꾸로 매달아 소리 지르며 울게 했다고 되어 있어."

"그렇던가? 주몽은 더 뒤에 나온 인물이니까, 청동기시대에는 왕도 하늘에 말했을 거야. 다 신의 아들이면, 왕이고 제사장이고 구별이 없었던 거잖아."

둘 사이 오가는 말을 들으며 수첩을 뒤지던 내가 카페에서 추가한 메모를 두 청년에게 보여주었다. 시나리오 작가처럼 상상으로 그린 청동기시대의 왕과 제사장 이야기다.

제사장과 왕은 어떤 관계일까

신께서 구릿돌 캘 수 있는 곳을 알려주셨다. 일꾼들을 뽑아 광산으로 보내기 전 궁궐 밖 신당에서 제사를 지냈다. 신당지기 할미가 "그 산 앞에서 한 번 더 제사를 올리시오. 그러면 그 산의 산신이 기뻐할 것이오." 했다. 물론 작은 신당지기 소녀를 내가 임명한 우두머리에게 붙여주면서 한 말이다. 조상 때부터 내려온 몇 가지 청동제 의기를 우두머리에게 건네 몸에 지니게 하고 떠나보냈다.

보통 구리를 캐러 산에 들어갈 때는 그곳 산 입구에 돌기둥을 세우게 한다. 더는 아무도 들어가서는 안 된다는 표지이다. 구리 캐는 자들과 작은 대장장이, 우두머리, 작은 제사장만 그 안으로 들어가게 하는 것이다.[37] 광산 입구에 작은 신당과 대장간을 짓고 신에게 아침저녁 제사 드리면서 구리를 캐고 바로 청동기를 만들게 한다.

구릿돌에서 녹여낸 구리 덩어리는 장사치들이 귀하게 여기며 특별한 보따리에 담아 거래하기도 한다. 가까운 곳에서 아예 광석을 구하지 못하는 나라에서는 이렇게라도 구하는 수밖에 없어서다. 다행스럽게 우리는 우리 땅에 광산이 있어 그런 수고로운 거래를 하지 않아도 된다.

나는 구릿돌을 캐 구리를 녹여낼 때까지 현장에 가지 않는다. 구리에 무엇을 더 넣고 덜 넣을지 결정해야 할 때쯤 그곳에 간다. 주석이며 아연을 녹여 넣을 땐 내가 없으면 일이 진행되지 않는다. 구리에 다른 것을 섞어 넣는 비율을 아는 것은 나밖에 없다. 내가 알려준 대로 하지 않으면 이것들을 녹여내어 굳혀도 바로 깨진다. 아니면 너무 물렁거려서 쓸모가 없다.

　내 지식은 조상에게서 직접 받은 것이다. 가족 중 누구도 내 지식은 알지 못한다. 내 머릿속에만 있기 때문이다. 청동을 부어서 굳혀낼 때 어떤 문양을 넣을지도 내가 정한다. 역시 조상에게서 물려받은 것이다. 조상은 신에게서 들은 말씀을 바탕으로 그것을 그려두었다. 나는 이것을 따로 사슴 가죽에 그려 넣고 귀한 상자에 담아 궁궐의 왕실 신당 깊은 곳에 넣어놓았다. 그곳은 나 외에 누구도 들어가지 못한다. 청동기에 문양을 넣는 순서는 그 그림대로 한다. 이 역시 순서가 틀리면 문양이 제대로 나오지 않는다. 나 없이 이 나라에서는 어떤 청동 기물도 만들 수 없다.

　일 년에 한 번씩 왕실 신당 앞을 장식한 큰 신당 앞에서 우리 가문의 시조이자 나라의 조상 앞에 제사를 지낸다. 그때는 궁궐 바깥의 신당지기 할미도 안으로 들어온다. 대대로 만든 귀한 청동 그릇들이 신당 제사상 앞에 펼쳐지면 제의가 시작된다. 청동 그릇들로 말미암아 제사상 앞에 묵직하면서 신비로운 기운이 감돌아 흐른다. 나는 왕이자 제사장 위의 제사장으로서 이 자리의 모든 일을 도맡는다.

　"내 생각에 왕과 제사장 사이는 상당히 미묘했던 것 같아. 처음에는 왕이 제사장을 겸했지만, 점차 둘로 나뉘어서 왕은 정치권력을, 제사장은 종교권력을 담당했겠지. 둘 사이엔 아슬아슬하게 균형이 유지되다가도, 무게 중심이 이리 갔다가 저리 가는 일이 반복되었을 거야. 어느 시점에서 왕은 상징적인 제사장을 겸하고, 제사 업무는 왕실 사람 중에 누가 담당하는 식으로 바뀌었는지도 몰라. 여하튼 청동기 제작의 가장 중요한 비밀은 왕의 손에 남겨졌다고 봐야 해. 어떤 면에선 제사장의 권력보다 더 중요한 거거든. 청동기를 어떻게 만드느냐가 말이야."

여러 유형의 신(이집트 출토, 독일 베를린 고대박물관) 이집트는 신석기문명이 청동기문명으로 단절 없이 이어진 드문 사례에 해당한다. 이집트의 신화와 유적, 유물에 온갖 짐승 모습의 신이 자연스럽게 등장하는 것도 이 때문이다.

내가 말을 마치자 규진이 뭔가 생각났다는 투로 말했다.

"그런데, 좀 이상한 게 신의 아들이다, 신의 자손이다, 이런 식의 말이 정말 백성들에게 먹혔을까요? 고조선의 단군왕검은 하늘에서 내려온 신의 혈통이라든가 하는 말을 백성들이 믿었을까요? 아무리 평범한 백성이라도 생각이 있을 텐데 너무 비현실적인 얘기는 안 믿었을 것 같은데요?"

진석이 말을 거들었다.

"그래, 나도 좀 이상하긴 이상해. 그때나 지금이나 사람 생각은 비슷할 텐데 말이야. 정말 신의 아들이라는 말을 믿었는지 나도 좀 의심스러워."

"아니, 갑자기 뭐가 그리 의심스럽니? 요즘 타로점이 유행이라는데, 아무리 재미 삼아 본다지만 좋은 소리 들으면 얼굴이 밝아지고, 아니면 풀이 죽는 건 왜 그런 것 같아? 얼마 전까지도 사람들은 누가 제 앞을 홱 가로질러 가면 '에잇, 재수 없어. 오늘 일진이 안 좋겠네!' 그랬거든. 재수니 일진이니 하는 말이 왜 있는 것 같니? 조선시대에 풍수지리 명당에 무덤을 만들려고 기를 쓴 건 어떻게 설명할 건데? 성모마리아 상이 피눈물을 흘렸다는 둥 하는 말이 왜 화제가 되겠어? 신성이며 신비는 어느 시대에나 있는 거야."

나는 짜증을 약간 담은 채 제법 빠른 속도로 말을 쏟아내다가 잠시 멈추었다. 숨을 고른 뒤 다시 말을 이었다.

"그게 사회적으로 상식인 때도 있었어. 일본에서는 '무엇의 신'이라는 식으로 신이라는 말을 자주 써. 사람과 신 사이가 그만큼 가까운 거야. 로봇 개발의 선진국인 일본에서 말이야. 인도에선 현역 크리켓 선수를 신으로 모시기도 해.[38] 그 신을 기리는 축제도 열지. 직접 전투 현장 한가운데로 나가는 제사장 왕처럼 위대한 지도자는 살아 있을 때도 백성들이 신처럼 섬겼겠지. 그러니 그런 위대한 인물이 죽으면 신이 되었다고 믿지 않았겠니? 일본의 신사에서 그러듯이 신으로 모시고 그에게 기도하는 거야."

사람도 죽은 뒤 신이 될까

"아마, 이런 식의 신앙 고백도 있었겠지."

우리 왕검은 하늘이 내린 분이다. 그분이 앞장서면 늘 이겼다. 그분이 반짝이는 청동검을 머리 위로 들 때, 하늘의 해는 그의 머리 위에서 검에 빛을 더했다. 그분이 휘두르는 청동제 모(矛) 앞에서는 아무도 마주 서려고 하지 않았다. 왕검은 신이 내리신 청동거울을 목에 걸고 전투에 나섰다. 어깨에는 청동방울을 달아 움직일 때마다 소리가 나게 했다. 그것은 신을 부르는 소리였고, 병사의 기운을 돋우는 소리였다. 우리는 늘 이겼고 그럴 때마다 적의 마을과 도시를 약탈했다. 우리 신의 위대함은 적의 간담을 서늘하게 했다.

오늘 그분이 하늘로 올라갔다. 하늘이 내린 큰 무지개를 밟고 높은 곳으로 올라가셨다. 왕검이 무지개를 밟고 하늘로 올라갈 때, 우리는 너무 아쉬워 그러지 말라고 소리쳤다. 우리는 소리 내어 울며 그분의 이름을 불렀다. 혹 마음을 바꿔 무지개에서 내려오면 얼마나 좋을까? 아무 일 없었다는 듯 하늘로 가는 잠에서 깨어나면 얼마나 좋을까? 우리는 긴 시간 소리 질렀다. 그분의 이름을 불렀다. 무지개가 완전히 사라진 뒤에도 우리는 오랫동안 그 자리에 서서 하늘을 쳐다보았다.

신당 할미가 말했다. "이제 왕검께서는 하늘의 별이 되어 우리를 지켜주신

오리 모양 토기(신라시대, 국립경주박물관)
긴 나무막대 끝에 매달린 새는 철 따라 시
베리아와 한국, 일본 등을 오가는 청동오
리 등의 철새가 모델이다. 선사 및 고대 사
회에서 이런 철새는 죽어서 돌아가는 조
상신의 세계와 이 세상 사이를 잇는 전령,
곧 신의 사자로 여겨졌다.

다." 할미의 말이 사실임을 잘 안다. 하늘의 별로 빛나는 많은 신이 우리의 조
상들임을 잘 알고 있으니까. 우리는 왕검께서 되돌아오시지 않은 것이 아쉬웠
다. 그러나 마음을 정리하고 그분이 남겨두신 육신을 위해 멋들어지게 새집을
만들어드리기로 했다.

우리 왕검의 육신은 이제 돌로 만든 상자, 돌집 안에서 편히 쉴 것이다. 별이
되어 이것을 보시는 하늘의 왕검도 기뻐하실 것이다. 왕검의 돌집 지붕에는 하
늘의 별들을 새겼다. 우리를 비추는 하늘의 별, 우리 조상신들의 모습을 돌 지
붕에 옮겨놓았다. 우리는 왕검의 별을 가장 크게 새겼다. 왕검의 새 돌집 근처
에서 크게 제사 드리고 그 자리에 큰 돌들을 모아 무더기를 만들었다. 우리의
정성을 그렇게 표시했다. 오늘 밤 왕검의 별이 유난히 밝게 빛난다.

"아버지, 그럼 왕검은 죽어서 신이 된 거네요? 무지개를 밟고 하늘로
올라간 건 그의 영이고요. 영혼이라고 해야 하나? 단군신화에 보면 단군
왕검은 죽지 않고 구월산 산신이 되잖아요? 그건 살아서 신이 되었다는
건가요?"

진석의 말에 규진도 표정으로 동감을 표시했다. 마음이 풀리고 기분도 좀 좋아진 나도 그 말에 맞장구를 치면서 말을 덧붙였다.

"고조선 백성들 사이에 여러 가지 이야기가 돈 것으로 봐야지. 어차피 왕이나 지도자 이야기에는 가지가 덧붙기도 하고, 때론 줄기가 뒤틀리거나 가지끼리 얽히기도 하거든. 신성한 존재에 대한 신화전설은 여러 갈래인 경우가 많아."

잠시 쉴 겸 내가 전시실 끝의 간이 의자에 앉아 있는 동안 진석과 규진은 전시실 한쪽 면의 커다란 모니터를 유심히 보았다. 민속유적인 솟대가 나오고, 삼한시대의 소도에 대한 설명이 이어졌다. 신석기 전시실처럼 청동기 전시실에도 요즘 유행하는 AR이나 VR 기법을 사용한 화면은 설치돼 있지 않았다.

한동안 화면 앞에 서 있던 두 젊은이가 내가 앉은 곳으로 와 곁에 앉았다. 그러더니 약속이나 한 듯 둘 다 휴대폰 삼매경에 빠졌다. 가만히 보니 둘이 휴대폰에 뭔가를 경쟁적으로 입력했다. 거의 눈이 따라가지 못할 정도로 빠르게 손가락을 놀렸다. 신기한 듯, 조금은 멍한 표정으로 둘을 보던 나는 앉은 채로 목운동을 시작했다.

삼한의 소도에 들어가면 어떻게 될까

한돌이 소도로 들어갔다. 입구의 큰 솟대를 지나 신성한 땅으로 들어가자 급히 그를 뒤쫓던 사람들은 닭 쫓던 개 꼴이 되었다. 그들은 하릴없이 솟대 앞에 주저앉아 한동안 일어나지 못했다. 조금만 더 부지런 떨었으면 잡을 수 있었는데, 아뿔싸. 소도로 들어가는 다른 길이 이렇게 가까운 곳에 있었을 줄은. 그야

말로 잡아채기 직전에 놓친 것이다. 그들의 얼굴에는 아쉬움을 곱씹는 표정이 역력했다.

한돌은 좀 괴팍했지 이상한 사람은 아니었다. 사납거나 교활하지도 않았다. 주먹을 휘둘러 누구를 다치게 한 적도 없었다. 마을 끝 집에 혼자 살며 산 밑에 덫을 놓아 짐승을 잡거나 개울에 어살을 벌려 물고기를 잡았다. 가끔은 산자락 여기저기에서 마른 등걸을 모아 장작으로 패 뒤뜰에 쌓아놓았다. 그게 그가 하는 일의 전부였다. 자기를 돌보던 어미가 호랑이에게 물려간 뒤 어미를 찾겠다며 주야로 한 달여 산야를 돌아다닌 뒤에는 아예 말이 없어졌다. 사람도 만나지 않았다.

한돌이 멧돼지를 잡겠다고 풀숲으로 던진 창이 그만 사람을 맞혔다. 창이 집이며 사람을 구경하겠다며 한돌네 집 건너 풀숲에 숨어 구경하던 서지네 작은 애 가슴을 꿰뚫었다. 동생과 같이 있던 큰 애가 놀라 비명을 지르다가 한달음에 제집으로 달아나 아비에게 그 일을 알렸다. 서지가 마을 장정 몇과 한돌네로 왔지만 아이는 이미 숨진 뒤였다. 한돌도 벌써 달아난지라 집은 텅 비어 있었다.

한돌이 소도로 들어갔으니 마을 사람들은 그가 제 발로 거기서 나오기까지 기다려야 한다.[39] 천군의 땅에는 죽을 목숨 건지러 들어가는 것 외에는 누구도 발길을 들이밀지 못한다. 말 그대로 무심코 발길을 해도 신이 내린 벌을 받는다. 몸에 종기나 열꽃이 벌겋게 돋다가 하루 이틀 만에 구들장 위에서 죽음을 맞이한다. 죽음이 그를 붙잡아 조상신의 나라로 데려간다. 아무 일 없는 듯이 돌아다니는 자는 반드시 맹수에게 물리거나 절벽에서 발을 헛디뎌 떨어져 죽는다. 그렇게 죽은 자도 여럿이라 한다.

억울한 자, 도끼로 나무를 찍는데, 도끼머리가 자루에서 빠져나가 다른 사람의 머리에 가 박힌다든가 하여 살인자가 된 자는 소도로 들어갈 수 있다. 천군도 그런 자는 내치지 않는다. 죽음도 그에게는 다가가지 않는다. 천군은 한눈에

거푸집을 깨 청동기를 꺼내는 모습(중국 보계청동기박물관), 거푸집 속의 청동기(중국 상해박물관)
주물로 부어낸 청동기는 다시 다듬는 과정을 거쳐 완성되었다. 청동기는 재료를 구하기 쉽지 않
았으므로 어느 곳에서나 정성 들여 신중히 만들었다.

그런 자와 그렇지 않은 자를 구별할 수 있다. 억울한 자가 소도에 머무는 동안
천군은 그를 먹이며 재워준다. 그가 제 발로 소도 밖을 다니다가 복수하려는 자
에게 붙잡혀 죽는다면 그것은 그가 자초한 일이어서 누구에게도 책임이 없다.
그러나 소도 안에 몇 년이고 머물기로 마음먹고 실제 그 안에서 버틴다면 천군
은 그를 살려두어야 한다. 그렇지 않으면 신이 천군에게 벌을 내린다. 신이 지
켜주리라 믿고 신의 땅, 신의 품으로 들어온 억울한 자는 산 자로 남아 있어야
한다.

내가 청동기 장인이라면

신이 돕지 않으면 청동기는 만들어질 수 없다. 구리도 구하기가 만만치 않은데, 주석이니 아연, 납이 든 돌을 찾기는 더 어렵다. 신이 알려주지 않으면 아무것도 얻지 못한다.

돌을 으깨 쇳물 가마에 넣기 전에 제사부터 드린다. 불의 신이 함께해야 하니까. 아니면 쇳물 가마가 터질 수도 있고, 때가 되었는데 오히려 불이 가물거릴 수도 있다. 늘 불이 문제다. 이 때문에 신에게 간절히 기도한다.

쇳물을 거푸집에 넣을 때는 속이 까맣게 타들어간다. 깨끗하게 모양이 나오지 않고 여기저기 구멍이 생기거나 심하게 울퉁불퉁하면 다듬어내려 해도 깨끗해지지 않기 때문이다. 첫 모습이 바르지 않으면 끝이다. 다시 해야 한다. 쇳물 한 번 내기가 너무 어려워 늘 한 번에 되기를 기도하지만 쉽지 않다. 불의 신은 언제 마음을 바꿀지 모르는 분이다. 조심스레 그분 곁에 다가가 머리를 조아리고 있어야 한다. 무릎 꿇고 있어야 한다.

처음 손막이 어른 밑에 들어가 이 일을 배울 때는 쇳물 가마 근처에도 가지 못했다. 낑낑거리며 나무 한 짐 해다 가마 근처에 쌓아두는 게 다였다. 나무도 해온 뒤에 모양 있게 쪼개 말리고 장작으로 쌓아놓되 반듯해야 했다. 혹 튀어나온 것이 있으면 불호령이 떨어졌다.

불의 신과 쇠의 신, 가마의 신에게 제사 지낼 준비를 할 때도 잔심부름만 했다. 신의 발뒤꿈치 근처에도 갈 수 없었다. 그저 때가 될 때까지 시키는 대로 일했다.

손막이 어른 뒤를 잇기 전 신내림을 경험했다. 신이 내 안으로 들어오실 때까지 어른 앞에서 춤을 추었다. 그러다 정신을 잃었다. 깨어나니 신이 내게 내리셨다고 했다. 가슴에 불에 덴 것 같은 상처가 나 있었다. 그 뒤 제사를 준비하면서 신이 무엇을 원하는지 알게 되었다. 이제 내일이면 쇳물 가마에 불을 다시 지핀다. 신의 말씀이 곧 내게 임하리라.

진석과 규진 둘이 각각 소도와 청동기 장인을 주제로 쓴 휴대폰 메모 글을 나에게 보여주었다. 소도로 피신한 한돌 이야기는 정말 생생했다. 아들 진석이 이런 글을 쓰는 재주가 있다는 생각에 새삼 가슴이 뿌듯했다. 진석의 친구 규진이 쓴 청동기 장인 손막 이야기는 좀 짧았다. 이야기의 줄기는 잡혔지만, 요약문 비슷해서 가슴에 와닿는 정도가 좀 약했다. 그래도 필력은 있다는 생각이 들었다. 나는 둘에게 한마디 하며 기분을 돋워주었다.

"너희들 전공 두 개 해도 되겠다. 복수전공 하게 되면 창작 쪽도 생각해봐."

제5장

암각화
: 문명과 사람

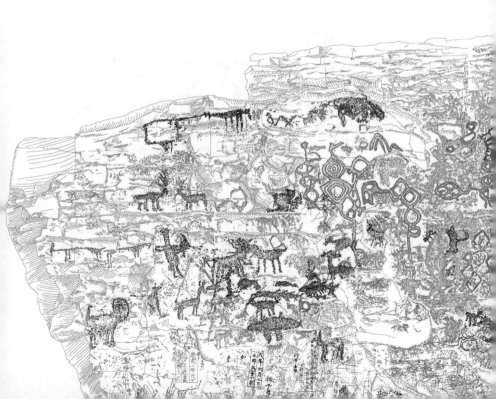

울산 반구대암각화 원경(위), 반구대암각화 실측 도면(아래) 강변 바위절벽에 새겨진 반구대암각화는 한국 선사·고대 미술의 출발점으로 여겨진다. 이 암각화를 남긴 사람과 그들의 문화는 유적 발견 이후 지금까지도 미스터리로 남아 있다.

청동기 전시실과 삼한 사회를 보여주는 전시실 사이에 유명한 반구대 암각화가 실물 크기로 복제되어 있었다. 휴식을 겸하는 공간을 잘 활용한 경우다. 복제품이라서 만져도 아무 문제가 안 된다.

옆에 붙은 라벨을 보더니 규진이 한마디 했다.

"왜 바위에 이런 걸 새겼을까요? 이렇게 바위에다 뭘 새기면 어떤 일이 일어나나요?"

"글쎄다. 심심해서 이런 일을 하지는 않았겠지. 바위에 뭘 새기는 건 힘든 일이니까 말이야. 지금과 비교하면 먹고살기 훨씬 힘든 시대였을 테니, 실제 일어나는 일을 가지고 바라고 믿는 바를 간절한 마음으로 열심히, 전심전력으로 새기지 않았겠니?"

진석도 한마디 덧붙였다.

"그럼, 정말 사슴이 사냥함정에 빠지고 고래가 잡혔을까요? 어느 시대 일이죠? 어떤 사람들일까요? 이 일을 한 사람들 말이에요. 여기 라벨에는 신석기시대에서 청동기시대 사이라고 하는데, 작품은 청동기시대가 끝난 여기다 걸어놓고. 뭔가 앞뒤가 잘 안 맞네요."

"이 그림들은 실제 일어난 일을 표현한 것일 수도 있어. 자신들이 겪었던 일이 반복해서 일어나기를 원했기 때문에 여기 새겼을지도 모르지. 바위 앞에서 회고와 소망을 담은 제의도 치렀을 거야. 신석기시대나 청동기시대에는 제의로 신과 소통이 이루어진다고 생각했으니까. 여기 이 바위절벽은 성스러운 곳이었겠지. 이곳에서 좀 떨어진 거리에 그 일을 한 사람들의 마을이 있었을 거고."

"신석기에서 청동기까지면 시대가 길잖아요? 시대를 좁혀야죠. 이렇게 애매하게 쓰면 안 되죠. 모르면 모른다고 하던가요."

진석이 투덜거리듯 말했다. 규진이 또 물었다.

"샤먼이 한 일일까요? 새긴 걸 보면 전문적인 작가의 작품처럼 보이거든요. 쉽게 만들기 어려운 수준이에요. 구도도 잘 잡혀 있고요. 바위를 쫀 솜씨도 상당히 세련됐어요. 경험이 있고 실력도 쌓인 사람이 이 그림들을 새긴 게 확실해요. 어떻게 생각하세요?"

"라벨에 적힌 말은 신석기도 되고 청동기도 된다는 뜻이야.[40] 새긴 내용에 담긴 관념은 오히려 신석기에 가깝지. 청동기시대에는 생산의 초점이 농사와 목축으로 옮겨 가니까. 사냥은 생산을 보조하는 수단이 되지. 그때는 만일 농사를 짓거나 목축을 하는 사람들이라면 이런 일에 전심전력할 이유가 없어. 전문적으로 이 일에만 몰두하는 석공이 등장했다면 청동기시대일 가능성이 오히려 크다고 봐야지."

진석은 나나 규진과 의견이 달랐다.

"작가가 신앙적으로 몸에 익은 일을 한 거 아닐까요? 정말 이루어진다고 믿으며 새겼다면 전문 석공이 아니라도 가능한 거죠. 사슴이건 고래건 반드시 잡아야 한다는 절박한 마음이 바위에 간 걸 수도 있죠. 바위에 마음이 옮겨졌다고 할까요?"

"뭐, 그럴 수도 있지. 주술이라는 게 으레 실현된다고 믿으며 하는 행

하란산 전경(중국 은천) 하란산은 지금은 사라진 민족이자 제국인 흉노의 성스러운 산이었다. 하란산 암각화는 선사시대부터 역사시대에 걸친 오랜 기간 유목과 수렵이 생업이었던 흉노가 이 일대의 주인공이었음을 알게 한다.

위니까. 신이 이루어준다고 믿는 거거든. 암각화나 암채화를 주술행위로 해석하는 게 일반적이기도 해. 새기거나 그린 대로 이루어졌으면 신이 하신 거고, 아니면 신이 외면한 거지. 사람이 성의를 다하지 않아 신이 못 본 척한 거야. 그러니 사람은 최선을 다하고 기다리는 수밖에 없어. 신의 뜻이 사람의 마음과 닿기를 기다리며 빌고 엎드렸다가, 일어나 사냥감을 향해 숨이 턱에 닿도록 뛰어야 하는 거야. 이런 암각화 바위가 그런 삶을 증언하고 있다고나 할까."

암각화는 어디에 남겨질까

"그럼 이런 바위그림이 있는 곳은 신성한 곳이네요?"

규진이 짧은 감상을 겸한 질문을 했다.

"반구대암각화가 있는 데는 바위그림이 새겨져서 신성한 곳이 된 게 아니라 바위그림도 있는 신성한 장소라고 봐야지. 그전에도 신이 이곳에 있다고 생각했는지 몰라도 바위그림이 새겨진 뒤에는 암각화가 신이 계신 곳을 알게 해주게 되는 식이야. 바위그림이 있으니까 그 앞에서 제의가 치러지고 신의 응답을 기다리게 되는 거지.

바위그림은 신에게 바치는 거야. 신에게 올리는 말씀이자 소망이지. 신은 이 바위그림을 보고 사람들에게 어떤 반응을 보일지 정하는 거고. 사람들은 때마다 이 바위 앞에 오고 어떤 때는 갑작스레 와서 신에게 저들이 바라는 것을 말했어. 신이 자기들에게 뭘 원하는지도 알게 되고.

우리나라 바위그림은 보통 물이 흐르는 곳, 물을 볼 수 있는 곳에 새겨졌어.⁴¹ 물 주위의 높고 넓은 바위가 캔버스가 되는 거지. 바위와 물이 만나는 곳이 바위그림을 남기기 가장 좋은 장소였어. 몽골과 중국에 가보니, 거기도 물 흐르는 곳에 바위그림이 있더구나. 중앙아시아 키르기스스탄의 바위그림들은 이식쿨이라는 큰 호수 곁에 있어."

"물 주위에 바위그림이 등장하는 이유는 뭐예요?"

진석이 호기심이 담긴 표정으로 물었다.

"바위는 변치 않는 굳건한 약속의 상징이자 영원한 생명의 표지야. 바위는 생명을 주는 신이 머무는 곳이기도 하지.⁴² 물도 생명이 시작되는 곳이야. 물은 모든 생명이 시작되고 계속되게 해. 물이 곧 생명이지. 실제 물속은 생명의 보고잖니?

사람은 누구나 바위와 물에서 생명을 느껴. 생명이 있는 곳에는 생명을 주관하는 힘, 생명의 주관자, 생명의 신이 계시고. 바위에 그림을 새기면 생명의 신이 반응한다고 보는 거야. 바위그림을 그리는 건 신께 드

하란산 암각화(왼쪽, 중국 세계암각화박물관), 나보이 암각화(오른쪽, 우즈베키스탄) 새기거나 그린 것이 영원히 그것에 붙박인다는 점에서 바위는 어쩌면 캔버스 이상의 것이었을 수 있다. 바위는 철기시대 이후에도 변치 않는 상태, 영원한 것을 의미했다. 글을 새긴 바위, 즉 비석(碑石)도 바위에 대한 종교적 관념에서 비롯되었다고 할 수 있다.

리는 말씀이 영원히 울리게 하는 방법인 거지.

바위그림이 있는 한 신은 사람과의 대화를 잊지 않아. 사람의 소원을 외면하지도 못하지. 바위그림이 있으면 신이 그곳을 떠나 다른 곳으로 갈 수도 없어. 사람의 말, 사람의 마음이 신을 부르니까 말이야. 신은 바위그림과 함께 그 자리에 머물 수밖에 없어.

그때 사람들은 이렇게 말했겠지. '바위그림이 있는 곳에 가라. 신을 만날 수 있다.' 아무 때나 그 앞에 서지는 못해. 그러나 신이 계신 곳이니 그 앞에 가야지. 그래야 신이 사람과 마주 보며 그의 말을 들으니까."

바위 신앙과 암각화는 어떤 관계일까

"어떤 면에선 물보다 바위가 중요하네요. 바위가 신앙의 대상이고요. 왜 바위가 신성하게 여겨졌죠?"

진석이 바위 신앙에 흥미를 보이며 물었다.

"어딘가에선 바위가 신들의 큰 싸움에서 패한 옛 신들의 뼈라고 하지. 그래서 바위에는 신의 기운이 남아 있다는 거야. 아무튼, 사람들은 우뚝 솟은 바위에 경외감을 느껴. 웅장한 바위절벽이나 기둥처럼 솟은 바위 봉우리를 보면 저절로 '우와' 소리가 나오고 자연스레 두 손을 모아 기도하는 자세가 돼. 곁에서 웅얼거리며 기도하는 이도 있어. 사람들은 거의 무의식적으로 바위에 깃든 신성한 힘에 소원이 닿기를 바라고 소원이 성취되기를 빌지. 길을 가다가도 돌아서서 바위에 절하며 빌기도 해.

바위에 실제 신성이 깃들어 있는지도 모르지.[43] 신이 살고 있을 수도 있어.[44] 큰 바위가 솟은 곳의 나무는 굵고 힘 있게 뻗어나가잖니? 마치 바위를 지키려는 것처럼 말이야. 물가의 큰 바위절벽은 아주 특별한 느낌을 주기도 하지. 아침에 물안개가 자옥하게 바위를 감싸고 있을 때는 바위에서 '쩡쩡' 하는 소리가 나기도 해. 이런 바위에 빌면 안팎에 계시던 신이 틀림없이 듣고 답하실 거라는 생각이 드는 거야. 정말 그런 일이 일어날지도 모르지."

옆에서 부자의 대화를 듣던 규진이 또 휴대폰을 부지런히 두드렸다. 나와 진석이 암각화에서 몇 걸음 떨어져 고래와 짐승들의 배치며 그림 전체의 구도를 보며 의견을 주고받는 동안에도 규진은 휴대폰 두드리기에 여념이 없었다. 한참 그러고 있던 규진이 제가 쓴 글을 진석에게 보여주었다. 진석이 그것을 다시 나에게 보였다. 그것을 읽으며 나도 모르게 미소가 나왔다.

신당 할미의 돌은 신의 말씀을 전했다. 신당 할미의 입을 통해 전하는 것이지만, 계곡 깊은 곳의 바위절벽에 해마다 우리에게 와서 양식이 되어주는 짐승의 모습을 새겨 넣으면 그대로 된다고 했다. 소원이 이루어진다는 것이다. 돌이 기억한다고 했다. 돌에 깃든 신이 하신 말씀이다.

그러고 보니 바위절벽 앞을 흐르는 강은 특별히 맑고 깊다. 그 앞만 특별히 깊다. 한눈에 바닥까지 볼 수 있지만 세 길 정도의 깊이다. 거기에는 물고기도 많다. 그러나 아무도 거기서는 물고기를 잡지 않는다. 물새들도 그 언저리에는 오지 않는다.

바위에 새긴 짐승들이 해마다 찾아올 것이라고 신께서 한번 더 말씀하셨다. 해마다 올 것이니 반드시 새기라고 하셨다. 우리는 신성한 바위에 손대는 것이 두려웠으나 신의 말씀대로 하기로 했다.

신당 할미와 마을의 큰 어른들과 함께 바위절벽으로 갔다. 그 전날 신당에서 제사를 올렸다. 다음날 바위절벽에 가서도 강 건너에서 다시 한 번 제사를 지냈다. 짐승들을 어떻게 새길지는 신당 할미가 사슴 가죽에 그려둔 것이 있어 걱정할 필요가 없었다. 제사를 지낸 뒤에도 마음이 조마조마했다. 그림은 내가 새겼다. 신께 다시 한 번 기도하고 몇 차례 깊이 호흡한 뒤 강을 건너 바위 앞으로 갔다. 다른 사람들은 제사 지내던 자리에서 기다리며 기도를 드리기로 했다. 바위 앞에 서니 바위가 마을 신당의 안쪽 벽처럼 느껴진다. 우리의 신이 내려와 앉는 그곳의 벽 말이다.

암각화가 새겨진 곳은 특별할까

"암각화는 주로 어떤 데 새겨져요? 새겨진 곳이 새겨지지 않은 곳하고 많이 다른가요?"

진석이 다시 물었다. '바위그림이 나름 흥미로운가보다. 제 전공 살리

기에 좋은 주제라고 생각하나? 하긴, 괜찮은 주제이기는 해. 반구대암각
화만 해도 규모도 있고 내용도 풍부하니까. 세계문화유산 신청도 한다
고 하고.' 나는 머릿속으로 생각을 정리하며 혼잣말 비슷하게 중얼거렸
다. 입 밖으로 내지는 않았다.

"반구대암각화를 보면 대략 암각화를 어떤 데 새기는지 알 수 있어.[45]
반구대의 경우, 암각화를 새기던 큰 바위절벽에 빈 곳이 더는 없게 되자
바로 그 곁의 작은 바위에도 그림을 새겨 넣었어. 그러나 절벽이 가파르
게 펼쳐지고 발 디딜 곳이 없는 그 너머 바위에는 아무것도 새겨지지 않
았지. 반대쪽도 마찬가지야. 가능한 곳까지만 새겨졌지. 위아래에도 그
렇게 새겼어.

반구대 바위절벽 위는 버섯 대가리처럼 튀어나와 아래를 덮어주지.
바위 옆은 깊이 틀어지며 바람을 막아줘. 사실 그런 특별한 공간이 아니
면 암각화를 새겨도 비바람에 배겨나지 못하지. 비바람을 오래 맞으면
암각화가 쓸리고 닦이니까. 비도 들이치지 않고 눈 녹은 물도 흘러내리
지 않는 곳, 바람도 힘 있게 스치지 않는 곳이어야 암각화가 오랜 시간
견딜 수 있어.

반구대암각화는 대곡천 곁 절벽이 한 차례 깊이 들어간 곳에 있어. 거
기는 강을 거슬러 올라가 이르는 절벽지대에서도 가장 기이한 분위기로
둘러싸인 데야. 깊게 들어갔으면서도 앞으로 넓게 바위와 강, 모래벌판
이 잇달아 펼쳐진 곳이지. 이곳에 오면 누구나 신성한 기운을 느낄 수밖
에 없어.

울산 태화강에서 대곡천으로 들어서면 곳곳에 큰 바위들이 병풍처럼
솟아 있어. 강이 바위들과 벗하는 곳이지. 사람들에게 새로운 분위기를
선사하는 곳이야. 강의 한쪽은 모래와 흙이고 다른 한쪽은 바위절벽이

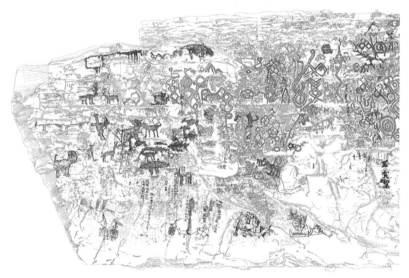

울산 천전리 각석 전경(위), 천전리 각석 암각화 실측도면 부분(아래) 천전리 각석 바위는 가장 오랜 기간 사람의 손길이 가해진 편에 속한다. 늦어도 신석기시대부터 주술행위가 이루어진 이 바위에는 역사시대의 지배층뿐 아니라 일반 백성들도 와서 소원을 빌고, 기도의 흔적을 남겼다.

지. 물살은 조금씩 빨라지고 물길은 바위들을 감고 이리저리 휘돌아. 앞의 절벽을 지나면 뒤의 바위가 나오고 다시 절벽이 이어지는 식이지.

대곡천을 조금씩 거슬러 올라가면 중간중간 기암괴석이 치솟고 다시 넓게 펼쳐진 너럭바위들이 나와. 자갈밭은 드물어지고 강바닥은 온통 바위지. 귀에 들리고 눈에 들어오는 것은 힘 있게 흐르는 물소리뿐이야.

암각화는 특별한 바위에 새겨져. 바위절벽이 몇 굽이씩 돌아가며 뻗어나가는 신비스러운 기운이 서린 곳이지. 그런 데서는 사람들도 멈춰서서 절하잖아. 암각화도 새길 만한 바위에만 새기는 거야. 신 앞에 두 손을 모을 수 있는 곳, 그런 데서 암각화를 새겨. 반구대 바위절벽도 그런 곳이지."

암각화 바위 주변은 생활공간인가, 제의구역인가

나와 진석이 반구대암각화가 있는 바위가 특별하다는 이야기를 주고받는 동안 규진은 또 휴대폰에 글을 썼다. 우리의 칭찬을 듣고 흥이 났을까? 암각화라는 새로운 주제에 흥미를 느꼈을까? 아예 자신의 연구과제로 삼으려는 심사인지도 모르겠다. 규진이 번개 같은 손놀림을 그치더니 자기가 쓴 글을 나에게 보여주었다. 진석도 곁에서 같이 읽었다.

아무 때나 바위그림 앞으로 가지는 못한다. 신께서 허락하는 날이 아닌데 그 근처를 어슬렁거렸다가는 무슨 일을 겪게 될지 모른다. 크게 다칠 수도 있고 아예 목숨을 잃을 수도 있다. 실제 그런 일이 있었다고 한다.

바위그림이 있는 절벽 근처에서 누군가 봤다는 호랑이가 이곳을 지키는 신

칠포리 암각화(경북 포항) 포항 곤륜산 칠포리와 신흥리의 바위들에는 이른바 검파문이 다수 새겨져 있다. 청동기시대의 특정한 도구를 연상시키는 이 장식문과 동일한 계통의 암각문이 한반도 남부의 여러 지역에서 다수 발견된다. 하지만 이 암각문의 정체와 의도는 아직 제대로 파악되지 못하고 있다.

의 사자라는 말도 있다. 이 바위그림에서 멀리 떨어진 곳에 또 하나의 커다란 바위그림이 있다. 그러나 두 바위 사이를 다녀보았다는 사람은 없다. 그 사이에 호랑이가 산다고 한다.

처음 바위그림을 본 순간을 영원히 잊을 수 없을 것이다. 마을의 모든 사람이 바위그림 앞으로 가야 하는 날, 너무나 가보고 싶었던 곳이어서 밤새 뒤척이다 새벽에야 잠깐 잠이 들었다. 어른들과 함께 선돌이 세워진 자리를 지날 때는 마치 돌아올 수 없는 곳으로 가는 것 같은 기분이 들었다. 나도 모르게 오줌을 질금거렸다. 다들 머리를 덮을 정도로 높이 솟은 억새풀 사이를 조용히 지나갔다. 억새풀이 푸른 기운을 잃은 탓인지 마치 깊은 가을 속으로 들어가는 느낌이었다.

좁은 골짜기 길 끝까지 가니 바위그림 앞으로 흘러든다는 내가 나왔다. 내를 건너 넓은 자갈길을 한참 걸었다. 삼촌이 곁으로 다가와 내 귀를 잡아당기더니 작은 소리로 말씀하셨다. "이제 큰 숨 두어 번이면 바위그림 앞이야. 그 앞에서 뛰거나 소리 지르면 안 돼. 그런 아이들은 절벽 옆에 있는 작은 동굴에 갇혀버린대. 조용히 해야 해. 알았지?" 나는 마치 내가 잡혀 들어갈 거라는 말을 들은 것처럼 숨을 멈추고 고개만 끄덕거렸다.

내가 살던 마을에서 바위그림 절벽까지는 어른 걸음으로도 반나절 거리다. 처음 그곳에 갈 때는 아침 일찍 걸어 들어가 그 앞에서 제사 드리고 되돌아 마을에 들어오기까지 온종일이 걸렸다. 어른들 말대로 바위그림은 이상한 기운에 둘러싸여 있었다. 정말 신이 계신 곳이구나 하는 생각이 들었다. 어른이 되어서도 그 느낌은 달라지지 않았다. 오히려 그곳에 갈 때는 더 조심스러워졌다. 제발 신께서 우리의 제사를 잘 받아주시기를 기도하는 마음뿐이었다.

암각화는 무엇을 표현한 것일까

우리가 어떤 반응을 보이나 지켜보던 규진이 내 만족스러운 표정을 보자 바로 자기가 묻고 싶은 것을 말했다.

"바위그림에는 이렇게 사냥 대상만 그려져 있나요? 아니면 다른 거, 예를 들면 전쟁이라든가 생활 장면 같은 건 새기지 않았나요? 여기 이 얼굴 같은 건 신의 얼굴 아녜요?"

"바위에 그리거나 새기는 것은 다양해. 사냥과 관련된 짐승부터 채집, 농경, 목축과 연관된 표현까지 모두 바위그림의 대상이 되지. 물론 초기 암각화의 제재는 대개 사람이거나 사냥과 관련된 짐승이야. 사슴과 소,

말, 이들을 쫓으며 인간과 경쟁하는 사자, 호랑이, 표범, 곰, 늑대 같은 것들이지. 바다짐승도 있어. 고래나 물개, 상어 같은 것.

아프리카 암채화를 보면 채집인들은 주로 자신과 신 사이의 관계를 형상화하는 걸 알 수 있어.[46] 신이 허락한 식물을 채취하여 먹고 사는 사람들에게 열매와 뿌리 등은 표현 대상이 아니었어. 힘들여 짐승을 잡거나 맹수와 경쟁하지 않고 비교적 쉽게 채집했기 때문이겠지. 농경이나 목축을 하는 사람들도 대상보다 관계와 조건에 초점을 맞추어 그림을 그렸고, 생장하는 곡식과 추수하는 사람의 모습을 표현하지는 않았지. 이런 것을 가능하게 하는 비와 구름, 하늘과 땅의 여신과 남신, 사람과 신 사이의 소통을 위해 행하는 여러 가지 노력을 그림으로 새기고 나타냈어. 따라서 농경인과 목축인의 그림은 구상과 추상이 섞여 있어.

농경·목축인의 그림 가운데는 '기하문'이라고 하는 것이 많아. 도형 모양의 그림이라는 말이지. 그 중에서 원이나 동심원은 하늘, 높고 깊은 하늘을 뜻해.[47] 역삼각형이나 반원, 호선은 구름이야. 빗금이나 겹평행선 무리는 비를 뜻하지. 따라서 구름에 빗금을 더하면 비구름이 되는 거지. 네모나 마름모는 땅이고 검은 점은 씨앗이야. 겹마름모나 동심원이 무리를 이루는 모양은 포도 넝쿨처럼 보이기도 하는데, 이는 특정한 상황을 강조하기 위해서인 것 같아. 그러나 문장을 이루는 이런 표현은 아직 일부만 해석 가능해. 대개는 추정이지.

농경과 목축 지역에서는 짐승과 도구를 그릴 때도 부분적으로 나타낼 때가 많아. 뿔, 동물의 발자국, 창끝, 손잡이를 그리지 않은 도끼 등등. 이 것을 여러 개 조합하여 문장으로 나타내고, 이것을 보고 서로 뜻을 알아차려. 사실 이런 표현의 시작은 멀리 거슬러 올라가면 후기 구석기시대까지 갈 수 있어. 그러나 이런 문장식 표현이 일반화하는 것은 농경과 목축이 본격화된 신석기 후기 이후라고 봐야 해.

암각화는 신화를 표현하는 데도 유효한 수단이었던 것 같아. 하늘 여신과 땅 남신의 만남이라든가 배를 타고 지하의 물길을 따라가는 태양신의 모습 같은 것도 암각화로 새겨졌거든. 역사적 사실도 암각화로 새겨졌어. 여러 척의 배를 타고 원정을 떠나는 모습, 무리 지어 이웃 마을과 전투하는 모습 등이 암각화로 표현됐지. 물론 이런 그림들은 주술적 기원을 담고 있어. 성공적인 원정이나 전투에 대한 감사의 뜻도 있지.

암각화는 기본적으로 주술의 한 방법이야. 검 끝과 여성의 성기 형상을 붙여 새겨 성교를 표현한 게 있는데, 여신과 신의 만남이 가을의 풍요로운 추수로 이어진다는 뜻으로 해석돼.[48] 신에게 간구하고 신을 자극하면서 농사짓기에 최선을 다하는 인간의 모습이 그려지지 않니?

암각화는 바위를 캔버스로 삼는 행위예술의 결과라고 할 수 있어. 어떤 면에서 예술도 시작은 주술인 거야. 현상을 재현하거나 간략히 나타냄으로써 미래에 이것이 실현되게 하려고 하니까. 신에게 알리고 신의 응답을 간절히 구하는 행위인 거지."

여러 차례 새겨진 반구대암각화

둘의 문답을 지켜보던 진석이 반구대암각화의 고래와 맹수가 겹쳐 표현된 부분을 가리키면서 질문 겸 한마디 했다.

"이건 고래가 먼저인지, 사슴이 먼저인지 모르겠네요? 새긴 깊이도 다른데, 복제라서 그런지 선은 깨끗하지 않네요."

"그런 데가 몇 군데 있어. 현장에서는 어떤 게 먼전지 잘 보이지. 반구대암각화는 사냥을 생업으로 삼던 사람들이 남긴 작품이야. 사슴을 잡던 사람들은 사슴을, 고래를 잡던 사람들은 고래를 돌에 새긴 거지.[49] 아마 사슴을 잡던 사람들은 고래를 잡던 사람들을 알지 못했을 거야. 사슴 혹은 호랑이나 표범에 겹쳐 고래가 새겨진 것도 뒤 시대 사람이 앞 시대 사람을 알지 못했기 때문에 일어난 일이라고 봐야지.

너희 식으로 시나리오를 쓰자면 대략 이럴 것 같아. 바다와 강이 어우러진 곳, 강과 바다 사이의 기슭에 살던 사람들이 처음으로 이 바위 앞에 왔을 때, 그들의 눈에 이곳은 신이 계신 자리였을 거야. 모두 눈을 크게 뜨고 입을 벌린 채 절벽 아래 넓게 펼쳐진 큰 바위를 쳐다보다가 배를 기슭에 대고 뭍으로 올라왔겠지. '바로 여기야. 이곳이야.'

살던 곳으로 돌아갔던 사람들이 다시 강을 거슬러 이 바위 앞에 왔을 때, 그들의 배에는 신을 만나는 자가 동행했을 거야. 그가 배에서 내려 바위를 보며 엎드려 절하고 일어섰겠지. 바위의 신께 맹세한 뒤 손에 작고 단단하며 반쯤 투명한 돌을 쥐고 바위 앞에 서는 거야. 그런 다음 바위에 돌을 대고 짐승을 돋아나게 하는 거지. 형상을 새기는 거야. 바위의 신에게 짐승에 관해 묻고 답을 기다리는 과정이지.

반구대암각화는 대곡천이라는 태화강의 지류에 있는 바위절벽에 새겨졌어. 아마 5천 년이나 6천 년 전, 어쩌면 그보다 일찍 사람들이 이 바위절벽을 찾아왔던 것 같아. 당시에는 배로 강을 거슬러 올라왔겠지. 대곡천 하류에 댐이 만들어진 건 20세기니까. 이 바위절벽을 배로 오간 사람들은 바다와 강을 다 다니던 자들이었을 거야. 그래서 아마 바닷가에도 그들의 자취가 남았겠지만, 지금은 이 암각화뿐이지.

기법이나 내용을 보면 이 바위절벽 암각화는 여러 차례 새겨졌어.[50] 처음 띄엄띄엄 뭍짐승을 새긴 사람들과 그 뒤 커다랗게 한군데 모아 바다짐승을 새긴 사람들은 서로를 몰랐을 가능성이 커. 사는 곳도 달랐던 것 같고. 배를 타고 고래를 쫓는 사람들과 여섯 종류의 고래가 표현될 때, 거북이며 상어, 바닷새까지 함께 새겨졌던 게 확실해. 붙잡힌 고래, 작살 맞은 고래, 토막 난 고래 등이 사람과 함께 바위에 모습을 남겼지.

　바다짐승을 새기던 사람들이 떠나고 오랜 시간이 흐른 뒤 다시 뭍짐 승을 사냥하는 사람들이 반구대에 나타났어. 이들은 걸어서 이 신비한 바위를 찾아왔겠지. 주로 산과 계곡이 삶의 무대였을 테니까. 이들은 바 위에 자기들이 마주친 온갖 짐승들을 새겼어. 데리고 다니던 개도, 뒤쫓 던 노루와 여우도 바위에 모습을 남겼지. 어떤 이유에선가 이 사람들이 더는 반구대를 찾지 않게 되었을 때 암각화를 새기는 일도 끝난 거야. 아 무도 찾지 않는 바위절벽에 암각화만 남겨진 상태로 세월이 흘렀어. 상 류의 천전리에서 내려온 물은 여전히 이 암각화 앞을 흐르고, 바람도 예 전처럼 암각화를 스쳐 지나가지만."

천전리 각석 암각화의 기하문

"참, 천전리에도 암각화가 있죠? 화랑 각석! 책에서 봤어요. 다큐멘터 리에서도 본 것 같고. 신라 화랑들이 찾아와서 수련했다는 바위 말예요. 거기에 기하문 같은 게 깊게 새겨진 걸 미술책에서 사진으로 봤어요."

　진석이 천전리암각화를 머리에 떠올렸다. 아무래도 자기 전공과 관련 있을 법한 것은 잘 기억하나보다. 한국미술사에서는 반구대와 천전리암 각화가 첫머리에 언급되는 작품들일 테니까 말이다. 나는 천전리암각화 도 덧붙여 설명했다.

천전리 각석 기하문 암각화(울산) 이곳의 기하문은 다른 어떤 암각화보다 굵고 깊게 새겨졌다. 한번 새긴 뒤 여러 차례에 걸쳐 갈기가 계속되었기 때문이다. 신에게 무언가를 갈구하고 빌면서 바위를 갈아내는 일이 오랜 기간 수십 차례에 걸쳐 반복된 결과다.

"옛날 다큐멘터리를 봤나보구나. 천전리암각화 바위는 네 말대로 예전엔 화랑 각석이라고 불렸어. 이 바위는 반구대암각화에서 2킬로미터 정도 떨어진 곳에 있는데, 반구대와 달리 바위절벽의 일부가 아니라 시루떡 한 켜 떼어 비스듬히 앞으로 숙여 세워놓은 것 같아. 반구대 앞을 흐르는 대곡천이 이 바위 앞으로도 흘러. 여기가 대곡천 상류지. 바위에는 화랑 아무개가 다녀갔다는 내용의 신라시대 한자 명문이 많이 새겨져 있어.[51]

사실 살짝 앞으로 기운 긴 사각형 판석에서 눈에 잘 띄는 건 기하문이야. 겹마름모나 동심원, 물결무늬 같은 것이 이어져 있거나 뱀, 물고기, 사람 얼굴 같은 게 표현되었지. 이런 것들은 선이 굵고 깊어. 깊게 새기고 갈아서 만들었기 때문이야. 보통 청동기시대 작품이라고들 하는데, 한눈에도 새긴 사람들의 구성력이며 논리성, 의지 같은 게 느껴져. 하지만 뜻은 잘 몰라. 깊게 갈아 새기는 과정에 든 노력과 시간을 감안하면 신앙적 열정 같은 것이 여기에 배어 있다는 생각도 들어.

신석기시대에도 이런 무늬들은 있었어. 사람과 하늘의 큰 여신 사이의 교감이랄까, 대화의 기록이 이런 무늬 형태로 토기에 그려졌지. 돌에도 새겨졌어. 중근동이나 유럽, 북아프리카 등지에서 신석기시대의 큰 여신은 하늘과 물의 근원이요, 생명과 죽음의 주관자였고, 이런 무늬 형태의 언어로 사람과 이야기를 나누었다고 해. 중국 감숙 지역의 신석기시대 장식무늬 토기를 보면 동아시아에도 이런 식의 경험이며 기억 같은 게 있었던 것 같아.[52] 우리나라에서도 계곡의 큰 돌에 이런 무늬가 새겨져 후대로 전해진 거야.

이런 무늬로 신석기시대의 언어와 사고가 청동기시대로 이어졌다고 볼 수 있을지는 아직 몰라. 사실 이 무늬가 청동기시대 사람들의 작품인지도 명확히 알 수 없지. 만일 이게 정말 청동기시대 작품이라면, 신석기시대의 언어가 청동기시대로 전해졌다는 증거가 될 수도 있어. 이전 시대의 문자가 다시 해석되면서 문자소(文字素)로 살아남았다는 해석이 가능해지지.

천전리 바위에는 기하문 이전의 동물 그림도 많았어. 그렇지만 그 뒤를 이어 기하문이 깊고 굵게 새겨지는 바람에 이전 것은 눈에 금방 들어오지 않아. 점점이 얕게 쪼아 새긴 동물 그림은 기하문 이전 시대, 사냥이 기본 생활양식일 때의 작품이지.[53] 삼국시대 및 남북국시대 신라 사람이 남긴 한자 명문은 바위 아래쪽에 새겨져 있어. 바위 위쪽이 동물그림과 기하문으로 가득 채워졌기 때문이야. 그러니까 천전리 바위는 그림바위도 되고, 글씨바위도 돼.

바위 아래에는 한자 명문 말고 가늘고 단단한 쇠꼬챙이 같은 것으로 그림도 그려 넣었어. 하지만 그 앞에 엎드려 들여다보지 않으면 잘 안 보여. 말이며 배, 용, 사람들의 행렬 같은 걸 새겨 그렸어."

"반구대도 그렇고, 천전리 바위도 물 곁에 만들어진 건 같네요!"

열심히 듣고 있던 규진이 한마디 했다. 진석도 고개를 끄덕거렸다.

"물을 다스리는 신에 대한 경외심이랄까? 이런 위치의 바위를 택한 것도 그 때문이겠지. 높든 낮든 바위 옆으로 물이 흐르느냐가 중요했던 건 확실해. 남신이건, 여신이건 물의 신은 생명의 물로 사람에게 덕을 끼치니까. 신석기시대 큰 여신의 딸이 물의 신이 되었을 수도 있지. 그러면 남신인 바위의 신과 짝을 이루는 거지. 반대일 수도 있지만 말이야."

바위의 성혈과 별자리 관측

갑자기 진석이 호기심을 발휘했다.

"야, 규진아! 너 바위에 구멍을 여러 개 낸 것도 봤다며. 너희 동아리 답사인가, 여행인가 갔을 때, 고인돌 위에서 여러 개 봤다며? 강화도에서 봤다고 했던가?"

규진이 대답했다.

"어, 봤지. 구멍이 큰 건 아기 주먹만 했어. 누가 아는 척하면서 그건 별자리를 나타낸 거라더라고. 내 눈엔 그냥 크고 작은 구멍이었는데."

내가 끼어들었다.

"그것도 암각화라고 할 수 있지. 보통 성혈(性穴, cup mark)이라고 하는

데, 선사미술의 한 장르라고도 할 수 있어. 신석기시대부터는 바위에 성혈을 내는 일이 많아. 바위 신앙의 결과물이라고 하지. 바위에 어떤 흔적을 남기면 소원이 이루어진다는 생각에서 비롯된 거야. 바위에 돌을 대고 갈아 구멍을 내면서 소원을 비는 거지.

문제는 성혈을 낼 때 어떤 구상이 있었는지 아닌지야. 처음 바위에 성혈을 낼 때는 구상이 없었을 수 있지. 그러나 시간이 흐르면서 설계나 구상이 더해졌을 가능성이 있거든. 포항 곤륜산에 오줌바위라는 커다란 바위가 있는데, 거기에 성혈이 많아. 그런데 이 성혈 가운데 일부는 선으로 이어져 있어. 오랜 기간 성혈을 내다가 어느 순간부터는 별자리 관찰의 결과를 성혈로 나타내기 시작했기 때문일 수도 있지. 물론 언제부터, 누가 이런 일을 했는지는 몰라. 아는 사람들 사이에서는 오줌바위 별자리가 유명해.[54]

선사 및 고대 사회에서는 계절이나 기후를 알려고 별자리를 관측했지. 지금 우리가 쓰는 달력도 시작은 별자리 관측이야. 보통 천문관측과 천문점성, 달력은 서로 떼려야 뗄 수 없어. 지금은 과학과 점이 구별되지만, 고대와 중세까지는 쉽게 구별되지 않았거든. 별자리를 관측하면 천문도를 만들어. 국가 차원에서 관측되었으면 별도의 돌 위에 천문도를 남기지. 그걸 바탕으로 점도 치고, 달력도 만들어.

그런데 국가 정도의 큰 단위에서 이루어진 천문관측이 아니면 그 결과를 바위에 남겼을 수도 있어. 삼한시대 소국이나 그 전의 청동기시대 초기 사회, 신석기시대 후기 사회에서 별자리를 관측했다면 그 결과를 바위에 성혈로 새겨 넣었을 수도 있어. 그러면 점성이 주술의 효과를 낸다고 믿었을 수도 있지. 성혈 주술을 통해 별자리 점, 예언이 이루어진다면 그렇게 하지 않았겠니?

천문점성은 농경이나 유목이 기후의 영향을 많이 받기 때문에 시작되었다고 보고 있어. 사실 사냥도 그래. 계절별로 한곳에서 다른 곳으로 오가는 짐승 떼를 기다리는 사람들도 마찬가지거든. 들소 떼가 돌아오면 사냥해 고기를 비축하고, 떠나면 따라가든가 아니면 남아서 채집이나 다른 짐승 사냥에 주력하는 식이지. 농경은 특히 기후에 민감해.

사람들이 식량 생산을 농경에 의존하기 시작하는 건 신석기시대 중기 이후야. 지역에 따라서는 신석기시대 후기부터고. 한반도 지역은 청동기시대에 들어서면서 농경에 깊이 의존하게 된 것 같아. 성혈 주술이 점성과 이어진 것도 이 시기쯤일 거야.

바위의 성혈이 다 별자리는 아냐. 특정한 별만 성혈로 나타냈을 수도 있고, 하늘의 별을 보고 빌면서 특정한 성혈이 표현되었을 수도 있지.

바위 신앙은 성혈을 내는 것 말고도 다양한 방식으로 표현되었다고 해. 바위에 긋기, 바치기, 끼워 넣기, 안기 등등. 바위는 늘 그 자리에 있지만 사람들의 소원은 다 달라. 아이를 구하기도 하고, 재물을 구하거나 짝을 달라거나, 여러 가지였겠지.

신화나 전설에서는 바위를 땅의 뼈, 신의 뼈라고 하기도 하고, 신화시대 거인의 흔적이라고도 해. 신들의 시대에 신과 함께 거닐고 살던 거인들 말이야. 아무튼 사람들은 신성한 힘이 바위 안에 있다고 믿은 거지. 인간의 소원을 들어줄 수 있을 정도로 말이야."

윷판 암각화는 실제로 사용되었을까

"바위에 윷판을 새긴 건 왜 그랬어요? 얼마 전에 임실에서 그런 바위가 발견되었다고 뉴스에 나오던데, 치즈로 유명한 전라북도 임실 말예요. 큰 바위에 윷판이 여러 개 새겨져 있다고, 이것도 별자리 신앙의 표현이라고 하더라고요? 윷판이 별자리와 관련 있다는 얘기는 처음 들었어요."

진석이 자못 진지한 표정으로 물었다.

"너희도 윷놀이는 해봤지? 윷놀이는 말이 먼저 시작점으로 되돌아 나와야 이기잖아. 윷놀이에서는 말을 놓는 사람이 중요해. 길은 길게 갈 수도 짧게 갈 수도 있지만. 전략적으로 말 놓을 자리를 잘 선택해야 말이 살기도 하고 죽기도 하니까 말이야.

윷판을 잘 보면 한가운데서 사방으로 뻗어 나가는 네 갈래 길이 있고 그 끝에서 각각의 길이 이어져. 모든 길이 만날 수 있지. 길마다 자기 구역이 있고, 길과 길, 구역과 구역 사이에 양쪽 어디에도 속하지 않는 공간도 있어. 그게 또 길이기도 하지. 잘 보면 모든 길 끝을 이은 네모지고 긴 길이 공동의 방어선이야. 방어선 안의 네 개의 구획은 독립된 공간이고. 그게 한 나라일 수 있고 한 지역이나 마을일 수 있지. 땅의 나라일 수도 있고 하늘의 나라일 수도 있어.

윷놀이가 언제 시작되었는지는 아직 몰라. 아주 오래된 놀이로 생각될 뿐이지. 누구나 참여할 수 있는 놀이이고, 많이 참여해도 진행에 어려움이 없는 게 특징이야. 지역에 따라 놀이 방식이 조금씩 다르고 노는 윷의 형태에도 차이가 있어. 누구든 이 놀이에 쉽게 익숙해지고 다른 지역의 윷놀이에도 빨리 적응할 수 있지. 그런 점에서 어려움이 없는 특별한 놀이라고 할 수 있어.

윷놀이 규칙은 얼마든지 응용할 수 있어. 놀이 때마다 바꿀 수도 있지. 그런데 윷놀이의 기본 원칙은 같아. 두 그룹의 말들이 경쟁하며 길을 가

제주 항파두리 항몽유적지 윷판 주춧돌 윷판 암각화의 기원은 알려지지 않았다. 그러나 윷놀이가 한국사의 첫 무대를 연 나라 중 하나인 부여에서 이미 행해졌다면 기원은 더 거슬러 올라갈 수 있다.

다가 어느 한 팀의 말들이 모두 출발점으로 돌아오면 이겨. 두 팀의 말이 때로 앞서가고, 때로 따라붙어 판에서 상대를 나가게 하면서 먼저 되돌아오기를 경쟁하지. 말들은 길을 가며 먹고 먹히고, 업고 업히는 거야. 지름길로 간다고 유리한 것도 아니고, 많이 업고 함께 다닌다고 승리의 나팔을 불 수 있는 것도 아니야. 윷놀이는 인생의 축소판 같아. 집단과 개인의 삶이 어떻게 얽히고 풀어지는지를 보여준다고 할까? 결과가 어떨지는 아무도 모르지.

윷놀이는 부여시대부터 했던 흔적이 있고, 오늘날에도 한국인이 명절에 가장 즐기는 놀이지. 돌 위에 새긴 윷판은 고구려시대 유적에서 볼 수 있어.[55] 고구려의 모태인 부여에서도 바위에 윷판을 새겼을지도 모르겠어. 어떤 민속학자는 윷판이 북극성을 가운데 두고 북두칠성이 회전하는 모습을 관찰한 결과라고 해.[56] 하늘에서 이루어지는 별자리의 움직임을 돌 위에 남기거나 그림으로 그리다가 만들어냈다는 거야. 하늘의 별들이 땅으로 내려와 윷판이 되었고, 사람들은 그 윷판으로 별자리 다니기 놀이를 하게 된 셈이라고 할까?

윷판이 하늘 별자리에서 비롯되었기 때문인지 우리나라에는 주춧돌 위에 윷판을 새기고 그 위에 기둥을 세우는 습속이 있어. 고려시대 건물 주춧돌에서도 그런 게 확인되거든. 몽골의 지배를 거부한 고려의 무신들, 삼별초를 이끈 무장들이 바다로 나가 몽골과의 항쟁을 계속하다가 마지막으로 옮겨 간 제주도에는 대(對) 몽골항쟁 시기에 지은 건물의 주춧돌들이 남아 있는데, 그중 한 주춧돌에서 윷판이 발견되었어.[57] 별자리 위에 지은 건물처럼 삼별초의 항쟁이 끝까지 계속되기를 바라면서 윷판을 새겼는지도 모르지."

내가 암각화를 제작한다면 무엇을, 어떻게 새길까

진석과 내가 윷놀이, 윷판 이야기를 나누는 동안 다시 휴대폰 메모에 열중하던 규진이 자판 두드리기를 마치고 둘 사이에 끼어들었다. 규진이 진석에게 말을 건넸다.

"이 반구대암각화는 아무래도 고래가 중심인 것 같아. 한눈에도 고래가 들어오잖아. 여기 이 고래들은 높은 바위 위에서 내려다보며 이미지를 잡아낸 것 같지 않니?"

진석이 대답했다.

"그건 그래. 이걸 쪼아낸 사람은 그런 기억이나 경험을 여기에 되살려 낸 거지. 그 이미지가 가슴 깊이 남았겠지. 너, 그런 걸 메모했구나. 네가 주인공?"

밤새 한잠도 못 잤다. 꿈인지 생시인지 구분이 되지 않았다. 계속 여러 곳을 다녔다. 바다 한가운데에도 있었고 바다가 보이는 높은 절벽 위에도 있었다. 깊은 곳으로 자맥질하는 고래, 친구들과 함께 물 위로 솟아오르는 고래, 새끼를 등 위로 밀어 올려 숨 쉬게 하는 어미 고래, 절벽 위에서도, 바다 한가운데서도 고래만 보았다.

어느 순간 사람들이 모인 큰 바위 앞에서 춤을 추고 있었다. 정신없이 춤추는 내 등 뒤로 바위절벽이 넓게 펼쳐지며 솟았고, 그 위에는 조금 전 바다에서 보았던 고래들이 모여 있었다. 마치 바위에 고래를 그려 붙여놓은 것 같았다. 절벽 위에서 내려다보았던 고래들도 있었다. 어라, 내 등 뒤, 아니 뒤통수에도 눈이 달려 있었나? 순간 자리에서 벌떡 일어났다. 정신이 들었다. 꿈이었나? 아니면 내가 내 속에서 나와 그런 곳을 돌아다녔나? 도무지 분간이 가지 않았다.

밖에서 누가 헛기침을 한다. '어, 누구지?' 아직은 정신이 온전치 않다. 머리를 흔들며 정신을 가다듬는데, 누군가가 나를 부른다. "일어났는가? 가세." 그렇구나. 아침에 신당 어른 모시고 개천 앞 큰 바위에 가기로 했지. 내가 어르신 주무시는 방 앞에서 기다려야 하는데, 어찌 이렇게 되었지? 뭔가 잘못되어도 한참 잘못된 것 같다.

바위 앞은 고요하다. 아직 물안개도 다 가시지 않았다. 찬 기운이 옷깃 사이로 파고든다. 가랑이 사이로도 기어오른다. 온몸에 확 소름이 끼친다. 바위절벽 앞에 해가 들려면 좀 더 기다려야 한다. 신당 어른이 바위 앞 냇가로 내려가 뭔가 주문 비슷한 것을 왼다. 그동안 나는 부지런히 불도 피우고 여러 가지 준비

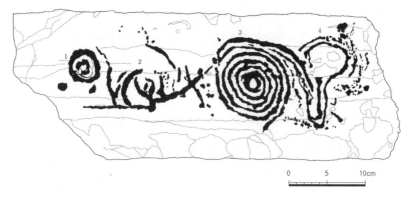

복천동 나선문 암각화(부산 동래) 복천동 삼국시대 고분 석실 벽석으로 사용된 암각화 바위 조각. 수영강 근처의 잊힌 암각화 바위에서 떼어낸 것이다.

도 해야 한다. 해가 뜰 즈음 바위 신이며 강의 신께 제사를 올리고 바위에서 무슨 일을 할지도 고해야 한다. 신당 어른이 말씀을 받으면 난 시키는 대로만 하면 된다.

강에서 피어오르는 물안개로 바위 위에 아지랑이 같은 것이 피는 듯하다. 때도 아닌데 무슨 아지랑이일까? 잠시 바위 쪽으로 눈길을 끈다. 바위는 텅 비어 있다. 꿈에서 보았던 고래며 거북, 물새가 보이지 않는다. 하긴 이 바위는 처음부터 비어 있었다. 사람이니 배니 하는 것이 올라가 있지 않았다. 그런데 꿈에는 왜 그것이 보였지? 바위가 온통 고래며 사람, 배 같은 것으로 채워져 있던 이유가 무엇일까?

암각화는 왜 버려지고 잊혔을까

진석이 규진의 글을 읽는 동안, 나는 암각화 복제본 앞을 떠나 전시실 바깥 돌의자에 앉았다. 나는 자신에게 던지는 질문과 답을 수첩의 마지막 여백에 써넣기 시작했다. '이런 게 잊히면 어떻게 될까? 왜 버려지고 잊혔을까? 역사시대 사람들은 왜 반구대암각화는 찾지 않고 천전리 각석 바위에는 갔을까? 천전리와 반구대 사이에는 아예 길이 없었을까?'

골짜기 안쪽에는 무엇이 있는가. 혹 우리가 생각지도, 알지도 못하는 무리가 있을지도 모른다. 부하 서넛과 함께 골짝 안쪽 아주 깊은 곳까지 들어갔다. 작은 강이 하나 흐르고 여섯 집 정도로 이루어진 작은 마을이 하나 있었다. 농사꾼 마을이겠지. 좁게 구불거리는 강, 길게 이어진 바위절벽 외에 별달리 눈에 띄는 건 없었다. 마을 첫 집에서 만난 농사꾼이 바위절벽에 그림 같은 게 있다고 했다.

정말 바위절벽 한 곳이 기둥처럼 솟아올랐고 아래쪽의 편평한 면에 그림 같은 게 보였다. 강을 건너가면 자세히 볼 수 있겠다 싶었다. 그러나 건너가지는 않았다. 사람 얼굴은 멀리서도 보였다. 한쪽에는 물고기 같은 것이 무리를 지어 헤엄치는 듯한 그림이 있으나 자세한 것은 알 수 없었다.

마을로 다시 들어가 제일 나이 많은 노인에게 물어보니 그도 산 너머 살던 사람들이 그 그림을 남겼다는 이야기만 전해 들었다고 했다. 그것도 아주 오래전이라서 말해준 이도 언제인지 짐작하지 못했다고 했다. 또 다른 사람이 말하기로는 하늘에서 내려온 사람들이 남긴 흔적이라고 했단다. 도무지 종잡을 수 없는 소리다.

마을 사람들은 순했다. 우리 같은 사람들은 처음 만난다고 했다. 산골짝 바깥으로 나가지 않아 바깥세상 소식을 몰랐다. 이들의 손에 들린 것은 모두 뼈와 뿔, 돌로 만든 것들이었다. 우리가 손에 쥔 쇠로 만든 도구들을 신기한 듯 조심스레 보았다. 만져보라고 내밀어도 감히 손을 대지 못했다.

그들은 옛날 할아버지의 할아버지 때 빛나는 검은색 돌과 푸른색 돌을 손에 쥔 자들이 반짝이는 거울, 소리 나는 방울을 몸에 지닌 사람과 이곳에 온 적이 있다고 했다. 그들도 이 마을에 잠시 들렀지만 서로 무엇을 바꾸거나 하지는 않았다고 했다. 아주 오래전 일이라서 자기들은 그들을 만난 적이 없다고도 했다.

어쩌다 우리가 여기까지 왔지? 이런 깊은 곳을 왜 찾아왔지? 생각해보니 좀 어이가 없다. 이 지경 안에 대략 무엇이 있는지 알았으니 이제는 여기서 나가야 한다. 여기에 다른 무리가 다녀간 흔적은 없다. 너무 깊어 아무도 오지 않을 것이다. 푸른색 돌을 지녔다는 자들은 왜 여기에 들렀을까? 그들과 저 바위그림 사이에는 아무런 관계도 없을 텐데, 저들도 우연히 여길 왔다 간 걸까? 아니면 무슨 신비한 것을 이 안에서 찾고 있었던 것일까?

제6장

철기시대의
역사와 문화
: 신과 영웅

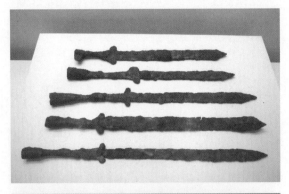

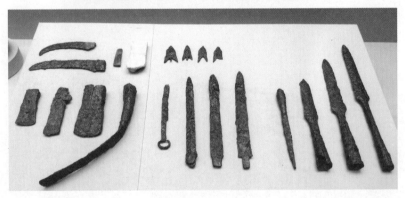

철제 투겁창(위), 납작 쇠도끼(가운데), 쇠로 만든 여러 가지 도구와 무기(아래, 이상 국립중앙박물관) 철기는 재료를 구하기 쉬워 대량 생산이 가능했다. 청동기와 달리 일반 백성들도 농기구를 비롯한 철제 도구를 구하는 것이 가능했다.

집 앞 쌀국수집에서 이른 저녁을 마친 나와 진석은 각자 제 일에 빠졌다. 아비는 TV를 켜고 아들은 컴퓨터를 부팅시킨다. 저녁식사 뒤 거실의 공용 컴퓨터는 아들 진석의 몫이다. 그 시간에 나는 안방에서 책을 읽다가 메모하고, 메모하다가 TV를 본다. 처음에는 다큐와 영화를 오가지만 결국 어느 하나도 오래 보지 못하고 책 읽기와 메모로 남은 저녁 시간을 보낸다.

잠시 인터넷 서핑에 빠졌던 진석이 식탁 의자에 와 앉더니 나를 불렀다. 갑자기 궁금한 것이 생기면 아비가 무엇을 하건 일단 부르고 본다. 아주 어려서부터 그랬다. 궁금한 걸 못 참고 무조건 나를 찾는다. 진석에게 아버지는 만물박사다. 뭘 물어도 답이 나와야 하는 지식 자판기 비슷하다.

철기시대에는 무엇이 달라질까

"아버지, 단군신화에서는 곰 어머니가 단군왕검을 낳잖아요? 그런데 주몽신화에서는 유화가 알을 낳거든요. 주몽이 그 알에서 나오고요. 이게 청동기시대와 철기시대의 차인가요? 고조선보다 2천 년이나 뒤에 사람이 알에서 나온다니까, 뭔가 앞뒤가 안 맞는 것 같아요. 철기시대에 오히려 신비주의가 더해졌나요? 그건 아닌 거 같은데요?"

아들의 갑작스러운 호출에 볼 만한 다큐도 없고, 글 읽기도 싫어 '이거 어쩌지?' 하던 나는 얼른 식탁 앞으로 와 아들과 마주 앉았다.

"각 시대는 시대의 명령이랄까, 이념 같은 걸 바탕으로 작동해. 신석기시대 중기까지 도구의 발달은 제한적이었어. 식량이 생산되고 가축이 사육되었어도 인구가 많이 늘어난 것도 아니고 마을이 갑자기 거대해진 것도 아니야.[58] 사실 사냥을 위한 도구가 전쟁 무기로 얼마나 적극적으로 사용되었는지도 확실치 않아. 마을이 크지 않으면 약탈 전쟁이 빈번해질 이유도 없거든. 그때까지는 전쟁의 신도 탄생하지 않았던 것 같아. 하늘의 큰 여신이 풍요뿐 아니라 삶과 죽음도 주관할 때 전쟁은 아직 낯선 개념이었을지도 몰라.

그러나 청동기가 발명되고 여기저기서 도시가 나타나 경쟁이 시작되자 세상이 달라졌어. 청동제 연장, 청동제 무기가 보급되면서 사회 운영 방식이 바뀐 거야. 도시가 생기자 직접적인 생산에 종사하지 않는 사람들이 여럿 나타났어. 도시는 이들이 제 일을 하며 먹고살 수 있게 해줘야 하는 거야. 물론 생산자의 대다수를 차지하는 농민이 낸 세금으로 이들이 먹고살게 되지.

전쟁은 약탈 생산의 한 방식이야. 전쟁을 치르면서 사람들은 1차 생산이 아닌 2차 생산도 가능하다는 사실을 알게 돼. 전쟁은 노예를 생산하는 데도 효과적이었어. 빚과 전쟁으로 만들어낸 노예는 1차 생산에도 투입되고 전문직을 위한 잡스러운 노동에도 활용되었지. 노예를 부리는 새로운 생산체제가 성립하고 가동된 거야.

청동제 무기와 연장은 지배/피지배 관계를 성립시켰어. 지배자들은 '하늘의 뜻'을 주장하며 노예를 기본적인 생산수단의 하나로 삼게 되었지. 이제 하늘은 전쟁을 일삼는 남신의 영역이 되었고, 하늘에 있던 큰 여신은 생산과 풍요를 담당하는 땅의 신이 되었어. 전쟁은 하늘신의 일이고, 천둥과 번개는 하늘신의 힘과 능력을 보여주는 수단이었지. 농경을 돕던 천둥, 번개에 대한 해석이 달라진 거야. 지배자들은 자신이 하늘신의 자손이라는 사실을 피지배자들에게 주입하려 애썼어.

철기는 청동기시대의 생산방식과 체계를 보편적이고 항구적으로 만들었어. 신성함을 강조하기보다 정복자의 능력을 확실히 보여주는 데는 철기가 더 효율적이었지. 철기는 청동기보다 재료 구하기가 쉬워 이것을 쓸 수 있는 거의 모든 사람에게 보급할 수 있었어. 덕분에 전쟁의 규모도 커졌지. 철기가 사용되면서 노예 집단의 규모도 확대되었어. 지배자들이 하늘신의 자손이라고 주장하지 않아도 법령과 군대만으로 세상을 통제하는 것도 가능해졌고. 거대한 규모의 제국이 출현할 수 있게 된 거야. 신의 뜻은 이제 현실을 설명하는 배경에 불과하게 되었어."

창세신화는 왜 밀려나게 되었을까

"철기가 세상을 어떻게 바꿨는지는 대략 알겠어요. 청동기시대와 달리 현실의 권력관계가 먼저고, 신의 뜻은 현실의 배경이 된다는 거죠?"

"아무리 고대사회라 하더라도 사람들이 다 신화적 이야기를 사실로 받아들이는 건 아니거든. 사실은 사실대로 보고, 신화적 스토리텔링은 또 그것대로 믿지. 그렇지만 이야기되는 대로 받아들이기보다, 아니라고 생각하는 부분은 제쳐버리지. 받아들이는 게 있고, 그렇지 않은 게 있다는 거야. 그리고 아마 제삼자적 시각이라고 할 만한 입장도 있었을 거야. 예를 들면 이런 식이지."

부여에서 사람들이 무리 지어 내려왔다. 저 사람들의 우두머리는 보통사람이 아니라고 한다. 북쪽에서 온 사람들답게 귀신이 나뭇등걸 밑으로 숨을 정도로 활을 잘 쏜다고 한다. 그들은 더 남쪽으로 내려갈지도 모른다. 나라를 세우려면 더 남쪽으로 내려가야 할 것이다. 활 잘 쏘고 창칼 잘 쓰는 자들에게 기회가 생길 테니까. 남쪽 사람들은 말 타고 달리는 것만 보고도 기겁한다고 하지 않나. 게다가 활까지 잘 쏜다는 걸 알면 누가 저 사람들 앞을 막아서겠는가?

세상이 처음 시작될 때 거인 할매가 하늘과 땅을 나누고 강과 바다에 물이 고이게 했다고 한다. 할매가 세상을 나누는 일에 지쳐 누운 뒤 깊이 곯아떨어지자, 그 몸에서 기운이 나와 해와 달, 별이 되고 사람과 짐승이 생겼다는 말도 있다.

그러나 지금은 이런 이야기에 아무도 귀를 기울이지 않는다. 사람들이 무리 지어 이곳저곳 다니며 무엇을 하는지가 눈앞의 관심사다. 어떤 무리는 하늘에서 왔다고 하고, 또 어떤 무리는 바다의 용에게서 태어나 바다를 건너왔다고 한다. 하늘과 닿은 산에서 내려온 자도 있고, 땅속 깊은 곳에서 솟아오르는 강에서 나왔다는 자도 있다. 하늘에서 용과 기린을 타고 내려왔다는 자도 있고, 해와 달을 부모로 삼아 하늘 수레를 타고 왔다는 자도 있다. 모두 백성들의 우러름을 받고자 하는 말이다.

실제로 아주 용맹하고 강인한 사람들이 초원 너머에서 나타나곤 한다. 그들은 큰 산과 넓은 강을 건너온 자들이다. 그들이 스스로 어디서 왔다고 한 말을 믿을 수 없다고 하기는 어렵다. 사람으로서 이루기 어려운 경지에 이른 자들에게 무슨 딴죽을 걸 수 있겠는가?

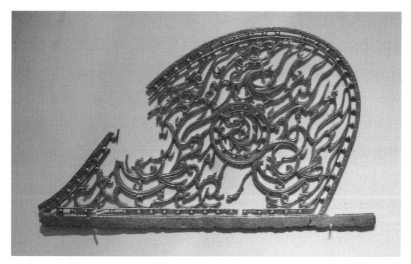

해뚫음무늬 금동관 장식(고구려시대, 북한 조선중앙력사박물관) 두 마리의 용과 한 마리의 봉황이 둘러싼 원은 해다. 힘 있게 버티고 서 있는 원 안의 세발까마귀가 해신의 아들 주몽이 세운 나라에 산다는 고구려인의 자부심을 잘 드러낸다.

이제는 누구도 하늘과 땅이 어떻게 생겼는지를 묻지 않는다. 나라가 어떻게 세워졌는지, 나라를 연 첫 사람은 어디서 온 누구인지를 아는 것으로 족하다. 나라를 세운 사람이 신의 아들이기 때문이다. 신이 아니면 나라를 세우지 못한다는 것을 누구나 안다. 문제는 그 신이 어떤 신이냐는 거다. 하늘의 큰 신인가, 아니면 바다 건너 저 멀리에서 온 신인가?

영웅신화는 어떻게 탄생할까

"대충 분위기는 알 것 같아요. 그런데 아버지, 저는 알 이야기를 듣고 싶어요. 알에서 태어난 주몽 말예요. 왜 알에서 태어난 영웅 이야기가 사람들의 입에서 나오고 믿어진 거죠? 알이 도대체 뭐냐는 거죠."

진석이 이야기 도중 벌떡 일어나더니 부엌으로 가 물을 끓였다. 커피
콩도 갈았다. 저녁 시간이 훨씬 지났는데도 커피를 내릴 셈이었다. 이야
기를 마치면 밤늦게까지 글도 쓰고 인터넷 서핑도 할 참인 게 틀림없었
다. 나는 그런 아들을 보며 고개를 절레절레 흔들었다. 아들 등을 보며
하던 말을 이었다.

"네가 고구려 건국 당시를 기억하는 백성이라고 생각해봐. 이렇게 말
할 수도 있어."

주몽님은 기억되어야 한다. 이 험하고 무서운 시대에 우리네 백성은 그분 덕
에 노예가 되거나 죽지 않았다. 오히려 다들 이렇게 살아서 일하고 먹고 누웠다
가 일어난다. 호사를 누린다. 주몽님은 정말 특별했다. 화살 하나로 쇠로 만든
방패도 뚫었다. 그분은 태어나자마자 바로 눈을 뜨고 활을 찾았다고 한다. 주몽
님이 장성해 활을 드는 날에는 사방 십 리 안의 짐승들이 벌벌 떨며 눈물을 흘
리거나 맥이 풀려 제자리에 주저앉아 운명의 순간을 기다렸다고 한다.

먼발치에서 처음 주몽님을 보았을 때 나는 내 눈을 의심했다. 그분 주위를
오색 빛이 감싸고 있었다. 주몽님이 내 눈길을 의식하시고 눈을 돌리셨을 때 나
는 그 자리에 얼어붙었다. 마치 벼락을 맞은 것 같았다. 강한 기운이 나를 감쌌
고 나는 돌기둥처럼 그 자리에 서 있었다. 주몽님의 눈 안에는 불이 있었다. 빛
나는 불이 그 안에서 영원히 타오르리라는 느낌을 받았다. 그때부터 지금까지
나와 내 친구들은 그분을 따라다닌다. 물론 주몽님은 나를 모른다. 나와 친구들
은 그분을 따르는 많은 병사의 일부일 뿐이니까.

오늘 우리의 왕 주몽님이 하늘로 돌아가셨다. 용의 머리를 딛고 올라가셨다
고 한다.[59] 그분이 이 땅에 처음 모습을 보이셨을 때, 나와 친구들은 그분을 먼

북방에서 온 용맹한 왕자로만 알았다. 그러나 그분을 가까이서 모셨던 장군들은 주몽님이 해〔日〕신과 달신의 아들이라고 했다. 모두 반신반의했다. 위대한 산신의 아들이 있다고는 들었지만, 해신이나 달신의 아들이 있다는 이야기는 처음 들었기 때문이다. 큰 바위 밑에서 나온 금빛 바위아기 이야기는 우리 사이에서도 돌았다. 그래도 하늘의 해와 달, 혹은 별이 그 아들을 세상에 보내다니, 참으로 믿기 어려웠다.

그러나 처음 주몽님을 멀리서 보았을 때, 나와 친구들은 '이분이 해신의 아들이겠구나!' 했다. 햇빛이 그분을 감싸고 있었다. 그분이 백 보 밖에서 금가락지를 맞추었다는 소리를 듣자 정말 해신과 달신이 짝을 이루어 저분을 낳았겠다는 생각을 했다. 주몽님이 어딘가를 가리키며 말머리를 돌리면, 그곳에 있는 나라의 왕이 먼저 달려와서 나라를 바쳤다. 그분은 남쪽의 가장 약한 나라에서 오셔서 그 나라를 북방의 가장 강한 나라도 넘보지 못하게 만드셨다. 해신, 달신의 아들이 아니면 할 수 없는 일이다. 그분의 병사가 된 것이 내 일생의 가장 큰 사건이요, 우리 가문의 영광이다.

영웅은 어떻게 신이 되었을까

"그러니까, 해의 아들이니까 황금빛 알로 나왔다는 거죠? 제 기억에는 그냥 알이고 황금빛 알은 아니었던 것 같은데요? 해와 달의 아들, 알에서 난 자라서 건국 영웅이라는 거예요?"

나는 저녁식사 후에는 커피를 마시지 않는다. 저녁잠을 놓치면 다시 잠을 붙잡기가 어렵기 때문이다. 그래도 아들의 머그잔에서 풍겨오는 커피 향은 제법 구수하게 내 코를 자극했다. '마실까?' 생각하다가 그냥

하던 말을 이었다.

"네가 고구려 백성이라면 주몽왕에 대해 어떤 이야기를 들었겠니? 시작은 알 이야기가 아니었겠어? 고려시대에 문인 이규보가 「동명왕편」이라는 서사시를 썼거든. 그 글이 건국 당시의 분위기에 어느 정도 가까운 것 같아. 고구려 백성으로서 너는 시조왕을 이렇게 기억할 거야."

이 나라 고구려를 세운 이는 영웅 주몽님이다. 그분은 부여에서 오셨다. 부여 별궁에 머물던 유화님의 아들이시다. 부여의 임금은 큰 바위 밑에서 나신 금와님이었다. 이분이 하백의 따님인 유화님을 부여 별궁에 모셨다고 한다. 바위가 낸 금와님이 하백의 딸을 알아본 것이다.

유화님이 주몽님을 낳을 때 주변은 온통 황금빛이었다고 한다. 유화님이 낳은 것도 금빛 알이었다. 주몽님은 이 황금알 안에 아기로 계셨다. 모두 이를 기이히 여겼으나 금와왕과 신하들은 이를 불길하게 여겼다. 사람이 어찌 알에서 나오는가? 이는 사람이 아니니 나라에도 좋지 않은 일이다. 어떤 이는 부여 왕가가 이 아기의 손에 무너질 것이라고도 했다.

황금알에서 나온 아기 주몽님은 마치 해가 햇살을 내듯 태어나자마자 어머니 유화님이 만들어준 활로 화살을 쏘셨다. 머리 위를 앵앵거리고 날던 파리를 한 마리도 남기지 않고 다 떨어뜨리셨다. 주몽님이 자라매 이분을 질투하는 금와왕의 아들들이 아우성을 쳤다. "저 녀석을 쫓아버리소서!"

금와왕은 주몽님을 말 다루는 목동으로 삼았다. 말과 함께 있게 했다. 말들은 순종했고, 늑대는 말 목장 근처에 얼씬도 하지 않았다. 살진 말은 왕과 왕자들의 몫이 되었고 파리한 한 마리가 주몽님의 차지가 되었다. 그런데 말 목장에 있던 단 한 마리 천리마가 바로 그 파리한 말이었다.

유화님은 왕자들의 성화가 곧 죽음의 칼이 될 것을 미리 알고 주몽님을 멀리

하백(중국 후한시대, 서주한화상석예술관) 명궁 주몽의 또 다른 장기 중 하나는 죽은 것을 살려내는 능력이었다. 주몽은 해신의 아들이자 큰 강의 신인 하백의 외손이었기 때문이다. 주몽신화 성립 당시에는 유화가 강의 여신으로 회자되었을 수 있다.

보냈다. 세 친구와 함께 남쪽으로 내려가 새 땅에서 나라를 세우라고 했다. 주몽님은 남으로 내려가실 즈음에야 왜 그가 빛처럼 화살을 쏘며, 묶여 있는 나무를 땅에서 뽑아낼 수 있었는지를 알게 되었다.[60] 그의 아버지가 해신 해모수임을 유화님이 알려준 것이다.

주몽님이 남으로 내려가다 큰물 앞에서 길이 막히자 활을 강물에 대며 소리치셨다. "나는 해신 해모수의 아들이요, 물의 신 하백의 외손이다." 그러자 자라와 물고기 떼가 강에서 떠올라 그와 친구들이 강을 건널 수 있도록 다리가 되어주었다. 또 그가 남쪽에서 흰 사슴을 붙잡아 거꾸로 매달고 소리쳐 울게 하자 하늘이 비를 내리되 성이 잠기기까지 쏟아졌다. 그가 채찍으로 물을 때리니 물이 한달음에 성에서 물러나 강으로 돌아갔다.

주몽님은 나라를 세우고 튼튼히 한 뒤 하늘에서 해모수님이 보낸 황룡의 머리를 딛고 하늘로 올라가셨다. 그는 아버지의 뒤를 이어 해신이 되셨다. 우리 머리 위의 저 해가 주몽님이다. 지금은 주몽신이지. 유화님도 뒤에는 하늘로 올라가 달신이 되셨다. 저기 저 달이 유화신의 모습이다. 우리는 해와 달이 세운 나라에 살고 있다.[61] 이 나라도 해와 달처럼 영원할 것이다.

왜 하늘인가

"결국 주몽의 부모는 하늘의 해와 달인 거네요? 주몽도 땅의 세계에서 태어나 영웅이 되었지만 결국 하늘에서 내려온 거나 마찬가지고요. 하늘이 중요한 거네요!"

"그럼, 하늘신이 중요해. 사람들이 믿던 신은 하늘에도 살고 바다와 산에도 살지만 하늘에 사는 신이 최고의 신이야. 하늘신이 온 세상을 지배하니까. 하늘에는 신들의 집이 있어. 최고의 신은 하늘 궁전에 있지.

신들의 세상도 이 세상과 비슷해. 왕과 귀족, 평민이 있어. 눈부신 자리에 앉아 빛나는 신도 있지만 비천한 일을 하는 신도 있지. 신들의 전쟁에서 패하면 패한 신은 신들 사이에서도 비천한 일을 맡게 돼. 세상의 노예와 비슷해지지.

신들은 세상의 질서를 유지하려고 작은 신들을 세상에 보내. 세상의 왕이 될 자는 높은 신이 보낸 그의 아들이야. 이미 신분이 높고 능력도 많지. 하늘과 땅은 서로 멀리 떨어져 있어. 신의 모습 그대로 세상에 내려오면 사람이 견딜 수 없으니까 세상에 오는 신은 모습을 바꿔. 알 속이나 금빛 상자 속 아기의 모습으로 세상에 오는 거야. 어떤 때는 하늘의 말이나 기린이 몸에 알을 담고 세상에 오기도 해. 세상에 사는 사람은 눈이 어두워 신의 아들을 알아보지 못해도 짐승은 잘 알아봐. 사람은 이해 관계로 눈이 가려지지만 짐승은 편견 없이 진실 그대로를 보니까.

하늘신의 아들에게는 특별한 지혜와 능력이 있어. 몸도 특별하지. 정해진 배필을 만나는데, 하늘이 보내거나 하늘이 지켜주는 사람이 그와 결혼하지. 이들은 세상과 구별되는 존재야. 사람들은 이들을 특별하게 대해야 해.

산과 강, 바다와 호수의 신들도 아들과 딸을 낳아. 이들은 신의 자손이라도 하늘신의 아들과 딸을 섬겨야 하지. 큰 강과 바다의 용도 사실은 신의 아들이야. 이들도 하늘신의 아들과 딸을 섬기지. 등과 겨드랑이에 날개가 달린 자들이 있어. 목이 뱀처럼 길고 귀가 당나귀 귀인 기인들도 있지. 모두 이 세상 신의 자손들이야. 이들도 하늘신의 아들과 딸을 섬겨야 해.

하늘에서는 늘 이 세상을 봐. 하늘신의 아들과 딸이 사는 나라가 온전한지를 보는 거야. 사람은 하늘의 신에게 복종하듯이 세상의 왕과 귀족들에게 순종해야 해. 모두 신의 자손들이니까. 지진과 폭풍, 천둥과 번개는 세상을 향한 경고야. 사람들에게 하늘과 바다, 강의 자손들을 잘 섬기라고 내리는 명령인 거지.”

동물은 어떻게 신앙에서 사라지나

“하늘이 그렇게 중요하면 산과 강, 바다는요? 큰 바위나 높이 솟은 나

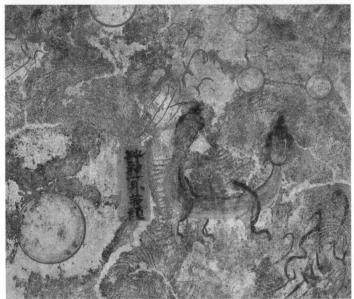

고구려 시대 사람 머리의 짐승 그림(위, 안악1호분, 북한 안악), 한 몸에 머리가 둘인 땅의 축 그림(아래, 덕흥리벽화분, 북한 남포) 선사시대 초기에는 새와 짐승이 본래 모습 그대로 신앙의 대상이 되었지만, 언젠가부터 일부라도 사람의 모습을 지닌 동물이나 동물의 모습이 남은 사람을 신적 존재로 인식하게 되었다. 역사시대에 접어들면서 온전한 사람의 형상을 지닌 존재가 신이 되고 숭배받자, 반은 동물이고 반은 사람인 생명체들은 신을 돕는 보조령이 되거나 산야에 남은 괴수, 악령이 되어 미움이나 꺼림을 받게 되었다.

무, 숲과 들판의 기이하고 특별한 짐승 같은 것들은 별 볼 일 없어지는 거네요? 그 전처럼 신앙의 대상으로 남기는 어려워지는 거 아녜요?"

"그렇게 되는 거지. 그리스신화의 요정이나 님프가 다 그런 거잖아? 바다의 신 포세이돈과 지옥의 신 하데스 정도 외에는 신이 아닌 거지. 신이라도 2급, 3급 정도? 아니면 괴물 같은 존재로 전락하는 거야. 중국신화와 전설에서도 산과 바다의 신들 가운데 어떤 것은 어느 순간 기이하고 흉측한 존재가 되거나, 먹으면 사람의 약이 되는 새나 짐승이 돼.『산해경』이라는 책에 등장하는 신비한 생명체들이 본래는 모두 신이었다고 하거든.[62]

사람들은 오랫동안 만물이 지닌 특별한 힘을 부러워했지. 나무는 나무대로, 바위는 바위대로, 짐승은 짐승대로, 심지어 곤충과 물고기조차 각기 사람으로서는 꿈에도 해내기 어려운 일을 하니까 말이야. 특별한 능력을 보여주잖아. 산과 강, 바다는 자연의 경이로운 능력을 생생하게 보여주지. 사람들은 그 힘과 능력을 인격화하고 숭배했어. 마을과 도시의 수호자로 삼았고 그런 힘을 덧입으려 애썼지.

그래서 이집트와 그리스의 신화에서 보듯이 매와 풍뎅이, 바위와 산, 샘물과 개구리, 늑대와 뱀이 신이 되었어. 이 신들은 몸은 사람이면서 머리는 그런 생명체의 모습을 띠기도 하고 그렇지 않기도 해. 사람 속에 섞여 살기도 했지. 청동기시대에는 이들의 모습이 새겨지고 문자로 기록되기도 했어. 숭배와 제사의 대상이었지. 사람이나 동물을 희생으로 받기도 했어.

그런데 청동기와 달리 철기는 원하는 사람이면 다 가질 수 있을 정도로 많이 만들어지면서 상황이 달라졌어. 철기는 사람들을 강하고 자신 있게 만들었지. 쇠로 된 농기구를 지니게 된 농부는 농부대로, 쇠로 된 무기를 갖게 된 전사는 전사대로 자연의 수목과 짐승에 대한 두려움에서 벗어났어. 돌까지 마음대로 깰 수 있게 되자 사람들은 자연에서 나는 것은 무엇이든 다룰 수 있다고 생각하게 되었지.

농사의 풍흉, 전쟁의 승패에 영향을 주는 자연 현상은 여전히 사람의 손 바깥에 있었어. 비와 천둥, 번개, 가뭄과 폭설, 태풍과 지진도 사람으로서는 어떻게 할 수 없는 것이었지. 그러나 특별히 강한 맹수나 쉽게 잡히지 않는 바다짐승 외에 대부분의 자연물은 인간의 손안에 들어왔어. 사람의 손 바깥에 있는 것은 숭배의 대상으로 남았지만, 손안에 들어오는 건 신앙의 대상에서 제외된 거야. 곰이나 사자가 신이 아니라 강한 자, 영웅 전사의 상징이 된 것도 그 때문이지. 더는 신앙의 대상이 아니게 된 거야."

신사, 신궁이 말하는 역사적 진실

"결국은 사람이 주인공이 되는 거네요! 하늘의 신이니 어쩌고 해도 그 대상은 사람이잖아요. 영웅이 신이 되는 거죠. 사람이 사람을 신으로 모시게 된 거 아네요? 나라의 시조라든가, 고난을 이겨내고 마을이나 도시를 지킨 영웅 말예요. 그런 사람들이 신전에 모셔지는 거네요?"

"그렇다고 봐야지. 당시 신사나 신궁의 사람들은 이런 이야기를 주고받았겠지."

하늘로 올라가 신의 보좌에 앉으신 우리의 아버지 주몽께서 그를 위해 우리가 지은 새로운 집에 내려오신다. 신이 머무는 집, 이 신궁은 이 나라를 세운 분이 신의 아들이었고 신이 되셨음을 확인시켜주는 곳이다. 주몽왕은 세상에서는 영웅이었지만 하늘에서는 신이다. 그분은 살아서 하늘로 올라가셨다. 지금도 살아 계셔서 우리를 돌보신다. 세상에 잠시 오실 때는 이 신궁에 계신다. 그분의 거처는 하늘에 있지만, 땅에도 있다. 바로 이 신궁이다.

이 신궁은 신의 자손들을 위한 곳이다. 그들도 신이다. 백성을 사랑하는 주몽신께서 여전히 우리와 함께하시지만 이 나라의 평범한 백성들은 신궁 안에 들어오지 못한다. 여긴 신성한 곳이니까. 대신 크고 작은 성과 마을에 세워진 신사에 제사 지내러 갈 수는 있다.

신사에서도 안쪽, 신이 머물기도 하고 신이 남기신 신기하고 기이한 물건이 모셔지기도 한 그 깊숙한 곳에는 신의 자손들도 함부로 들어갈 수 없다. 그곳에 들어갈 수 있는 이는 신관뿐이다.

"그때 사람들은 살아가면서 겪는 크고 작은 일에 정령이 끼어든다고 믿었어. 그 가운데 선한 것과 악한 것이 번갈아 세상사에 관여한다고 봤지. 백성들은 때마다 신사에 와서 신에게 의지하는 자신의 마음을 표현해야 했어. 생각해봐. 신이 없다면, 신사와 신궁이 없다면 백성들의 세상살이는 더 고달팠겠지. 무엇을 믿고 어떻게 살지 막막해지는 거야. 신사에 행사가 있을 때, 백성들이 너나없이 만사를 제치고 간 것도 신이 자신의 처지를 살펴주기 때문이 아니겠니? 신이 소원을 들어주니까.

지금도 그렇지만 고대 일본에서는 해마다 마을이나 도시에서 치러지는 주요한 행사들이 신사를 거쳐 신궁에서 마무리되었지. 마을이 세워진 날, 도시의 주춧돌이 놓인 날, 한 해가 시작되는 날, 추수가 끝난 날, 신이 세상에 내려왔다가 하늘로 돌아간 날, 이런 날에는 많은 음식이 준비되고 성대한 행사가 치러졌어. 마을이나 도시의 입구에서 시작된 행

용거(龍車)와 어거(魚車) 행렬(중국 후한시대, 임기시박물관) 합리적인 사고에 바탕을 둔 토론이 활발했던 중국의 한나라 때도, 하늘의 신은 용이 모는 수레를 타고 강과 바다의 지배자는 물고기가 끄는 수레를 탄다는 관념이 귀족과 민간 모두에서 받아들여졌다. 어느 시대나 신화, 전설 및 신앙의 논리체계는 정치, 법, 제도와 궤를 달리했다.

렬은 신사와 신궁을 향했고, 사이사이에 갖가지 묘기가 사람들을 즐겁게 했지. 놀이와 놀이 사이에 신께 감사하는 노래를 부르고 춤을 춘 것은 물론이고.

고구려에서 온 나라가 축제 마당일 때, 나라 밖에서도 주몽신을 모시는 행사에 참여하러 사신들이 왔을 거야. 그들이 귀하게 여기는 것들을 손에 들고 수레에 담아 신사와 신궁을 방문하는 거지. 주몽신을 기리고 그해에 신이 내려준 은혜에 감사하며 그다음 해에도 은혜가 내리기를 기원하면서 말이야.

평시에 신사와 신궁은 아주 조용했을 거야. 신관과 신녀는 신의 집에 늘 불이 타오르게 하고 날마다 제사 음식을 올렸겠지. 이 사람들은 신이 하늘에서 다시 내려오는 그날까지 신을 모시는 작은 신들과 함께 신사,

신궁에서 지내는 거야. 고구려뿐 아니라 고대의 모든 나라에서 신사와 신궁은 나라의 시작이었다고 봐야 해. 나라가 문을 닫으면 신사, 신궁의 문도 닫히는 거지.[63]"

해모수가 아닌 주몽이 신화의 주인공인 이유는?

"그런데 단군신화와 주몽신화는 누가 어떻게 무엇을 낳았는지도 다르지만, 주인공도 많이 다른 것 같아요. 단군신화에서 주인공은 단군왕검이지만 내내 환웅과 웅녀 이야기가 주로 나오는데, 주몽신화는 해모수와 유화로 시작해도 주몽의 모험이 본론이거든요. 단군신화 스타일이면 해모수 얘기가 더 많이 나와야죠."

"그래, 네 말대로 두 신화는 주인공을 다른 방식으로 말해. 사실 우리가 보기에 단군신화의 주인공은 웅녀일 수도, 환웅일 수도 있어. 심지어 단군왕검의 행적에 대한 기록은 아주 짧아. 사건이라고 해봤자 나라를 세우고, 나중에 구월산 산신이 되었다는 게 다니까. 신화는 환웅과 웅녀 얘기 위주지. 하늘의 신 환웅은 세상을 연 환인의 아들이고, 360명의 신과 3천 명의 신인(神人)을 데리고 세상에 내려온 인물이야. 본래 곰인 웅녀는 사람 되기를 구하며 환웅에게 빌었고, 사람이 된 뒤에는 환웅을 지아비로 삼아 단군을 낳았어. 신단수 아래에서 신들이 세상 사람들과 어울려 살았다는 신시(神市)는 환웅의 나라였지.

하지만 조선이라는 나라의 시조는 단군이야. 환웅은 신시의 기초를 다진 뒤 다시 하늘로 올라갔고, 신과 사람의 세상을 온전한 나라로 바꾼 이는 단군인 거지. 단군은 신의 아들이었지만 하늘로 올라가지는 못했어. 대신 때가 되자 구월산으로 들어가 산신이 되었지.

산은 하늘과 통하는 곳이야. 하늘과 땅 사이의 대화가 산에서 이루어지지. 어떤 면에서는 두 세계를 지탱하는 기둥이기도 해. 단군은 두 세계를 잇는 기둥을 지키는 자가 된 거야. 신이자 사람인 단군이 '샤먼왕'이되어 두 세계의 중재자가 된 거지.

주몽신화의 주인공은 물론 주몽이야. 주몽의 아버지는 해〔日〕신인 해모수인데, 해모수는 땅으로 내려와 물의 신 하백의 딸을 배우자로 삼았어. 해신이 왜 땅으로 내려왔을까? 왜 물의 신 하백의 딸을 배우자로 삼았을까? 물의 신은 땅을 다스리는 자야. 땅이 제 역할을 하려면 물을 품어야 하지. 물이 땅의 정기를 담고 있는 셈이야. 하늘과 땅이 만났다는건 빛이 물에 닿은 것이나 같아. 땅이 풍요로운 건 빛과 물이 만났기 때문이지. 해신과 물〔水〕신, 빛과 물이 만나 맺은 첫 열매가 주몽인 거야.

신들의 만남으로 나온 주몽은 신일 수밖에 없어. 그런데도 그는 나면서 바로 고난을 받아. 신들이 세상에 준 첫 씨앗이자 풍요의 화신인 주몽이 고난 속에서 영웅으로 성장하는 거야.[66] 씨가 죽어서 싹을 틔우듯 주몽은 고난의 터널을 지나고 나서야 영웅이 되지. 어두운 동굴을 통과해 세상으로 나온 주몽이 빛을 발하면서 나라가 세워지는 거야.

단군도 주몽도 신의 아들이야. 단군은 신성한 혈통을 받아 나자마자 나라를 연 인물로 기록되었지. 그러나 주몽은 지극히 신성한 혈통이지만 고난을 겪어야 했어. 그런 고통을 이겨낸 뒤에야 새 나라의 첫 왕이라는 열매를 맺지. 단군은 신성한 존재로 시작되고 끝나지만, 주몽은 신성한 존재임에도 가시와 엉겅퀴의 길을 지나 세상에 풍요를 선물해.

둘의 차이는 단군은 샤먼왕이었고 주몽은 전사왕이라는 점이야. 단군은 그저 나라를 열었지만, 주몽은 나라를 열고 다스렸어. 주몽은 농사로

사람 머리의 새인 만세(덕흥리벽화분, 고구려시대, 북한 남포) 신성한 존재가 하늘에서 내려와 세상을 다스린다는 관념은 지배자들이 강요하기 전에도 백성들 사이에 조상 때부터 전해 내려온 상식이었을 수 있다.

풍요를 불러왔고 전쟁으로도 풍요를 가져왔지. 주몽의 시대에 세상은 신성한 존재보다는 빼어난 전사를 바랐어. 주몽은 영웅이자 전사로 세상을 정복한 자였어. 신의 아들은 전사왕임을 세상에 확인시킨 인물이지. 주몽은 능력으로 신성성을 보여준 영웅이야."

박혁거세는 정말 하늘에서 왔을까

"주몽이 왜 신성한 전사왕인지 알겠어요. 그런데 왜 신라의 시조왕은 전사왕처럼 행동하지 않았어요? 그런 이야기도 없고요. 신라도 철기시대에 시작된 나라잖아요?"

"철기시대가 시작될 때 한반도 중남부에는 70개가 넘는 소국이 있었어. 이 나라들을 뭉뚱그려 삼한이라고 해. 이건 너도 배웠을 거야. 이중 소백산맥과 노령산맥으로 둘러싸인 영남 일부에 12개 나라가 있었어. 이걸 하나로 묶어 진한이라고 하지. 일종의 소국 연맹체 비슷한 건데, 실체는 명확하지 않아. 사실 12개 나라도 어떤 시점에서만 그래. 너도 잘 알겠지만, 영남 북부에 해당하는 경상북도의 군이나 시들은 대개 작은 산들로 둘러싸인 분지 지형이야. 지형조건이 그리스의 폴리스들과 비슷하지. 각각 독립된 상태로 지내기 좋거든. 진한의 소국들은 나라 크기며 인구수도 비슷해서 어느 한 나라가 특출나게 솟아오르기도 어려웠어. 남해안 일대의 변한도 그랬지.

중국에서 진(秦)나라가 망할 즈음 피란민들이 동방으로 흘러들었어. 이들 중 일부는 고조선 백성이 되었고, 다른 일부는 더 남쪽으로 내려가 삼한의 전신인 진(辰)의 사람이 되었지. 한나라가 세워진 뒤 고조선은 한나라와 진 사이를 중계하며 무역의 이익도 봤지만 결국 한나라와 충돌했고 멸망했어. 이번에는 고조선의 유민들이 남쪽으로 내려가 삼한 사람들 사이에 섞였지. 경기, 충청, 전라 지역의 마한으로 내려간 사람, 경상과 전라 일부 지역의 진한과 변한으로 간 사람들이 토박이들과 섞인 거야.

박혁거세는 경주 사로 육(六)촌이 힘을 모아 세운 사로국의 첫 번째

왕이야. 육촌 사람들보다 늦게 사로 땅으로 들어온 사람들의 우두머리가 박혁거세였던 것 같아. 이들은 말을 타고 사로 지역에 들어왔을 거야. 흰 말이 낳은 박 모양의 큰 알을 깬 자가 아기 박혁거세였다는 신화도 여기서 비롯되었겠지.[65] 사로 사람들은 이들이 이웃 소국들과 싸울 때 자기들을 이끌 수 있을 거라고 믿었던 것 같아. 사로 육촌의 촌장들이 박혁거세를 나라의 첫 왕으로 삼았던 것도 이 때문이겠지.

알영 집단은 박혁거세 무리에 이어 사로에 들어왔던 것 같아. 우물곁에서 계룡(鷄龍)이 낳은 새끼 계룡이 알영이라는 신화는, 이들이 사로 외부에서 온 사람이라는 간접적인 증거야. 알영이 사로의 첫 왕비가 된 것도 나름의 세력이 있었기 때문이겠지. 따라서 외부에서 온 박혁거세 집단과 알영 집단이 사로국을 다스리게 된 거지만 신화에서는 그렇게 설명하지 않지. 박혁거세는 하늘에서 내려온 흰 말에게서 났으며, 알영은 박혁거세의 배우자가 되기 위해 계룡에게서 났다는 이야기가 사로국 바깥으로도 돈 거야. 진한 땅에 12개 나라가 세워져 경쟁이 본격화될 때 사로국이 개국 영웅의 신화로 주변을 먼저 제압하기 시작한 거지."[66]

탈해는 신인가, 영웅인가

"탈해는 바다에서 왔다면서요? 하늘에서 온 사람들, 말을 타고 온 사람들 말고도 신으로 여겨진 사람들이 있다면 그건 철기시대와 거리가 있는 거 아닌가요? 가만, 그러고 보니 바다에서 온 탈해도 대장장이 가문이라면서 호공(瓠公)의 집을 뺏잖아요? 이 이야기를 언젠가 재밌게 들었던 적이 있어요. 탈해는 알에서 난 것도 아닌데 어떻게 신라의 왕이 되었죠? 수로왕과 변신술 대결도 하고요. 전사왕의 시대에 변신술은 좀 유치한 거 아닌가요?"

"뭐, 꼭 그렇지도 않지. 바다와 하늘은 서로 통하니까. 바람이 불면 큰 풍랑이 일듯이 말이야. 우리가 하늘에 무엇이 있는지 모르듯이 바다에 뭐가 있는지 온전히 아는 이도 없을걸?

탈해 이야기는 좀 흥미로워. 강한 군사를 실은 배 여러 척이 김해 앞바다에 나타났어. 섬과 섬 사이를 잇는 긴 항해를 마친 탈해의 사람들이 수로왕과 허황옥의 나라 가야에 온 거야. 새로운 땅에서 새로 시작하기를 꿈꾸며 바다를 건너온 자들 가운데 한 무리였을 거야. 오랜 시간 바다에서 떠돌며 온갖 고초로 몸을 단련한 사람들이었겠지.

수로는 하늘에서 왔고 탈해는 바다에서 왔어. 수로는 지켜야 하고 탈해는 이기고 빼앗아야 해. 땅에는 수로와 동맹을 맺은 다른 가야 나라들의 군사들이 있었어. 바다에는 탈해보다 먼저 온 허황옥의 선단이 있었고. 비록 탈해 무리의 군사는 강하고 배도 여럿이지만 그들의 힘만으로 땅과 바다의 적들을 다 제압하기는 어려웠을 거야. 탈해 입장에서는 고민스러운 거지. 그래도 붙어볼 것인가, 물러날 것인가.

탈해는 동맹을 맺을 세력이 없었어. 이길 수 없는 전쟁을 벌이는 건 현명한 선택이 아니지. 탈해는 협상을 택했어. 그런데 수로가 강경했던 거야. 탈해 세력을 땅에 들일 생각이 없었지. 이렇게 되면 탈해도 진퇴양난이야. 물러나기도 그렇고, 땅으로 올라서기는 어렵고, 결국 잠시 힘겨루기를 하다가 물러났어.[67] 새 땅을 찾아 다시 떠나기로 한 거야. 탈해의 선단은 일단 먼 바다로 나갔어. 뱃머리를 동쪽으로 돌린 거지.

탈해가 어디서 왔는지는 아직 미스터리야. 탈해 선단의 사람들이 어떤 사람들인지도 알려진 바가 없고. 청동기시대에도 많은 사람이 배를 타고 바다를 떠돌아다녔으니까. 경남 사천의 늑도는 선사시대와 고대에 무역항으로 번성했어.[68] 김해의 가야 사람들이 바다로 나서면서 늑도는 무역 중심에서 밀려났어. 허황옥이 주도하는 해상세력이 새로 남해 무역을 주도하게 되었지.

탈해 일행이 늑도에서 왔을 수도 있어. 다도해를 떠돌거나 다도해를 무대로 삼던 소규모 무역세력들이 살아남기 위해 하나로 모인 것일 수도 있고. 이런 무리에 일본열도의 사람들이 더해졌을 수도 있지. 좋은 기회를 찾아서 말이야. 탈해 선단은 동쪽으로 갔다가 북쪽으로 올라가. 아무도 막아서지 않는 울산 앞바다에 닻을 내려. 신화에 따르면 탈해도 배 안에 놓여 있던 큰 궤에서 나와.[69] 한마디로 시대에 맞게 변신한 거지. 그런 뒤 얼마 있다가 사로국으로 들어가는 거야."

허황옥은 어떻게 가야로 왔을까

"그럼 허황옥은 어디서 온 거예요? 정말 인도의 아유타국에서 온 건가요? 그러기에는 너무 먼데요? 해로로도 만만치 않고요. 금을 찾아서 온 것도 아닐 테고. 게다가 허황옥은 알이나 금함에서 나온 것도 아니잖아요."

진석이 다시 알 타령을 했다. 본래 호락호락하지 않은 성격이라 나도 크게 당황하지는 않았다. 헛기침 뒤 긴 호흡으로 숨을 고르며 말을 이었다.

"『가락국기』라는 책에 수로왕과 허황옥 이야기가 나와.[70] 금관국은 김해에 세워진 가라(가야)의 정식 이름이지. 허황옥은 여러 척의 배를 거느리고 먼바다에서 왔어. 아마 새 땅에 정착하기 위해 바다를 오랜 기간 떠돌아다녔겠지. 몇 곳의 섬에 닻을 내리기도 했을 거야. 그러나 덥고 습한 곳, 토착민들이 배타적인 곳에서는 머물기 어려웠겠지. 풍랑이 심한 큰 바다를 지나고 섬과 섬 사이를 거쳐 이른 곳이 김해 앞바다였던 거야.

남해의 몇몇 섬에서 물건을 주고받으며 재물을 불리기도 하고 큰바람에 배를 잃기도 했을 것 같아. 바다가 호수 같은 곳을 지나자 큰 강의 어귀가 나왔고 그 곁에 땅끝이 있었던 거지. '이곳에도 사람이 있구나!' 하면서 사람을 보내 어떤 곳인지 알아보게 했을 거야. 아직 나라가 튼튼히 서지는 못했다는 사실도 알았을지 몰라.

이 가라라는 나라의 수로왕이 허황옥의 무리를 맞아들이겠다고 한 거야. 수로왕은 그곳 토박이들이 구지봉에서 하늘로부터 맞이한 금빛 상자 속 알에서 나온 여섯 아기 중 첫 번째야. 수로왕은 허황옥 무리와 힘을 모으면 나라도 든든히 서고 백성도 편안하지 않겠냐는 제안을 한 거지. 땅의 사람과 바다의 사람이 힘을 합하면 땅과 바다를 아우를 수 있다는 거야. 허황옥이 듣기에도 그럴듯한 제안이었어. 자신과 같은 바닷사람들을 맞아들이겠다는 사람들도 처음 만났겠고.

허황옥의 배들이 닻을 내리도록 허락한 가라국왕 수로는 자신들이 멀리서 내려온 자들이라고 했을 거야. 큰 강과 들판 여럿을 지나왔다며. 수로의 무리는 가라 땅에 이르러 바다를 처음 봤겠지. 바다 너머에도 새 땅이 있을까? 이 땅에서 바다를 통로로 삼아 새로운 세계로 뻗어나갈 수 있을까? 그랬던 수로왕으로서는 허황옥 일행이 안성맞춤으로 나타난 거야.

구지봉 전설에서 알 수 있듯이 수로왕을 맞은 가라의 토박이들이 허황옥 일행도 받아들였다고 봐야 해. 가라는 산과 바다, 들과 강이 어우러지는 곳이지만 농사로는 먹고살기 어려운 곳이었어. 지금은 김해평야가 농지를 거쳐 도시가 되었지만 가라 건국 당시에는 대부분 습지였으니 농사는 어려웠다고 봐야지. 고기잡이와 좁은 들에서 얻는 얼마간의 곡식으로 견디기에 만만치 않은 땅이었던 거야. 그러나 바다로 나간다면 이야기가 달라지지.

수로왕의 사람들은 허황옥의 배가 저들이 꿈꾸던 새로운 기회를 열어주리라 여긴 거야. 허황옥의 사람들도 땅에 정착하길 바랐고. 허황옥 일행까지 합류하자 가라국은 땅으로도, 바다로도 나갈 수 있게 된 거야. 땅에서 얻은 것을 바다로 나가 건너편이나 먼 땅에 사는 사람들의 것과 맞바꿀 수 있게 된 거지. 가라국도 잘살 수 있게 되었다고 생각하지 않았겠어? 넓은 세상을 잇는 일로 얻는 것이 얼마나 될지 누가 알겠어?”

금과 옥으로 만든 유물은 무엇을 말해줄까

“그런데 아버지, 금합, 금함, 금빛 상자, 금빛 알! 어떻게 다 금빛이에요? 전부 금으로 만들어진 건가요? 혹시 신라의 김씨도 사실은 금씨 아닌가요? 김알지가 아니라 금알지. 김수로왕도 금수로왕. 김씨는 아니지만 박혁거세가 태어난 알도 금빛 알이고요?”

“네 말대로 다 금이야. 금이나 쇠나 한자로는 같은 글자를 쓰지. 금은 귀하고 철은 흔하지만 말이야. 김씨도 본래는 금씨로 불러야 해. 이제는 김으로 부르지만, 본래의 뜻은 쇠나 금이었겠지. 쇠와 금 중에서 어느 게 먼저였는지는 모르겠어. 아마 김씨 집단은 우두머리가 쇠를 다루는 대장장이였을지도 몰라. 물론 대장장이는 금도 다루지.

피에는 생명이 있어. 피를 많이 흘리면 생명이 사라지지. 옛사람들의 생각에 금은 신이 흘린 피야. 신들의 전쟁에서 흘린 신의 피가 세상에 남

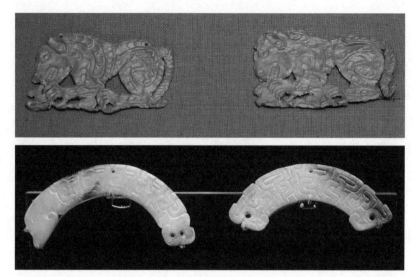

호서양문금식편(위, 중국 전국시대, 감숙성박물관), 용봉수황, 쌍룡수황(아래, 중국 전국시대, 상해박물관) 금과 옥은 어느 시대, 어느 곳에서든 '불변, 영원'을 의미했다. 그 때문에 금과 옥으로 만든 물건은 신성하게 여겨질 수밖에 없었다.

은 것이라고 할까? 그러니 이 굳어버린 신의 피를 다시 녹이면 신의 생명을 얻을 수 있지 않겠어? 그 안에 담긴 신비한 능력과 힘을 사람이 얻을 수도 있지 않을까? '금에서 신의 생명을 살려내 힘입어보자, 금을 녹여 먹어보자.' 이런 생각도 가능해.

'자, 먹어서 신의 힘을 얻을 수 없다면 몸에 붙여보자. 이러고 다니면 신의 힘이 내 몸으로 스며들 것 아닌가. 그렇게 되면 나는 신의 능력을 행할 수 있을 거야. 하늘에서 우리를 내려다보는 저 신들이 금을 입은 내게 불사의 생명을 줄지도 몰라.' 이렇게 생각할 수도 있어.

고대에 금만큼 높은 가치를 인정했던 게 옥(玉)이야.[71] 오늘날에도 옥은 금처럼 귀하게 여겨지지. 이미 신석기시대부터 옥은 신성한 물질이었어. 신석기 유적에서는 옥으로 만든 장신구가 자주 발견돼. 옥은 신이 토해낸 정기가 굳어져 만들어졌다는 생각이 널리 퍼져 있었어. 옥으로 가득하다는 옥산(玉山)의 전설도 만들어지고. 신의 기운이 옥 안에 녹아 있다는 생각도 하게 되었지.

옥을 먹으면 몸이 가벼워지고 신이 준 생명의 기운이 더해지며 몸속의 상하고 낡은 것이 새로워진다고 믿었어. 신선이 불로불사, 장생불사인 것도 옥을 먹는 덕분이라는 소문이 옥을 몸에 지니면 먹는 것과 같은 효과를 누리리라는 생각을 가능하게 한 거지. 불사의 기운이 내게 들어와 내가 아주 오래도록 살 수 있을 거라는 거야.

신이 세상을 만들 때 제일 처음 한 일이 자신의 기운으로 작은 신들을 만드는 일이었다든가, 세상의 모든 것을 만드는 일을 이 작은 신들이 곁에서 도왔다든가 하는 식의 사고에서 옥의 신비한 능력 이야기가 나오는 거야. 신이 토해내고 남은 것이 옥이 되었다면, 이 옥에는 신의 숨결이 있고 신의 생명이 있다는 식의 이야기 말이야.

중국에서는 죽은 이에게 옥으로 만든 옷을 입히기도 했어. 몸의 기운이 나가는 구멍마다 옥을 붙여 새 기운이 몸 안으로 들어가게 하려 했지. 숨이 멎어 잠시 쉬다가도 옥의 생명 기운으로 살아날 수도 있다는 거야. 금과 옥이 신에게서 나왔다고 생각하는 순간부터 이건 말할 수 없이 귀한 가치를 지니게 되는 거지. 살리거나 회복하는 데 쓰게 되었고."

왕의 무덤은 왜 크게 만들까

"그래서 신라 왕릉에서는 금으로 만든 게 많이 나오는군요? 금관이나 금귀고리며 금팔찌 같은 거요. 그런데 유독 경주의 큰 무덤에서만 금그

롯, 은그릇이 많이 나오는 건 왜 그래요? 교과서 사진에도 주로 신라 것만 나오던데요? 하긴 무덤도 제일 큰 것 같아요. 고구려나 백제는 안 그렇던데. 고구려 왕릉 중에서 장군총 빼면 거대하게 지은 게 없잖아요? 백제도 그렇고, 가야도 그 정도는 아닌 것 같은데요?"

"아냐, 일본 왕릉들은 경주 황남대총과 비교하면 산이나 마찬가지야. 마을 몇 개 합친 것보다 큰 게 수두룩해. 오사카에 있는 다이센고분 같은 건 길이만 486미터야.[72] 신라나 일본의 야마대국이나 왕릉을 크게 만드는 건 비슷해. 물론 처음부터 그렇게 거대하지는 않았지만 말이야.

석기시대 사람들은 죽은 자에게 재생의 공간이 있어야 한다고 믿었어. 하늘 큰 여신의 자궁으로 돌아가면 사람의 아기로 다시 날 수 있다는 믿음이 있었지. 땅에 새로 만든 아기집에 죽은 자의 몸을 넣으면 하늘 여신이 그를 다시 나게 한다는 거야. 그러려면 뼈는 온전해야 해. 짐승이나 사람이 틈타지 못하도록 잘 덮어야 하고. 그래서 신석기 후기에는 무덤을 돌로 만들었어.

청동기시대 사람들도 죽은 자의 집은 정성 들여 만들었지. 청동기시대에는 왕과 귀족이 등장하잖아? 당연히 왕과 귀족으로 죽은 자를 위한 집은 돌집이었지. 무덤 안에 묻은 물건들도 좋은 거였고. 지위가 높았던 사람의 무덤은 산 자들의 집보다 더 좋은 재료로 튼튼하게, 오래가도록 지었어.

청동기시대 전성기에는 어느 집단이 죽은 자의 집을 더 크고 튼튼하게 짓는지 경쟁이 붙기도 했지. 죽은 자의 집으로 말미암아 후손들이 더 좋은 세상에서 지위와 재산을 더 많이 가지는 삶을 누리게 된다는 관념이 생겨난 것도 이때였던 것 같아. 죽은 자의 새집은 사실 산 자의 위세, 후손들의 권력과 부를 보여주는 가장 현실적인 표현이기도 했지. 귀중

황남대총(경주) 신라의 대형 적석목곽분(돌무지나무널무덤)은 작은 산을 연상시킨다. 일본의 전방후원분은 언덕이나 작은 봉우리 꼭대기에 죽은 이를 안치해 무덤의 외형을 키우지만, 신라의 적석목곽분은 평지에 강돌을 쌓아 올려 대형 무덤을 만든다.

하고 화려한 물건으로 가득 채워진 죽은 자의 새집에서 뿜어내는 위세가 중요했거든. 산 사람들을 압도하기 위해서도 말이야.

그런데 후손의 현재를 과시하고 내일을 보장받으려고 죽은 조상의 무덤을 튼튼하고 거대하게 지으면서, 죽은 자의 재생, 새 삶을 위한 공간이라는 무덤의 원래 의미는 점차 퇴색되었어. 죽은 자는 화려한 옷과 장신구로 장식되어 다른 귀중한 기물들과 함께 무덤 속에 뉘어졌지만 사람들의 관심은 모르는 새에 죽은 자에게서 멀어졌어. 사람들은 무덤을 통해 죽은 자보다 산 자를 보려 한 거야. 죽은 자의 후손들이 들이는 정성, 그들이 아낌없이 쓰는 재물을 보게 된 거지. 장례의 모든 과정을 통해 그들이 현실세계에서 발휘하는 힘을 실감하는 거야.

'정말 신의 자손이야.' '하늘에서 내려온 사람들이 맞아. 무덤을 이렇게 크고 튼튼하게 만들다니, 돌아가신 분은 틀림없이 지금 하늘 위에, 저 먼 북쪽 끝 거대한 산속에 조상신들과 함께 계실 거야!' '저 무덤을 만든 손에 우리의 삶이 달렸어. 우리의 집과 가족을 지켜주는 건 저 손이야.'

화려하면서 장중한 장례 절차를 멀리서 지켜보거나 능지기의 초라한 숙소 근처에서 거대한 무덤들을 보는 백성들의 마음이 어땠겠어? 왕과 귀족들에 대한 존경심, 복종하는 마음이 일어날 수밖에 없지. 저들의 영웅은 지금 무덤 안에 잠들어 있지만, 그의 자손들은 그들을 다스리고 있잖아? 아마도 멀리서 무덤을 향해 절하며 소원을 비는 백성들도 있었을 거야.

신라는 고구려나 백제보다 건축술이나 토목기술이 뒤떨어져 있었어. 5세기까지는 왕릉도 옛날 방식으로 지었고. 일본도 마찬가지야. 고구려나 백제에서는 당시로는 현대적 방식으로 무덤을 만들었는데, 이건 중앙집권적인 율령국가가 되었다는 얘기거든. 신라나 일본은 소국 수준에서 벗어난 이후에도 오랫동안 율령이 시행되지 못했어. 관습이 법을 대신했지. 그런 상태에서는 거대한 왕릉으로 귀족과 백성을 제압하고 복종하게 만드는 게 최선이었다고 할까? 금은이나 옥으로 만든 화려한 장신구를 걸치는 것도 신분과 지위를 과시하는 수단의 하나였지. 신라는 마립간 시기까지 옛 관습이 남아 있었어. 하지만 그 후에는 율령국가가 돼. 그러면서 왕릉도 작아지지. 일본도 마찬가지야. 율령이 공포된 뒤부터는 거대한 왕릉을 만들지 않아."

제7장

삼국시대의
건국 이야기

해와 달의 아들 주몽을 언급한 모두루묘지명(모두루총, 고구려시대, 중국 집안) 대사자(大使者) 모두루는 광개토왕 시대에 북부여의 수사(守事)를 맡고 있던 인물이다. 4세기 초 모두루의 조상인 대형(大兄) 염모가 북부여를 침공한 모용선비를 물리치자 그 공로로 그의 자손이 대대로 북부여를 지키는 수사가 되었다. 80행 800여 자로 이루어져 있으나 판독된 글자는 436자이다.

진석이 엉덩이를 의자에 반쯤 걸치고 빈 머그잔을 손으로 빙빙 돌리며 말했다. 나는 그 모습이 눈에 좀 거슬렸지만, 참고 아들의 말을 들었다. 눈 끝에 졸음기가 내려앉는 게 느껴졌다.

"주몽이 해신으로 믿어진 건 언제부터일까요? 활 잘 쏘는 전사왕으로 존경받는 것하고 하늘에 뜬 해신으로 숭배받는 건 차원이 다른 이야기 잖아요? 자기네 시조왕이 금알에서 태어났다는 식의 소문이 백성들 사이에 퍼지는 것하고도 다른 문제 같다는 생각이 들어요."

"물론 다르지. 그렇지만 어느 순간 하나로 이어져. 그게 제관의 힘이고 사관의 능력이지. 그래서 제사장이나 역사기록자가 세상에 끼치는 영향이 만만치 않은 거야."

역사는 신화에서 나온다

"제사장이나 역사기록자들은 자기가 사는 나라의 시조왕을 이런 식으로 설명하고, 백성들이 받아들이게 하지."

백성들은 이 나라 왕실이 해신 해모수에게서 시작되었음을 알아야 한다. 해신의 아들 동명성왕 주몽님은 화살을 햇살처럼 쏘셨다. 그가 해신의 아들이요, 그도 해신이 될 분이셨기 때문이다. 그 무엇도 햇살은 피하지 못한다. 전쟁터에서는 아무도 우리 왕 주몽님의 화살을 피하지 못했다.

주몽왕이 하늘에 말하면 하늘이 비를 내렸다.[73] 강에다 외치면 자라와 잉어가 떠올라 다리를 만들었다. 왕께서 강에 채찍을 휘두르자 거대한 물살이 순식간에 잦아들었다. 물이 사방으로 흩어져 평지를 드러냈다. 신의 아들인 주몽께서 하늘이 내려보낸 용의 머리를 딛고 하늘로 올라가셨다. 해모수님의 뒤를 이어 해신이 되셨다.

주몽님과 유화님이 우리나라에 머무시는 동안 나라에는 늘 풍년이 들었다. 오곡이 잘 익었고 말과 소, 양은 건강한 새끼를 낳았다. 산과 들에는 짐승이 가득했고 강과 못에는 물고기가 넘쳤다. 나라 밖의 백성들도 우리나라를 부러워했다. 보통이를 등에 메고 머리에 올린 이들이 이 나라의 백성이 되려고 멀리서도 찾아왔다. 국경에 있는 큰 성은 아침마다 그들이 문을 두드리는 소리로 시끄러웠다.

해신의 후손들이 이끄는 이 나라의 군사들은 전쟁에서 늘 이긴다. 수가 적어도 이기고, 길이 험해도 넘어가서 이기고 온다. 우리나라 왕이 눈길을 주면 적들은 지레 겁을 먹고 눈을 내리깔며 항복의 절을 올렸다. 이웃 나라의 왕들이 땅을 들어 이 나라에 바치며 우리 왕의 신하가 되기를 청하는 일은 늘 있었다.

고구려 백성이 된다는 것은 해신의 나라, 해신의 땅에 산다는 뜻이다. 해와 달, 햇살과 물 없이 살 수 있는 것은 없다. 누구나 햇살을 받고 물을 마셔야 한다. 고구려의 왕과 신하, 백성은 천하가 이 은택 안에 들어오기를 원한다. 이 아름답고 좋은 뜻을 외면하거나 거절하는 이는 스스로 망하여 죽으려 함이다.

기마사냥(무용총 벽화 모사도, 고구려, 국립중앙박물관) 고구려의 기초 교육기관인 경당(扃堂)에서는 글읽기와 활쏘기를 함께 가르쳤다고 한다. 말을 탄 채 활을 쏘아 제대로 맞추려면 어릴 때부터 말타기와 활쏘기를 연습해야 한다. 그림 속 기사와 같이 말을 달리면서 고삐를 놓고 몸을 돌려 활을 쏘는 능력은 아무나 갖추기 어려웠다.

이 나라는 천하의 한가운데 있다. 고구려 왕은 신 중의 신, 해신과 달신의 후손이다. 주몽신과 유화신의 나라 고구려에서 사는 자는 하늘과 땅의 은혜 가운데 있는 것이다. 천하가 고구려를 쳐다본다. 주몽신과 유화신에게 눈길을 돌리며 두 신의 은혜를 간구한다.

동명왕 신화는 왜 여러 가지일까

"'주몽'은 별명이라면서요? 활 잘 쏘는 사람을 '명궁'이라고 하는 것처럼요. 그럼 진짜 이름은 뭐예요? 별명이 이름이 되면, 다른 명궁들은 뭐라고 불러요? 명궁이 주몽 한 사람만은 아니었을 텐데요. 그게 부여 말이면 고구려 말로는 달랐나요?"

"고구려는 졸본부여에서 시작된 나라야. 부여 사람들이 세운 나라들은 '○○부여'라고 했어. 어느 곳에 세운 부여인지 장소 이름으로 알게 하는 거지. 나라 이름 끝이 부여로 끝나면 모두 부여 사람의 나라인 거야. 그렇지만 부여 나라들의 시조왕들은 각각 이름이 달랐겠지. 그런데 재미있는 것은 부여 나라들의 첫 왕 이름이 하나같이 동명왕이라는 거야. 부여의 시조가 동명왕이기 때문이야.

고리국, 탁리국, 색리국, 부여, 동부여, 졸본부여. 이런 게 부여와 관련된 나라 이름인데, 이곳 시조왕들은 다 활 잘 쏘는 사람들이야. 전사왕이지. 이들은 말을 타고 달리며 활을 잘 쏘아야 했어. 그러지 못하면 귀족도, 왕도 될 수 없었던 시대니까. 군관이나 장군, 심지어 왕이 되려면 일단 활을 잘 쏘아야 했던 거야.

오래된 역사기록에 고구려의 시조왕 주몽은 태어나자마자 어머니 유화에게 활을 만들어달라고 눈짓했다고 해. 강(江)신의 딸인 유화가 아기의 '응애' 거리는 소리를 '활 만들어주세요'로 알아들었던 거지. 강보에 싸인 아기가 어머니가 만들어준 작은 화살로 제 눈을 빼는 파리들을 맞추어 떨어뜨렸다는 거야.

따뜻한 남쪽 나라로 내려온 주몽이 송양왕과 활쏘기 내기를 할 때, 송양왕은 사슴 그림을 맞혔지만, 주몽은 백 보 바깥에서 옥가락지를 맞혀 떨어뜨렸대.[74] 말을 타고 달리며 온 힘을 다해 달아나는 사슴을 맞혀 쓰러뜨리는 전사들의 우두머리가 주몽이었으니까, 어떻게 보면 당연한 결과였다고 할까?

부여나 고구려의 남자들은 말도 잘 타고 활도 잘 쏘아야 했어. 크고 깊은 숲 언저리에 살면서 활을 잘 못 쏘면 살아남을 수 없었지. 특히 겨울에는 말이야. 북방의 겨울은 길고 추웠거든. 활로 짐승을 쓰러뜨리지 못하는 사람이 약탈하러 온 적들을 어떻게 당해냈겠어? 숲과 들판의 사람들에게 빼어난 기마술과 궁술은 지도자의 기본조건이었다고 봐야지.

지금의 중국 길림성과 요령성에 있는 압록강, 혼강, 태자하 같은 강들 사이에 부여 사람들이 세운 작은 나라들이 많았어. 주몽이 이런 나라들을 모아 고구려를 세운 거야. 이때부터 시조왕 주몽이 고난을 이겨내고 새 나라를 세운 모험담이 백성들 사이에 이야기되기 시작한 거지. 모든 사람의 꿈과 소망을 담아 이야기는 길어지고, 에피소드도 많아지고. 당연히 고구려에서도 첫 왕은 동명으로 불렸어.

세상에 도는 어떤 이야기는 백성들 사이에 입에서 입으로 전해져. 또 어떤 이야기는 나라의 역사에 실리고. 나라에서 역사책을 새로 낼 때마다 시조왕 주몽의 모험담은 길어졌겠지. 새 모험담이 들어가기도 하고, 옛이야기가 빠지기도 하고. 신기한 이야기는 자꾸 들어가고 평범한 건 빠지는 거야.

부여 계열의 동명왕 신화는 여러 갈래야. 동명이라는 이름은 같아도 모험을 펼친 주인공은 여럿이지. 사람들 사이에 전하는 이야기에는 늘 상상과 소망이 더해져. 동명왕 신화도 그래. 이야기 갈래도 많고 줄거리도 다양해. 주인공이 여럿이고 상상과 소망도 각양각색이니까.

주몽의 진짜 이름은 아무도 몰라. '상해(象觧)'를 비롯해 여러 가지 한

자 이름이 전해지지만 그런 것도 별명일 수 있거든. 주몽왕의 시대가 지나면서 본명은 잊히고 별명만 남은 거지. 주몽 시대의 다른 명궁들은 거꾸로 이름으로만 불렸을 수도 있어.

고구려 말은 부여 말의 사투리였겠지. 그렇지만 고구려가 더 큰 나라가 되면서 거꾸로 부여 말이 쇠퇴했을 테고. 미국 영어가 영국 영어보다 더 널리 쓰이게 된 것처럼."

백제에는 건국설화만 남았다

"그럼 백제는 왜 동명을 시조왕 이름으로 쓰지 않았어요? 시조왕인 온조가 고구려 주몽의 아들인데요? 백제 말도 고구려 말과 비슷했다면 주몽이니 동명이니 하는 단어도 같지 않았을까요?"

"동명이라는 왕 이름과 부여라는 나라 이름은 역사적 정통성이 어디에 있느냐와 관련이 있어. 고구려는 부여에서 나왔지만, 어느 순간부터는 부여와 정통성 싸움을 벌이기 시작했지. 사실 지금의 만주 지역 패권을 둘러싼 대립이었지만 말이야. 수백 년 계속되었던 두 나라의 갈등과 대립은 결국 고구려 문자명왕 때 부여 왕실이 고구려에 망명하면서 고구려의 승리로 끝났어. 부여 출신 왕자 주몽이 세운 고구려가 최후의 승리자가 된 거지. 동명왕이라는 이름도 고구려에서만 쓰는 시조왕의 이름이 된 거야.

그런데 고구려와 경쟁하던 백제는 고구려가 아니라 백제가 부여를 잇는 나라라는 입장이었어. 부여를 뜻하는 '여'를 왕가의 성으로 쓰는 백제가 부여의 정통을 잇는 나라라는 거야. 너도 들은 적이 있겠지만 백제를 세운 온조와 비류는 졸본부여의 왕녀 소서노의 아들이었어. 고구려의 2대왕 유리는 주몽이 부여에서 예씨라는 부인과 낳은 아들이고, 비류와 온조는 그 후 졸본부여에서 왕녀 소서노와 낳았어. 소서노는 유리가 주몽을 찾아오자 배다른 형제 사이에 칼부림이 일어날까 두려워 두 아들과 함께 고구려를 떠나기로 하지.

고구려는 문자명왕의 할아버지 장수왕 때 한강 유역의 백제 한성을 함락시키고 개로왕을 죽이지. 건국 터전을 잃고 웅진(공주)까지 밀려내려온 백제는 한강 유역으로 되돌아갈 날을 기다리며 이를 부득부득 갈았어. 그런데 부여 왕실이 고구려에 망명하면서 부여라는 나라가 없어진 거야. 고조선과 맞먹던 만주의 패자, 가장 역사가 깊은 부여족의 나라인 부여의 정통성을 어느 나라가 잇는가 하는 문제가 생긴 거지. 고구려냐, 백제냐.

백제 사람들은 시조왕 온조를 동명왕이라 부르지 않았어. 그 가문의 시조가 동명이라고 생각했지.[75] 졸본부여에서 내려온 백제 왕실이 세운 첫 나라는 십제였어. 온조를 비롯한 10개의 부여계 가문이 힘을 모아 세운 나라 십제(十濟)였어. 온조가 이들을 대표했고, 이 나라가 백제가 된 거야. 온조는 졸본부여 왕가의 사람이었어. 시조 동명의 뒤를 이은 인물인 거야.

건국설화를 역사로 읽으면 비류는 온조보다 먼저 한강 유역으로 내려와 미추홀(인천)에 나라를 세운 인물이야. 그런데 온조가 한성(서울)에 세운 나라에 더 많은 세력이 붙자 비류의 후손들도 이 나라에 합류한 거지. 아마 고구려는 온조와 비류가 주몽의 아들이니 백제는 고구려의 작은집이라는 식의 소문을 냈는지도 몰라. 반면 백제 왕실은 주몽은 외지에서 온 이민자들의 지도자일 뿐, 졸본부여의 정통성은 온조에게 있다고 했겠지. 각 백성들도 그렇게 믿었고.

그러니 백제에서 동명은 시조왕의 먼 조상이고 시조왕은 역사적 인물인 온조야. 이런 까닭에 백제에서는 건국신화가 자리 잡을 수 없었어. 역사적 사실만 있는 거야. 웅진에서 사비(부여)로 서울을 옮기면서 성왕은 나라 이름을 남부여로 고쳤어.[76] 부여를 이은 나라라는 거지. 백제가 망하자 많은 사람이 일본으로 삶터를 옮겼지만, 왕실 사람들은 부여의 '여'라는 성을 그대로 썼어."

가야에는 왜 두 갈래 건국신화가 전해지나

"백제는 아예 제대로 된 역사로 시작하네요. 그런데 하늘에서 내려온 알 이야기도 나라마다 다른 것 같아요. 제가 알 이야기를 찾다 보니까, 가야는 알에서 태어난 시조왕 이야기가 둘이더라고요."

나는 속으로 '한번 알에 꽂히더니 계속 알 이야기다! 하긴, 너나 나나 비슷하다. 한번 꽂히면 오래가니까.' 하면서도 신화와 역사의 기묘한 얽힘을 차근차근 풀어서 설명하려고 애썼다.

"너도 잘 알지? 금관가야의 시조는 수로왕이야. 수로왕은 하늘에서 내려온 금빛 함 속 여섯 개의 알 중 하나였어.[77] 먼저 변하여 수로라고 했던가? 하여튼 다른 오(五)가야의 시조왕도 알이었으니 육가야는 형제 사이야. 한날한시에 차례로 사람이 되었으니 순서는 있어도 촌수는 없지. 이건 가야 여섯 나라가 강하고 약한 정도에서 큰 차이가 없었다는 뜻이기도 해. 임금/신하, 부모/자식과 같이 다스리고 받드는 사이가 아닌 거지. 금관가야가 맏형 노릇을 맡아야 한다는 것만 확실했어. 대외관계에서 말이야.

사실 가야로 불리던 나라는 더 많았어. 낙동강 서쪽과 지리산 둘레에 열 나라도 넘었지. 이름 뒤에 가야를 붙이지 않은 나라도 여럿 있지만 모두 가야 나라로 여겨졌어. 작은 분지나 산 사이 평지를 차지한 이런 나라들은 힘도, 크기도 고만고만했어. 한 나라가 다른 나라를 아우르는 일은 거의 일어나지 않았지. 서로 심하게 충돌하지도 않았고. 여럿이 어울려 금관가야를 맏형 나라로 정하고 이웃 사이로 지냈어. 그뿐이야.

낙동강 동쪽의 나라들은 경주평야에서 힘을 키운 사로국 밑으로 차례차례 들어갔어. 지리산 서북쪽의 나라들은 한강 유역에서 성장한 백제의 신하 나라가 되었고. 사로국이 낙동강 서쪽을 넘보고 백제가 남으로 힘을 뻗어오자 지리산과 낙동강, 섬진강 일대의 나라들은 긴장했어. 그렇지만 가야 나라들 사이에 맏형이 아니라 아버지가 될 나라는 결국 나오지 못했어. 가야 나라들은 하나씩 백제 아니면 신라의 손아귀에 들어갔지.

가야 나라들이 차례로 망할 때까지 가야 사람들 사이에는 시조왕에 대한 서로 다른 이야기들이 흘러 다녔어. 하나는 앞에서 말한 구지봉에 내려온 금상자의 여섯 알 이야기고, 다른 하나가 가야산 여신과 천신 사이에 난 두 개의 알 이야기야. 천신 이비가지와 여신 정견모주 사이에 난 알들에서 난 아기들이 대가야와 금관가야의 시조가 되었다는 이야기지.[78] 대가야(고령) 알 터에서 깬 두 아기 뇌질청예와 뇌질주일이 가야를 대표하던 두 나라를 세웠다는 거야.[79]

경주의 사로국과 김해의 금관가야가 각각 낙동강 동쪽과 서쪽의 작은 나라였을 때는 힘도 크기도 비슷했어. 금관가야가 조금 더 부유했던 건 무역 때문이야. 남해안과 서해안으로 배를 띄우고 바다 건너 일본에 철제 도구들을 수출한 게 금관가야니까. 어떤 사람들은 철 무역으로 부자가 된 건 사로국이라고도 해.

금관가야는 일본열도에서 사람들을 데려와 사로국, 압독국(영천), 이서국(청도)에서 금과 사람을 약탈하게 하기도 했지. 사로국이 낙동강 동쪽의 작은 나라들을 대부분 아울러 신라라는 큰 나라가 된 뒤에도 금관가야는 이 나라를 얕보았어. 399년에는 왜에서 온 사람들과 신라의 서울 금성을 포위하고 이 나라를 멸망시킬 것처럼 위협하기도 했지.

그런데 신라의 긴급 구원 요청을 받은 고구려가 잘 훈련된 군인들을 5만이나 남쪽으로 내려보낸 거야. 유명한 광개토왕이 보낸 이 군대가 순식간에 금성의 포위를 풀었지. 그러고는 쫓겨 가는 왜와 가야 군대를 뒤쫓아 금관가야까지 갔어. 물론 김해 일대가 쑥대밭이 되었지. 많은 사람이 포로가 되어 신라와 고구려의 노예가 되었어. 살아남은 금관가야 사람들은 서둘러 배를 타고 일본으로 건너갔지.

금관가야가 주저앉자 남해안 일대의 다른 작은 나라들도 덩달아 힘이 빠졌어. 하지만 이 전쟁의 영향이 지리산, 가야산 자락의 나라들에는 영향을 미치지 않았지. 가야산의 대가야(고령)가 금관국에 이어 가야 나라들의 맏형 자리에 오른 것도 이 때문이야. 그러자 대가야 사람들 사이에서는 '이건 예정되어 있던 일이다. 하늘의 뜻이야. 천신이 신모에게 낳은 두 아이 중 하나가 바로 대가야의 시조왕이다.' 하는 이야기가 돌았어. 가야 나라들의 시조왕 이야기가 두 개가 된 거지. 그렇지만 560년에 대가야마저 신라에 멸망당하자 가야산 알터 이야기는 고령과 합천 지역 사람들만 아는 전설이 되었어.

신화는 말 그대로 신들의 이야기야. 고대사회에서 사람과 신의 경계는 모호했어. 영웅과 전사왕들 가운데 신의 자손이 아닌 사람이 없을 정도

기마인물형 토기(신라 국립중앙박물관)
경주 금령총에서 출토된 이 토기는 신
라 지배층 일부가 기마에 익숙했음을
짐작하게 한다.

니까. 신과 사람 사이는 정말 긴밀했다고 봐야지. 역사적 경험에 새로운
모험담이 더해지면 신화의 줄거리는 풍부해져. 줄기에 곁가지가 더해진
새 이야기가 나라가 주관하는 제의에 재현되면 이게 신의 이야기인 거
야. 제의에서 재현되는 신화를 보며 사람들은 자기들의 조상이 그 안에
있다고 기뻐하는 거지. 신화가 종교와 신앙 일부가 되는 것도 이때야."

김알지가 건국신화의 주인공이 되지 못한 이유는?

"여하튼 알에서 나온 아기가 왕이 되는 거네요? 그런데 신라의 김알
지는 왜 왕이 되지 못했어요? 알에서 나왔는데요. 아냐, 알은 아니지. 금
빛 상자라고 했죠?"

'에그, 또 알 이야기군. 한번 나오면 정말 오래가! 어릴 때는 공룡에 꽂
혀 말끝마다 공룡 타령이더니, 이제는 알이로군. 나중에 알 이야기로 VR

이라도 만들려나.' 내가 입안에서 말을 굴리며 얕게 한숨을 쉰 뒤 말을 잇는다.

"어떤 사람들은 김알지가 이끈 사람들이 사로국 시대에 소백산맥을 넘어 진한 땅으로 들어왔다고 해. 박혁거세나 탈해가 사로국을 지배할 때보다 뒤에 이민 온 사람들인 거지. 알지 무리 이야기에도 '금빛 상자 안에서 나오시고' 같은 전승이 있는 게 이들이 진한 바깥에서 왔다는 증거라고 할 수 있어.[80] 후세에 알지 쪽의 역사기록자는 이렇게 썼을지도 모르지."

우리 조상들은 죽령 아래 오래 머물러 있었다. 남으로 더 내려가기에는 무리의 숫자가 너무 적어서였다고 한다. 남쪽에도 많은 나라가 있었고 나라마다 백성들도 적지 않았으니 무작정 내려가기도 어려웠을 것이다. 전쟁을 벌여 한 나라씩 제압한다고 해도 피해를 감수해야 하는데, 한 사람이 귀중한 때라 그러기도 주저되었으리라. 차라리 사자를 내려보내 싸움 없이 공존할 방안을 찾는 것이 낫지 않았겠는가?

조상들은 오랜 시간이 지난 뒤에야 사로국에 들어갔다. 사로국 우두머리들과의 약속대로 사로국 둘레의 작은 나라 여럿을 제압하는 데 힘을 보탰다. 사로국에는 이웃 나라에서 붙잡아 와 귀족으로 살게 하던 이들이 제법 많았다. 사로의 우두머리들은 자신들이 하늘에서도 오고, 바다 너머 먼 곳에서도 왔다고 했다. 이들이 손을 잡고 주변을 눌러 나라의 힘을 키운 상태였다. 힘으로 이들을 누르느니 조상들의 판단대로 서로 도우며 어울리는 게 좋은 방법이기는 했다.

일당백의 강력한 전사 무리였던 우리 조상들에게 사로국 우두머리들은 사로의 높은 귀족 자리를 제안했고 우리 조상들은 이를 받아들였다. 대신 사로국의 창이요 방패가 되는 게 저들이 내민 조건이었다. 조상들은 왕실 다음의 높은 귀

사자산 한(漢) 병마용(중국 산동성 서주, 산동성박물관) 농경사회에서 기마병단을 유지하려면 별도의 훈련과 관리가 뒤따라야 했다.

족이 되어 사로국 사람이 되었다. 바다에서 오는 해적을 제압하고 작은 나라들이 사로국의 울타리 안으로 들어오게 만들면서 조상들의 위상은 높아졌다. 알지의 군대는 가야와 왜의 장군들 사이에서도 이름이 높았다. 저들에게 알지의 군대는 '지지 않는 군대'였다.

우리 조상의 첫 사람 알지는 금빛 상자에서 나왔다고 한다. 우리가 지금도 귀에 금귀고리를 다는 것은 조상으로부터 내려온 오랜 습관이다. 조상이 금빛 아기였으니 우리도 살아가며 사방에 금빛을 보여야 하지 않겠는가? 우리 신당의 할미신이 말씀하시기를 알지는 금인(金人)이라 했다. 금의 기운을 받고 금의 보호 아래 있는 가문의 사람들은 늘 금을 몸에 지니고 있어야 한다고 하셨다. 알지의 군대는 금귀고리와 금팔찌로 금인의 자손임을 드러냈다.

알지의 후손 가운데 드디어 왕이 나왔다. 사로국의 왕 자리가 알지의 후손에게 주어졌다. 왕이 된 알지의 후손은 이사금이 아니라 마립간이다.[81] 왕 중의 왕이다. 덕이 있고 나이가 많아서가 아니라 힘이 있고 지혜가 있어서 왕이 되었다. 물러서지 않는 용기로 왕이 되었다. 이사금이자 마립간이었던 우리의 첫 왕은 미추이다. 알지의 7세손이요, 금으로 만든 관을 처음으로 머리에 쓴 이다.

신화 서술은 역사 서술과 어떻게 다를까

"그러면 알지 이야기는 신화가 아니라 설화라고 해야 하나요? 아니 금빛 상자에서 태어났으니 신화라고 해야 할까요? 태어난 게 정상적인 건 온조와 비류밖에 없군요. 어떻게 태어났나 말고는 큰 차이도 없는 것 같지만요. 아버지, 제가 보기에는 주몽 이야기만 신화 같아요. 다른 건 신이자 영웅이 고난을 헤쳐나가는 모험 같은 것도 없고, 좀 그렇지 않아요?"

"네 말도 일리는 있어. 고구려의 주몽 이야기는 전형적인 건국신화라고 할 수 있지. 백제의 비류, 온조 이야기는 설화로 정리될 수 있고. 주몽과 비류, 온조 사이는 부자 사이라니까, 아버지 시대는 신화로, 아들 시대는 설화로 정리될 수도 있겠네.

신화의 주인공은 신비로운 출생이 시작이지. 주몽, 혁거세, 수로는 알이나 금빛 상자에서 나왔어. 어머니가 산고를 겪으며 낳은 아기가 아니야. 비류와 온조는 주몽과 소서노가 결혼하여 낳은 자녀니까, 신이한 출생담이 없지. 비류와 온조가 정말 형제 사이인지는 의문이지만, 둘을 대표로 삼는 세력의 출현 과정에는 어떤 신비적 요소도 개입되어 있지 않아.

사실 역사시대에 접어들어 일어나는 사건에 신이함을 덧입히기는 쉽지 않아. 혹 그런 일이 시도되어 민간에 유포되어도 널리 회자되긴 어렵지. 백성들이 믿어주지 않으니까. 그러나 시작이 어떤지에 신비가 덧붙어 있으면 신앙으로 전환하기 쉽지. 주몽이 신으로 숭배되고, 주몽신과 유화신을 모시는 사당이 만들어질 수 있었던 것도 '신이한 출생담'이 널리 믿어졌기 때문일 거야. 비류와 온조는 역사적 인물이라 건국 시조로만 이름이 남겨지고 신으로 격상되지는 않았던 거지. 백제의 시조 사당에는 부여계의 시조인 우태, 동명이 모셔졌어.

신화적 서술에 역사적 서술이 덧붙을 수는 있어. 둘이 자연스레 이어져도 이상하지 않은 경우도 많다. 신화적 서술이라도 내용의 상당 부분은 역사적 사실일 수 있기 때문이야. 그러나 역사적 서술이 신화적 서술로 전환되기는 어려워. 새로운 내용에 신이함이 덧붙여져야 하는데, 그러기가 쉽지 않아서야. 억지로 신이한 출생담을 만들어내려 해도 주변의 다른 사실까지 다 각색해야 하는 부담이 따르거든. 역사시대에 접어들면 이런 시도를 하는 게 무리일 때가 많아. 효과도 기대하기 어렵고. 그래서 신화적 서술은 역사적 서술을 덧붙이면 내용이 풍부해지고 신비에 사실성이 부여되는 효과도 누릴 수 있지만 이와 반대되는 과정은 잘 일어나지 않아. 역사적인 서술은 어디까지나 역사적인 서술이야. 차라리 백제에서처럼 율령체제를 포함한 제도 정비가 잘 이루어진 사회로 전환되는 과정이 서술에 더해지는 게 더 낫지."

신화는 어떻게 널리 퍼졌을까

"주몽의 나라에 산다는 게 고구려 사람들에게는 자랑거리였을까요? 신이 세운 나라에 산다는 느낌을 정말 받았을까요? 백제 사람들은 그런 느낌을 받지 않았을 것 같지만, 고구려 사람들은 그랬을 것 같다는 생각도 드네요."

"네 말대로 그런 면은 있지. 혁거세나 수로도 하늘에서 내려온 신의 아들이자 영웅으로 믿어졌을 거야. 어떻든 알이나 금빛 상자에서 나왔으니까. 그러나 이들이 나라를 세우면서 고난을 겪고 이겨냈는지, 모험의 땅을 지나왔는지 지금으로서는 알 수 없어. 전해지는 이야기가 없거든. 아니다. 아예 나면서 왕으로 정해지고 아이의 티를 벗기도 전에 왕이 되었다는 식의 기록이 남아 있는데, 이런 이야기는 별 감동이 없어.

주몽도 알에서 났어. 해신 해모수의 아들이고. 하지만 주몽은 많은 고난을 겪었어. 알에서 나기도 전에 생명과 죽음 사이에 놓였지만 살아났지. 새가 돕고 소와 말이 지켜줬어. 고난을 이겨낸 신의 아들! 멋있잖아. 이런 모험담이 고구려 사람들을 흥분시켰겠지. 영웅이 고난의 긴 터널을 지나 왕이 된다는 사실에서 말할 수 없는 감동에 빠지는 거야.

나라의 힘이 세지면 신화의 영향력도 강화돼. 나라가 넓어지면 나라를 세운 신과 영웅의 이야기도 사람의 입에 더 많이 오르내리지. 부여가 강해지고 부여 사람들이 제 나라를 떠나 개척의 길을 가면서 동명의 이야기가 만주에서 한반도까지 고르게 퍼진 것도 그 때문이야.

고구려가 동북아시아의 패권을 잡자 누구나 주몽왕이 해와 달의 아들이라는 이야기를 귀로 듣고 입으로 말하게 되었어. 중국의 역사서에도 주몽의 이야기가 실렸으니까, 고구려의 경계 너머에 살던 사람들도 주몽의 이야기를 들었다고 봐야지. 주몽의 신이한 활 솜씨는 동북아시아의 모든 민족이 알고 있었을 거야.

그러나 신라 사람이 아니면 박혁거세의 이야기를 어떻게 알겠어? 수로왕 이야기도 이웃 나라에서는 잘 몰랐을 거야. 생각해봐. 신라에는 왕이 된 세 가문의 시조 이야기가 있었지만, 백제나 고구려에서도 그들의 이야기를 알고 있었을까? 박혁거세와 탈해, 알지 이야기는 어쩌면 신라 왕경과 그 주변의 백성만 알고 있었을지도 몰라. 그나마도 몇 가지 모험 과 신이한 행적은 탈해 이야기에만 나와. 박혁거세와 알지는 그저 왕실 가문의 시조로만 알려졌던 것 같아.

고구려에서는 다른 민족 출신이어도 고구려인이 되는 순간 시조왕 의 이야기를 귀와 머리에 담을 수밖에 없었을 거야. 시조왕 주몽과 어머 니 유화신을 모시는 사당이 도시마다, 마을마다 있었으니까. 시조 주몽 왕과 어머니 유화신을 주인공으로 삼은 의례가 벌어지는 날은 곧 고구 려의 축제일이었으니 고구려 사람이면서 두 신을 모르면 오히려 이상한 거지.

고구려 고분벽화에는 예외 없이 해와 달이 그려져 있어. 시조왕 주몽 은 해와 달의 아들이야. 죽은 자의 세계에서도 고구려인은 여전히 고구 려인인 거야. 살아서 하늘로 올라간 주몽신을 죽어서도 모실 수 있다니 얼마나 영광스러운 일이야? 나라의 명운을 건 전쟁이 시작되면 고구려 인들이 너나없이 도시와 마을에 있는 두 신의 사당, 신사, 신궁으로 갔 어.[82] 그곳에서 나라의 안녕을 빌며 두 신에게 절하는 건 아주 자연스럽 고 당연한 행동이었지.

주몽왕이 동명성왕으로 불리고 부여가 고구려 땅이 된 뒤, 부여와 고 구려의 신화는 하나가 되었어. 반면 신라의 시조왕 신화는 마지막까지 세 갈래였어. 나라의 신화가 되지 못하고 가문의 신화에 머물렀던 거야. 신라인에게는 신라인을 확인시켜주는 하나의 신화가 없었던 거지.

고구려에서는 해와 달에 대한 신앙이 동명성왕 주몽의 이야기와 일치 되었어. 중국인에게 해와 달은 신앙의 대상이 아니었지만, 고구려에서

신화의 배경인 경주의 숲

는 해와 달이 은혜와 축복을 내리는 곳이자 신 자신이었던 거야. 고구려 인들에게는 해신과 달신의 후손이 다스리는 나라에 산다는 자부심이 있었던 거지. 고구려가 망하고 오랜 시간이 흐른 뒤에도 동명성왕 주몽의 신화는 만주와 한반도의 모든 민족이 가슴에 담고 있는 영웅 전사, 신의 아들, 신왕의 이야기였어.”

신화를 품은 장소는 어떤 곳인가

진석이 뭔가 갑자기 생각났다는 듯 눈을 반짝거렸다.

“아버지, 가야 왕들은 구지봉에서 태어나잖아요? 알지는 계림인가, 시림인가 하는 숲에서 발견되고요. 그런데 주몽은 그냥 방에서 알로 나거든요. 봉우리나 숲은 그럴듯한데, 궁궐의 방은 별로인 것 같아요. 신이나 영웅은 특별한 데서 태어나야 하는 거 아닌가요?"

"네 말이 맞아. 신비한 탄생도 중요하지만 어디서 태어나는지도 눈여겨볼 부분이기는 해. 늦었지만 나도 차 한잔해야겠다. 여기, 내가 메모해 놓은 걸 잠깐 읽어보렴."

나는 낡은 수첩 한가운데를 펼쳐 진석에게 건넸다.

거대한 상수리나무를 한끝에 두고 마을이 생겨났다. 박달나무와 단풍나무 사이로 길이 만들어지고 감나무와 능금나무 사이에는 싸리 울타리가 세워진다. 웅녀는 신이 내려온다는 아름드리나무 밑동을 떠나지 않았다. 신이 하늘과 땅 사이를 오르내린다는 그곳에서 웅녀는 짝을 구하고, 아기 배기를 기다렸다.

높은 산 한가운데 솟은 봉우리는 구름과 안개에 가려 있을 때가 많았다. 잠시라도 구름이 걷히면 산봉우리 끝 신의 자리가 보였다. 신이 앉았던 바위가 위용을 자랑했다. 아주 희미하지만, 신의 숨결도 느껴졌다. 하늘의 신이 저 자리에 앉아 세상을 내려다보고 세상의 말소리를 듣는구나. 미소도 짓고 한숨도 쉬는구나.

여섯 가야의 시조들은 알 속에 몸을 뉜 채 구지봉이라는 봉우리에 내려오며 세상에 덕을 끼칠 꿈을 익혔다. 큰 거북의 머리를 닮은 너럭바위에 금합이 내려왔을 때, 그 자리에 있던 아홉 마을의 우두머리는 하늘이 응답하셨다며 기뻐 춤을 추었다. 저들에게 왕을 주신다며 노래와 춤을 그치지 않았다. 금합 속 알 역시 금빛으로 빛났고, 알이 변하여 아기들이 되었다.

산을 지키며 하늘과 땅을 두루 보던 성스러운 어머니 산신께서 하늘이 잠시 자신에게 내려오게 해 하늘의 씨를 받았다. 땅과 하늘이 닿으면서 여신의 몸은 새 생명의 그릇이 되었고, 때가 되자 큰 냇물 곁 너럭바위에 알 두 개를 낳았다. 알은 깨어 왕이 되었고, 한 아기는 강을 따라 내려가다 강과 바다가 만나는 곳에 나라를 세웠다. 다른 아기는 그곳에서 자라 왕이 되었다.

백성들은 해마다 신모(神母)를 뵈러 발길을 산으로 향했다. 물론 봉우리까지 올라가지는 못했다. 산자락 입구의 신사까지만 갔다. 산이 신모의 몸인데, 어찌 신에게 발길이 닿게 하겠는가. 왕과 신관은 신사의 안쪽으로 열린 신문 안으로 들어가지만, 백성들은 바깥마당에서 안마당 사이의 가운데 문 앞에서 기도했다. 그들은 왕과 신관이 올해의 소식을 가지고 나올 때를 기다렸다. 풍년과 풍어의 소식을 듣길 바라며 기도할 뿐이었다. 축복이, 은혜가 그들에게 끼친다는 말을 기다렸다.

박혁거세와 알영, 알지도 성스러운 숲의 한가운데 큰 나무 밑에서, 신비한 샘 곁에서 처음 모습을 보였다. 저들은 신의 아들이며 딸이니 저들도 신이다. 용과 신비한 새가 처음부터 끝까지 저들을 지켰다. 거대한 나무들이 가득한 숲, 오백 년이고 천 년이고 오랜 세월 숲의 중심에서 세월을 헤아리던 나무들 사이에서 왕과 신관은 신의 말씀을 들었다. 하늘로 올라간 박혁거세신과 알영신의 말씀을 들었다.

이제나저제나 목을 빼며 기다리다보면 어느 순간 신궁 길의 끝자락, 보이지 않던 문 너머에서 사람의 기척이 났다. 기둥뿐인 바깥문과 줄이 드리워진 가운데 문, 고운 모래 사이로 난 작은 길 저쪽의 안문, 대나무 발에 가려진 그 너머. 너머, 또 너머에서 사람의 그림자가 비치면 기다리던 자들은 작은 소리로 속삭이듯 웅성거렸다. "나오신다." "소식을 가지고 나오신다." "신의 말씀이 오신다!"

신성한 곳에서 나오는 말씀은 예언이고 법이다. 자리가 권위를 허락한다. 골목길에서 듣는 말이 아니라 신이 오시는 곳에서 듣는 소리 아닌가? '풍년이 오리라' 하시면 풍년이고, '부족하리라' 하시면 미리 대비해야 한다. '바람이 불것이라' 하면 배를 내지 말아야 하며, '물고기로 가득하리라' 하면 부지런히 그물을 내려야 한다. 더울지 추울지, 비가 많을지 적을지, 빛이 가득할지 부족할지, 이웃에서 약탈을 시도할지 말지, 우리의 땅이 넓어질지 좁아질지, 죽는 이보다 태어나는 이가 많을지 아닐지, 오늘의 말씀으로 알 수 있다. 신궁의 기둥뿐인 문 앞에서 목을 빼고 신의 말씀을 기다리는 것도 이 때문이다.

신화는 진화하는가

새로 찻물 끓는 걸 기다리는 내 등 뒤로 진석의 볼멘소리가 들렸다.

"아버지, 주몽 이야기는 없잖아요? 주몽의 출생장소가 궁궐 방인 게 좀 이상하다고, 너무 평범하다고 한 건데요. 진짜 신화의 주인공 같은 주몽이 봉우리나 숲이 아니라 방에서 태어났다는 게 좀 이상하다니까요?"

잠시 뜸을 들인 내가 찻물을 따르며 답했다.

"그게 뭐가 이상하니? 방도 어떤 면에서는 상징적인 공간인데. 방이나 동굴이나 닫힌 공간인 점에서는 같거든. 단군신화의 동굴이 주몽신화의 방이야! 웅녀의 동굴이나 유화의 방이나 그게 그거야.[83] 여신의 자궁 같은 거야. 새로운 존재로 나기 위해 준비하는 공간인 점에서는 말이야. 이런 게 신화적 서술의 특징 아니겠니?"

찻잔을 들고 식탁으로 와 앉으며 내가 말을 이었다.

"신화는 풍성해지는가 하면 빈약해지기도 해. 잊히기도 하고 다른 모습으로 되살아나기도 하지. 누가 그 신화를 붙잡고 있는지가 중요해. 줄거리가 달라지고, 심지어 조연의 이름이 더해지거나 빠질 수도 있기 때문이지. 주몽신화는 갈수록 풍성해진 경우고, 박혁거세신화는 처음엔 이야깃거리가 풍부했으나 내용이 빠져나가고 단순해진 사례일 수 있어. 물론 박혁거세신화가 본래 어땠는지는 아무도 모르지.

신화는 아류도 낳아. 고구려 연개소문 가문은 위세가 더해져 대귀족의 반열에 들자 연개소문 자신이 우물이나 샘, 못에서 태어났다는 설화가 만들어져.[84] 이 이야기가 가문 안팎에서 회자되지. 후백제 견훤 가문은 주인공의 아버지가 커다란 지렁이로 나와.[85] 아마 본래는 용이었겠지. 고려 태조 왕건 가문의 조상은 중국 당 황제의 가문과 인연을 맺는다는 이야기가 후세에 전해져.[86] 송악(개성)을 터로 삼아 바다 무역을 하던 예성강 상인 가문의 후손이 나라를 세우면서 일어난 변화라고 해야겠지.

귀족 가문의 시조는 전설의 주인공에서 더 나가지 못해. 그러나 왕실의 시조는 신화의 주인공이 되지. 잘 짜인 신화는 가문의 시조 이야기로 끝나지 않아. 나라가 어떻게 세워졌는지 백성이 알아야 하고, 믿고 따라야 하니까. 백성은 자기가 사는 나라의 시조 이야기에 자부심을 느끼게 돼. 시조왕과 그의 가문을 존경하고 따르지 않는 백성 위에서는 군림하기 어렵거든. 백성들이 시조왕을 신으로 모시고 숭배하게 만들어야 하는 거야.

시조왕을 신으로 모시면 왕실도 신성해지고 왕의 권위도 높아져. 그러나 현실세계는 왕의 선조 이야기로만 꾸려지지는 않아. 왕도 유능해야 해. 무능력한 왕에게 시조왕 신앙은 한동안의 방패막이로만 유용할 뿐이야. 왕과 시조왕이 신비와 권위로 이어지지 않으면 왕의 통치력은 오래지 않아 한계점에 이르지. 시조왕 신앙도 내용이 점차 빈약해져 형식적으로 되고. 어느 순간 왕가의 날이 다하면 시조왕 신앙의 대상도 달라져.

신화의 주인공은 신이야. 신은 기본적으로 신앙의 대상이지만 신앙 대상이 바뀌거나 중심 신의 신격이 달라지면서 서서히 잊히거나 옛 신의 하나로 뒤로 물러나 이름만 남는 예도 있어. 신화는 진화하기도 하고 쇠퇴하기도 해. 신화가 이념으로서 힘을 발휘하는 때도 있고 그러지 못하는 사례도 있지. 신화 주인공의 교체도 역사적 현상이야. 현실이 신화에 간섭하는 일도 자주 일어나.

왕조가 교체되고 왕실이 바뀌면 신화와 제의 역시 달라져. 그 무엇도 시대의 변화를 거스르지는 못해. 신화도 결국은 사람의 이야기니까. 사람이 겪는 사건, 사건에 대한 설명과 해석, 경험과 기억의 편집이 순서 없이 일어나기도 해. 그러나 어떤 경우든 이야기는 끊임없이 새로워지고 재해석되지. 신화도 쉼 없는 변화를 겪는 인간 역사의 일부니까."

내가 신화의 주인공이라면

진석이 수첩을 나에게 돌려주며 한마디 했다.

"그럼 유화가 알을 낳은 궁궐의 방이 본래는 방이 아니었을 수도 있네요? 주몽신화가 자꾸 다듬어지면서 부여의 궁궐이 나오고 방도 나오고 그랬다는 건가요?"

약간은 불만스러워 보이는 아들의 얼굴을 힐끗 본 뒤, 나는 고개를 살짝 끄덕이며 말했다.

"그랬겠지. 본래의 내용이 어땠고 어떻게 다듬어졌는지는 여전히 수수께끼지만 말이야. 어쨌든 신화는 원래의 모습대로 남지 않으니까. 신화의 씨앗이 된 이야기는 아무도 몰라. 실제 주몽이 자신의 생을 어떻게 기억하고 있었는지도 지금으로서는 알 수 없지. 내가 주몽이었다면 아들 유리에게 이렇게 말했을 것 같아."

아들아, 내가 이 나라를 세우기까지 어떤 길을 걸었는지 기억해두어라. 아비는 열 살까지 네 할머니와 둘이서 산골짝 깊은 데서 살았다. 벗이라곤 산과 구름, 시냇물 정도였다. 네 할머니, 내 어머니는 아버지에 대해 말해주지 않으셨어.

어머니는 부지런하셨다. 늘 일하셨어. 항상 무엇인가 거두고 다듬고 말리셨지. 실을 자아 옷감을 짜셨고. 네게 설명해도 알지 못하는 많은 일을 하셨다. 그러면서도 아들인 내가 부지런히 무예를 닦게 하셨어. 특별히 활쏘기에 마음을 두시고 내게 강조하고, 또 강조하셨지. 여섯 살이 되기 전부터 아비는 늘 훈련 상태였다.

열 살 생일상 받던 날, 어머니께서 옛일을 말씀하셨어. 마치 남의 이야기처럼 담담한 표정으로 조용히 말씀하셨지. "어떤 귀족 가문의 딸이 자매들과 들놀이를 나갔다가 한 사내를 만났다. 늠름한 전사의 모습으로 다가온 사내는 자신이 하늘 큰 신의 아들이고 짝을 구한다고 했어. 사내가 자매 중 맏이를 아내로 맞고 싶다고 했지. 사내와 딸은 귀족 가문의 집 앞에서 다시 만나기로 약속하고 헤어졌다. 일이 옳게 펼쳐지지 못해 딸은 제집을 나와야 했어. 딸은 깊은 산속에 거처를 마련하고 홀로 아들을 낳았지. 그는 아이를 전사왕으로 키워 세상에 내보내기로 하늘과 약속했다." 어머니께서 이야기를 마치시며 내게 말씀하셨다. "너는 이제 세상에 나가거라. 네가 하늘 큰 왕의 혈육임을 세상에 보여라."

아들아, 아비는 세상에 첫걸음을 내디딘 뒤 온갖 일을 했다. 말 키우는 일부터 머슴살이까지 했어. 고생한 것은 다 자기 것이 된다. 말 키우는 목동이어서 좋은 말을 볼 수 있게 되었고, 머슴살이하며 참고 기다리는 법을 배웠다. 귀한 벗 셋을 얻자 남쪽으로 말머리를 돌렸어. 새 땅과 백성을 찾아 큰 강의 남쪽으로 왔다. 큰 나라들의 틈바구니에 여뀌 이파리만 한 땅이 있기에 그곳에 나라를 세웠다. 이 작은 나라가 세상의 배꼽이 되게 하겠다고 마음먹었지.

나라가 조금씩 커지자 이 나라를 넘보는 이들도 많아졌다. 하늘이 도우시고, 산과 물의 정령들이 곁에서 지켜주었어. 내 어머니, 네 할머니는 산과 물에 명하여 내 나라를 두르고 덮게 하셨다. 내 아버지, 네 할아버지는 하늘에서 아비와 아비의 나라를 내려다보셨어. 비로 곡식을 키워주시고, 빛으로 열매가 달리게 하셨지. 네 할머니는 겨울과 봄에 짐승들을 보내셔서 우리를 굶지 않게 하셨고, 할아버지는 때마다 좋은 사람들을 보내셔서 이 나라를 넘보는 자들이 경계를 건너지 못하게 하셨다.

아들아, 아비처럼 귀한 벗 얻기에 힘써라. 하늘 장군이 네 곁에서 칼과 방패를 들고 지키게 해라. 너는 하늘의 자손이고, 물의 아들이다. 하늘이 지키고 산과 물이 너를 두르리니 그것을 믿어라. 활쏘기를 게을리하지 마라. 왕은 활로 적장의 심장을 꿰뚫는 자다. 눈을 가늘고 날카롭게 떠라. 매의 눈으로 적의 얕은꾀를 바닥까지 들여다보되, 적진에는 하늘의 장군들을 보내라. 적의 꾀를 거꾸로 이용해라. 네 자리를 넘보는 자를 함정에 들어오게 해라.

내가 신의 자리로 돌아가면 나를, 이 아비를 기려라. 신하 중에 아비를 잘 기리지 않는 자는 내쳐라. 그는 너에게도 그렇게 할 것이다. 네가 아비의 뒤를 이었음을 기억해라. 네가 나의 분신임을 사람들이 기억하게 해라. 나를 높여 너를 받들게 해라. 백성들이 네게서 나를 보게 해라. 그러면 너와 네 아들, 아들의 아들까지 우러름을 받을 것이다.

일본 신화에서 한국은 어떤 나라일까

"아버지, 우리나라 건국신화에 하늘에서 내려왔다는 사람들은 주로 북쪽에서 말 타고 온 사람들이잖아요? 그럼 일본신화에 한국에서 온 사람들은 하늘에서 내려온 신이나 신의 아들이었나요?"

진석이 뜬금없이 일본 이야기를 했다. 얼마 전 화제가 된 '일본 천황가는 백제에서 간 사람들에서 시작되었다!'라는 제목의 기사 때문인가? 나는 마음속으로 고개를 갸우뚱거렸다.

"자연환경에서 일본과 한국은 큰 차이가 있어. 일본열도 전체가 '불의 고리'라 불리는 환태평양 조산대에 속하니까. 화산이 폭발하고 지진이 일어나 숲과 들, 집과 못을 삼키는 곳이 일본이지. 또 태풍이 일고 해일이 덮치기도 해서 어디에 살아도 불안하게 마련이야. 언뜻 보면 사람 살기에 힘든 땅이지. 그렇지만 곰곰이 들여다보면 그렇지도 않아.

용암이 흘러내린 뒤 화산재로 덮인 들판은 비옥해지거든. 지진이 그치면 흙 속 생명의 힘은 오히려 왕성해지고. 게다가 땅속의 끓어오르는 힘으로 물이 뜨거우니 지치고 힘든 육신을 달래기에는 그만이야. 강과 바다에는 물고기가 가득하고 숲과 들에는 짐승이며 열매가 지천이지. 아름드리나무 사이로 맑은 냇물이 흐르고 원숭이와 사슴, 멧돼지가 숲과 들의 언저리를 오가. 물론 이런 것들을 노리는 늑대도 있지.

화산 분화구의 들판은 농사에 가장 좋은 곳이야. 태풍과 해일로 바다가 한차례 뒤집히면 연안 바다는 영양분이 풍부해져서 물고기들이 전보다 많이 모여들어. 위기와 기회가 늘 어깨동무하듯 밀고 당기며 사람들 곁을 떠나지 않는 데가 일본이야.

이 비옥한 화산과 지진의 나라에서 살던 사람들이 가장 무서워한 건 자연이 아니라 사람이야. 때마다 바다 너머에서 커다란 배들이 해안에 닿았고 창과 칼, 화살로 무장한 사람들이 배에서 내렸으니까. 조몬시대가 그렇게 끝났고, 야요이시대도 바다를 건너온 사람들에 의해 종말을 고했어. 보통 무장한 사람들이 오기 전에 따뜻한 미소를 띤 사람들이 먼

하니와 갑주무사(왼쪽)와 말(오른쪽, 이상 일본 고훈시대, 동경국립박물관) 일본의 고훈시대는 기마전사의 등장과 함께 시작되었다. 말이 살지 않던 일본열도에 갑주로 무장하고 말을 탄 채 나타난 기마전사의 모습은 경이롭고 충격적이었을 것이다. 고훈시대의 전방후원분 둘레에 배열한 장식 토우(土偶)인 하니와(埴輪)에 흙으로 빚어 구운 갑주무사와 말이 포함된 것도 이 때문이다.

저 왔지. 배도 한두 척이고, 싣고 오는 것도 열도의 사람들이 좋아할 장신구나 옷감, 그릇 같은 것들이었어.

야요이시대를 끝낸 사람들은 쇠로 만든 창과 칼로 무장한 채 뭍에 올라왔어. 갑옷을 입고 투구를 쓴 채 배에서 내렸지.[87] 이 사람들은 마중 나간 사람들에게 웃으며 말 걸지 않았어. 창을 들이대고 칼을 흔들면서 을러댔지. 엎드려 복종하라고 하면서. 번쩍이지는 않아도 날카롭고 단단해 보이는, 쇠로 된 무기들은 위협적이었어.

이들도 바다를 건너왔으면서 하늘에서 왔다고 했어. 하늘신의 자손이라며 엎드려 절하라고 했지. 이 사람들은 온갖 쇠붙이로 장식한 말도 배에서 내렸어. 처음 보는 육중한 짐승은 보기만 해도 무서웠겠지. 이런 짐승을 타고 들판을 내리는 사람들! 힘센 말에 힘이 장사인 이 사람들을 누가 막아서겠어? 마을 불태우는 것도 꺼리지 않고 제사장의 집에 어떤 경의도 표하지 않는 이 사람들에겐 복종하는 수밖에 없었겠지. 복종하는 자는 백성으로 거두고 그러지 않은 자는 죽이거나 멀리 쫓아내는데 어쩌겠어?

일본열도의 사람들은 이런 생각을 했겠지? '저들이 온 바다 건너에는 무엇이 있을까? 저들이 말한 하늘은 어떤 곳일까? 저들이 지금 가지고 온 것 말고도 많은 것들이 그곳에 있을까? 우리가 모르는 신기한 것이 그곳에 가득할까? 하늘이라는 저들의 세상은 얼마나 넓을까? 저들이 타고 온 배도 하늘의 것일까? 저들이 지닌 창, 칼, 투구, 갑옷은 하늘 대장장이가 만들었을까? 어떻게 하면 저런 것을 만들 수 있을까?'

'저들과 함께 배에서 내린 온화하고 따뜻한 얼굴의 사람들이 정말 저들의 가족인가? 전사들은 딱딱한 얼굴로 힘 있게 걷지만, 가족이라는 사람들은 그렇지 않은데. 허우대만 우리보다 좀 클 뿐 말하는 건 우리와 비슷한데, 정말 하늘에서 왔나? 정말 신의 자손인가? 신이 우리를 다스리라고 저들을 보냈다는 말을 믿어야 하나? 그렇겠지.'"

"아버지, 일제강점기에 일본 사람들이 조선의 역사기록을 다 불태웠다던데, 사실이에요? 그래서 우리나라 건국신화도 줄거리만 남아 전하는 것 아네요?"

진석이 어디서 들었는지, 일본 사람들이 조선의 역사기록을 불태운 이야기를 했다. 일부는 사실이고 일부는 과장된 면도 있다. 그러나 나는 이제 아들과의 이야기를 마무리 짓고 싶었다. '슬슬 마쳐야지. 눈꺼풀이 무거워. 이 야행성 사나이 시간표에 맞춰줄 수는 없지.'

"그게 좀 복잡해. 아주 간단히 정리하면 일본은 역사건 문화건 흘러

들어가 쌓이고, 한국은 들어왔다가 다시 흘러 나가. 게다가 한국은 늘 새로운 걸 접하니까 거기에 눈길을 주면서 옛것을 잊는 경향도 있어. 새것을 자기 것으로 만들어 깊이 빠져들기도 하지. 일본과 한국은 같으면서도 다른 게 많아."

잠시 숨을 돌리고 말을 이었다.

"한국의 신화들은 다시 쓰이기도 해. 단군신화처럼 주인공 이름 바꾸는 건 예사야. 모르긴 몰라도 줄거리가 달라진 예도 있었던 것 같아. 유교는 유교대로, 불교는 불교대로 신화를 이해하는 방식이 다르거든. 주몽신화도 그렇고, 박혁거세신화도 마찬가지지. 알에서 났다는 이야기가 남은 것만 해도 다행이랄까? 옛 기록이나 전해온 이야기들을 불교식으로 이해하고 정리한 게 『삼국유사』고, 유교식으로 재정리한 게 『삼국사기』야. 모두 고려 때 일어난 일이지만 말이야.

자, 오늘은 여기서 마무리하자. 너는 이제 2라운드지만, 아빠는 지금 9회말이야."

내가 식탁 앞에서 일어서자 진석은 조금은 아쉬운 표정으로 빈 머그잔을 만지작거리며 그대로 앉아 있다. '웬일이야? 이럴 때도 있네.'

제8장

샤머니즘
: 왕에서 백성으로

오보(몽골) 돌무더기나 흙무더기뿐이기도 하고, 거기에 나무기둥을 세우고 형형색색의 천으로 감싼 형태이기도 한 오보는 초원지대의 이정표이자 길잡이다. 오보는 한국의 국장생표, 서낭당 나무, 장승의 역할을 겸하는 것이어서 여기에서 제사를 지내기도 한다.

평소처럼 4시 반에 일어났다가 다시 침대에 누웠다. 아무래도 어제 일정이 무리였나보다. 하긴 혼자서도 박물관을 다녀올 때면 늘 겪는 일이다. 게다가 어제는 아들 진석까지 동행해 자의 반 타의 반 문화유산 해설사 노릇에 저녁 과외까지 했다. 새벽 글쓰기는 늘 하는 일이지만, 외부 일정에 저녁 토의까지 더해지면 나에게 그날 하루는 너무 긴 시간이다.

몸은 좀 곤해도 잠은 이미 달아난 지 오래라 결국 다시 일어났다. 일과처럼 커피를 내리다가 잠시 화장실에 다녀왔다. 늘 하듯 '고양이 세수'에 간단한 양치질로 이른 아침을 맞았다. 컴퓨터가 주변이 아직 따뜻했다. 진석이 4시까지 컴퓨터 앞에 앉아 있었음이 확실했다. 부엌 옆 아들의 방에서 얕게 코 고는 소리가 들렸다.

엊저녁 나는 아들이 혹 건국신화에서 샤머니즘이나 음양오행설 등으로 이야기를 옮겨 가지 않을까 조마조마했다. 건국신화와는 바로 이어지지 않지만, 불교니 유교, 도교를 설명하게 되면 샤머니즘은 당연히 먼저 말해야 한다. 여차하면 음양오행설과, 신선신앙도 설명해야 할 수 있었다. 그러면 머리가 복잡해진다. 샤머니즘이나 음양오행설이 어디 몇 시간 설명으로 이해가 되겠는가?

여유 있는 오후 시간에 이런 주제로 부자간 문답이 오갈지도 모른다는 생각이 들자 내 마음이 바빠졌다. 아침 시간, 여유 있는 커피타임을 즐길 마음도 갑작스레 저 멀리 달아났다. 책상 앞에 앉아 부지런히 컴퓨터 자판을 두드리기 시작했다. '흠, 샤머니즘부터 정리해야겠군. 미리 해놔야지, 아니면 아들 녀석한테 핀잔 들을 수도 있어. "무슨 말이에요? 뭔지 몰라도 앞뒤가 안 맞는 거 같은데요." 이런 식으로 아비 마음을 휘저을 수도 있다. 그렇다고 해서 "그건 철학 하는 사람한테 물어봐. 난 역사 공부하거든." 이럴 수도 없다. 여하튼 미리 대비해놓아야겠다.'

모든 생명이 말할 수 있다?

나무와 풀이 말하면 들리던 시대가 있었다.[88] 그런 시대가 끝나자 하늘과 땅 사이를 잇는 길도 끊어졌다. 신과 사람 사이 대화는 샤먼이 대신했다. 풀도 나무도 여전히 말하지만, 사람은 새의 소리도 듣지 못하게 되었다. 모든 생명의 소리가 서로에게 울음이나 비명으로 들리는 시대가 왔다.

생명은 모두 말한다. 그리고 생명이 없어 보여도 숨 쉬고 말하는 경우도 있다. 바위도 말하고 시냇물도 노래한다. 서로가 제 뜻을 말하고 들을 수 있을 때, 세상은 평화로웠다. 그러나 눈이 어두워지고 귀가 닫히기 시작하자 말이 토막토막 나뉘어 들리게 되었다. 서로의 뜻을 알아듣지 못해 오해와 갈등이 일어났고 충돌과 상처가 생겼다. 미움이 세상을 지배하고 땅은 흐르는 피로 고통받았다.

신이 샤먼의 귀를 열고 눈을 뜨게 했다. 샤먼만 듣고 보고 말할 수 있

샤먼의 도움으로 이승에서 저승으로 가는 죽은 자의 영혼(제주 본태박물관) 샤먼은 땅과 하늘, 이승과 저승을 모두 알고 다닐 수 있는 경계인이다. 샤먼은 주로 저승 가는 길을 인도하지만, 시베리아나 극지방에서는 제 명에 맞지 않게 죽은 사람의 혼을 저승에서 데려오는 일도 중요했다.

게 되었다. 아주 작고 미세한 소리도 샤먼의 귀에는 들렸다. 산보다 큰 것이 샤먼의 눈에는 보였다. 그러나 샤먼들이 교만해지자 신이 그의 몸 안에 머물 때만 보고 들을 수 있게 했다. 신이 떠나면 샤먼도 다른 사람들과 같아졌다.

그러나 신이 샤먼에게는 지혜와 지식을 주었다. 그 덕에 샤먼은 사람에게 좋은 약초를 알아본다. 병을 다스리는 약을 지을 수도 있다. 신의 말씀을 듣는 굿을 언제 열어야 하는지도 알려준다. 어떤 곳이 신성한지, 무엇을 신성하게 여겨야 하는지도 알게 한다. 누가 다스리는 자가 될지도 알려준다.

만물은 신이 준 생명을 누린다. 살아서 고통과 기쁨을 모두 맛본다. 만물은 서로에게 말할 수 있다. 서로에게 귀 기울이면 모든 소리를 들을 수 있다. 그러나 사람만 이 소리를 듣지 못하게 되었다. 신이 허락할 때 샤먼만 이 소리를 들을 수 있다.

샤먼은 신의 말씀과 만물의 소리를 듣고 사람에게 말해준다. 샤먼의 말을 듣지 않으면 세상은 더 어지러워진다. 신이 이런 것을 언짢아하면 세상에 병이 돈다. 가뭄과 흉년이 이어진다. 샤먼이 신들리면 제 입으로 신의 말씀을 전한다. 신의 말씀을 전할 때, 샤먼은 신이 된다.

사람과 다른 생명은 어떻게 구별될까

모든 사람이 만물과 달리 특별한 것은 아니다. 신이 그 사람을 만들 때 정성을 기울였다면 그는 만물과 구별된다. 반면 그저 새끼줄에 진흙을 묻혀서 뿌려 만든 사람은 그렇지 않다. 중근동의 어떤 창세신화에는 신의 아들이 땅의 여자와 만나 낳은 사람이 있고, 땅에서 생겨난 사람이 있다. 또 다른 창세신화는 큰 홍수 뒤 신이 빚어 새로 만든 사람이 세상에 번성하게 되었다고 설명한다. 그 전의 사람은 홍수로 모두 죽은 것이다.

고대에는 사람이 서로 다르다고 보았다. 인도의 한 창세신화는 신의 머리, 가슴, 배, 발바닥에서 난 사람이 있고, 신에게서 나지 않은 사람도 있다고 말한다.[89] 이런 까닭에 사람의 직업과 계급은 신에게서 났는가, 났다면 신의 어디에서 나왔는가에 따른다는 것이다.

샤먼이 모시는 신들 사이에도 위계가 있다. 힘이 강하고 지위가 높은 신을 모시는 샤먼이 있고, 작고 소소하지만 생활에 밀착된 일을 돕는 신이 주인인 샤먼도 있다. 사람은 신분과 지위로 말미암아 세상사 차별을 겪지만 신은 사람을 차별하지 않는다. 샤먼이 모시는 신들은 사람이 자신을 어떤 생각과 태도로 대하는가에 따라 다르게 반응한다. 높은 지위에 있더라도 교만하고 무례하면 벌을 주었고, 천한 일을 하더라도 지극한 정성으로 대하면 그에게는 복을 내리고 수명도 늘려주었다.

샤먼만 신의 말씀을 전하지는 않는다. 야생의 짐승이나 집의 가축도 신의 사자가 된다. 신이 직접 새나 네발짐승이 되어 사람에게 자기 뜻을 알리기도 한다. 까치나 돼지가 신의 사자로 사람의 인도자가 되는 일은 자주 있다.[90] 누구든 작고 힘없는 짐승이나 새를 함부로 대해선 안 되는 것도 이 때문이다.

신은 사람이든 짐승이든 차별하지 않는다. 모든 생명은 귀한 까닭이다. 사람도 제구실을 못한다면 짐승보다 못하다는 소리를 듣는다. 신은 마지막에 사람을 정성 들여 빚었지만, 사람이 짐승을 학대하고 함부로 죽이는 것은 언짢게 여긴다. 사람이 짐승보다 존중받을 수는 있다. 그렇다고 사람이 다른 생명보다 절대적으로 가치 있고 귀한 것은 아니다. 신은 소나 당나귀에게 내려와 사람의 지혜가 그보다 못할 수 있음을 직접 가르치기도 한다.

생명은 다 존귀하다. 생명을 잘 대하지 않으면 모두 함께 사는 자연은 균형과 질서를 잃는다. 생명세계의 한 귀퉁이가 상처 입고 흔들리면 사람과 자연 모두에게 고통이 온다. 사람은 자연 속에서 신의 손길을 느끼며 자연의 질서가 잘 유지되도록 유의해야 한다. 무분별하게 생명세계에 개입하면 질서와 균형이 무너져 사람의 삶이 힘들어진다. 가뭄과 흉년도 사람이 불러오는 자연재해 가운데 하나이다. 신이 샤먼의 입을 통해서 하는 말씀의 시작도, 끝도 '자연 안에 있으라, 생명을 존중하라'이다.

세계는 어떻게 작동할까

신은 세상 돌아가는 모습을 지켜본다. 모든 일에 간섭하지는 않는다. 뭔가 잘못되었을 때도 손을 대지 않으면 안 될 때가 아니면 가만히 보고만 있다. 세상이 제대로 가기를 기대하며 바라본다. 그러면서도 크고 작은 일이 온전히 돌아가도록 돌본다.

신은 사람이 먹을 만큼만 사냥하기를 바라신다. 사람이 짐승 한 마리를 잡고 내년에도 이와 같은 일이 일어나기를 간구하면 그렇게 되도록 하신다.[91] 죽은 짐승이 새끼로 다시 나도록 그 혼을 돌보신다. 옛 몸에서 나온 짐승의 혼이 암컷의 몸 안에 들어가게 하신다.

사람도 죽으면 혼이 조상의 세계로 돌아간다. 신은 그 혼이 새 어미의 품에 들어가 다시 나게 하신다. 나고 죽는 것은 신의 손에 있다. 병들고 낫는 것도 신의 손을 탄다. 사람은 늘 신의 뜻이 무엇인지 살펴야 한다. 잘잘못을 돌보고 회개와 감사를 거듭해야 한다. 사람과 자연이 모두 신의 손안에 있는 까닭이다. 하루와 일 년의 자초지종이 신의 눈과 손 안에 있다.

신은 수없이 많다. 길에도 있고 마당에도 있다. 담벼락에도 있고 장독대에도 있다. 물론 부엌과 안방에도 있다. 밭에도 있고 외양간에도 있으며 화장실에도 있다. 신은 갖가지 모습으로 사람에게 나타나기도 한다. 그래서 아무것이나 죽이고 잡아먹으려 해서는 안 된다. 신이 잠시 모습을 바꾸어 왔다면 어쩔 것인가? 신이 떠나며 병과 고통을 주지 않겠는가? 부스럼이 나고 배가 아프지 않겠는가?

신은 사람의 집을 지켜준다. 구렁이는 초가의 이엉 안에 있고 쥐는 마루 밑에 있다. 범이 되어 숲과 밭 사이를 어슬렁거리며 멧돼지가 농작물을 해치지 않게 지켜주기도 한다. '낮말은 새가 듣고 밤말은 쥐가 듣는다'고 했다. 신이 쥐와 새가 되어 사람의 낮과 밤을 지키며 사람이 온전한 맘으로 사는지 엿보기 때문이다.

신이 많듯이 귀신과 도깨비도 많다. 이들은 신과 사람 사이에서 숨바꼭질하며 생명세계의 질서를 어지럽히려 애쓴다. 방해하고 골탕 먹이는 것이 취미이자 일이다. 이 중에서 약한 것은 사람을 골탕 먹이고 말지만 센 것은 꿀꺽꿀꺽 삼키기도 한다. 이들은 빛을 피해 다니며 깊고 어두운 곳을 좋아한다. 잘 기다리고 때를 가린다.

밤에 돌아다니면 이들에게 해를 당한다. 외진 못이나 호수 주변을 어슬렁거리면 이들을 맞닥뜨린다. 깊은 산 수풀 뒤에 숨어 홀로 다니는 사람을 기다린다. 먼바다의 물속에 숨은바위 밑에서 배가 지나가기를 기다린다. 사람이 길을 떠나기 전 서낭당에 들러 빌고, 사당에 제를 지내는 것도 이들의 해코지를 막기 위해서다. 이들에게 해를 당하지 않으려 함이다. 굿을 하고 부적을 받아 몸에 지니고 다니는 것도 이 때문이다.

세상에는 보이는 것이 있고 보이지 않는 것이 있다. 신령이 있고 귀신이 있다. 사람이 세상에 살다보면 많은 일을 겪는데, 반은 보이는 것으로 말미암고 다른 반은 보이지 않는 것에서 비롯된다. 날마다 많은 사건이 일어나지만 지나가는 것도 있고, 그렇지 않은 것도 있다. 온전히 신이 주신 명대로 살려면 신과 닿아 있어야 한다. 신이 주신 복과 부귀를 누리려면 제 손이 신에 닿아 있어야 한다. 신이 사람을 지켜주신다.

보이지 않는 것에 대해 어디까지 말할 수 있을까

바람은 보이지 않는다. 그러나 느낄 수 있다. 음양의 기운도 나누든 합하든 보이지 않기는 마찬가지다. 그러나 두 기운이 어우러지거나 서로 튕겨내며 작용한다는 사실은 알 수 있지 않은가? 사람에게 있다는 혼백도 눈에 보이지 않는다. 그러나 혼백이 떠나면 몸이 숨 쉬지 않고 움직이지도 않으니 없다고 하기 어렵다. 신도 보이지 않는다. 그러나 여러 종교의 신자들은 각기 자신들이 믿는 신이 살아 있다고 말한다.

보이는 것이 다는 아니다. 기운을 느끼면 기운이 있는 것과 같은 이치다. 피가 흐르는 혈맥이 있듯이 기운이 흐르는 기맥이 있다. 기가 잘 흐르라고 침을 놓는 것 아닌가? 침을 놓아 기가 잘 돌면 얼굴에 빛이 나고 기분도 상쾌해지지 않나?

세상에는 보이지 않는 것이 많다. 보이는 것으로만 말하고 정할 수 없는 것도 이 때문이다. 사람의 생각도 그냥 보이지는 않는다. 생각을 정하는 마음 역시 눈에는 보이지 않는다. 상대를 본다고 그의 마음이 보이는가? 열 길 물속은 알아도 한 길 마음속은 모른다고 하지 않는가? 보일 듯 보이지 않는 것이 사람의 마음이다. 때론 자신의 마음조차 잘 모르겠다고 고백하는 사람도 있다.

보이지 않는 것을 보게 하기는 정말 어렵다. 그려낼 수 없는 것을 억지로 그리려는 것이나 비슷하다. 신분의 차이를 그림으로 나타낼 때는 복식을 우선으로 삼는다. 모자와 옷의 색깔, 무늬 같은 것으로 차이를 드러낸다. 그것으로 마땅치 않으면 사람을 크고 작게 그리기도 한다. 귀족 남자를 위해 일산(日傘)을 드리우는 시종을 난쟁이처럼 작게 그리는 식이다. 그리고 이 때문에 그림에서 일산대는 엄청나게 길어진다. 실제 보이는 것과 다르게 사물이 왜곡되고 사람도 거인과 난쟁이로 바뀐다. 그런 그림을 보는 사람이 화가가 잘못 그렸다고 생각할까? 그러지 않을 것이다. 왜 그렇게 그렸는지 짐작하기 때문이다. 쫓는 호랑이는 작게, 쫓기는 붉은 사슴은 아주 크게 그려도 보는 이가 이상하다고 말하지 않는다. '붉은 사슴이 중요한가보다'라고 생각한다.

그러나 혹 그런 점을 전제하지 않았거나 그런 관습을 모르는 사람은 그림이 잘못 그려졌다고 말할 것이다. 사실이 왜곡되었다고 말하리라. 그에게 먼저 떠오르는 것은 실제 크기이기 때문이다. 그에게는 보이는 것이 전부다.

보이지 않는다고 있지도 않는다곤 하지 않는다.[92] 그러나 정말 없어서 보이지 않기도 한다.

사상과 관념, 신앙과 종교는 보이지 않는 것을 주로 다룬다. 보이지 않으나 존재할 수도 보이지만 존재하지 않는다고 하기도 한다. 가령 모두 보이지 않지만 이 신은 있고 저 신은 없다고 말하기도 한다. 그런 면에서 보면 불교에서 존재하는 모든 것이 허상이라고 하는 것은 자기 종교 중심의 편견을 넘어서기 위한 것일 수 있다. 존재하고 존재하지 않는 것을 가려내기 어렵듯이 보이는 것과 보이지 않는 것을 경계 짓기도 어렵다. 유교에서 보이는 것만 말하겠다고 하면서 조상신의 제사는 중요시하는 것 역시 경계를 정하지 못했기 때문 아닌가? 조상신도 보이지 않기는 마찬가지 아닌가?

누가 신이 되는가

샤먼이 섬기는 신은 여럿이다. 그러나 주신이 있다. 신들은 생전에 사람이었던 경우가 많다. 사람의 혼이 신이 되어 샤먼에게 내리는 것이다. 보통사람의 혼은 조상신의 세계로 갔다가 신생아에게 들어가 새 삶을 시작한다. 그러나 세상에 큰 영향을 끼쳤거나 한을 남기고 떠난 이의 혼은 신이 되어 샤먼에게 온다. 신이 될지 세상에 다시 날지 누가 정하는 것은 아니다. 다만 샤먼이나 사람들이 그 혼을 부르며 신이 되어 도움 주기를 간구하면 신이 된다. 신이 되어 샤먼에게 오기도 한다. 그런 신이 몸에 내리면 샤먼은 그 신을 주인으로 섬긴다.

사람이 나고 죽는 사이에 일어나는 사건은 수도 없이 많다. 그런 와중에 신도 수가 늘어난다. 한국의 샤먼이 섬기는 가장 최근의 신은 미국의 장군 맥아더다. 인천상륙작전으로 한국전쟁의 흐름을 바꾼 그를 신통히 여기던 백성들의 관념이 맥아더신을 출현시켰다.[93]

대단한 충신이거나 유명한 장군이면서 억울하게 죽은 사람들의 혼이 샤먼에게 신으로 내려오는 경우는 자주 일어난다. 원혼은 악귀가 되지만 바탕이 선한 혼은 신이 되어 사람을 돕고 악한 것을 물리친다. 조선의 임경업 장군이나 남이 장군도 억울하게 죽은 뒤 신이 되어 샤먼에게 내려온 경우다. 일본에서는 재능이 뛰어났지만 제대로 꽃피우지 못한 사람을 신사에 모신다. 한을 크게 품고 죽은 사람들의 혼일수록 능력과 힘을 발휘하는 신이 된다.

중세 이래 현대까지 중국의 민간에서 사당에 자주 모셔진 인물은 관우다. 삼국시대 촉한의 명장 관우는 억울하고 허망한 죽음으로 많은 사람들의 입에 오르내렸다. 그는 죽은 뒤 민간에서 관우신으로 모셔졌고

재물신으로 모셔진 관우(중국 우루무치) 중국 삼국시대 촉한의 유명한 무장 관우는 오나라 손권의 계략에 걸려 허무하게 죽임을 당한 뒤 충성과 의리의 화신으로 여겨지며 숭배되었다. 도교에서는 관성제군으로 신격화되었고 민간에서는 가장 효험 있는 재물신으로 모셔진다.

후대 명나라에서는 충신의 상징으로 숭앙되었다. 임진왜란을 계기로 조선에서도 관우묘(또는 관제묘)가 여럿 세워졌다.[94] 민간에서는 관우를 신으로 받드는 샤먼들이 출현했다.

중국의 민간에서 관우는 영험 많은 신 중 으뜸이다. 충신이자 명장이었지만 의외로 지금은 재부의 신이다. 많은 음식점에서 관우가 조소와 그림으로 모셔지며 복과 재물의 신으로 숭배된다. 한국에서는 조선 후기까지 관우를 모시는 샤먼이 많았다.

사실 장군 출신의 신들은 악귀와 사령을 물리치기에 적격이다. 샤먼이 모시는 장군신들은 죽어서 신이 되어도 힘과 무예가 뛰어나 제아무리 대단한 힘을 발휘하는 귀신과 도깨비라도 눈 한번 부릅뜨는 정도로 제압할 수 있다고 믿어진다. 샤먼이 될 때 이런 신이 몸에 내리면 그 샤먼의 위상도 단번에 높아진다.

그러나 신은 샤먼이 바라는 대로 오지 않는다. 샤먼은 신내림 받을 신을 특정하지 못한다. 내리는 대로 받아야 하고 내린 신을 바꿀 수도 없다. 그저 열심히 자신의 신을 섬길 뿐이다. 주인으로 내린 신을 거절하려 하면 샤먼은 심하게 아프다. 심지어 불구가 되거나 죽을 수도 있다. 샤먼에게 내린 신은 떠나기도 한다. 신이 떠나면 샤먼은 더 이상 굿판을 벌이지 못한다. 다른 샤먼의 보조자가 되거나 평범한 약초꾼이나 조언하는 자로 살아갈 뿐이다.

누가 샤먼이 되는가: 어떤 샤먼의 고백

샤먼이 누구고 샤머니즘은 무엇인지를 스스로 묻고 답하다보니, 내가 샤먼의 삶을 정말 알고 있는지도 묻게 된다. 사실 샤먼이라는 용어를 썼지만, 내가 어릴 때 만난 이는 무당이고, 사람들 사이에서 목을 빼고 열심히 보던 것은 무당이 굿하는 장면이다. 샤먼 이야기 사이에 무당이 되어 살아야 했던 소녀의 고백을 가상으로 넣어볼까? 좀 현학적인 글에 이런 장면이 중간에 들어가면 읽다가 잠시 기분 전환이 되지 않을까?

아버지, 어머니처럼 살기 싫었다. 모든 사람이 두 분을 찾고 그 앞에서 머리를 조아리며 굽실거렸지만, 어머니, 아버지는 늘 외로웠다. 사람들은 언제나 급히 헐떡거리며 우리 집에 왔고 집 곁 신당에서 무릎을 꿇고 빌었다. 아버지, 어머니께 애처로운 눈빛으로 이런저런 것을 부탁하곤 했다. 그러나 그때뿐이었다. 평소에 그들은 두 분을 멀리했고, 심지어 나와 두 동생까지 멀리서 보이면 비켜 가기도 했다. 우리 집의 누구와도 길에서 마주치지 않으려 했다. 마을 사람들에게 우리 집과 신당은 어쩔 수 없을 때만 오는 곳이었다. 어머니, 아버지도 만날 수밖에 없을 때만 만나는 사람이었다.

우리 집에 먹고 쓸 것은 부족하지 않았다. 굿이며 치성으로 신당 앞에 차려지는 것은 모두 우리 몫이었다. 사람들이 어머니, 아버지 앞에 내놓는 것도 적지 않았다. 넘치지는 않았지만 쓸 만큼은 늘 있었다. 그러나 사람에겐 먹고 쓰는 것이 다가 아니다. 어울릴 사람도 있어야 하고 함께 놀기도 해야 한다. 한 마을 사람이면 같이 지낸다는 느낌이 있어야 하는데, 우리 가족은 외로웠다. 나와 동생들에게는 같이 놀 친구가 없었다. 우리 집은 마을에서 외딴곳에 있었고 아이들은 우리 집에 놀러 오지 않았다.

굿이 있거나 마을에 큰 행사가 있으면 나와 두 동생은 어머니, 아버지를 돕느라 바빴다. 나는 어머니를 도와 제수(祭需)를 마련하러 재 너머 큰 시장에 가기도 했다. 다른 집에서는 우리 집에 오기를 꺼렸다. 아버지와 남동생이 장을 봐 오기도 했다. 그런 날에는 내가 여동생과 함께 어머니의 상차림을 도왔다. 마을의 집에서 벌이는 굿이면 저들이 준비하지만, 신당에서 벌어지는 일이면 우리가 이것저것 다 마련했다. 물론 그런 데 드는 비용은 굿하겠다는 집에서 냈다.

나는 어머니처럼 살기 싫었다. 열한 살 무렵 여름에 간단히 옷 보따리 하나만 챙긴 뒤 집을 나왔다. 갈 곳 없이 무작정 걸었다. 큰 재를 넘어 큰 마을로 갔다. 혼자 재를 넘을 때는 정말 무서웠다. 범이 나온다는 범재를 혼자 넘다니! 지금 돌이켜보면 아찔하다. 범이 나와 도적도 살지 않는다는 높고 험하고 외진 재를 혼자 넘었다. 입술을 깨물고 눈을 내리깐 채 발끝만 보며 걸었다.

재 너머 큰 마을 입구에 이르자 지쳐 쓰러졌다. 아마 혼절했던가보다. 깨서 주위를 둘러보니 어느 집 행랑채 끄트머리 작은 방이었다. 아주머니 한 분이 누워 있는 나를 내려다보고 있었다. 걱정스러운 얼굴이었다. 어디선가 많이 본 얼굴이다 싶었다. 아주머니가 안심한 얼굴로 내게 알은체했다. 우리 당집 일을 돕던 분이라고 했다.

새 장식 쇠미늘(삼국시대, 복천박물관) 샤먼의 영은 날아가기도 한다. 시베리아의 샤먼은 이를 나타내기 위해 소매 아래를 새깃 모양으로 재단한 무복을 입기도 한다. 고대사회의 무덤에 껴묻은 토기나 관(冠), 제의용 도구에는 새 모양 장식이 덧붙은 경우가 많다.

한 해를 버티지 못하고 마을 끝 우리 집으로 돌아왔다. 아주머니를 도우며 지내는 중에 여러 번 무서운 꿈을 꾸었다. 시름시름 앓은 적도 여러 번 있었다. 일을 못하고 자주 앓아눕자 주인집에서 눈치를 준 것 같았다. 그러나 아주머니는 아무런 내색도 하지 않았다. 그 집 머슴살이하던 아재가 아주머니와 나누는 이야기를 우연히 엿들었다. 내가 누운 자리 바깥에서 조심스레 나눈 이야기였지만 이상하게도 내게는 곁에서 내 귀에 말하듯이 잘 들렸다.

그 집을 나와 다시 재를 넘었다. 이번에는 무섭지 않았다. 범이 있다 한들 어쩌겠는가? 사람의 명은 신의 손에 달렸으니, 신이 지키면 제아무리 아가리 큰 범이라도 나를 삼키지 못하리라. 나는 고개를 들고 눈도 바로 뜬 채 편한 걸음으로 재를 넘었다. 어머니는 내가 신병을 앓은 것이라고 했다.[95] 신내림을 받지 않으면 신이 데려가실 거라고 했다. 결국, 신내림을 받았다.

어머니를 돕는 작은 무당이 되니 이렇게 맘이 편할 수 없다. 신을 수시로 만나니 외로움도 불편함도 깨끗이 씻겨 나갔다. 신내림 전이나 후에 아버지는 아무 말씀도 하지 않으셨다. 어머니는 숙명이라고 했다. 신은 그분이 올 곳에 오신다고도 했다. 나는 신의 딸이 되었다. 어머니의 배에 있을 때부터 정해진 대로 살기로 했다. 이제 제자리를 찾은 것이다.

작은 무당 이야기를 독백식으로 써보니, 좀 어색한 면도 있지만 그럴 듯하다는 생각도 들었다. 엄밀히 말해 무당과 샤먼은 구별해야 하지만, 그건 학자들의 생각일 뿐이다. 학자들에게는 불교나 기독교, 심지어 회교의 개별 종파까지도 모두 따로따로일지 모르지만 평범한 사람들에게는 그게 그거다. 학자라도 그 분야 전공자가 아니라면 세세한 분류는 오히려 번거롭기만 하다. 잠시 분위기를 바꿔보았던 게 제대로 휴식이 되었는지, 이어지는 글도 자연스럽게 흘러가는 듯한 느낌이 들었다.

신은 샤먼을 통해서만 말할까

신은 살아 있는 것이면 어느 것에든 들어간다. 스스로 그것이 되기도 한다. 살아 있는 모든 것에 자신을 넣을 수 있다. 심지어 생명 없는 듯이 보이는 물과 바위에도 자신을 넣는다. 잠시 사람이 되기도 하고 쥐가 되기도 한다. 그것이 다치거나 죽은 듯이 보여도 신이 죽거나 다치는 것은 아니다. 순식간에 껍질을 벗고 거기서 나오는 까닭이다. 그리스의 대신 제우스가 백조가 되기도 하고 비가 되어 내리기도 한 것은 그것이 신의 능력이고 속성이기 때문이다.

신이 샤먼의 몸에 내릴 때, 샤먼의 혼은 잠든다. 신이 떠난 뒤 그가 아무것도 기억하지 못하는 것은 이 때문이다. 몸을 빌려준 뒤 잠든 혼에는 어떤 기억도 들어가지 않는다. 신이 내린 샤먼은 위험한 일을 겪고도 죽거나 다치지 않는다. 칼날 위를 걷고 가시로 덮인 판 위에 누워도 아무 일 없는 것은 샤먼이 잠시 신이 된 상태이기 때문이다. 그러나 신이 떠난 뒤 샤먼이 칼날 위에 올라서면 몸이 베여 피가 나며, 가시 판 위에 누우면 가시가 몸으로 파고든다. 신이 함께하지 않을 때는 샤먼도 육체적으로 평범한 사람일 뿐이다.

신이 쥐가 되어 사람에게 말을 전하거나 새로 변해 뜻을 알리는 일은 자주 있다. 신이 내린 쥐는 뱀에게 쫓기지 않고, 신의 말을 전하는 참새는 솔개에게 채이지 않는다. 신이 내린 짐승을 샤먼은 알아보지만 평범한 사람은 눈치채지 못한다.[96]

그러나 신도 사람의 마음 안에 무엇이 있는지는 알지 못한다. 신이 뱀이나 쥐, 참새와 제비가 되어 사람을 엿보고 엿듣는 것도 이 때문이다. 이웃에게 잠시 들어가 사람의 마음에 있는 것을 물어보는 것도 이런 까닭이다. 신이 알고 싶어하는 것은 그가 신을 깊이 경외하는지, 겉으로만 시늉하는지이다. 그에게 복을 내릴지, 재앙을 일으킬지 정하려면 그의 속을 알아야 하지 않겠는가?

사람은 저보다 못한 것을 쉽게 무시하고 하찮게 여기며 구박한다. 이웃이라도 저보다 못하면 업신여기기 일쑤다. 그러나 아무 때나 속을 보이지는 않는다. 마음을 드러내지도 않는다. 예의와 염치로 마음을 덮고 감춘다. 신이 사람을 알고 싶어해도 쉽지 않다. 신과 사람은 늘 숨바꼭질한다.

샤먼은 신의 대언자 외에 어떤 역할을 했을까

샤먼은 신을 모시고 제사를 주관한다. 굿판을 벌이고 춤추며 노래하다가 신의 말씀을 전한다. 샤먼은 몸에 신을 받기도 하고, 신의 세계로 가신과 대화를 나누기도 한다. 나무나 바위, 소와 말의 말도 알아듣는다. 쥐와 까마귀, 돼지도 샤먼과 말을 나눌 수 있었다. 샤먼이 말하면 기러기와 고니가 하늘 높이 날아올라 신의 나라로 갔고 샤먼의 말을 전했다.

샤먼은 예언자이자 지도자이며, 의사이자 역사가이기도 하다.[97] 교사이자 약초꾼으로도 사람들에게 신뢰를 받는다. 한 해가 언제 시작될지, 누가 누구와 결혼할지도 샤먼이 정한다.[98] 아이를 가지게 하는 이도 샤먼이고, 아이의 이름을 정해주는 이도 샤먼이다. 어디에 집을 지을지, 돼지우리는 어느 정도 크기여야 하는지도 샤먼이 알려준다. 사람들은 집 안에 소와 돼지, 개와 닭을 얼마나 키울지도 샤먼에게 묻고 답을 듣는다. 아플 땐 무엇을 먹고, 상처 난 것은 어떻게 치료하는지도 샤먼이 알려줬다. 샤먼은 직접 약을 지어주기도 한다. 죽은 이의 혼을 불러 후손에게 할 말이 더 있는지를 묻고 전하는 것도 샤먼이 하는 일 가운데 하나다.

샤먼은 마을과 도시, 왕과 귀족, 신들 사이의 오래된 이야기를 줄줄 외운다. 새해가 시작되는 날이면 세상이 시작될 때부터 지금까지의 이야기가 샤먼의 입에서 흘러나온다. 많은 것을 기억하고 습득한 샤먼은 자신의 뒤를 이을 사람이 정해지면 그를 훈련시키며 이 말을 전한다.[99] 샤먼이 제자에게 집중적으로 전하는 것은 신과 사람 사이에 얽힌 일 이야기다. 제자 샤먼이 이를 잘 기억하여 사람이 신을 거스르지 않게 해야 하는 까닭이다.

샤먼은 틈틈이 산과 들, 시내와 골짝을 뒤지며 약초 될 것과 그렇지 않

바다의 신을 섬기는 이쓰쿠시마신사(일본 히로시마) 일본의 신사 가운데는 산이나 바다, 거대한 바위 등 자연 그대로를 신체(神體)로 모시는 경우가 적지 않다. 신사에서 펼치는 정기적인 제의 때는 산이나 바다의 신이 가면을 쓴 샤먼을 통해 정령의 모습으로 나타나 신의 뜻을 알린다.

은 것을 가리고 골라 캐어 다듬고 말려두어야 한다. 사람이 겪는 병의 증상에 따라 굿판으로 처리할 것과 약으로 낫게 할 것을 가려야 하기 때문이다. 쓰임새에 맞추어 약을 짓고 사람에게 먹여 낫게 하는 게 샤먼의 할 일 가운데 하나다. 샤먼이 먼저 아프다 낫고, 죽었다 깨어나는 것도 병을 알고 치료법을 알기 위해서다.

샤먼은 악한 것과 못된 것을 가려 알아내고, 쫓을 것은 쫓고, 달래야 하는 건 달랠 수 있어야 한다. 샤먼이 도깨비의 꾀에 속거나 귀신이 판 함정에 빠지면 누가 이런 것들의 손에서 벗어나겠는가? 긴장한 눈으로 당집을 지키고 매운 눈으로 마을에 숨어드는 악한 것을 알아채고 잡아내는 게 샤먼의 할 일이다. 신이 샤먼을 돕지만, 샤먼이 먼저 알아내고 신의 손길을 빌려야 한다.

샤먼은 글을 알고, 글을 그림처럼 그리기도 한다. 사람에게 부적을 써주어 악한 것이 틈타지 못하게 하는 일도 샤먼이 한다. 샤먼은 때로 신이기도 하고 신의 대리인이기도 하다. 샤먼이 마을에서 떨어진 곳에서 지내는 것은 큰 신과 작은 사람이 깊이 섞이고 얽히면 그 사이에 귀신과 도깨비가 꼬이기 때문이다. 귀신과 도깨비는 신과 정령의 또 다른 얼굴이다. 빛을 받은 생명에 어리는 그림자다. 세상은 늘 앞은 밝고 뒤는 그늘지기 마련이다. 신이 만든 세상이라고 온전하고 틈 없는 것이 아니다.

샤먼은 하늘에 가서 무엇을 보았을까

하늘은 어떤 곳일까? 하늘에는 무엇이 있을까? 누가 있을까? 하늘이 무너질까, 땅이 꺼질까 걱정하던 중국 춘추시대의 기(杞)나라 사람들이 아니라도 하늘과 하늘 위의 세상은 많은 사람에게 진지한 관심의 대상이었다. 아마 샤먼이 활약하던 시대에도 하늘세계는 알고 싶은 세계 목록에 첫 번째로 올라 있었을 것이다. 진석이도 이런 건 알고 싶겠지?

하늘세계도 땅 위나 땅 밑 세계와 같다. 텅 빈 곳이 있고 가득한 데가 있다. 인간이 사는 데처럼 집이 있고 연못도 있다. 길이 있고 산과 들, 시내가 있다. 나무와 풀이 있으며 꽃이 피고 열매도 맺는다. 새가 날고 짐승이 뛰어다닌다.

하늘에도 나라가 있다. 그것도 여럿이다. 경계가 있고 문지기도 있다. 장군과 병졸이 있는가 하면 신하와 백성, 남녀 시종도 있다. 창과 칼, 호미와 괭이가 있다. 못에는 개구리와 물고기, 자라와 가재가 있다. 인간세상처럼 속고 속이는 일이 있다. 기쁨과 슬픔, 갈등과 다툼, 화해와 용서도 있다.

하늘세계의 왕은 옥황상제다.[100] 그분은 늘 여러 가지 일로 골머리를 앓는다. 하늘에서 말썽을 부리는 자를 인간세상으로 내려보내기도 한다. 그의 죄가 깨끗이 씻길 때까지 세상에 머무르게 한다. 그가 인간세상 귀양살이 중에도 말썽을 부리면 어떻게 할까? 땅 밑 지하세계로 보내버린다. 늘 어둡고 질척거리며 슬픔과 고통으로 가득한 그곳에 들어가면 하늘세계로 되돌아갈 기약을 하기 어렵다.

하늘세계에는 수명이 없지만, 인간세상에는 수명이 있다. 그것도 짧다. 하늘에서 보면 한순간처럼 짧다. 게다가 육신은 병으로 고통받고 마음도 상처받는다. 괴로움이 크다. 사람의 능력은 제한되어 할 수 있는 일이 많지 않다. 가장 가슴 아픈 일은 가족이 앓다가 죽거나, 늙어서 기운 없이 지내다가 죽는 모습을 보는 것이다. 하늘세계에는 이런 일이 없다. 지하세계에도 이런 일이 없다. 지하세계에서는 눈물과 고통이 끝없이 계속될 뿐이다.

하늘을 엿보거나 겪은 사람이 다시 인간세상으로 내려가면 제 일을 소홀히 하기 쉽다. 하늘 꿈만 꾸는 사람이 된다. 땅과 하늘을 오가는 샤먼도 하늘에 오래 머무르게 해서는 안 된다. 잠시 와 제 일만 보고 내려가게 해야 한다. 그러지 않으면 하늘에 머물려고 할 것이다. 세상은 샤먼을 필요로 하는데, 그가 하늘에 머물면 세상은 어떻게 되겠는가?

시베리아의 샤먼이건, 한국의 샤먼이건, 샤먼은 지하도 알고 하늘도 안다. 세상과 세상 사이를 오가며 보고, 듣고, 겪기 때문이다. 그러나 하늘의 신이 그의 눈을 감기고 귀를 막기 때문에 온전히 알지는 못한다. 막연한 기억만 남을 뿐이다. 그 이상을 알지 못하게 신이 미리 만지는 까닭이다.

샤먼이 더 많이 알고 잘 기억하게 되면 신은 그의 몸이 아프게 한다. 세상 약으로 듣지 않는 고통이 그의 몸에 붙어 있게 한다. 그가 고통에 집중하게 한다. 신은 하늘에서 땅으로 귀양 온 자들도 샤먼처럼 간신히 기억하거나 아예 그가 하늘에서 무슨 일을 했는지 모르게 한다. 그러지 않으면 그가 세상에서 열심히 살겠는가? 다른 이를 돕거나 좋은 일에 신경을 쓰겠는가? 무당에 대한 중국의 옛 기록대로면, 사실 샤먼도 하늘에서 땅으로 귀양 온 사람이다.[101]

샤먼은 얼마나 오래되었나

샤먼의 시대가 저물어도 사회는 샤먼을 필요로 한다. 개인이나 가정의 병치레, 길흉화복은 국가나 지배층도 어떻게 하지 못한다. 책임지지 않으려고 할 뿐 아니라 관심의 대상도 아니다. 왕실이나 귀족 가문에서도 개인과 가문 단위의 일은 스스로 매듭을 찾고 풀어가야 했다. 국가적 차원의 이념, 제도, 종교는 이런 문제의 해결에 소극적이었고 때로 무지했다. 외면과 무관심으로 대응하기도 했다.

샤먼은 국가 단위에서 소홀히 하는 개인과 가정의 삶에 관심을 보이는 존재였다. 사람들은 샤먼에게 길흉화복과 병치레에 대해 말할 수 있었고, 샤먼은 인간의 시작과 끝을 감당했다. 병약하거나 몸에 이상이 있는 사람, 온갖 처방에도 효험을 보지 못한 이에게 샤먼은 원인을 말하고 해결방안을 제시한다. 가뭄과 홍수로 고생하는 마을과 도시에서 샤먼 아닌 누구를 찾겠는가? 종교와 이념이 이런 문제에서는 무력하지 않은가?

샤먼은 세상의 첫 직업 가운데 하나였다. 사실상 마지막 직업이기도 할 것이다. 신을 만나 신과 말씀을 나눌 수 있는 이는 샤먼이다. 모든 사람에게 신이 오는 것도 아니요, 누구나 신의 말씀을 알아듣는 것도 아니다. 샤먼이 신을 알아보며 신의 뜻과 행동방식을 안다. 세상을 만들고 만사를 주관하는 이와 만날 수 있다면 그에게 모든 것을 의뢰하는 것은 자연스러운 일이다.

병이 세상을 다니고 재해가 세상을 덮치는 일은 늘 있었고 지금도 있다. 여기에 어떻게 대응할 것인가. 이념, 종교의례, 사제의 능력, 왕의 명령으로는 이런 어려움을 극복하지 못한다. 의례와 사람의 힘만으로 할 수 없는 일이 있다. 신을 만나는 자, 신의 이름으로 악령과 도깨비를 다룰 수 있는 자가 아니면 누가 이 일을 감당하겠는가? 비록 이제는 사회적 지위가 떨어지고 세상에서의 영향력은 줄었어도 샤먼은 사회에 꼭 필요하다.

지식을 전달받고 거듭 훈련받아 샤먼이 되기도 하고, 갑자기 신이 몸에 내려 얼결에 샤먼이 되기도 한다. 어떤 방식으로든 샤먼은 존재해왔다. 새로운 샤먼이 출현하는 일도 계속되었다. 신통력의 차이는 있어도 샤먼의 도움으로 병이 낫거나 집안이 겪던 어려움이 그치는 일도 여전히 일어날 것이다.

전쟁에 나갈 일이 있거나 멀고 험한 뱃길이 예정되었을 때, 사람들은 샤먼을 찾았다. 전쟁에서 살아남을지, 오랜 항해를 무사히 마칠 수 있을지 사람들은 알기 원했다. 혹 좋지 않은 징조가 있으면 예방하고 결과를 바꿀 길도 찾아야 한다. 피할 길이 없다면 다른 대책을 강구해야 할 것이다.

샤먼은 이런 일에 대비하려는 이들로 말미암아 사회의 음지에 있다가도 양지로 불려 나왔다. 위기가 거듭되면 샤먼이 불려 나오는 일도 잦아졌다.[102] 늘 현재는 불안하고 미래는 불투명하다. 샤먼은 현재와 미래에 드리운 그늘과 안개를 걷는 일을 한다. 샤먼은 이를 통해 저의 능력을 보여주고 존재를 확인시킨다.

샤먼의 도구는 샤먼에게만 반응한다

샤먼 부부가 굿판을 벌일 때, 대개 남편은 북을 두드리고 부인은 춤을 추며 신을 부른다. 한 손에 나뭇가지를 쥔 무당은 보는 이의 정신이 어지러울 정도로 깊이 춤에 몰두한다. 몸을 떨고 머리를 흔들며 목에서 쇳소리를 내며 신을 부른다. 한순간 나뭇가지를 타고 신이 내려오면 무당은 반쯤 정신을 잃는다.

다시 무당이 생기를 찾고 굿판 둘레를 힘 있게 걸어 다니면 그의 혼은 몸속 깊은 곳으로 물러나 잠든 상태고 신이 앞으로 나선 것이다. 목소리도 달라지고 걸음걸이도 달라지며 행동거지 전체가 다 달라진다. 신이 내린 무당은 작두 위를 걷기도 하고 뜨거운 불판 위를 오가기도 한다. 그러나 발이 베이거나 데이는 일은 없다. 그럴 때 굿판 여기저기를 돌아다니는 것은 신이기 때문이다.

무당이 지닌 쇠거울이나 몸에 다는 쇠방울은 신을 깨우고 사악한 귀신을 쫓아내는 도구다. 굿판에서 징을 요란하게 울리거나 북소리를 크게 내는 것도 신을 부르고 사귀(邪鬼)가 멀리 달아나게 하기 위함이다. 언월도니 청룡도니 하는 큰 칼과 창도 무당이 벌이는 굿판에 사용된다. 이런 도구에는 신이나 신의 기운이 서리므로 평범한 사람이 이것에 손을 대면 부정을 탄다. 다치거나 화를 입는다.

사실 어떤 도구든 두려운 마음으로 그것을 잡으면 들지도 못하며 사용하지도 못한다. 주의가 흐트러져 스스로 상처 입을 가능성도 크다. 하물며 신이 쓰던 물건을 사람이 어찌 쓰겠는가? 무당도 제정신일 때는 이런 것에 손도 대지 못한다. 신이 내린 상태에서만 사용할 수 있다. 신에게 익숙한 이런 도구들은 평안하게 쓸 수 있다. 살아 있을 때 분신처럼 썼던 도구 아닌가?

샤먼이 쓰는 북의 겉면에는 그가 속한 민족이나 집단의 역사와 신화가 그려져 있다. 이것을 볼 때마다 샤먼은 신이 자신과 민족을 돌본 시간을 회상하게 된다. 샤먼의 옷도 민족과 집단의 역사와 신화를 담는다. 오랜 기억과 경험이 옷 위에 있다. 사회구조와 오래 유지된 풍습이 그 위에 있다. 이 옷을 보면서도 샤먼은 자신의 정체성을 재확인한다. 자신이 누구며 무슨 일을 하고 있는지를 알거나 되새긴다.

샤먼의 도구는 대를 이어 전해진다. 너무나 오래되어 내력을 더듬어

청동간두식(국립중앙박물관) 청동기시대의 종교·신앙에서 청동방울이 내는 소리는 신을 부르고, 신의 임재를 알리는 신호였다. 현대에도 무당은 굿이 진행되는 동안 쇠방울을 흔들며 신과의 대화를 시도한다.

올라가기 어려운 것도 있다. 평범한 사람은 손대기도 두려운 것들이 샤먼에서 샤먼으로 이어진다. 샤먼이 쓰는 도구는 신이 내린 것이다. 신이 자신을 위해 샤먼에게 맡긴 것이다.

일본의 신사에서 거울과 방울이 신의 몸이 된 이유는 무엇인가

일본의 신사들은 각기 다양한 신체(神體)를 모신다. 신사마다 모시는 신이 같기도 하고 다르기도 하다. 사람이 죽으면 혼이 조상신의 세계로 돌아가 신이 되므로 신사에 모실 수 있는 신은 무한히 많다. 신사 가운데는 씨족의 조상신을 모시는 사당에서 출발한 것이 많다.

성불(成佛)을 바라며 죽은 자를 불교사원에 모시고 신사에 모시기도 한다. 신이 된 혼이 다시 성불해야 하는지, 여전히 신으로 남아도 성불이 되는지는 확실치 않다. 아무도 이에 관해 묻지 않는다. 사실 신도(神道)

와 불교는 기원부터 다른 종교지만 일본인은 신사에서도 빌고 불교사원에 가서도 예불을 드린다.

신사에 모시는 오래된 신 가운데 사람의 모습으로 상정된 신이 있는가 하면 짐승의 형상으로 묘사된 신도 있다. 신은 사람으로 세상에 오기도 하고 짐승으로 나타나기도 하는 까닭이다. 신이 어떤 모습으로 세상에 모습을 드러내는지와 상관없이 신이 어디에 있는지는 신사마다 해석이 다르다. 평시에 신의 거처가 어디에 있고 신이 자신의 기운을 남겨두는 곳이 어디인지, 신이 늘 머물며 신통력을 발휘하는 곳이 어디인지 신사마다 설명이 다르다. 신체가 반드시 생물이어야 하는지도 신관마다 인식이 다르다.

신사가 자리 잡은 뒤편의 거대한 산 전체를 신의 몸으로 여겨 입산이 아예 금지되는 곳도 있다.[103] 검은 돌이나 둥근 거울에 신이 머문다고 여겨 이것을 신체로 모시기도 한다. 신체를 특정한 형상으로 상정하지 않는 예도 있다. 이럴 때 신체를 모시는 공간은 비어 있다. 그런데도 신은 숭배되고 영험한 힘을 발휘하는 것으로 믿어진다.

청동거울이나 청동방울이 신체로 모셔진 신사는 기원이 오랜 것이 대부분이다. 거울과 방울은 샤먼의 무구(巫具)이고 청동기시대 제사장의 가장 중요한 제사 도구였다. 일본 역사시대 초기, 야마대국의 샤먼왕 히미코도 이런 도구들을 자신의 몸에 지니고 있었을 것이다. 거대한 전방후원분(前方後圓墳)에서 반드시 출토되는 것도 거울과 방울이다.

청동거울과 청동방울은 일본열도 바깥에서 전해진 물건이다. 거울과 방울은 일본의 신사가 어떤 관념을 바탕으로 성립했는지 말해주는 물건이기도 하다. 여기에 검과 옥이 더해지면 청동기시대 동북아시아 제의의 기본 도구가 완성된다. 한국 삼한시대 청동기문화를 알게 하는 기본 유물도 거울과 방울, 검, 옥이다.

　청동기시대부터 초기 철기시대까지 삼한 소국의 제사장은 이런 도구를 갖추고 제의를 펼쳤다. 삼한이 격렬한 전쟁의 소용돌이에 빠져들자 이를 피해 일본열도로 건너간 무리가 이전과 같은 방식으로 소도를 설치하고 천군을 중심으로 제의를 치렀다. 그들은 신사를 세웠고 그들에게 가장 귀한 것을 신사에 모셨다. 청동 거울과 방울도 그런 것 가운데 하나였다.

샤먼의 시대는 어떻게 끝났을까

　인간의 삶에서 농경과 목축으로 생산된 것의 비중이 높아졌다. 그러자 생산된 것을 약탈하려는 자들이 나타났다. 지키려는 자와 뺏으려는 자 사이의 충돌이 자주 일어나자 남자의 역할이 중요해지게 되었다. 남녀가 하는 일의 무게 균형도 한쪽으로 기울기 시작했다. 보조신에 불과했던 남신들이 존재감을 드러내게 되었다.

　신석기시대 말에는 집단 사이의 갈등과 무력 충돌이 빈번하게 일어났다. 청동기시대에 접어들면서 충돌은 일상적인 것이 되었다. 충돌의 규모도 점차 커졌다. 전쟁이 일상적인 사건이 되자 남자가 사회생활을 주도하는 현상이 나타났다. 생산은 여전히 여신과 여신을 따르는 자들의 몫이었지만, 생산된 것을 지키는 일이 그보다 더 중요해지는 기이한 현상이 오히려 자연스럽게 받아들여졌다.

　잦은 전쟁이 지배/피지배 관계를 불러왔다. 지배자는 하늘이 되고, 피지배자는 땅이 되었다. 하늘이 남신의 공간이 되고 땅이 여신의 터가 되

었다. 그 전의 큰 여신은 하나였으나, 새로 하늘을 차지한 남신은 여럿이
었고 서로 고만고만했다. 하늘이 누구의 몫이냐, 누가 하늘을 지배하느
냐로 남신들 사이에 갈등이 일었고 충돌로 번졌다. 위아래 서열을 정하
기 위한 싸움이 수시로 일어났다.

큰 여신과 달리 남신은 금속제 무기를 사용하는 존재들이었다. 전쟁
으로 말미암아 신의 세대가 바뀌고 새 세대의 신들이 옛 신들을 하늘 한
편에 몰아넣었다. 아버지 신들이 아들 신들에게 하늘의 지배권을 내놓
았다. 새 세대의 신들은 폭력적이고 거칠었으며 이전의 여신들을 아내
로 삼는 데 주저하지 않았다. 큰 여신은 땅속 깊이 몸을 숨겼다. 그리고
잊혔다.

남신의 시대가 열리자 사제며 보조자들도 여자에서 남자로 바뀌었다.
마을과 도시의 샤먼이 섬기는 신도 대부분 남신으로 바뀌었다. 어머니
여신이 뒤로 물러나고 여러 명의 새 세대 남신이 앞에 나섰으므로 샤먼
들도 각기 섬기는 남신이 생겼다. 여러 명의 샤먼이 여러 명의 남신을 주
신으로 받드는 시대가 열린 것이다.

철기시대가 시작되자 전사와 영웅이 모든 것을 지배하게 되었다. 때
로 독립적이던 샤먼들도 이제는 전사왕의 신하가 되었다. 신의 권위는
왕의 권력을 위해 필요했다. 권력이 앞서고 권위는 그 뒤를 따라야 했
다.[104] 샤먼은 왕의 권력과 권위를 뒷받침하는 존재가 되었다.[105] 샤먼은
이제 유별나고 특출한 존재가 아니었다. 여러 종류의 직업인 가운데 하
나였다.

조직적이고 분업적인 사회가 되면 한 사람에게 지식과 권위, 권력과
재부가 모두 몰리는 것은 허용되지 않는다. 왕을 비롯하여 누구나, 예외
없이 조직의 일원으로 살아야 한다. 왕이 절대적이고 신성화된 존재가

된 듯이 보여도 상징적으로만 그런 경우가 일반적이다. 실제 권력과 권위는 조직을 지탱하는 여러 개의 기둥에 분산되어 있다.

　신전이 세워지고 신앙 대상과 교리, 사제가 짜임새를 갖춰 역할대로 움직이기 시작하면 샤먼은 설 자리를 잃는다. 샤먼도, 그가 섬기는 신도 조직적인 신앙세계에 적응하지 못하는 까닭이다. 국가라는 거대한 조직체에서 샤먼이 할 수 있는 일은 '종교적 심성'을 어루만지는 일 정도다. 샤먼에게는 그 이상의 일이 허용되지 않는다. 샤먼은 여전히 하는 일이 있지만, 사회 중심에 서 있지는 못한다.

제9장

음양오행론
: 세상 돌아가는 원리

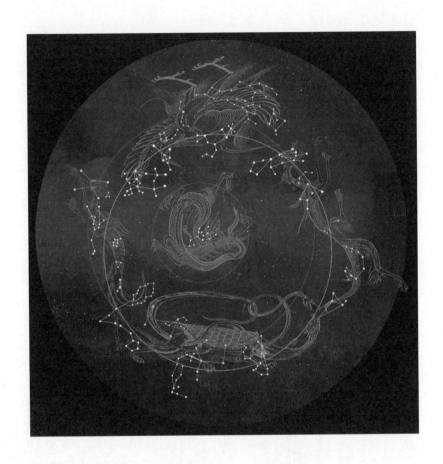

28수와 오신('천상열차분야지도'를 바탕으로 한 복원도, 김일권 그림) 태양이 지나는 길의 28개 별자리와 하늘 중앙의 북극성과 북두칠성을 오신(五神)으로 형상화한 천문도. 동아시아의 음양 오행론은 우주의 기본질서와 운행원리를 설명하는 이론이다. 음양오행론은 동아시아 여러 나라 에서 일상생활을 규정하는 원리로도 받아들여졌다는 점에서 유럽의 사원소론에 비해 사회적 영 향력이 깊고 크다.

새벽부터 부지런히 샤머니즘 정리를 시작한 나는 해가 뜬 뒤 한참 지나서야 안도의 한숨을 쉴 수 있었다. '마쳤군. 이제 음양오행론이네. 이건 사실 샤머니즘보다 더 어려운데, 오전에 다 마칠 수 있으려나?' 자리에서 일어나 거실을 한 바퀴 돌았다. 너무 집중한 까닭일까? 눈뿌리가 약간 쑤시는 듯했다. 부엌에서 잠시 부스럭거리다가 컴퓨터가 놓인 책상 앞으로 돌아와 앉았다. 내 손에는 식은 커피 한 잔이 들려 있었다.

'음양오행론을 누구나 안다고 생각하지만, 구체적으로 아는 사람은 오히려 손에 꼽을 정도일 것이다. 음양론과 오행설이 처음에는 하나가 아니었다는 사실도 잘 알려지지 않았지만, 동아시아 사람들에게 음양과 오행은 상식이다. 물론 지금의 세대에게는 낯설 것이다. 상식이라고는 하지만, 지금 이전의 세대에서도 음양오행론은 구체적으로 아는 건 없는 막연한 상식일 뿐이다. 사실 한 꺼풀 벗기고 들어가면 음양오행론이 어떻게 적용되는지 설명할 수 있는 사람은 드물다.'

곰곰이 생각해보니 나 자신도 음양오행론은 상식적인 수준에서만 이해할 뿐이다. 오행의 상생설이며 상극설 정도를 아는 데서 더 나아가지 못한다. 그나마 음양오행론을 설명하고 이해시킬 정도까지 와 있다는 점에서는 다른 사람과 차이를 보인다고 할까?

'그래, 한 가지 확실한 건 음양오행론이 도교나 불교, 유교 등 어느 종교와 사상에서도 배척되지 않는다는 거야. 오히려 각 종교의 이론을 설명하는 데 적극적으로 활용된다는 거지. 어쩌면 사람들이 상식으로 받아들이기 때문에 그런지도 몰라. 아니면 세 종교와 사상이 앞서거니 뒤서거니 하면서 이 이론을 받아들여 자기 종교의 이론적 설명에 활용했기 때문일 수도 있지. 역사기록으로는 유교에서 오히려 적극적으로 음양가와 오행가의 이론을 받아들여 제 것으로 삼았다고 하니, 이미 사회 전반에 상식으로 확산된 뒤여서 그게 가능했던 건가?'

만물은 무엇으로 이루어졌을까: 음양의 원리

만물은 짝을 이루는 두 가지 다른 요소로 이루어졌다. 음과 양이다. 이 두 가지 요소의 속성을 지니지 않은 것은 없다. 어느 것이 더 강하게 드러나느냐의 차이는 있어도 이외에 제3의 요소는 상정할 수 없다. 하나 안에 다른 하나가 있고, 그 안에 또 짝이 되는 반대의 요소가 들어 있다. 그러나 밖으로 드러날 때는 보통 이 둘 가운데 하나이다.

하늘은 양이고 땅은 음이다. 해는 양이고 달은 음이다. 남자는 양이고 여자는 음이다. 모든 생명의 수컷은 양이고 암컷은 음이다. 각 생명체의 몸 안에도 양과 음이 있다. 밝고 빛나는 기운은 양이고 어둡고 고요한 기운은 음이다. 맑은 것은 양이고 탁한 것은 음이다. 채소든 나무든 아래로 내려가려는 것은 음이고 위로 오르려는 것은 양이다. 뿌리는 음이고 줄기는 양이다. 뜨거운 것은 양이고 찬 것은 음이다. 가볍게 떠오르는 것은 양이고 무겁게 가라앉는 것은 음이다. 봄은 양이고 가을은 음이다. 천지 만물이 천변만화한다고 해도 각각 음과 양으로 나누지 못할 것은 없다.

빛과 어둠이 다 있어야 하고 결국 하나이듯이 음과 양은 각각 홀로 존재할 수 없다. 그래서도 안 된다. 한쪽이 약하고 다른 쪽이 강해도 안 된다. 질서와 조화가 깨지기 때문이다. 불과 얼음 가운데 하나만 있으면 안 되듯이 양과 음은 어디서나 함께 있어야 한다. 어느 것이 좋고 어느 것이 나쁘다고 가치 판단을 해도 안 된다. 둘 다 중요하기 때문이다. 높은 것이 양이면 낮은 것은 음이다. 큰 것이 양이면 작은 것은 음이다. 물에도 양과 음이 있고, 풀과 나무에도 음과 양이 있다.

자연 만물에는 음과 양의 기운이 섞여 있다. 심지어 구분해내기 어려운 사례도 있다. 속성을 읽어내는 것이 중요하다. 어느 것이 강한지, 압도하는지, 높은지를 알아내야 한다. 심지어 시간과 장소에 따라 음과 양의 조합 방식이 달라지기도 한다. 음의 속성 안에 있는 양을 읽고, 양의 기운 안에 숨은 음의 속성을 읽어야 한다. 양으로 보여도 음인 것이 있고, 음으로 보여도 양인 것이 있다. 양과 양, 음과 음은 서로 밀어낸다. 기운이 다르면 서로 잡아당긴다. 이것으로 속성의 같고 다름을 짚어낼 수도 있다.

양은 바깥으로 나오고 음은 안으로 들어간다. 양은 위로 뜨고 음은 아래로 가라앉는다. 앞은 양이나 뒤는 음인 것이 있고 그 반대도 있다. 어느 기운이 먼저 겉으로 드러나는지를 보아야 하는 것도 이 때문이다.

오행은 무엇인가

음과 양이 모든 물체와 생명 안에 있어 서로 어울리고 밀어내지만 섞여서 드러내는 속성은 다섯 가지다. 이것이 오행이다. 불의 기운과 속성을 담아 드러내는 것을 '화(火)'라고 하며, 물의 기운과 속성이 있으면 '수(水)'라고 한다. 나무의 기운과 속성이 담겨 있으면 '목(木)', 쇠의 기운과 속성을 드러내면 '금(金)'이라고 한다. '토(土)'는 흙의 기운과 속성을 보이는 경우다. 물체와 생명이 세상에 드러내는 이 다섯 가지 속성은 서로 순환과 역행의 관계로 맞물린다.

세상의 모든 물체와 생명은 오행의 기운과 속성에 의해 상호 관계가 결정된다. 오행의 각 속성으로 말미암아 하나의 다른 하나에 대한 순환과 역행 여부가 정해진다. 모자 관계인가, 천적 관계인가? 나무에서 불이 나고 불로 말미암아 흙이 생기며, 흙이 뭉치면 쇠가 되고, 쇠가 녹으면 물이 되며, 물로 말미암아 나무가 성장하여 꽃을 피운다는 식이다. 물론 나무와 불, 흙과 쇠, 물과 나무도 각각 속에 담고 있는 양과 음의 조화 관계는 다르다.

사람 몸 안의 오장육부도 각각 오행의 한 가지 속성을 지니고 있으며, 여기에 맞춰 그것에 좋은 음식을 먹을 수 있다. 오행에 해당하는 색, 예를 들면 청룡의 푸른색과 백호의 흰색, 주작의 붉은색과 현무의 검은색, 황룡의 누런색도 방향뿐 아니라 오행의 속성을 지니고 있다. 오장의 상태에 맞추어 푸른색과 흰색, 붉은색과 검은색, 누런색의 음식을 먹어 효과를 볼 수도 있다.

하루도 다섯 때로 나눌 수 있고, 한 해도 오행의 흐름으로 설명할 수 있다. 각각의 물체도 고유의 속성 외에 다섯 상태를 보인다. 화는 양기가

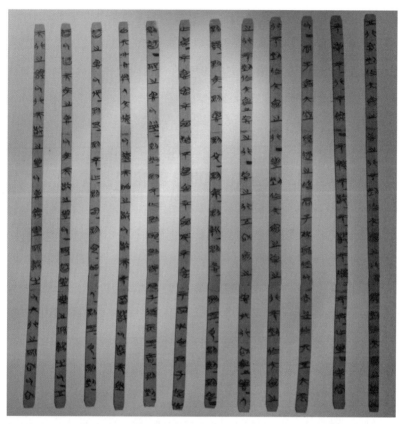

죽간에 기록된 오행론(곽점초묘 출토, 중국 전국시대, 형문시박물관) 곽점초묘에서는 도가 및 유가 문헌 13편이 죽간본 형태로 출토되었다. 오행론은 11편의 유가 문헌 중의 한 편으로 분류되었다.

음기를 완전히 누른 상태다. 목은 양기가 상대적으로 강한 상태이며, 토는 음양이 조화를 이룬 중화 상태이다. 음기가 상대적으로 강한 상태가 금이고, 음기가 양기를 완전히 누른 상태가 수다. 따라서 음양오행을 적용하면 세상의 어떤 상태도 이해하고 설명할 수 있다.

천지만물은 반드시 다섯 가지 속성과 기운의 하나에 속한다. 만물의 생성과 소멸은 이러한 오행 안에서 자연스럽게 이루어져야 한다. 음양의 강약은 자연스럽게, 필연적으로 변화를 겪는다. 이 과정에서 다섯 가지 속성과 기운의 흐름 중 자신이 어디에 해당하는지가 확인되면 자연의 질서를 거스르지 않고 살 수 있다.

오행의 상생(相生)과 상극(相剋)이란 무엇인가

오행은 서로 상생과 상극의 관계를 이룬다. 하나에서 다른 하나가 나는 것을 상생, 하나가 다른 하나를 누르고 이기는 관계를 상극이라고 한다. 물고 물리느냐, 낳고 낳느냐이다. 오행의 어느 하나가 빠지면 상생, 상극이 어그러뜨려진다. 세상의 질서, 만물의 순환이 깨지는 것이다. 음과 양이 생성, 순환의 원인으로 작용하지 못하고 하나로 엉킴으로써 자연 만물의 상호 운행이 멈추게 된다. 좋게 표현하면 태초의 고요로 돌아가게 되는 것이다.

그리스 철학자들은 만물의 기본요소를 흙, 물, 불, 바람으로 보았다. 이른바 사(四)원소론이다. 사원소론에서는 한 원소가 다른 원소에 영향을 미쳐 생성과 순환이 이루어진다고 상정되지는 않는다.[106] 서로가 정교하게 얽혀 돌아가는 관계가 형성되지 않는 것이다. 오행의 중심에 있는 토(흙)가 음양의 균형상태를 의미하는 점에서도 오행과 사원소론은 차이를 보인다. 오행 가운데 네 행은 각각의 극점을 의미하나 토(흙)로 말미암아 균형을 찾고 중심과의 안정된 관계를 회복한다.

이런 점은 동서남북의 사방위론에서 더 극적으로 나타난다. 중앙에 토(흙)가 들어옴으로써 원심력과 구심력이 균형과 평정을 이루게 된다.

하루의 음양 중화상태, 사계의 중심적 시간대도 토(흙)에 의해 설정된다. 오행론은 극과 극 사이의 균형과 중립을 상정할 수 있다는 점에서 매우 유효하고 의미 있는 순환론을 성립시킨다. 관찰이나 원리 이해의 수준이 한 단계 더 올라갈 때 오행론이 지니는 가치가 재인식될 수 있다.

오행론은 제자백가의 하나인 음양가의 우주운행론이다. 중국의 춘추시대에 제시되고 전국시대에 추연에 의해 체계화되었다.[107] 한대에는 중국 바깥 세계로도 전해져 정치적 사건의 해석에 활용될 정도로 널리 퍼졌다. 오행론에서 특히 주목받은 부분은 상생론과 상극론이다. 왕조의 계승, 국가의 운명이 추연이 제시한 오덕종시설(五德終始說)에 근거하여 해석되었으며 정치적 선전의 근거로 활용되었다.[108] 오행상극론에 바탕을 둔 가설이 몇 걸음 더 나아가 운명론이 되고 신앙과 이념에도 영향을 주게 된 것이다.

『삼국사기』에는 이런 이야기가 전한다. "부여왕 대소가 고구려 대무신왕에게 머리가 둘 달린 붉은 까마귀를 보낸다. 부여의 사신이 대소왕의 말을 전하기를 '검은색은 북방의 색이요, 붉은색은 남방의 색이니, 부여가 고구려를 병합할 징조가 아니겠는가?' 그러자 고구려의 대무신왕이 부여 사신에게 말했다. '이런 까마귀를 남쪽의 고구려에 보냈으니, 이는 남에서 기운을 얻어 북으로 가게 됨이 아닌가? 두 나라의 존망을 알 수 없구나.' 했다. 이 말을 전해 들은 부여의 대소왕은 '아뿔싸!' 했다고 한다."[109]

오행의 각 요소가 제 색이 있고 그런 색의 짐승을 주고받음이 국가의 운명으로 해석된 것이다. 가설이 정치·외교적 수사에 적용되어 현실사회에서 힘을 발휘하는 과정이 적나라하게 드러난 사례이다. 실제 두 나라는 오래지 않아 전쟁에 돌입했고 부여의 대소왕은 전사했다. 물론 고

황룡(오회분4호묘, 고구려, 중국 집안) 천하의 중심을 가리키는 황룡은 중국 오제(五帝)의 우두머리인 황제(黃帝)의 상징이기도 하다. 이런 까닭에 황룡이 묘사된 고구려의 강서대묘나 오회분 4호묘를 왕릉으로 추정하는 이들도 있다.

구려군도 부여군을 완전히 제압하지는 못했다. 그러나 만주의 패권을 겨루던 상대인 부여의 왕을 죽였으니 고구려가 부여로부터 받던 압박감은 크게 덜어졌다고 하겠다.[110] 이후, 부여는 고구려에 조공을 요구하는 등의 무리한 정치적 압박은 가하지 못했던 듯하다.

　오행은 색과 방위에 적용될 뿐 아니라 하늘의 별자리와도 상응한다. 동-청룡, 서-백호, 남-주작, 북-현무, 중-황룡이라는 오신(五神) 개념이 그 대표적인 사례이다. 좌청(左靑), 우백(右白), 전주(前朱), 후현(後玄), 중황(中黃)이라는 개념이 정립된 것이다. 오방색은 곡식과 채소, 과일에도 적용되어 색깔과 성분, 장단점이 인체의 각 부위에도 연결된다. 붉은 곡식은 열을 내는 데 도움을 주고, 검은 곡식은 열을 가라앉히는 역할을 한다는 식이다. 의약과 건강에도 오행의 원리가 적용되고 음양론이 영향을 끼치게 된 것이다. 오행의 상생과 상극 관계를 잘 이해하고 음식을 섭취하면 건강 장수가 가능하다는 이 이론에서 한 걸음 더 앞으로 나가면 신선이 되기 위해 음식을 섭취하는 방식을 제한하는 섭생론으로 이어지게 된다.

인체와 세계는 같은 원리로 작동될까

음양오행론은 자연에서 먹을 것을 얻는 사람의 몸은 자연이 운행하는 방식대로 작동한다는 이론을 제시한다. 그렇다면 우주의 큰 것부터 미세한 것까지 운행되는 원리가 같다는 말이 아닌가? 천인감응(天人感應) 또한 음양오행과 원리적으로 연결된다고 해서 이상할 것은 없다고 하겠다.

인체의 오장육부는 각각 오행 가운데 하나의 속성을 지닌다. 간과 담은 목이고 심장과 소장은 화이다. 비장과 위장은 토요, 폐와 대장은 금이다. 신장과 방광은 수다. 동일한 속성의 두 장기는 음양의 강약이 달라 서로 음양의 관계를 맺는다. 둘이 하나이고 서로 표리가 되는 것이다. 이런 까닭에 하나에 이상이 오면 다른 하나에도 이상이 나타난다. 신장이 나빠지면 방광도 나빠지는 것이다. 하나가 좋아지면 다른 하나도 덩달아 상태가 개선된다. 폐가 건강해지면 대장의 상태도 좋아진다. 오행의 각 행에 해당하는 장기들은 상생과 상극의 관계를 맺는다. 소우주인 인체가 이러하듯 대우주인 세계도 운행되는 원리는 같다. 자연에 존재하는 모든 것은 오행의 하나에 해당하는 속성을 지니기 때문이다.

뭉쳐 있으나 약하고 부드러운 것은 목이며 정밀하면서 작은 것은 화다. 실하면서 흩어진 것은 토요, 강하고 견고한 것은 금이다. 많으나 비어 있는 것은 수다. 물질이 아닌 개념, 방위, 계절, 소리, 냄새, 맛도 오행으로 분류할 수 있다. 이럴 때도 상생은 만나고 상극은 피하는 게 상책이다.

인체와 관련된 모든 것을 오행에 맞출 수 있으므로 일상생활과 음식 섭취도 오행의 원리에 맞추면 별문제가 없다. 사람을 태양, 소양, 소음, 태음으로 나누어 진료할 수 있다는 조선시대 이제마(李濟馬)의 사상의학 분류체계도 바탕에는 음양오행론이 있다. 건강에 대한 일반적인 관리뿐 아니라 기질과 관련된 인간관계의 지혜 역시 음양오행론에 맞출 수 있다.

음양오행론은 사실 단순하면서도 정교한 이론체계이다. 보이는 것과 보이지 않는 모든 것에 이 이론을 적용할 수 있다. 특히 사상과 신앙 외의 사고에 이 이론을 적용하면 무궁무진한 적응력을 보인다. 동아시아 세계에서 음양오행론을 배제하고 상식과 교양을 논하기는 어렵다. 일상에 연결된 기본 사고의 바탕에 음양오행론이 깔려 있기 때문이다.

하늘과 땅, 사람은 어떻게 서로 감응할까

중국 한나라 때는 천인감응설과 음양오행론, 별자리에 대한 성신(星辰)신앙, 상서로운 존재에 대한 상서(祥瑞)신앙이 서로 얽히며 어우러졌다.[111] 하늘과 땅, 사람이 서로 감응한다는 이론은 하늘의 별자리를 형상

경혈(經穴)을 나타낸 청동인체상(조선시대, 국립고궁박물관) 음양오행론에 따르면 인체도 작은 우주여서 음양오행의 이치를 따라서 작동한다. 경(經)은 기(氣)의 순환이 이루어지는 세로로 난 대로로 경맥이라고도 한다. 락(絡)은 경 사이를 잇는 가로로 난 소로이다. 경혈은 피부 가까이에 점점이 흩어져 있는 기가 모인 곳으로, 이 경혈에 침을 놓는다.

화하여 신앙 대상으로 삼는 일을 이전보다 적극적으로 이루어지게 자극했다. 사실 여러 별자리를 이어 하나의 형상으로 만드는 작업은 이미 이루어진 상태였고 이것을 음양오행론과 천인감응설에 어떻게 잇느냐가 남아 있는 과제였다.

땅에서 하늘을 보면 해는 한 해 동안 여러 별자리를 지난다. 동북아시아에서 관찰한 해가 지나는 길, 곧 황도에서 만나는 별자리는 모두 28개이다. 이를 황도 28수라고 한다. 이 별자리들을 동서남북 방위별로 일곱 개씩 나누어 형상화하면 청룡, 백호, 주작, 현무가 된다. 무엇을 그리려고 하느냐에 따라 그림은 달라질 수 있다. 이 우주의 사신수는 전통적인 신앙의 대상이던 청룡과 백호에 주작과 현무를 더한 것으로 보아도 무방하다.[112]

하늘 황도의 28개 별자리로 이루어진 사신은 하늘에 있는 방위별 신수이다. 그러나 이 사신수가 산 사람의 집인 양택, 죽은 사람의 거처인 음택을 방위에 맞추어 지켜준다면 하늘의 힘이 땅으로 오고 사람에게도 영향을 준다. 사신수의 보호를 받는 세계가 탄생하는 것이다. 하늘과 땅, 사람이 어우러지게 되면 복과 재부가 산 자와 죽은 자 모두에게 간다. 자손대대 부귀와 명망을 누릴 수 있게 되는 것이다.

풍수지리설은 집이나 마을, 궁궐을 짓기에 적합한 장소를 선택하여 그 이유를 설명하는 이론이다. 바람과 햇볕, 물이 나들기 좋은 곳을 찾는 과정을 거치며 발달하고 정립된 이론이다. 초기의 풍수지리설은 사람이 사는 곳, 곧 양택으로 적합한 장소를 찾는 데 초점을 두었다. 그러나 풍수지리설이 천인감응설을 매개로 인간의 길흉화복을 논할 수 있게 되자 음택, 곧 죽은 자의 집을 마련하는 과정에도 중요한 역할을 하게 되었다.[113] 풍수지리에서 좋은 장소인 명당을 찾는 과정은 궁궐이나 주요한 기능을 하는 건물의 터를 정하는 작업으로 시작되었지만, 시간이 흐르면서 음택 선정에도 적용된 것이다.

하늘 사신 형상의 지세를 땅에서 찾기는 어렵다. 좌청룡, 우백호, 전주작, 후현무의 지세를 찾아내 그런 곳의 한가운데 집을 짓거나 무덤을 만들어야 하는데, 그러기가 쉽지 않다. 사실 노년기 구릉이 발달한 곳이 아니면 사신지세(四神之勢)의 땅을 찾기는 하늘의 별 따기다. 중국은 평야가 넓고 사막과 거친 산이 교차하며, 소택지(沼澤地)가 끝없이 뻗어 있다. 넓은 지역에 걸쳐 서서히 지형이 바뀐다. '사신 형상의 지세' 찾기가 모래더미에서 작은 구슬 찾기에 가깝다.

이런 현실적 어려움을 극복하려 제시된 이론이 지세를 대신하는 조소와 회화의 효능이다. 무덤칸의 벽이나 관의 네 면에 방위에 맞춰 사신을 새기거나 그리면 같은 효과를 볼 수 있다는 관념이다. 땅의 형상과 배치

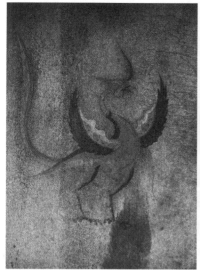

주작(강서대묘, 고구려, 북한 남포) 우주의 남방 수호신인 주작은 무덤의 입구에 그려져 사령(邪靈)의 침입에 맞서는 존재이다. 암수 주작이 부리에 문 붉은 구슬 같은 것은 곤륜선계를 흐르는 약수(弱水)를 건널 수 있게 하는 사당(沙棠)이라는 열매다. 선인을 선계로 실어 나르던 봉황이 물던 것을 주작이 똑같이 물고 있는 것은 주작이 봉황에서 유래되었기 때문이다.

가 따라오지 못하니 조소나 그림으로 대신한다는 것이다. 이 얼마나 좋은 방법인가? 이제는 어느 곳에 집을 짓고 무덤을 만들든 방위에 맞추어 사신만 나타내면 되는 것이다. 한반도 남녘에서는 사신 형상의 지세를 찾기 쉽지만, 북녘에서는 그렇지 않다. 북녘의 고구려 고분벽화에 사신이 빈번히 등장하는 것도 이 때문이다.

　하늘의 기운을 받아 세상에서 크게 출세하고 부귀영화를 누릴 수 있다면 조상의 무덤 안에 사신을 그려 넣는 일은 쉽고도 또 쉬운 일이다. 그러나 고구려 고분벽화에 사신이 그려진 경우는 제한적이다. 대귀족과 왕실 사람의 무덤이 아니면 사신의 그림을 찾아보기 어렵다. 어떤 이유에서일까?

풍수지리설과 상지술(相地術)에 입각하여 무덤 자리를 찾고 무덤을 만들 수 있는 사람이 제한적이었기 때문일 것이다. 더구나 무덤 안에 사신을 그릴 화가가 어디에나 있는 것도 아니다. 하늘 별자리들의 화신이 보호하는 세계에 아무나 갈 수는 없지 않은가? 무덤 안에 특정한 주제의 그림을 그려 넣는 일은 일반인뿐 아니라 중하급 귀족에게도 쉽게 허용되지 않았으리라.

우주적 방위신으로서 사신은 무덤 안에 사악한 기운이나 기괴한 존재들이 들어오지 못하게 막는다. 제액초복(除厄招福)이 사신의 역할이기도 하다. 사신을 그려 넣거나 부조로 장식한 기와를 아무나 사용하지 못했듯이 사신도를 무덤 안에 그려 넣을 수 있는 사람은 제한적이었을 것이다. 오행신앙과 일치하는 오신도를 벽화의 테마로 쓸 수 있는 사람은 더 한정적이었으리라. 왕릉으로 추정되는 고구려 강서대묘나 왕실의 최고 인물이 묻혔을 것으로 추정되는 통구사신총, 오회분4호묘 등에만 황룡이 등장한 오신도가 보이는 것도 이 때문일 것이다.

산 자와 죽은 자는 교류할 수 있을까

고대 동아시아의 혼백관(魂魄觀)에 따르면 사람이 죽으면 몸은 신진대사를 멈추지만, 혼백은 남아 활동한다고 한다. 혼은 몸에서 나와 조상의 세계로 돌아가고, 백은 시신과 함께 무덤에 남는다는 것이다.[114] 백은 제사를 받으러 사당으로 올라가기도 하는데, 때로 까탈을 잡고 후손과 인척들을 골탕 먹이기도 한다. 밤에 무덤 근처를 오락가락하다가는 백에 붙잡혀 혼나거나 심지어 다치기도 한다. 그래서 백은 잘 달래고 정성

들여 모셔야 한다. 음양설에 따르면 혼은 맑은 기운이고, 백은 탁한 기운이다. 혼과 백은 각각 양과 음의 속성을 지닌 기운인 셈이다.

산 자와 죽은 자 사이에도 교감할 수 있다는 인식은 오랜 기간 유지되었다. 하늘 위, 혹은 북쪽 먼 곳에 있다는 조상신의 세계로 간 뒤에도 혼은 자손에게 좋은 영향을 끼치려 한다. 부귀영화를 누리게 하고, 자손도 번성하게 돕고 싶어 한다. 어떻게 하면 좋을까?

중국에서 남북조시대에 유행한 신괴(神怪)소설에 따르면 혼은 다른 사람에게 가탁(假託)할 수 있다. 이런 사람은 혼의 후손이 좋은 자리인 명당에 무덤을 쓰고, 좋은 집을 지어 잘 살 수 있게 돕는다. 그런데 알고 보니 좋은 자리가 아닌 곳에 무덤을 썼다면 어떻게 해야 할까? 천금을 내더라도 좋은 자리, 최고의 장소로 무덤을 옮겨야 하지 않겠는가?

사신지세의 한가운데인 황룡의 자리에 새 무덤을 두는 것이 좋다는 것은 누구나 안다. 문제는 이런 자리는 탐내는 자가 많다는 사실이다. 그럴 경우, 몰래 그 자리에 곁다리로 붙는 방법도 있다. 어쨌든 한 귀퉁이라도 차지한다면 하늘에서 내려오는 좋은 기운을 받을 테니까.

실제 중국 한나라 때는 조상 모시기에 최선을 다한 집안의 자손은 충효의 모범이라고 하여 국가로부터 벼슬자리를 받기도 했다. 충효 경쟁이 심하여 한 마을이 특정한 집안의 인물을 적극적으로 후원해 그 덕을 보려 하기도 했다. 돈을 모아 화려하게 장사하고 그럴듯한 무덤과 사당을 만들게 했다. 전국적으로 이런 현상이 일어나 무덤과 사당 만들기에 가문이나 마을이 재부를 탕진하는 일이 빈번해지자 정부에서 이를 문제 삼기도 했다. 죽은 조상이 산 후손의 부귀영화를 결정하는 일이 실제 일어난 셈이다.

음식에 음양오행을 적용한다면

음양오행론에 따르면 음식도 상생, 상극을 고려하여 섭취할 때 인체에 득이 된다고 한다. 조선시대의 의약서인『동의보감』에서는 짠 것을 많이 먹으면 혈액순환에 장애가 생기는 이유를 '수극화(水剋火)'로 설명한다.[115] 이에 따르면 수에 해당하는 짠맛은 화에 해당하는 심장에 영향을 주어 혈액이 원활하게 순환되지 않는다. 금에 해당하는 매운맛은 목에 해당하는 간과 담에 부담을 주어 두 장기가 주관하는 손톱과 발톱, 근육이 땅기게 하고 마르게 한다. 이것이 '금극목(金剋木)'이다. 꿀, 설탕같이 단맛을 내는 음식은 토의 속성인 뭉치게 하는 작용을 한다. 변이 단단해지는 것도 이 때문이니 변비가 있으면 단맛 음식을 덜 섭취하는 것이 좋다.

음식 재료의 색깔도 오행으로 해석하고 섭취의 가부나 다소를 정할 수 있다. 붉은색 식품은 화인 심장에 좋고 흰색 식품은 금인 폐에 좋고, 검은색 곡식은 수인 신장에 좋다. 푸른색이나 녹색 계열 식품은 목인 간장에 도움이 되고 토에 해당하는 노란색 식품은 비장과 위장에 좋다. 금의 기운이 강하고 목의 기운이 약한 태양 체질의 사람은 수에 해당하는 검은색 음식인 어패류 및 해조류, 목을 뜻하는 녹색 계열의 과일과 채소를 섭취하여 수목을 강화하고 화와 금을 약화시켜야 몸이 평형을 찾고 편안해진다. 반대로 자신이 태음인 사람은 금이 강한 흰색 채소와 육류를 주로 섭취하는 것이 바람직하다. 혹 태양인이면서 육식을 좋아하거나 태음인이면서 채식에 치중하면 강약의 균형이 심하게 깨져 건강에 적신호가 켜질 수 있다.

오장육부의 어떤 것이 약하면 해당 속성을 잘 이해하고 이것을 튼튼하게 만드는 음식을 적극적으로 섭취해야 한다. 화인 심장이 약한 사람은 붉은색 음식인 사과, 고추, 오미자 같은 것을, 목인 간이 약하면 푸른 잎채소인 시금치, 쑥갓, 시래기를 섭취하여 몸의 신진대사를 조절해야 한다. 색깔과 관계없이 좋은 것이라고 대량 섭취하면 몸은 이를 받아들이기 힘들어하고 건강도 악화할 수 있다.

유럽의 의학은 어떻게 치료할 것이냐에 초점을 두나, 동아시아 의학은 예방에 더 치중한다고 할 수 있다. 식물이나 동물에서 특정한 성분을 추출하여 이를 약으로 만들어 복용시키는 것이 유럽식이라면 동아시아 스타일은 여러 종류의 식품을 조합하여 끓인 뒤 즙을 내어 마시는 방식을 택한다. 영양의 균형, 면역력 강화를 위해 식품 섭취를 권하는 것으로 '음식이 약이다'라는 말은 동아시아 방식의 예방치료를 뜻한다고 할 수 있다.

동아시아에서 음양오행론이 피부에 와닿게 영향을 끼친 분야는 의약학이다. 사람의 몸과 정신도 음양과 오행에 의해 건강과 안정이 유지된다는 시각을 전제로 침을 놓고, 약을 조제해 달여 먹는다. 침구술은 음양오행의 균형과 조화를 회복하기 위한 기의 올바른 운용에 초점을 둔 행위이다. 약학의 원리도 음양오행이다. 음과 양의 기운이 조화와 균형상태가 아니면, 오장육부가 오행의 기능을 제대로 수행하지 못한다. 그런 상태의 사람은 몸이 아프고 정신도 어지러워진다는 것이다.

동아시아 의학에서는 오장육부의 속성, 신체 활동의 특징, 음식의 맛과 색깔까지 오행의 속성에 따라 분류하고 상생, 상극의 관계를 고려하여 음식을 조합, 섭취할 것을 권유한다. 오장육부의 어느 하나가 지나치게 강하거나 약함으로 발생하는 부작용도 음식을 섭취하여 해결하려 한다.

간이 크면 성질이 급하고 쉽게 화를 낸다. 좋고 싫음도 뚜렷이 나타낸

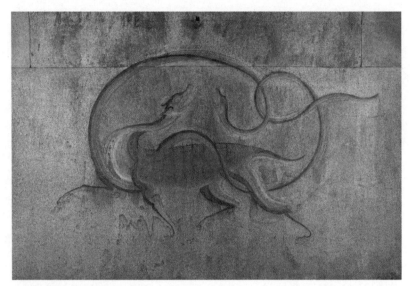

현무(강서대묘, 고구려, 북한 남포) 우주 북방의 수호신인 현무는 뱀과 거북의 합체다. 음양론에 따르면 뱀은 양이고 거북은 음이므로 뱀과 거북은 합체하여 음양의 조화, 우주 질서의 회복을 이룬다. 보통 현무는 뱀과 거북이 서로의 눈을 마주 보게 그린다. 그러나 강서대묘 벽화의 현무는 뱀과 거북이 서로를 향해 비스듬히 머리를 맞들어 입과 눈에서 나오는 기운이 삼각형의 꼭지점 자리에서 만나 음양합일을 이루게 한 점에서 이채롭고 창의적이다.

다. 이런 사람은 단맛, 매운맛 음식을 많이 먹고 신맛 음식을 적게 먹어 간을 다스리는 것이 좋다. 간은 목에 해당하고 녹색은 신맛에 해당하는 까닭이다. 이런 경우 금에 해당하는 기운을 강화시켜야 하는데, 흰색 음식, 단맛과 매운맛 음식이 여기에 해당한다. 이런 음식을 많이 먹어 금의 기운을 보완시켜야 한다.

각각의 속성 안에서도 음양의 강약이 다르므로 특정한 장기를 강하게 만들지, 강한 기운을 누그러뜨려야 할지를 생각한다면 해당 장기가 양의 기운이 강한지, 음이 더 강한지를 먼저 판단하는 것이 중요하다. 여기에 맞추어 음식을 섭취하되 이로 말미암아 다른 장기가 어떤 영향을 받는지도 고려해야 한다. 상생, 상극을 고려하고 음양 균형에서 벗어나지 않는 선에서 지혜롭게 섭취해야 한다.

금인 폐와 대장은 같은 속성을 지녔어도 폐는 음, 대장은 양이 강하다. 양인 대장에 열이 지나치게 가해지면 변이 검고 무르며 가늘어진다. 같은 녹색 계열의 음식이라도 열량이 적은 음식으로 대장을 다스려야 한다. 이와 반대일 때는 대장을 따뜻하게 하는 흰색 음식인 소나 양의 젖을 데워 먹는 것이 좋다.

음양오행론과 도교

음양오행설은 도교를 뒷받침하는 이론체계의 하나이다. 도교의 뼈대를 이루는 신선신앙의 바탕에는 음양오행에 대한 인식이 깔려 있다. 신선이 되는 방법의 하나로 도교에서 제시하는 호흡법과 섭생법도 음양의 균형을 고려한 것이다. 단전 중심으로 기의 원활한 운행을 시도하는 단전호흡법이나 기체조 등도 음양오행론에 바탕을 두고 있다. 호흡법은 내단법(內丹法)이다. 단전호흡에 익숙해지는 과정은 몸속의 음양이 잘 운행되도록 하는 과정이기도 하다.

도교의 신선 수행에서는 오곡을 생식하는 초보 단계부터 오행의 상생과 상극이 고려되어야 한다고 가르친다. 음양의 균형이 유지되어야 함은 물론이다. 남녀는 각각 음과 양의 기운을 지녔지만, 개별적으로는 오행 중 하나의 속성을 지닌다.

우주가 질서와 균형을 향해 움직이듯이 사람도 음양오행의 질서에 맞추어 살 수 있도록 애써야 한다. 특별히 신선이 되기를 원한다면 이는 필수적이다. 질서와 균형의 상태에서 오행의 순환이 원활하게 이루어져야 내적 평정의 상태에 이른다. 이것이 신선의 경지이므로 남녀는 모든 방법으로 몸의 내부가 음양오행의 순환에 맞추어지도록 애써야 한다.

신선의 삶을 가능케 하는 복약도 각각의 약재가 지닌 음양의 기운과 오행의 속성을 잘 알고 조제, 섭취해야 실제 성과를 낼 수 있다고 여겨진다. 신선이 된 후에도 마찬가지다. 불사와 불로를 유지하려면 신선은 음양오행이 선순환을 이루도록 호흡하고 식사해야 한다.

음양오행설이 생활의 상식으로 자리 잡으면서 도교와 밀접하다는 사실은 별로 인식되지 않는다. 여러 갈래의 이론과 신앙을 흡수한 도교에서도 음양오행설이 별도의 이론으로 제시되지는 않는다. 신선론 등에 자연스럽게 녹아든 까닭이다.

태극의 상태에서 음과 양의 분리가 이루어지고, 오행의 속성이 만물에 내재한 채 상생, 상극의 관계를 이룬다는 음양오행설의 기본 이론은 도교에서 가장 중시하는 우주운행과 세계관의 원리이기도 하다. 음양오행의 원리에 익숙지 않다면 도사가 도관을 찾는 신도로부터 신뢰를 얻기는 어려울 것이다.

음양오행론은 유교와 불교에 어떤 영향을 주었을까

중국 한의 유학자 동중서(董仲舒)는 음양오행론을 정리하고 천인감응설을 제시하여 음양오행론이 유교의 한 부분으로 수용되는 데 중요한 역할을 했다. 전한 무제시대의 국가 공인 학문체계는 유교였는데, 동중서의 이론은 민간에 크게 영향을 끼치던 제자백가의 굵직한 논리체계가 배척되지 않고 유교 학문체계에 수용된 좋은 사례라고 할 수 있다.

유교는 윤리학적 사고에 바탕을 두고 정치 질서를 수립하고 유지하려는 경향을 띤다. 그 때문에 한나라에서 당나라까지의 유학에서는 우주의 운행질서나 세계의 구성원리 등 거시적 논리체계를 적극적으로 정리하여 제시하지는 않는다. 그러나 음양오행론은 거시적 운행원리부터 미시적인 생활질서까지 이해하고 설명할 수 있게 한다. 의약과 건강, 자연의 변화와 만물의 성쇠까지 모든 분야에서 음양오행론은 유효한 운행론이다. 음양오행론은 유교에서 별다른 관심을 기울이지 않는 분야에 대해 이해 가능한 설명을 제공해준다. 동중서가 음양오행론을 유교에 적극 수용한 것도 이 때문이었으리라.

음양오행론은 유교에서 언급을 회피하거나 침묵하는 사안에 대한 논리적 이해를 가능케 한다. 왕조의 교체, 최고 권력의 이동, 국가와 국가의 관계, 천문의 변화와 의미 등이 이런 이론으로 설명 가능해진다. 음양오행론을 받아들이면 샤먼이 등장하여 이런 문제에 대한 신의 답변을 제시하는 등으로 영향력을 발휘하는 것을 예방할 수 있다.

왕조의 교체 등은 오행의 상생론으로 설명이 가능하다. 천문의 변화 역시 상생론으로 설명할 수 있다. 혼백과 귀신의 세계도 음양오행론을 바탕으로 논리적 설명이 가능해진다. 음양의 기운이 어떻게 변하고 세계의 균형과 질서를 찾기 위한 노력은 어떤 방향에서 어떻게 이루어져야 하는지 음양오행론은 제시할 수 있다. 음양오행론이 유교와 충돌하지 않고 유교 사회의 바탕에 깊게 깔려 드는 것도 이런 기능 때문이었을 것이다.

불교가 동아시아에 전파될 즈음 음양오행론은 동아시아의 우주만물 운행론으로 확고히 자리 잡은 상태였을 수 있다. 효와 충처럼 음양오행론도 중국을 비롯한 동아시아 사회에서는 상식과 교양이 된 상태였을 것이다. 충효를 받아들이지 않고 불교신앙이 퍼질 수 없었듯이 음양오행론을 무시하거나 배척하면서 불교신앙이 논의되기도 어렵지 않았을까?[116] 그렇지만 불교에서 음양오행론이 지니는 위치가 유교나 도교의 그것과는 차이가 있는 것도 사실이다.

서둘러 음양오행론까지 한달음에 정리하고 나니 해가 중천이었다. 손가락도 좀 저릿저릿했다. 중간에 샌드위치도 하나 만들어 먹었지만 새삼 허기가 졌다. 만두라도 삶아 먹을까 하여 부엌에서 부스럭거리는데, 진석이 제 방에서 나와 화장실로 갔다. 아들 핑계로 커피를 한번 더 내릴까 말까 갸우뚱거리는 걸 알았는지 다시 제 방으로 들어가던 진석이 한마디 했다.

"아버지, 제 것도 내려주세요. 정신 좀 나게요. 새벽에 너무 달렸나봐요. 아직 약간 몽롱하거든요. 지금 바로 나가야 하는데.

그런데 어젯밤에 말씀하시면서 신화가 유교나 불교의 시각으로 다시 이해되고 정리되었다는 거요, 불교나 유교의 어떤 시각이 신화를 어떻게 바꿨다는 거예요? 유교, 불교가 다른 종교라는 건 알지만 이미 잘 알려진 걸 어떤 논리로 손댔다는 거죠? 유교는 공자 왈, 맹자 왈 하면서 합리주의를 내세우고, 불교는 나무관세음보살, 나무아미타불 하면서 깨달음을 구하잖아요? 이런 종교들이 건국신화 같은 데도 영향을 끼쳤다는 건 좀 낯설거든요? 저 지금 바로 나가야 하니까, 어제처럼 이따 밤에 말씀해주세요."

식탁에 마주 앉자마자 진석이 한바탕 제 하고 싶은 말을 쏟아놓더니 접시의 식은 만두 몇 개를 순식간에 먹어치운다. 아비가 대답할 틈도 없다. 벌써 제 방에 들어가 나갈 준비를 한다. 내가 혼잣말로 중얼거린다. '얘가 샤머니즘이니 음양오행론은 묻지 않네. 관심이 없나? 이걸 보여 줘, 말아?'

제10장

불교①
: 낯설고 매력적인
관념과 문화

반가사유상(삼국시대, 국립중앙박물관) 삼국시대에는 카필라국의 왕자 고타마 싯다르타가 반가
좌한 자세로 깊은 사유(思惟)에 빠진 모습이 크게 유행했다. 삼국의 영향으로 일본에서도 불교
전파 초기부터 상당 기간 동안 반가사유상이 다수 만들어졌다.

"어떠니? 남산은 오를 만했지?"

매콤한 무말랭이무침에 젓가락을 가져가면서 아들의 소감을 물었다. 이런저런 이유로 여러 날 함께할 시간을 가지지 못했다. 간신히 시간 맞추어 둘이 경주에 내려오면서 아예 경주 남산 자락부터 부자가 함께 오르내렸다. 서오릉에서 칠불암에 이르는 짧은 코스를 택했다. 숙소로 잡은 한옥 펜션 성오재에서 주인장과 함께 저녁식사를 하며 미루었던 불교, 유교 이야기를 꺼낼 셈이었다. 아들 진석도 이런 자리가 그리 싫지는 않은 표정이었다. 게다가 오늘은 주인 최선생의 딸 혜진도 합석했다. 싱가포르 대학 방학을 틈타 잠깐 귀국했단다.

윤회란 무엇인가

"아버지, 불교 이야기 좀 해주세요. 윤회니 전생(轉生)이니, 수레바퀴 어쩌고 하는 말을 듣기는 들었지만, 정확히 어떤 뜻인지 모르겠더라고요. 불교에서는 전생엔 소였는데, 이생에는 사람으로 태어났다는 식의 말을 하잖아요? 죽으면 조상신의 세계로 돌아갔다가 아기로 되돌아온다는 전통적인 생각과는 많이 다른 거 같아요."

드디어 진석이 불교 이야기를 꺼냈다. 혜진도 알고 싶다는 표정으로 나를 보았다. 먼저 입을 열며 나설 듯하던 최선생은 '참아야지' 하는 얼굴이었다.

"응, 윤회는 본래 인도의 브라만교에서 제시하던 관념이야. 모든 생명의 삶은 다람쥐 쳇바퀴 돌듯 영원히 반복된다는 거지. 물론 사는 모습이랄까, 삶의 형태는 생마다 다르지만 말이야. 인간의 삶도 마찬가지여서 하늘, 사람, 아수라, 축생, 아귀, 지옥이라는 6가지 삶의 유형을 벗어나지 못한다고 해. 6칸짜리 수레바퀴의 어느 칸에 가게 될지는 본인이 지은 선업과 악업이 계산된 결과야. 이 바퀴는 언제나 한 방향으로 굴러가. 모든 생명은 한 생에 한 번 제가 속한 칸 안에서 지내지.

석가모니의 전생은 500차례나 된다고 해. 인도 카필라국의 왕자 고타마 싯다르타가 인간으로서 마지막 삶의 모습이야. 삶마다 자신을 희생하는 선한 일로 덕을 쌓아 마침내 윤회의 수레바퀴에서 벗어났지. 살아서 깨달음에 이른 현세의 유일한 인물이 왕자 고타마 싯다르타야. 샤카족(석가족)의 스승, 석가모니의 500번째 삶이 마침내 윤회로부터의 자유라는 열매를 거둔 거지.

불교에서는 삶이 6개의 구별되는 세계를 오간다고 해. 이전까지 쌓은 삶의 결과에 따라 새 삶의 모습이 정해지지. 새로운 삶의 공간이 사람의 세상이나 하늘일 수도 있고 그보다 못한 곳일 수도 있어. 어쨌든 그는 생마다 새로운 삶의 공간, 삶의 방식, 삶의 모습에 익숙해져야 해.

다음 생에 그에게 어떤 삶이 주어질지는 아무도 몰라. 날마다 순간마다 컴퓨터로 계산되고 있지. 지옥, 아귀는 그리 좋은 삶의 공간이 아니야. 아수라나 축생은 좀 어중간하고. 인간세상이나 하늘세계의 사람으로 사는 것이 그나마 낫지. 물론 더 좋은 건 이런 상황에서 아예 벗어나는 거겠지.

아귀는 늘 굶주림에 시달려. 배는 크나 목구멍은 좁기 때문이지. 아무리 먹어도 그것이 목구멍을 타고 내려가기가 힘들어. 늘 허기에 시달릴 수밖에 없으니 배는 커도 피골은 맞닿아 있지. 교만하고 시기심 많은 자가 모인 아수라에서는 갈등과 싸움이 그치지 않아.

죄업이 쌓여 지옥에 난 자들은 죄에 따라 온갖 벌을 받지. 고통이 이만저만 아니야. 축생은 짐승으로 사는 세계야. 맹수는 허기, 초식동물은 두려움에 시달리지. 가축은 온갖 부림에 고통받아. 역시 목숨을 부지하고 이어가기에 만만치 않은 곳이야. 선업이 쌓여 인간계나 천계에 태어나는 것이 아무래도 낫겠지.

윤회의 수레바퀴를 벗어나기는 쉽지 않아. 낙타가 바늘구멍 지나기보다 어려워. 그러나 어떻게든 윤회의 수레바퀴를 벗어나면 온전한 자유를 누리게 돼. 생명체를 얽어매던 온갖 인연의 끈에서 벗어나니 얼마나 자유롭겠어? 부모와 자식, 부부, 형제의 인연에서 벗어난 자의 기쁨이 어떻겠어? 나와 타인을 구분하고 사람과 자연, 물질과 정신을 나누는 경계에 더는 의미를 부여할 필요가 없으니 또 얼마나 편하겠어?

온전한 자유로 가는 길에는 연꽃이 놓여 있어. 연꽃에서 태어남으로써 마침내 부모와 자식을 잇는 끈에서 자유로워지지. 이것이 정말 가능한가? 정말 그렇게 함으로써 태어나는 세계가 있는가? 마야 부인의 옆구리에서 났다는 고타마 싯다르타는 6년의 고행 뒤 한순간에 이 물음들에 대한 깨달음에 이르렀어. 모든 인연으로부터 자유로워졌다. 그는 연꽃에서 나지 않고도 자신의 정토로 가 그곳의 주재자가 되었어. 석가모니의 '영산정토(靈山淨土)'가 그곳이야. 기원전 6세기, 인도에서 그런 일이 일어난 거야."

업이란 무엇인가

"컴퓨터로 계산된다고요?"

혜진이 물었다. 진석도 그것이 알고 싶은 듯 표정이 비슷했다. 최선생은 '이번에도 말하고 싶지만 참아야지!' 하는 얼굴로 나를 보았다.

"그래. 업(業)이라는 것이 계산돼. 카르마라고 하는데, 좋고 나쁜 결과에 이르는 행위와 생각을 가리키는 말이지. 이 업은 어떤 생명도 피할 수 없어. 그림자가 본체를 따라다니듯이 업은 서 있는 자와 함께 서 있고, 가는 자의 뒤를 따라가. 업은 살아 있는 모든 것의 그림자라고 할 수 있어. 원인이자 결과지. 현재는 과거에서 비롯되고 미래는 현재로부터 비롯돼. 삼세(三世), 곧 과거, 현재, 미래를 관통하는 것이 업이야. 업은 그런 점에서 씨앗이기도 하고 열매이기도 해.

중요한 것은 선업(善業)이야. 선업을 많이 쌓아야 윤회의 수레바퀴에 남더라도 상대적으로 좋은 곳, 곧 삼선도(三善道)에 남아. 선업에 맞는 청정한 행위와 생각이 중요해. 말과 행동으로 이웃에게 이익을 끼치고 궁극적 진리를 향한 걸음을 내디딜 수 있어야 하지. 어리석음에 휘둘리지 않고 살생, 도둑질, 음행, 거짓말, 위선, 험담, 이간질, 노여움, 탐욕, 삿된 생각에서 벗어나야 해. 열 가지 선업은 이런 바르지 못한 행위에서 자유로운 상태를 말해.

석가모니는 500번에 이르는 전생에서 헤아릴 수 없을 정도로 자주 자신을 버려 남을 살렸어. 원숭이 왕일 때는 절벽에 몸을 걸쳐 수많은 원숭이가 건너갈 수 있게 했지. 수도승일 때는 배고픈 호랑이 새끼들을 위해 절벽에서 몸을 던져 자신을 먹이로 주었어. 늘 희생으로 삶을 마치다가 마지막에 카필라국의 왕자 고다마 싯다르타로 태어난 거야.

싯다르타는 장성한 뒤 처음으로 인간의 생로병사(生老病死)를 목격하고 왕궁에서 나와 6년간 고행에 들어갔어. 먹지도 마시지도 않으면서 삶의 고통과 정면으로 마주 본 거야. '어떻게 해야 이런 생로병사에서 벗어나는가? 누가 여기서 벗어날 수 있는가? 삶의 한없는 굴레에서 벗어난 자가 있는가?' 이런 질문을 던지고 또 던졌어.

온갖 일과 일 사이에서 일생을 보내야 하는 평범한 사람에게는 삶 자체가 희생이야. 선업이 아닌 일도 해야 하고 겪어야만 해. 한평생 그침 없이 선업을 쌓는 이가 어디 있겠니? 있어도 열 손가락으로 헤아리기 힘들 거야. 그러나 악업은 지워야 해. 한 번이라도 지옥, 아귀, 축생에 떨어지면 벗어나기 어렵거든.

이생도 이렇게 힘든데 다음 생은 어떻게 견디겠어? 출가는 못 하더라도 절에 가서 불공은 올려야 하지 않겠니? 적어도 대웅전 붓다상 앞에 놓인 복전함(福田函)에 동전 한 푼이라도 떨어뜨려야 다음 생에서 사람 세상 끝자락에라도 모습을 보일 수 있지 않겠는가 말이야."

깨달음으로 완전한 자유에 들 수 있을까

"그럼 고타마 싯다르타가 깨달은 건 뭐예요? 다들 깨달았다고만 하지 그게 뭔지는 말하지 않는 것 같던데요?"

여래상(간다라 지역 출토, 독일 베를린동아시아미술관) 정각에 이른 여래의 모습이 온전하게 구현된 상태를 잘 보여주는 작품의 하나. 완전한 깨달음에 이르면 공(空)과 색(色)의 구분을 넘어선다. 어떤 경계에도 매이지 않게 된 여래는 보살과 달리 깨달은 것을 영락으로 장식하여 드러낼 필요가 없는 존재다.

진석이 물었다.

"우리 아빠 말씀으로는 진정한 자유라고 했던 것 같은데요?"

혜진이 답도, 질문도 아닌 말을 했다. 최선생이 비로소 뭔가 한마디 해야 한다는 조급한 표정에서 벗어났다. 딸의 한마디 때문인가 얼굴에 득의의 미소가 살짝 어렸다. 나는 헛기침으로 목을 가다듬었다.

"석가가 깨달은 것은 뭘까? 고행하면서 마음의 눈으로 본 건 또 뭘까? 자신의 전생? 사람이 생로병사에서 피할 수 없음을 알았을 때, 싯다르타도 두려워하고 절망했을까? 아니면 다른 가능성에 대해 생각했을까?

보리수 아래 앉아서 6년간 고행한 싯다르타는 고행으로 인연의 끈을 끊거나 선업을 크게 쌓기는 어렵다는 사실을 깨달았어. 몸을 상하게 하는 고행이 아니라, 마음을 열고 세상을 보되 매이지 않으며 자신의 전생처럼 자신을 희생하더라도 다른 생명을 살리는 선한 삶을 사는 게 중요하다는 사실을 알게 되었지. 선업으로 자신에 대한 집착에서 자유로워지지는 것이 먼저임을 알게 된 거야.

보리수 아래 고행으로 고행이 수단이 되지 못한다는 사실을 알게 되자 싯다르타는 삶과 죽음, 집착과 고뇌로부터 자유로운 자를 꿈꾸는 작은 공동체를 꾸렸어. 싯다르타는 이들에게 자신의 깨달음을 말하고 경계를 넘어서는 삶을 함께 경험하고자 했지. 고행하는 싯다르타에서 벗어난 거야. 그는 이때부터 석가족의 깨달은 자, 석가모니가 되었어. 가진 것 없는 작은 공동체의 등불이 되었지. 진리 안에 있기를 구하는 자들의 길잡이가 된 거야.

석가모니가 깨달음으로 개척한 온전한 자유에 실제로 이르렀는지, 윤회의 삶에서 완전히 자유로운 자가 되었는지 증명할 수 있는 이는 없겠지. 다만 석가의 제자들은 그가 열반에 들 때 보인 입가의 미소로 영원한 자유의 땅 정토에 다시 태어났다는 사실을 알아. 그렇게 믿게 되었지. 연꽃에서 새로 난 자의 삶이 정토에서 무궁히 피어나고 펼쳐진다고 믿는 거야.

온전한 자유는 완전한 고독에서 비롯된다는 말이 있어. 열반은 다른 말로 적멸, 완전한 소멸이야. 윤회의 삶을 가능하게 하는 인연과 업에서 벗어난 거지. 현상적으로는 소멸, 침묵, 고립이야. 물질과 비물질, 생명과 무생명의 경계조차 사라진 상태라고 할까?”

완전한 자유의 땅은 어디에 있나

“어쨌든 고행을 거쳐 깨달음에 이른 거 아녜요? 흠, 깨달음의 내용이 좀 모호하긴 한데, 하여튼 고행이 없었으면 고행을 넘어서지 못했을 것 같은데요? 그나저나 석가모니가 갔다는 정토는 어떤 곳이에요?"

호기심이 제대로 발동하는지 진석의 눈이 초롱초롱 빛나기 시작했다. 남산 등반의 피로는 그새 싹 가셨나보다. 나는 '이 자리가 길어질 수도 있겠구나!' 하면서도 편안한 마음으로 말을 이었다.

"정토는 청정무구한 땅이야. 인연의 얽힘이 없는 곳이지. 인연의 원인이 되는 업도 없어. 그러니 선업과 악업의 구분도 없지. 인연에서 벗어나 깨닫고 말고를 구별할 필요가 없으니 윤회의 꼬투리도 없는 거야.

정토는 자유의 땅이야. 인연을 일으키는 '태생'이 일어나지 않거든. 인연 중 가장 질긴 게 어머니 몸에서 나는 건데, 정토에서는 그게 없어. 아기집에서 나면 부모 자식 사이의 인연이 성립하잖아? 부모는 자녀를 자애롭게 길러야 하고 자녀는 부모에게 순종하며 효성으로 섬겨야 해. 누구도 피할 수 없는 운명이지. 떼어낼 수 없는 첫 인연이야.

정토의 모든 건 연꽃에서 나와. 너희도 알겠지만, 연꽃은 진흙에서 피어나는 아름다운 꽃이야. 더러운 진흙밭이나 다름없는 이 세상에서 깨달음에 이른 자는 펄밭에서 나는 연꽃과 같은 거야. 뿌리는 연못의 펄 속에 박고 있지만, 꽃은 연못의 물 밖에서 피지. 석가모니는 생전에 제자들과 연못 곁을 거닐다가 손가락으로 새로 피어난 연꽃을 가리켰어. 제자 가섭이 그 뜻을 알고 미소 지었지. '염화시중의 미소'가 이거야.

불교에서 연꽃은 깨달음의 상징이야. 깨달은 자가 새로 태어나는 정토의 자궁이 연꽃이거든. 정토에서는 하루에도 몇 차례 연꽃이 입을 벌려. 그러면 새 생명이 그 안에서 얼굴을 내밀지. 속세에서 천년만년 살면서 윤회의 수레바퀴 삶을 오백 번, 천 번 겪는 게 우리네 인생이야. 1001번째에라도 연꽃에서 나게 된다면 그는 뜻을 이룬 자라고 해야겠지.

연꽃에서 얼굴을 내미는 것은 아기일지라도 연꽃에서 걸어 나오는 것

병령사석굴 대불(중국 당나라 시대, 감숙성 난주)
불교가 중앙아시아를 거쳐 중국 서북지역으로 전해지는 동안 간다라 불교예술은 동아시아 불교예술로 전환되었다. 병령사석굴에 조성된 대형 석불은 당나라 시대에 이르러 중국문화의 일부로 자리 잡은 불교미술의 현황을 잘 보여준다.

은 어른이야. 그는 정토세계의 당당한 새 가족이지. 우린 정토 삶을 겪어 보지 않았지만 이런 질문은 던져볼 수 있을 거야. 그가 정토에서 처음 보는 것은 무엇일까? 정토 삶의 첫 느낌은 어떨까? 인연을 맺을 수 없는 자들 사이의 만남일까? 정토에서의 만남이 인연이 아니라면, 그것은 무엇이라고 해야 할까?"

정토가 수없이 많은 이유는 무엇일까

"저, 질문이 있는데요! 다른 정토는 잘 모르겠고 극락정토하고 미륵정토는 어떻게 달라요? 같은 데를 다르게 부르는 거 같지는 않던데, 그리고 관세음보살이 다스리는 정토도 있다고 하더라고요."

혜진이 고개를 약간 갸우뚱거리며 나에게 말을 건넸다.

"연꽃에서 나는 자의 땅 정토는 한 곳이 아니야. 석가모니 붓다는 이 땅에 모습을 보인 단 한 사람의 깨달은 자지만, 이전에도 깨달음에 이른 자는 수없이 많았어. 앞으로도 많겠지. 석가모니가 세상에 모습을 드러내기 전 깨닫고 온전한 자유를 누린 자는 갠지스강의 모래알처럼 많다고 해. 깨달은 자는 모두 자신의 정토에서 지내. 그렇다면 정토도 수없이 많은 거야.

깨달은 자를 붓다라고 하지. 붓다들의 세상, 붓다가 열고 꾸리는 정토가 수없이 많으니 사람들이 꿈꿀 수 있는 정토도 많은 거야. 시대마다, 지역마다 사람들이 가기를 원하는 정토 역시 다르고. 정토도 유행이 있어. 동아시아에서 가장 인기 있던 정토는 아미타여래가 주관한다는 서방의 극락정토야.[117] 아름답기 그지없고 기쁨이 넘치는 땅이 서쪽 끝 아미타정토라고 믿었지.[118]

아직 온전한 깨달음에 이르지는 않았으나 이미 깨달은 것과 다름없는 관세음보살에게도 정토가 있어. 관세음보살은 깨달음에 이르기 전에 지옥에 떨어졌거나 떨어질 모든 중생을 구제하기로 마음먹은 존재야. 그의 정토는 남쪽에 있어. 큰 바다로 둘러싸인 보타락가산이 관세음보살이 주관하는 남방 정토지. 양양의 낙산사는 보타락가산에 지어진 현세의 절이야. 낙산이 보타락가산이거든.[119] 관세음보살이 이곳에서 자신을 드러냈다고 해. 바닷가 기암절벽 위에 절을 짓고 관세음보살상을 세웠으니 인도의 남해가 멀다면 이곳에서 관세음보살을 친견하는 것도 가능하다는 거 아니겠니?

미륵보살은 내세에 붓다가 될 존재여서 미륵불이라고도 해. 이 보살

여래상(경주 월지, 통일신라, 국립경주박물관)
석가모니 이전이나 이후에 깨달음에 이른 여
래는 수없이 많다고 한다. 그러니 이승의 평범
한 백성이 여래가 되기를 꿈꾼다고 하여 이상
할 것은 없다.

에게도 예정된 정토가 있어. 용화정토지. 도솔천에 살던 이 미륵보살이
세상에 내려와 깨달음을 얻고 자신의 정토를 연다는 이야기가 있어. 미
륵불이 세상에 내려와 진토(塵土)를 정토로 만든다는 믿음을 미륵하생
신앙이라고 해. 이 세상에 살던 이가 열심히 기도하고 선업을 닦아 마침
내 도솔천으로 가 미륵세계의 일원이 되는 건 미륵상생신앙이야.[120] 삼
국시대 신라의 김유신이 15세에 화랑이 되어 낭도들을 이끌 때 이 무리
의 이름을 용화향도라고 했어.[121] 김유신을 미륵불로 여긴 때문인지, 미
륵불을 따르는 인물로 보았는지 모르지만, 무리 전체가 미륵하생신앙을
가지고 있었던 거지."

석가모니 말고도 해탈한 사람이 있을까

"그럼 누군가가 "내가 미륵이다!" 이래도 아니라고 하기도 어려웠겠네요? 왕으로서는 골치 아픈 일이었겠어요?"

진석이 혀를 차는 듯한 소리를 내며 한마디 했다.

"왕에게 죽임을 당하든가, 공경을 받든가 둘 중에 하나지. 아니면 스스로 미륵인 걸 보여줘야 하는데, 그렇게 되면 말 그대로 혁명 아니면 반란이고."

최선생이 말을 받았다. 혜진이 흥미롭다는 표정을 지었다. 내가 설명을 덧붙였다.

"석가모니처럼 살아서 깨달음에 이른 자는 문헌에 여럿 나와. 『삼국유사』에 보이는 욱면비나 노힐부득, 달달박박처럼 정토왕생을 이룬 자들도 깨달은 자니까.[122] 그러나 석가모니처럼 새롭게 정토를 열었다는 기사는 보이지 않아. 많은 이들의 스승이 될 정도로 깨달음의 깊이와 너비를 갖추는 게 그리 쉽지는 않다는 뜻이겠지.

붓다는 불교 경전에도 여럿 보여. 주로 석가모니 이전에 자신의 정토를 연 경우지만 말이야. 보살이란 건 석가모니에 이어 붓다가 될 이들이야. 물론 보살들도 붓다처럼 수없이 많지. 관세음보살, 미륵보살, 지장보살, 문수보살, 약사보살 등등. 인간의 역사가 그만큼 오래되었기 때문이라고 할까?

보살들은 다음 생에 붓다가 돼. 그래서 어떤 보살들은 붓다로도 불려. 미륵보살은 아예 미륵불로 불리고 모셔지는 경우고. 미륵(마이트레야)이란 명칭은 태양신에 대한 이란식 이름에서 왔지만 말이야. 우리말에서 미륵은 미래와 연결되지.

사리기의 사천왕(경주 감은사지 동탑, 신라, 국립중앙박물관) 불교의 동아시아 전래는 인도, 서아시아 미술과 문화의 전파이기도 했다. 볼륨감이 두드러진 서역인 얼굴의 천왕상도 불교문화의 일부로 동아시아에 소개되었다. 감은사지 사리기의 천왕상은 신라의 유명한 예술가이기도 했던 승려 양지의 작품으로 전한다.

미륵불, 미륵보살처럼 붓다가 될 것이 확실하면 사람 중에서도 자신을 미륵불로 주장하는 사례가 생겨. 깨달음에 이르기 위해 새로 생을 시작한 바로 그 사람이 나, '미륵'이라는 거야. 새로운 생에서 미륵이 할 일은 중생을 구제하는 일이야. 보살이니까. 스스로 미륵이라고 주장했다면 미륵의 일을 하면서 자신의 주장을 입증하는 수밖에 없어. 하지만 실제로는 현실 권력을 추구하는 지배자의 길을 걷게 되지.

동아시아 역사에는 자신을 미륵으로 주장하며 세상에 크게 영향을 미친 인물들이 여럿 보여. 정치가 어지럽거나 재해가 잦아 사회가 바닥부터 뒤숭숭해지면 '나는 미륵이다'고 주장하는 사람이 반드시 나타나거든. 미륵운동으로 불리는 이런 움직임이 결국 마을마다 미륵장승을 세우는 원인이 되기도 해.

불교세계의 백성들은 미륵이 세상에 오기를 바라. 구세주가 저들의 삶을 새롭게 하기를 원하지. 최소한 제액초복은 가능하게 할 것 아닌가? 더하여 현세 낙원을 이룬다면 말할 수 없이 좋은 일이다, 이렇게 생각하지. 때마다 미륵불이 출현하는 것도 이 때문이야. 후삼국시대를 연 태봉의 군주 궁예도 스스로 미륵불이라고 주장하며 경전을 지었고[123], 그 이전 백제의 무왕도 자신이 미륵불임을 보이려고 익산 용화산 아래에 새 궁궐과 미륵사를 세웠어.[124] 서울도 이곳으로 옮기려 했지만 그렇게는 못했지."

어떻게 하면 선업이 쌓일까

"어떻든 불교에서 말하는 깨달음에 이르려면 선업을 잘 쌓아야겠네요? 다음 생에 축생이나 아수라에 떨어지지 않기 위해서도요?"

진석이 약간 볼멘 듯한 소리를 했다. 조그맣게 '끙' 하며 한숨 비슷한 소리도 냈다. 혜진이 재밌다는 표정으로 진석을 보았다.

"뭐, 이런 생각은 할 수 있지. 이 세상 삶이 참 힘드네. 다음 생에서는 좀 나을까? 다음 생은 덜 버겁거나, 많은 것을 누리는 편하고 기쁜 삶일까? 그러려면 어떻게든 이번 생에서 선업을 부지런히 많이 쌓아야 할 텐데. 정말 생이 거듭된다면 지금보다 험한 삶으로 던져져서는 곤란해. 그러려면 선업을 쌓아야지!

인도의 카스트는 직업과 신분을 일치시킨 사회제도야. 카스트제에서는 사람이 태어날 때부터 직업과 삶의 수준, 신분과 지위가 정해져 있어. 브라만은 브라만이고 수드라는 수드라야. 커다란 카스트 안에는 수백 개의 작은 카스트가 있어. 그 안에서도 또 수십 개로 나뉘지. 각각의 카스트는 집단별, 민족별, 씨족별 직업이기도 해. 그 때문에 성만 알아도 그 사람의 소속 카스트와 거주 지역까지 알 수 있어. 물론 카스트가 아예 없는 사람도 있어. 제도 바깥의 사람들이지. 불가촉천민이라고 하는데, 사회 바닥의 청소꾼이라고 할 수 있지. 짐승보다도 못한 취급을 받을 때가 많아.

윤회는 브라만교, 힌두교에서도 공유되는 개념이야. 업과 인연의 결과가 윤회를 통해 현재의 카스트로 나타난다는 거야. 그가 전생까지 쌓은 업이 현재의 카스트라는 결과를 낳는다는 거지. 현생에서 열심히 선업을 쌓으면 다음 생을 기약할 수 있어. 현재와는 다른, 더 나은 카스트에 속한 사람으로 태어날 수 있는 거야. 물론 어떤 카스트로 날지 예측할 수는 없지. 기약도 못하고. 더 나아질 수 있다는 사실을 막연하게 기대하고 바랄 뿐이지.

그러나 낮은 카스트에서 선업을 쌓으면 얼마나 쌓겠어? 연명하기에도 쉽지 않은 삶이면 삶을 위한 투쟁으로 하루가 가고 일 년이 가지 않겠니? 그러다 죽으면 그만이야. 불리해도 너무 불리한 상황이 거듭될 수밖에 없지. 만일 지옥이나 아귀에라도 떨어지면 그때부터는 선업 쌓기가 난망이야. 축생이나 아수라에 태어나도 그 세계에서 벗어나기 어려워. 인간이나 천계로 갈 수 있게 선업 쌓기가 쉽지 않지.

대승불교에서는 타인을 위해 선업을 쌓을 수 있어. 붓다와 보살의 도움을 받을 수도 있지. 붓다며 보살이 대자대비의 선한 능력을 중생에 미칠 수 있는 거야. 관세음보살과 지장보살은 가장 험한 삶에 빠진 자들을 구제하길 원해. 지옥에 빠진 중생을 다시 선한 삶의 공간으로 나와 깨달음의 지경에 이르게 하려고 붓다 되기를 미루기도 하지. 중생이 힘든 순간에서 벗어나게 하려고 정토를 주관하는 자가 되는 마지막 과정을 미룬 거야. 사실 지옥에 빠진 자를 구해내는 것이야말로 선업 중의 선업 아니겠니?"

출가해야 깨달음에 이를 수 있을까

"그럼 불교에서 말하는 것처럼 출가하면 선업 쌓기 더 쉽겠어요. 출가라는 게 쉽지 않은 일이긴 하지만요."

혜진이 소감 비슷하게 제 의견을 냈다. 최선생이 그 말에 고개를 끄덕였다. 나도 동의한다는 듯 미소를 지었다.

"청소년이 자기 의지만으로 집을 나와 떠돌아다니면 이건 가출이야. 그러나 다섯 살짜리 애라도 부모 동의로 집을 나와 사원에 들어가면 출가지. 출가는 세속을 떠나는 걸 말해. 부모 자식, 형제와 인척의 인연을 끊고 수도자의 집단에 들어가는 거지.

수도자의 집단에서 지내는 걸 출세간의 삶이라고 해. 승려가 되면 세상과 단절되었음을 보이려 삭발을 하지. 유교가 지배하던 전통사회에서 '신체발부는 수지부모'라 하여 부모에게서 받은 머리카락까지도 온전히 보호하는 걸 예의로 여겼어. 몸을 함부로 내둘러 어디 상하기라도 하면 부모에 대한 불효로 여겼지.

불교에서 출가자는 남녀를 구분하여 집단생활을 해. 몸에 남은 세속의 습관이며 관념에서 벗어나기 위해 수도자는 깨어 있는 시간 동안 불

보살상(간다라 지역 출토, 프랑스 기메미술관) 간다라의 불교미술은 박트리아 왕국에서 전승되고 있던 그리스 신상 예술의 영향을 받아 성립되었다. 간다라에서 만들어진 초기 불교미술 작품에서 그리스 올림푸스 12신의 이미지를 읽어내기 어렵지 않은 것도 이 때문이다.

경을 외거나 붓다상 앞에서 침묵으로 수행하지. 마음과 몸을 비우기 위해서야.

그러나 집단생활에서는 누구나 맡은 역할이 있어. 제가 맡은 일을 제때 하지 않으면 공동체 생활이 제대로 굴러가지 않아. 어찌 되었든 먹고는 살아야 하니까. 청소도 하고 밥도 지어야지. 여러 가지 사소한 일도 부수적으로 치러야 하고.

수행이 목적이라도 수행할 수 있도록 환경을 유지하고 관리하는 일은 필수야. 그래서 업무 영역이 나누어지고 서열도 정해져. 세상에서 나왔지만, 출세간으로 불리는 또 하나의 세상으로 들어가는 거야. 더는 세상에는 속하지 않지만, 또 다른 세상의 일부로 살게 되는 거지.

출가하지 않고 세상에 살면서 수행을 시도하는 사례도 있어. 수행에 몰두하기 어렵다고 생각할 수 있으나 반드시 그렇지는 않아. 까다로운 승단조직에 속하지 않아 오히려 수행이 자유로울 수도 있으니까. 불교사에 등장하는 유명한 유마힐 거사도 재가수행자야. 수행의 정도가 깊어 보살과 천왕이 그를 찾아와 문답을 주고받을 정도였다고 해. 유마힐 거사는 재가수행자이면서도 깨달음의 깊이가 보살과 천왕을 가르칠 정도였던 거야.

소승불교는 재가수행의 효력을 높게 보지 않아. 이게 대승불교와 다른 점이지. 여자는 다음 생에 남자로 태어나기를 기도해야 해. 남자는 일정 기간이라도 출가하여 수행을 쌓아야 다음 생에서 더 높은 도덕적 수행이 가능하다고 믿지. 대승불교는 남녀를 나누어 보지 않고 여자의 출세간도 허용해. 승단의 지도자는 소승이나 대승 모두 남자지만 말이야."

현재의 나는 이전 삶의 결과인가

"아버지 말씀으로는 세상에서도 선업을 쌓을 수 있다지만, 직업 때문에라도 쉽지 않잖아요? 그래도 출가하는 게 낫지 않나요?"

진석이 고개를 약간 갸우뚱거렸다. 최선생이 나섰다.

"그래, 세상에서는 돈과 지위가 있어야 선업을 쌓지. 아등바등 먹고 살려고 애쓰다보면 선업이고 뭐고 잊고 살겠지.

이 세상에 사는 생명은 다 업에 매여 있잖아? 내가 세상에 난 것도 내 업 까닭일 거고. 이전에 쌓은 선업이 좀 있으니 아수라나 축생이 아닌 인간에 태어났겠지. 이번 삶 전의 몇 차례의 삶이 어떻게 보면 따뜻해서 현재의 나를 있게 한 거라고 봐야 해. 이전에 살았던 내게 감사해야 하는 거야. 그러니 이번 삶에서도 선업을 쌓아야겠지.

그런데 막상 살다보면 선업 쌓기가 힘들어. 화내며 다툴 수밖에 없는 일이 자주 생기고, 억지 춘향으로 참으려 애쓰다보면 속병이 생기기도 하지. 사실 이 숙박업도 그럴거든. 그러다 화병이라도 나면 백약이 무효라잖아? 어디까지 참고 살아야 하나 고민이 되지."

최선생이 한옥 펜션 운영의 고충까지 곁들여 이생에서 선업 쌓기 어려움을 말했다.

"인생이 본디 희로애락 아닌가? 남이 잘되면 부럽고, 내가 못하면 속상할 수밖에 없지. 질투와 투기를 금하고 덕을 기리며 좋은 말만 하려다 보면 사는 게 고통이야. 이웃에 좋고 이익 되는 일만 앞세우려 해봐. 괜스레 부아만 치밀지. 내 성정이 본래 남 돕기를 싫어해서는 아니지만, 그래도 달리 뾰족한 해결방안이 보이는 것도 아니거든.

자, 봐! 이런 일도 있어. 옛날 어느 마을에 인색하기로 유명한 큰 부자가 있어. 빚은 되로 주고 이자는 말로 받는 사람이야. 마을 사람 대부분이 그 집 땅을 부쳐 먹는지라 일 없어도 가서 기웃거려야 해. 시킬 일 있으면 말씀하시라고 말 건네며 굽실거리는 거지. 농사일이며 주인집 일, 나랏일까지 땅 없는 농부로 살기가 보통 고된 게 아니야. 산속 절에 가 불공드리며 복을 쌓고 싶어도 그런 짬을 내지 못해.

그렇지만 마을 부자는 여유가 있어. 아무 때고 절에 가는 거지. 주지 스님에게 좋은 대접을 받고 마음 내키면 대웅전에도 들어가고. 그러다가 텅 빈 복전함을 들여다보고는 모두가 보라는 듯 헛기침하면서 동전 몇 닢을 그 안에 떨어뜨리는 거야. 그러면 곁에 지키고 서 있던 스님들이 목탁을 두드리며 불경을 크게 외는 거지. 그 부자를 위해 부처님께 복을 비는 거야.

스님들끼리 모여도 부자 타령을 해. 그가 더욱 큰 부자가 되어 선업을

베제클리크 천불동 전경(중국 투르판) '세계의 지붕'으로 불리는 파미르고원을 넘어, 불교는 천산산맥 북쪽의 초원길과 남쪽의 오아시스길을 따라 동쪽으로 전해졌다. 타림분지 오아시스 도시국가들에 초기 불교미술 작품이 다수 남아 있는 것도 이 때문이다. 타클라마칸사막 동쪽 끝, 투르판분지에 세워진 베제클리크 천불동에는 융합된 동서미술의 결과물이 오랜 기간 잘 남아 있었으나, 19세기 말부터 시작된 제국주의적 약탈의 손길을 피하지 못해 현재는 극히 일부 불교미술 작품만 남아 있다.

쌓고 쌓으면 때가 되어 극락왕생하지 않겠느냐며 덕담을 하는 거지. 부자는 공손히 배웅받으며 제집으로 돌아가. 스님이건 마을 사람이건 그런 좋은 소리 들을 수 있는 사람이 몇이나 되겠어? '전생에 얼마나 좋은 일을 많이 했기에 저 사람은 이생에서도 저리 부자로 살고 불공도 드릴 수 있을까?' 이러면서 한숨이나 내쉬는 거지. 그렇지만 어디서 어디까지가 선업 때문이고, 악업의 결과일까? 난 그걸 잘 모르겠더라고."

말을 마친 최선생이 한숨 비슷한 걸 내쉬자, 다들 마음에 와닿는 것이 있는지 잠시 침묵에 잠겼다.

불교, 문화와 관념의 용광로

"저기, 절에 산신각도 있고, 산신령 그림도 있는 건 왜 그래요? 보살이나 천왕도 아니면서 절에서 모시는 건 좀 이상하다는 생각이 들더라고요?" 혜진이 조심스레 말을 꺼내며 분위기를 바꾸려 했다. 진석이 '그러고 보니 그렇네' 하는 얼굴이다. 최선생이 '그건 말이야.'라며 말을 거들려다가 너무 나서면 안 되겠다 싶었는지 입을 다물었다. 내가 말을 이었다.

"석가모니 붓다가 말한 탈(脫)윤회론은 브라만교의 윤회론을 헛것으로 만든 셈이야. 브라만교에서는 누구도 윤회의 수레바퀴를 벗어날 수 없다고 생각했으니까. 윤회로부터의 자유는 완전히 새로운 개념이었지. 브라만이 보기에는 윤회라는 엄연한 현실을 부정한 거나 마찬가지야. 그렇다고 윤회 자체를 부정한 건 아니고 말이야.

정토는 윤회의 필연에서 벗어난 세계야. 신분과 계급의 굴레를 아예 벗어던진 세계지. 석가모니 붓다가 이전의 틀을 깨고 차원도 바꾼 거야. 윤회에 갇힌 세계관으로는 상상도 할 수 없던 세계가 사람들의 눈앞에 열린 거지.

현실세계에서 불교는 모든 관념과 현상, 예술과 문화를 흡수해. 녹이기도 하고 모자이크처럼 병립하고 공존하게 하기도 하지. 전제는 붓다의 가르침, 윤회와 정토 안에서야. 윤회전생과 정토왕생 안에 모든 문화 현상과 관념을 뭉뚱그려 넣은 거라고 할 수 있어.

불교에서도 현실은 여전히 윤회의 연장선 위에 있어. 윤회의 틀 안에서 이해되지. 인연과 업이 쌓여 만들어낸 계급, 신분, 직업은 현실에서 존재하니까. 모든 현상과 태도, 관념도 윤회라는 틀 안에서 해석될 수밖에 없어.

석가모니 붓다가 입멸하고 난 뒤, 그의 가르침은 인더스강 상류에 있던 그리스인의 나라 박트리아로 전파되었어. 지금의 아프가니스탄, 우즈베키스탄, 타지키스탄에 걸쳐 있던 박트리아에서 석가모니 붓다의 가르침은 헬레니즘 신앙과 관념으로 재해석되고 형상화되었지. 간다라미술도 이런 과정을 거쳐 탄생한 거야. 형상화, 논리화, 개념화를 거친 붓다의 가르침이 이 박트리아에서 동방으로 확산되기 시작했어.

간다라에서 성립한 불교미술은 동서 교역의 통로인 실크로드의 오아시스길을 따라 중앙아시아 곳곳으로 전파되었어. 파미르고원을 넘어 동쪽으로, 동쪽으로 전해졌지. 그 과정에서 타클라마칸사막 오아시스 도시국가들의 문화와 결합했어. 불교가 더 동쪽으로 전해진 뒤에는 동아시아의 관념과 문화까지 흡수했지. 물론 '궁극적인 깨달음'에 대한 관념과 의지는 그대로였어.

동아시아에서 불교는 '효'와 '충'이라는 낯선 관념과 마주쳤어. 그러나 결국 이런 관념들을 경전으로 정리하고 수용하지. 민간에 널리 퍼져 있던 산과 강의 신들이며 별의 신들에 대한 신앙과 제의도 불교신앙과 문화의 한 부분으로 받아들여졌어. 한국에 들어와서도 마찬가지야. 샤머니즘의 주요한 신앙 대상들이 붓다의 가르침 안에 들어왔어. 산신이며 삼신, 북두칠성의 화신인 칠성노인(七星老人)도 붓다, 보살을 모시는 권속의 일원이 된 거야.[125] 칠성각, 산신각, 삼신각이 불교사원 안에 들어온 것도 그런 까닭이지."

제11장

불교②
: 국가와 정토왕생

승려의 설법(무용총 벽화 모사도, 고구려, 국립중앙박물관) 고구려에 불교를 전한 승려들은 중앙 아시아에서 첫걸음을 뗀 뒤, 중국 왕조에서 세운 불교사원에 머물던 이들이다. 이들 호승(胡僧) 의 이목구비는 이국적이어서 그림에서도 전형적인 고구려인과는 구별된다.

"그럼, 우리나라나 중국 불교는 본토 불교하고는 다른 점이 많겠네요? 인도는 이제 힌두교의 나라잖아요? 싱가포르와 말레이시아에도 힌두교 사원이 있어요. 불교사원도 있고. 인도에는 불교사원이 거의 없다는데요?"

혜진이도 알고 싶은 게 많나보다. 전공이 경영학이라던데, 역사나 종교에도 관심이 있나? 나는 저녁 시간이 너무 길어진다 싶었지만, 좌중의 열의를 느끼며 말하는 자세를 가다듬었다.

동아시아 불교는 무엇이 다를까

"불교는 후한시대에 중국에 소개돼. 물론 그 이전부터 띄엄띄엄 불교 승려가 중국에 들어왔겠지만, 기록으로는 남아 있지 않아. 후한 명제 시대에 장안이며 낙양 등지에 금인(金人) 이야기가 돌았어. 금인은 내륙아시아의 유목민족들이 섬기던 신이야. 중국에서는 이 금인을 붓다상으로 이해하지. 실제 불교는 중앙아시아를 거쳐 교류가 잦던 내륙아시아 유목민족의 세계로 먼저 전파되었을 것이 확실해. 하지만 기록이 없어.

불교는 바닷길로도 전해졌어. 인도에서 중국에 이르는 바닷길은 문화 전파의 경로이기도 했으니까. 물자가 교역되면서 문화도 전해진 거지. 중간에 동남아시아를 거치는데, 그래서 동남아시아에서는 중국과 인도의 문화가 서로 교차됐지. 베트남에 중국문화의 영향이 짙다면 타이에는 인도문화의 영향이 강하게 남아 있는 식이야. 중간의 캄보디아에는 두 문화의 영향이 공존해.

불교는 동남아시아 해안을 거쳐 중국 남부에 이르렀지만, 티베트고원을 통해서도 교류와 전파가 이루어져. 그러나 티베트에서 중국 내륙으로 가는 길은 험난해서 해안을 통하는 것보다 더뎌. 말과 차가 교역되던 티베트 길은 중국의 송나라 때부터 본격적으로 활용되지.

많은 신이 경쟁하던 중국에서 붓다는 새로운 신으로 소개되었어. 후한시대부터 삼국시대 사이에 붓다는 중국에 알려진 새롭고 영험한 신이었지. 중국인들은 이 외래의 신이 제액초복을 가져온다고 믿었어. 서쪽의 오아시스길을 거치고 남쪽의 바닷길을 지나 전해진 새 신의 영험함이 사람들의 입에 오르내렸을 거야.

불교는 동아시아에 인도문화를 소개하는 통로의 역할을 했어. 이국적인 사고와 문화를 담은 종교로 중국 사회에 들어왔지. 오랜 역사를 자랑하는 중국인에게 붓다는 기존의 신선신앙을 더 강화하는 존재로 받아들여졌어. 사람으로 신의 경지에 오른 인물이었으니 그럴 만도 해.

중국에서는 대분열시대가 불교의 확산에 중요한 역할을 했어. 삼국시대에 이어 위진시대라는 짧은 통일시기를 거치지만 북중국은 바로 오호십육국시대로 접어들었고 남중국에서는 육조시대가 열렸어. 16개의 나라가 잇달아 설립되거나 공존하던 북중국에서는 지배자인 소수의 호족과 피지배자인 다수의 한족 사이의 관계를 어떻게 설정하는지가 사회적

천불석비(중국 북주시대, 상해박물관) 동아시아에 자리 잡는 과정에 불교는 왕과 제후, 귀족들로부터 적극적인 후원을 받았다. 사회 지배층이 내놓은 토지와 재물로 영험 있어 보이는 바위산을 석굴사원으로 만들었고 귀족들은 대저택을 사원으로 바쳤다. 사원에는 이 천불석비와 같이 후원자의 이름을 하나하나 새길 수 있는 조형물이 무수히 만들어져 봉안되었다.

과제였지. 민족 간 차별이나 편견을 극복하고 함께 사는 사회를 건설하려면 그런 것을 가능하게 하는 이념이나 신앙이 제시되어야 했어.

소수의 호족이 다수의 한족을 지배하는 사회에서 왕들은 불교 전파에 앞장서는 전륜성왕(轉輪聖王)으로 이해되기를 바랐지. 사람은 본질에서 평등하나 생마다 지위와 신분은 다르다는 거야. 지금은 한족이지만 다음 생에는 호족이 될 수도 있고 그 반대도 될 수 있다는 거지.

오호십육국시대 북중국 왕조들의 서울은 대부분 절과 탑으로 가득했어. 도시 주변에는 석굴사원이 만들어져 수많은 붓다와 여래가 봉안되었지. 전쟁과 갈등이 다반사였던 시대에 사람들이 믿고 의지할 것은 왕조의 군대가 아니라 사원의 붓다였어. 중앙아시아 오아시스 도시 출신의 승려들은 북중국이 불교사회가 되는 데 앞장섰지.

남중국에서는 도교와 혼합된 청담(淸談)불교가 번성했어. 한족의 세상이라도 왕조와 귀족사회에서는 늘 권력투쟁이 일어났어. 남중국에서는 무지한 군인들이 왕조를 뒤집고 새 왕조를 세우는 일이 걸핏하면 일어나 많은 사람이 죽곤 했어. 권력의 언저리에 살기는 해도 이런 사태에 얽히기 싫었던 남조의 일부 귀족들은 교외의 별장에서 시와 노래를 읊고 고담준론을 즐기면서 세상과 유리된 삶을 추구했지."

불교는 동아시아를 어떻게 바꿨을까

가만히 내 설명을 듣던 진석이 한마디 했다.

"중국에 들어온 불교는 인도 불교와 뭐가 다르죠? 명확히 잘 안 들어와요. 새로운 신으로 소개됐다지만, 구체적인 내용이 궁금해요."

최선생이 따라준 보리차로 잠시 목을 축인 나는 설명을 계속했다.

"불교가 전해지기 전 동아시아에서 죽음은 조상신의 세계로 되돌아가는 것을 의미했어. 귀족은 귀족이고 백성은 백성인 거지. 이 세상과 저세상에서 각각의 지위와 신분에 맞추어 사는 거야. 귀족이 저세상에서 귀족으로 살려면 일손이 필요해. 산 사람이 죽은 귀족을 따라 죽는 일은 어디서나 일어났어. 중국의 상나라나 주나라에서는 물론이고 동북아시아의 부여에서도 순장을 치렀어. 부여에서는 한꺼번에 100명이 순장되는 일도 있었다고 해.[126] 모두 왕과 귀족의 저세상 삶에 동행하여 함께 살아갈 자들이었지.

살거나 죽거나 삶은 늘 같다고 생각해서 죽은 왕의 무덤에는 생전에 쓰던 모든 것들이 묻혔어. 헤아릴 수 없이 많은 금은보화가 무덤 안에 놓였지. 중국의 진시황릉에는 죽은 자의 삶을 지키기 위해 수만 명의 병사가 배치됐어. 물론 도제 인형으로 구운 모형이지만 말이야. 오와 열을 맞춘 이 병사들은 지휘관의 명령이 있거나 부대의 깃발이 펄럭이면 언제든지 적을 향해 뛰쳐나갈 준비가 되어 있는 것처럼 보여.

한나라의 제후들은 죽은 사람의 몸을 썩지 않게 하고 심지어 되살리는 힘이 있다는 옥으로 옷을 만들어 입고 무덤 안에 누웠어. '언젠가 이 옥의(玉衣)가 나를 다시 살릴 것이다!'라고 믿으면서. 죽은 이를 위해서 금으로 만든 떡도 준비되었지. 당시에는 금이나 옥 모두 재생의 힘을 지닌다고 믿어졌어. 잠시 무덤에 누워 있지만 때가 되면 되살아나 생전처럼 호의호식할 걸로 생각했지.

그런데 여러 번 다시 태어날 때마다 삶의 모습이 달라질 수 있다니? 이게 도대체 무슨 소리야? 너무 낯설고 받아들이기 어려운 관념을 불교 승려들이 말하는 거야. 왕이나 귀족이 노비나 짐승으로 다시 태어날 가능성이 있다니, 이게 말이 돼? 사람들은 깜짝 놀란 거지. 미래가 불확실해진 거야.

걱정이 이만저만 아니던 신라 귀족들의 귀를 솔깃하게 한 건, 현재의 귀족들이 '미륵'이라는 말이었어. 붓다가 될 자들이 지금 귀족으로 태어났다는 거지. 귀족들은 안도했어. '이제 다음 생은 붓다가 되는 과정, 깨달음을 이루는 시간 아닌가' '그럼 그렇지, 아무나 미륵으로 태어나는 것은 아니야!' '나 같은 사람이 미륵이지, 그래, 미륵! 미래의 붓다!' 하면서 말이야.

동아시아에 전해진 불교는 나라를 지키는 종교로 여겨지게 되었어. 충과 효를 강조하는 새로운 불교 경전이 소개되어 사람들 사이에 알려졌지. 조상을 위해 공덕을 쌓으면 지옥에 빠졌던 조상도 구제되어 다시 인간이 되거나 천계에서 태어날 수 있다는 거야. 부모와 자식 사이의 인연이 사람을 죄업에서 벗어나게 하는 데 도움이 되기도 한다는 거지. 재가불자(在家佛者)가 공덕 쌓기를 하면 그 효과가 크다는 거야. 이런 불교를 사람들은 신뢰하게 되었어. 기하급수적으로 시주가 늘어나고 불교사원은 땅과 돈이 넘치는 부자가 되었지. 사실 이게 문제인 데 말이야. 한동안 아무도 여기에는 주의를 기울이지 않았지."

불교와 함께 동아시아에 들어온 새로운 관념들

"좀 알 것 같아요. 이차돈 이야기처럼 중국에도 불교가 처음 들어올 때는 '이거 뭐 이래?' 하는 사람들이 있었겠죠? 죽은 뒤 윤회한다는 말 말고도 이상해 보이는 게 있었을 것 같은데요?"

진석의 말에 혜진도 '그러네?' 하는 표정이었다.

"그럼, 당연하지. 우선 승려들의 복장이 달랐어. 모습도 그렇고. 낯설고 이상한 몰골이었다고 할까? 죄수처럼 머리를 깎은 자들이 몸을 둘둘 감은 옷차림으로 동쪽 나라에 왔으니까 말이야. 죄수도 아니면서 상투를 자르고 머리를 밀어버리다니 얼마나 이상해 보였겠어? '어, 죄수처럼 머리를 밀었네? 거참, 멀쩡한 사람들이 왜 죄수의 모습으로 거리를 돌아다녀?' 했겠지.

'스스로 세상에서 떨어져 나왔다고 하며 머리를 밀었다네? 세상과 인연을 끊었대. 그럼 죄수와 다름이 없잖아? 그러면서 왜 세상의 거리를 돌아다녀? 사람들의 눈에 띄지 않는 곳에서 살아야지! 왜 기괴한 복장으로 사람들 사이를 헤집고 다닌대?' 자기들끼리 아마 이런 말들을 주고받았을 거야.

동아시아뿐 아니라 많은 지역에서 세상은 하늘과 땅, 땅 밑으로 되어 있다고 생각했어. '높은 산 위에 올라가 한번 봐라. 다른 세상이 있는가? 보이지 않으면 없는 것 아닌가? 다른 세상이 있다면 그 세상이 어떻게 이루어졌는지 한번 말해봐라. 하늘 위에 하늘이 있고, 그 위에 수십 개의 하늘이 있다는 게 말이 되는가?' 하고 생각했지. 불교에서는 하늘세계가 층층이 33개라고 하거든. 하나하나 그곳을 다스리는 천왕이 있고.

보이지 않아도 있다면 하늘 위에 하늘이 있는 것도 믿어야 하고, 세상 바깥에 세상이, 그 바깥에 또 다른 세상이 있다고 해도 믿어야 해. 사람이 연꽃에서 태어날 수도 있고, 기운이 뭉치거나 흩어지면서 생명이 출현하기도 하고 사라진 듯 옮겨 가기도 한다는 사실도 믿어야 하지. 실제 세상은 보이지 않으면서 이루어지는 수많은 사건 속에 있으니까 말이야.

불교의 승려들은 깨달은 자에 대해 말했어. 사람이었지만 사람의 경지를 넘어선 자를 말했지. 승려들이 말하는 깨달은 자가 신선이 아닌 것은 확실했어. 세상에 남아서 세상을 돕다가 제가 주재하는 정토라는 곳으로 떠났다고 하니까 신선은 아닌 거지. 신도 사람도 아닌 깨달은 자들이 수없이 많다고도 했어. 이 세상에서 알려진 자는 고타마 싯다르타라는 인도의 왕자 한 명뿐이지만 말이야. 붓다와 보살과 천왕들이 각기 정토와 하늘을 주재한다고 하니 이해도 안되고 믿을 수도 없었던 거지.

그중 가장 받아들이기 힘든 말이 생은 수없이 반복된다는 것과 죽은 이의 혼이 조상신의 세계로 갔다가 다시 사람의 아기로 나는 것이 아니라 벌레로도 나고, 소로도 나며 하늘에도 태어난다는 거였어. 어떻게 사람의 혼이 소나 벌레로 나는가? 그러면 그런 미물로 나서 누가 자기를

연꽃으로 나타낸 정토왕생(환인장군묘 벽화 모사도, 고구려, 중국 요령성박물관) 정토의 모든 존재는 연꽃에서 태어난다. 고구려 사람들 가운데 일부는 무덤칸 안을 아예 연꽃으로 장식하여 죽은 이가 정토왕생을 얼마나 간절히 원하는지를 알게 하려 했다.

밟아 죽여도 '아이고, 나 죽네.' 하면서 그냥 죽고 만다는 건가? 그럼, 그 다음 생은 또 어떻게 되나? 벌레로 나지 않기만 바라며 기다려야 하나? 이런 의문들이 꼬리에 꼬리를 물었던 거지.

이 아기 머리, 죄수 머리 사람들은 장가도 안 가고 농사도 짓지 않는다니 그것도 받아들이기 힘든 것 가운데 하나였을 거야. 오로지 저들의 경전을 외며 밥은 얻어먹는다니 이게 말이 되냐는 거지. 시집가고 장가가서 자식 낳아 가문의 이름을 잇는 게 사람의 도리 아닌가? 이들처럼 하면 사회가 어떻게 유지되느냐? 이거지. 정말 이기적인 자들 아닌가? 자기밖에 모르는 이런 자들이 어찌 모여서 서로를 도울 수 있겠는가? 이해하려고 해도 이해하기 어려웠던 거야."

불교의 세계관과 동아시아의 기존 관념은 무엇이 다를까

"이것 말고도 서로 충돌한 생각들이 있나요? 불교와 동아시아에서 상식으로 여겨지던 생각 사이에요?"

혜진이 덧붙여 물었다. 최선생은 점차 깊어지는 얘기에 질려하는 듯하더니 때마침 전화벨이 울리자 반색하며 밖으로 나갔다.

"불교가 독자적으로 시작된 종교는 아니야. 브라만교라는 모태가 있어. 윤회를 비롯해 여러 개념을 브라만교에서 빌렸지. 그러나 다른 것도 적지 않아. 예를 들면 브라만교는 사람의 운명이 신에 의해 정해졌다는 거야. 반면 불교는 인간의 의지와 노력을 강조해. 운명이 있다면 그것도 넘어설 수 있다는 거야. 소승불교가 개개인의 책임과 의지에 방점을 둔다면 대승불교는 타인의 개입과 도움을 받아들이지. 나의 선한 행실이 다른 사람의 운명을 바꿀 수도 있다는 거야. 물론 인간의 주체적 노력은 대승불교에서도 중요하지만 말이야.

동아시아에서도 많은 것이 정해져 있다는 게 주류적 사고였어. 운명론에 어느 정도 무게 중심이 가 있었지. 불교는 운명론을 처음부터 부정한다는 점에서 브라만교와도 다르고 동아시아의 전통적 사고와도 차이를 보여. 헬레니즘 세계에서는 신이 정한 운명에 저항하는 사람의 의지와 한계를 모두 설명하려 하지. 운명론에 무게를 두지만, 인간의 주체적 노력이 다른 결과에 이를 수도 있음을 말해. 결정은 신이 하더라도 인간의 의지와 사정도 여기에 영향을 미칠 수 있다는 식이야.

동아시아에서는 정해진 범위 안에서는 인간의 노력에 의한 성취가 가능하다고 봐. 그러나 신분과 지위의 상승까지만 그렇다는 거지. 죽은 뒤의 세계는 살았을 때와 같은 질서가 관철되는 곳이야. 인간도 이런 정해

여래 공양 행렬(쌍영총 벽화 모사도, 고구려, 국립중앙박물관) 4세기 후반 삼국 가운데 가장 먼저 불교를 받아들인 고구려에서는 왕실과 귀족가문이 불교신앙의 확산에 앞장섰다. 4세기 초 광개토왕 때나 이후의 장수왕 시대에 국내성과 평양 등 고구려 중심도시의 거리에서 승려를 앞세우고 귀족부부가 뒤따르는 불교 공양 행렬은 익숙한 광경이었을 수 있다.

진 질서에는 영향을 미치지 못한다는 거야.

그러나 불교는 인간의 노력이 극적인 변화도 가져올 수 있다고 말하지. 많은 것이 열려 있다고 보거든. 기존의 종교와 사상이 미래를 닫아놓는 것과는 구별되지. 닫혀 있는 미래를 불교는 열어버린 거야. 현재는 열어도 미래는 닫는 것이 전통적 사고가 공통적으로 가진 특성인데, 불교는 현재도 열려고 애써. 미래는 처음부터 열어놓았고.

동아시아에서는 현재를 열지도 닫지도 않은 상태에서 불교가 퍼진 거야. 동아시아에서 불교는 현재를 받아들이면서 미래는 열었어. 불교는 현재조차 신분과 지위에 따라 반 정도 열어놓게 했어. 동아시아의 많은 민족과 사회가 불교를 받아들인 것도 흔들리는 현재, 열린 미래 때문이라고 할 수 있지."

고구려 사람은 불교를 어떻게 이해하고 받아들였나

"아버지, 불교가 우리나라에 들어왔을 때는 어땠어요? 이상하게 생각해서 승려들을 나라 밖으로 내쫓거나 죽이거나 그러지는 않았어요? 삼국시대에 들어왔죠? 세 나라가 받아들이는 방식이 다 달랐던가요? 고등학교 때 배웠는데, 그냥 외우다보니 또 잊었어요."

진석의 말을 듣던 혜진이 눈을 동그랗게 뜨며, "그냥, 막 외우게 해요?" 하며 진석에게 물었다. 최선생 말로 혜진은 초등학교 마치고 바로 싱가포르 이모에게 갔단다. 한국식 암기 교육에는 노출된 적이 없으니, 눈이 동그래질 만도 했다.

"불교는 고구려에 가장 먼저 들어왔어. 땅이 중국과 붙어 있고 교류도 잦았으니 자연스러운 현상이라고 해야겠지. 다민족국가였던 고구려에서는 새로운 것이 낯설다고 배척되거나 터부시되지는 않았던 것 같아. 여러 민족이 어울려 사는 사회에서는 당연한 태도지만 말이야. 고구려는 나라가 세워질 때부터 민족도, 사회도 여럿이었으니까, 서로 다른 것을 받아들이는 데 쉽게 익숙해졌다고 할까?

고구려 사람들은 낯설어도 일단 어떤 것인지 보려 했어. 불교에 대해서도 마찬가지였겠지. 이웃 선비족의 나라에서도 유행했다니 오히려 관심을 보였을지도 몰라. 도대체 어떤 것이기에 선비족 나라에서도 유행하는지 알고 싶은 거야. 선비족이나 강족, 저족의 나라처럼 여러 민족이 모여 나라를 이루고 있으니, 한번쯤은 이런 나라들에서 호의적으로 받아들인 이 불교라는 새로운 종교에 대해 알아보려고 했겠지.

북중국을 통일한 전진 왕 부견이 372년에 불교 승려 순도 손에 경전과 불상을 들려 고구려에 보냈어.[127] 전진은 저족(氐族)이라는 티베트계 유

목민족이 세운 나라야. 전진과 접촉하기 이전에 이미 고구려 땅이 된 낙
랑에는 불교가 진작 소개된 상태였던 것 같아. 고구려 군대와 상인이 넘
나들던 요동에도 불교가 알려진 뒤였고 말이야. 그런 까닭인지 고구려
는 별 거리낌 없이 불상과 경문, 승려를 받아들였어. 게다가 전진이 호의
로 보낸 걸 가타부타할 별다른 이유도 없었지. 북중국의 패자가 된 전진
과 굳이 갈등을 빚을 까닭도 없었을 거고.

소수림왕이 초문사와 이불란사란 절을 짓고 이곳에 승려 순도와 아도
를 머무르게 했어. 소수림왕의 동생 고국양왕은 불교를 믿어 복을 구하
라는 왕명을 내리기도 했지. 북중국의 다른 나라들처럼 불교는 고구려
에서도 국가가 후원하는 종교가 된 거야. 아마 고국양왕은 불교를 믿으
라는 명령을 내리면서 불교신앙을 보호하고 퍼뜨리는 불교의 이상적인
군주인 전륜성왕이 되기를 원했는지도 몰라. 고국양왕의 아들 광개토왕
은 평양에 불교사원 9곳을 창건하게 했어.

고구려 사람들은 왕명에 따라 적극적인 불교 신자가 되었어. 나라와
왕을 위해, 조상과 개인을 위해 불교사원에 가서 공양하고 복을 빌었지.
부부가 함께 정토에 태어나기를 빌기도 했어. 고구려도 '붓다'를 믿는
나라들 가운데 하나가 된 거야."

신라에 불교가 늦게 자리 잡은 이유는?

"고구려에 들어오는 과정은 무난했네요? 그런데 신라에서는 왜 그렇
게 삐걱거렸어요? 이차돈의 순교 말고도 사건들이 좀 있었던 것 같던데,
뭐가 문제였죠?"

진석이 고구려에서 곧바로 신라로 들어갔다. 고구려 승려 묵호자가 신라 국경의 일선군에 들어가듯이 그렇게 내쳐 달렸다. 나는 잠깐 일어서 허리를 이리저리 돌리며 몸을 풀고 다시 앉았다. 한번 밖으로 나간 최 선생은 무슨 다른 일이 있는지 자리로 돌아오지 않았다.

"신라는 고구려가 불교를 받아들인 뒤 150년 가까이 지나서야 불교를 공인했어. 고구려와 백제에서 이미 불교가 받아들여지고 유행하는데도 신라는 몇 세대 동안 요지부동이었지. 이미 백성들 사이에는 불교가 퍼졌지만, 국가적 차원에서는 버티고 있었던 거야. 여하튼 법흥왕 때까지 이 상태가 계속되니까 어지간히 버틴 셈이야.

소지 마립간 때는 신라 왕실에서도 불교를 믿는 자들이 있었어. 지난번에도 말했지?『삼국유사』의「사금갑조」에는 왕실에서 향을 피우며 불공을 드리던 승려가 궁주와 내통했다는 의혹을 받아 왕에 의해 죽임을 당하는 이야기가 나와. 신라의 전통신앙과 불교 사이에 오랜 기간 갈등이 있었던 거야. 주로 새로운 종교인 불교가 박해받았던 거지. 이런 핑계, 저런 핑계로 불교 승려들이 자꾸 죽임을 당하는 거야.[128]

신라에서 일관(日官)은 하늘의 해와 달, 별자리를 보며 세상이 어떻게 돌아갈지를 점쳐 이것을 왕과 신하들에게 알리던 관리야. 그 일관이 신탁이라며 왕에게 건넨 편지에 '보면 둘이 죽고, 보지 않으면 한 사람이 죽는다'라고 쓰여 있었다는 거야. 당연히 왕은 '한 사람이 죽는 것이 낫지 않은가?'라는 반응을 보였고, 일관은 그 한 사람이 왕이라고 대답했어. 그래서 왕이 편지를 뜯어보니 '거문고갑을 쏘라'라는 말이 쓰여 있었고 왕은 거문고갑을 쐈지.

거문고를 넣는 통이 도대체 얼마나 크기에 그 안에 궁주와 승려가 있었겠어? 굳이 궁주와 승려가 그 안에 함께 있을 이유는 또 뭐겠어? 아마 궁주는 불교 신앙의 주요한 후원자였고 승려는 궁주의 도움으로 궁 안에 들어와 불교 행사를 주관했던 것 같아. 왕은 모르는 체하고 말이야. 전통신앙과 제의를 담당하던 이들로서는 이 궁주와 승려가 눈엣가시였겠고. 결국, 왕이 이들의 반발을 물리치지 못한 거야. 궁주와 승려를 이들에게 내준 거지.

고구려에서 신라로 내려가 이름을 남긴 이 가운데 묵호자라는 승려가 있었어. 이름으로 보아 묵호자는 거무튀튀한 얼굴의 서역인이야. 초원의 길이나 오아시스길을 거쳐 고구려에 왔겠지. 고구려 무용총 벽화에도 이런 얼굴이 검붉은 승려가 나와. 이 승려가 고구려에서 신라로 내려온 거야. 그러나 묵호자는 신라의 국경 마을인 일선군에서 더 남쪽으로 내려가지 못했어. 일선군은 지금의 구미 선산 일대야. 일선군의 유력자인 모례가 보호해주니까 이곳에서라도 불교를 전할 수 있었던 거지. 전통신앙의 사제들이 버티고 있는 신라의 왕경으로는 들어가기 어려웠던 거고.

이차돈은 법흥왕이 아끼던 사람이야. 이 사람이 왕의 이름으로 절을 짓다가 순교해.[129] 그 덕에 불교가 공인되지. 왕의 명령으로 신라 전통신앙의 성소인 천경림에 흥륜사라는 절이 세워져. 아마 천경림은 청동기시대부터 성스러운 물건인 청동거울을 모신 곳이었을 거야. 이 천경림 앞에 청동거울인 천경을 신체로 모시는 신사가 있었을 가능성이 있어. 청동거울이 걸린 신성한 숲, 천경림을 베어내고 그 자리에 흥륜사를 세운 거지. 150년 정도 세월이 흘렀지만, 불교를 전하려는 뜨거운 열정에 전통신앙 세계가 세워놓았던 벽이 뚫리고 결국은 무너져 내린 거야."

이차돈 순교 장면(백률사석당, 통일신라, 국립경주박물관) 법흥왕의 측근이었던 이차돈은 불교가 신라에 공식적으로 수용되게 하려 죽음을 무릅썼다. 신라 백성들 사이에서는 이차돈의 순교를 둘러싼 여러 가지 이야기가 입에서 입으로 전해졌던 것 같다.『백률사석당기』에 저간의 사정을 기록한 데 더하여, 이차돈의 목이 떨어지는 순간 우유처럼 흰 피가 솟고, 하늘에서 꽃비가 내리는 장면을 간결하게 묘사해 불교가 어떻게 신라에 자리 잡게 되는지를 극적으로 보여준다.

백제 법왕은 왜 살생을 금했을까

"백제는 어땠어요?"

혜진이 짧게 물었다. 최선생이 단감 몇 개를 깎아 큰 접시에 담아왔다. 다들 이야기 주고받는 데 열중하느라 최선생이 언제 들어와 부엌에 다녀왔는지 알지 못한 듯 단감 접시에 놀라며 반색했다.

"이거 진영 단감이야. 맛이 괜찮을걸. 아는 이가 한 박스 보내왔지. 하지만 남은 게 이것밖에 없군."

맛있게 단감 한쪽을 먹은 뒤 나는 백제 불교를 말하기 시작했다.

"백제는 고구려와 비슷한 시기에 불교를 받아들였어. 그러나 백제가 받아들인 불교는 남중국의 왕조 동진에 와 있던 승려 마라난타가 전했지.[130] 이름으로 보아도 마라난타는 한족이 아니라 인도인이야. 인도 간다라 출신이라는 그가 오아시스길로 왔는지, 바닷길로 이르렀는지는 알수 없지만, 동진을 거쳐 백제에 온 거야.

백제의 북쪽에 있던 낙랑과 대방이 잇달아 고구려에 망한 뒤 상당히 많은 사람이 백제로 망명했어. 망명자 가운데 일부는 다시 일본으로 건너갔고. 하지만 대다수는 벼슬도 하면서 백제에 남았지. 백제의 문물제도 정비에도 도움을 주었어. 도교와 불교에 대한 낙랑, 대방인의 지식, 경험도 망명자들과 함께 백제로 들어갔지. 삼국 가운데 백제의 전성기가 가장 빨랐던 것도 이들의 영향 때문일 거야. 근초고왕과 근구수왕 시대에 백제는 북으로 치고 올라가 평양 근처에 이르기도 했어.

하지만 백제의 전성기는 짧았어. 대동강 근처까지 밀렸던 고구려가 다시 남으로 치고 내려왔고 백제는 임진강 이남으로 후퇴했지. 옛 대방의 영역도 모두 고구려가 차지했어. 392년 고구려에서 광개토왕이 즉위하자 백제는 더더욱 수세에 몰렸어. 고구려군이 임진강 이남까지 내려왔고 백제는 간신히 막아내며 버텼지.

결국, 장수왕 시대에 한성 백제가 막을 내렸어. 475년 한성을 잃은 개로왕이 죽고 백제는 웅진으로 서울을 옮겼어. 고구려가 너무 강력해서 백제가 다시 북쪽으로 치고 올라갈 수 있을지는 불확실했지. 백제와 신라가 힘을 합해도 고구려를 막아내기 어려울 정도였으니까. 그래도 백제의 왕들은 다시 북쪽으로 치고 올라갈 것을 꿈꾸었어. 백제의 대귀족들이 잇달아 왕을 시해했지만, 한성시대를 다시 열겠다는 백제의 열망은 그대로였지.

599년 즉위한 법왕은 이름 그대로 불교의 가르침에 바탕을 두고 나라를 다스리려고 했던 인물이야. 10개월 남짓 재위하는 동안 법왕은 살아 있는 모든 것의 살생을 금지했어.[131] 왕으로 즉위하자 곧바로 백성들이 새를 잡고, 물고기를 잡는 데 쓰던 도구를 모두 불사르게 했지. 사냥매는 풀어주게 하고 사냥도 금지했어.

그런데 한번 생각해봐. 귀족과 달리 백성은 하루하루 근근이 살아가. 곡식은 늘 부족했으니 물고기를 잡고 사냥을 해서 생계를 유지할 수밖에 없어. 그런데 왕이 살생을 금지하면서 물고기며 짐승을 잡아먹지 못하게 해. 이건 백성들이 주린 배를 그냥 움켜쥐고 살라는 거나 마찬가지야. 안 그렇겠니? 법왕은 백성의 삶을 볼모로 잡고 전륜성왕처럼 되려고 했는지 몰라도 이상적이기보다 극히 비현실적인 태도를 보였던 거야.

법왕이 죽임을 당했다는 기록은 없어. 그러나 반란을 겪거나 병이 들어 자리에 눕지도 않았는데 재위 기간이 10개월이라는 건 어느 모로 보나 비정상적이지. 세상이 견딜 수 없게 한 왕이니 왕의 자리를 온전히 지키기도 힘들지 않았을까? 현실을 넘어서려다가 현실로부터 부정당한 게 아닐까 싶어."

가야의 불교는 바다에서 왔다

"가야에도 불교가 전해졌어요?"

혜진이 다시 짧게 물었다. 진석이 이런저런 생각을 담아 질문인지 의견인지 모르게 늘어놓는 식이라면 혜진은 짧고 단도직입적으로 말했다. 경영학도와 예술학도의 차인가? 아니면 성격인가? 나는 둘이 참 다르다고 생각하며 접시에 남은 단감 한쪽을 마저 집었다. '최선생 말대로 단감이 아주 맛있네!' 천천히 단감의 맛을 음미하던 내가 말을 이었다.

"불교는 바닷길로도 전해진 건 확실해. 그렇지만 기록으로는 남아 있지 않아. 김해 호계사 파사(페르시아)석탑도 불교와 관련하여 바닷길로 오간 게 있다는 걸 말하지.[132] 가야라는 명칭은 붓다 가야에서 왔어. 석가모니 붓다가 6년 고행 끝에 '이건 아니야. 고행으로는 깨달음에 이르지 못해'라고 깨달았던 곳이 붓다 가야야. 붓다가 고행하던 보리수나무 일대가 지금은 불교의 성소지.

가야 나라들은 본래 '가라'로 불렸어. 12개 정도의 변한 소국 연맹이 가야연맹이야. 일본에서는 가라를 '한(韓)'으로 표기하고 '가라'라고 읽었어. 삼한의 한족이 세운 나라들 가운데 섬진강과 낙동강 사이, 지리산 둘레에 있던 나라들은 서로 동질성이 짙어서 몇 개씩 모여 연맹을 이뤘어. 이 가운데 낙동강 하구에서 처음으로 연맹 구성에 나서 성공한 나라가 김해의 금관가라, 금관국이야. 주도한 사람은 6가야의 맏형으로 인정받은 금관국 수로왕이고.

수로왕은 하늘에서 구지봉으로 내려온 함속 6개의 알 가운데 하나에서 났다고 해. '하늘' 출신인 거지. 북방의 큰 세상에서 온 거야. 목축과 수렵이 주업이던 사람들의 후손이라고 봐야지. 알은 아마도 태양새가 낳은 알이라는 의미일 거고. 남방에서 왔는데, 알에서 났다고 하면 그 알은 곡식알이야.

수로왕비 허황옥은 바다에서 왔어. 알과 같은 데서 나지는 않았지. 대신 노비와 진귀한 보물을 가득 실은 배를 몰고 왔어. 그런 점에서 허황옥은 해상세력이자 이민자 집단의 우두머리라고 할 수 있어. 그가 수로왕과 동맹을 맺은 거야.

수로왕이야 허황옥과 동맹 맺는 게 백 번 유리하지. 만일 바다에서 다른 세력이 또 나타난다면 허황옥 집단이 이들을 물리쳐 줄 거니까. 수로왕 생각에 바닷사람은 바닷사람이 쳐내는 거거든. 말 타고 내려온 사람

정토로 가는 용선(양산 통도사) 죽은 이가 저승 가는 길에 강과 바다를 건넌다는 오래된 관념이 왕생정토관에도 영향을 끼친 듯, 붓다의 보살핌 아래 많은 불자들이 용선을 타고 정토행을 시도하고 있다. 거추장스러운 육신을 버리고 연꽃에서 다시 태어나기를 꿈꾸던 이들도 이 용선 안에 있을까?

들은 바다에서 싸우는 방법을 잘 모르니까 말이야.

허황옥은 인도의 아유타국에서 왔다고 해. 석가모니의 제자는 아니지만, 불교가 유행하던 인도 출신이 정말 맞는다면 불교와 관련되었을 수 있지. 물론 허황옥이 자신을 불교도라고 한 적은 없어. 정말 인도 출신인지도 모르고. 가능성도 그리 크지 않아. 동남아 출신이면 몰라도.

그런데 낙동강 하구 일대 불교 유적은 다 허황옥과 연결되어 있어. 불교가 바닷길을 통해 김해 지역에 전해졌기 때문이겠지. 기원전 1세기면 바닷길이 잘 뚫려 있을 때야. 허황옥이 온 뒤 오래지 않아 탈해가 이끄는 새로운 선단이 김해 앞바다에 모습을 드러낸 걸 보아도 그래. 탈해 무리 사람들은 김해에 상륙하지 못하고 동해 쪽으로 올라갔지만 말이야. 여하튼 당시에 바닷길이 열려 있었던 건 확실해. 동남아시아를 거쳐 중국 남해안으로, 다시 한국 남해안으로 이어지는 바닷길이 가동되고 있었던 거지. 이 길로 불교가 왔을 거야. 가라 나라들이 가야가 된 것도 이 길로 온 불교 때문일 테고."

경주 남산은 어떻게 불국토가 되었나

"남산이 불상으로 가득 차게 된 건 언제예요? 몇십 년 만에 그런 건 아닐 테고요. 신라는 불교를 안 받아들이겠다고 버텼던 나라잖아요? 게다가 불상들은 또 왜 다 코가 깨졌어요? 유독 코만 깨진 게 많던데요."

진석이 갑자기 생각났다는 듯 남산 불상들에 관해 물었다. 최선생이 기회다 싶은지 한마디 했다.

"어, 코 깨진 건 조선시대 이후야. 아들 얻겠다고 깨고 갈아서 그래. 부처님 코 갈아 먹으면 아들 낳는다는 속설이 있었거든. 남산 불상들은 대개 통일신라시대 작품이야. 고려시대 때 것도 있지."

나는 '아이고, 좀 쉬자' 싶어 슬그머니 일어나 "화장실 좀 다녀올게" 하면서 밖으로 나왔다. 최선생이 헛기침으로 목을 가다듬고 말을 이었다.

"불교는 나도 좀 알지. 내 진짜 직업이 문화유산 기행이니까. 여기 경주에선 나만큼 불교 유적 많이 다닌 사람이 없을 거야. 전국적으로도 그래. 신라는 다른 나라보다 늦게, 그것도 한참 뒤에 불교를 받아들이지만, 더 심하게 불교를 믿는 나라가 되었지. 늦바람이 무섭다고 하잖아? 신라 왕은 아예 전륜성왕처럼 행동했어.[133] 진흥왕은 자신의 씨족이 석가모니 붓다의 가문이니 진골이 아닌 성골이라는 거야. 이걸 진종설이라고 하지.[134] 실제 진흥왕의 직계는 진골인 보통의 김씨들과 구별하여 성골로 불리게 되었어.

진흥왕은 '성골끼리 결혼해야 성골이다. 성골이 진골의 다른 가문과 이어지면 진골이다.' 그러면서 성골의 지위를 유지할 수 있는 결혼 대상의 범위를 심하게 좁혀놓았어. 몇 세대 가지 못해 성골이 사라지게 만든 거야. 실제 성골은 3대 만에 소멸했어. 진흥왕에서 진지왕, 진평왕으로 이어진 뒤 성골로 왕위를 계승할 남자가 없게 된 거야. 공주 덕만이 선덕여왕이 된 것도 이 때문이야. 진덕여왕이 그 뒤를 이은 것도 마찬가지 이유고.

신라는 불교가 발생한 천축[인도]를 서천축이라 하고 석가모니 붓다의 집안인 성골 가문이 왕위를 이은 신라가 동천축이라고 주장했어. 신라도 붓다의 나라라는 거야. 붓다의 나라인 신라에 붓다의 흔적이 남아 있는 것은 당연한 일 아니겠니? 석가모니 붓다 이전에 난 수많은 붓다의 자취가 동방의 붓다 나라에 남아 있다는 거지. 신라 왕경인 경주 남산에 수많은 붓다가 모셔진 것도 이 때문이야.

진석이도 오늘 등산하면서 느꼈겠지만, 남산은 붓다의 산이야. 수백 년에 걸쳐 남산에서는 붓다와 보살들이 바위에 새겨졌어. 실제 다녀보면 골짝마다 붓다, 보살이야. 없는 데가 없어. 남산은 보통 볼 수 있는 그런 바위산이 아니야. 붓다산이지. 바위산의 크고 작은 바위가 다 붓다요, 보살, 천왕이야. 우뚝 서 있는 바위를 돌아가면 앞에는 붓다상, 뒤에는 보살상이야. 바위가 온통 붓다와 보살로 덮인 곳도 있어.

원래 남산의 붓다와 보살들은 갖가지 색으로 옷을 입고 있었어. 머리 위에는 아름다운 닫집들이 씌워져 있었지. 눈비가 들지 않게 말이야. 아

비천(성덕대왕신종, 통일신라, 국립경주박물관) 여래의 자비를 기리는 방법은 여러 가지이다. 그중 하나가 불교적 깨달음의 상징인 연꽃잎을 뿌리는 것이다. 비천은 연꽃잎을 뿌리거나, 천상의 음악을 연주하여 여래의 자비를 기리고, 이것이 업에 얽매여 사는 속인들에게도 더해지기를 구한다.

마 멀리서 보면 남산은 닫집들의 회색빛 기와로 가득했겠지. 사이사이로 금빛이며 붉고 푸른 단청도 보였겠지만 말이야.

그러나 세월이 흐르면서 닫집들은 하나둘 무너져 내리고 삭아서 없어졌어. 유교가 득세한 조선시대에 주로 일어난 일이겠지? 절을 후원하지 못하게 하니까 어쩔 수 없는 일이기도 했을 거야. 스님들은 떠나고 수리는 못 한 채 그냥 두면 어떻게 되겠니? 돌로 만든 붓다와 보살들이야 색옷이 바래서 빛을 잃어도 그 자리에 그대로 있었을 거고. 남산은 여전히 붓다의 산이요, 불국토로 남아 있었던 거지. 붓다며 보살의 코가 깨진 것도 이때였을 거야. 다들 '아들, 아들!' 하니 사대부 가문의 부인네들이 종을 시켜 부처님 코를 갈아 오게 했겠지. 아들 낳을 수 있다니까 말이야."

선종은 어떻게 시작되었나

바깥 찬바람으로 머리를 식힌 뒤 자리로 돌아온 나에게 혜진이 물었다.

"선이란 게 뭐예요? 스티브 잡스도 선에 심취했다는데, 불교는 다 선(禪)인가요?"

정말 경영학도라서 그런가보다. 불교 얘기에 자연스럽게 애플의 스티브 잡스 이야기가 뒤따랐다. 나는 참선을 막 마친 사람처럼 머리가 맑았다. 내 입에서 불교의 선에 관한 이야기가 자연스럽게 흘러나왔다.

"불교는 경전이 많은 종교야. 합천 해인사의 팔만대장경이 그냥 나온 게 아니지. 석가모니 붓다가 입멸하자 제자들은 스승의 언행을 기록으로 남기려고 했어. 생전에 스승은 그러지 말라고 했지만, 구도의 길잡이는 있어야 한다는 제자들 생각에서였지. 여기에 석가모니의 언행을 따르던 제자들이 깨달은 내용이 더해졌어. 제자들이 가르침을 어떻게 실행했는가 하는 내용도 기술되었지. 경전이 늘어나기 시작한 거야.

석가모니는 깨달은 자인 붓다 가운데 한 사람이야. 붓다는 수도 없이 많아. 이런 수많은 붓다들은 어떻게 깨우쳤을까? 무슨 말을 했을까? 석가모니의 다른 제자들, 제자들의 제자들도 붓다들의 경험이나 가르침을 기록하기 시작했어. 물론 다른 붓다들이 제자들에게 직접 말하지는 않았지만 말이야.

여기서 다른 붓다들이란 석가모니 이전, 아주 오래전에 깨친 자들이야. 시기도 장소도 알려지지 않은 존재지. 그러니 기록도 '이렇게 행동하고 말했을 것이다' 정도였겠지. 어떻든 석가모니 제자들의 제자들은 자기 스승의 입을 빌려 만난 적 없는 다른 붓다의 언행도 기록했어. 이런 게 다 경전이 된 거야.

이런 경전들을 더 쉽게 풀거나, 경전 어구의 의미를 진지하게 탐구한 해설서, 연구서들도 출간되었어. 1단계 해설서인 셈이지. 이런 걸 '율(律)'이라고 해. 그런데 이 해설서를 다시 주석하기도 해. 이걸 '논(論)'이라고 하지. 시간이 지나면 이 율과 논도 경전의 일부가 돼. 논을 풀어낸 게 '소(疏)', 소를 풀이한 게 '초(鈔)'야. 결국, 소와 초도 경전에 포함되지. 물론 종교적·학문적 가치가 인정되어야 하지. 경, 율, 논, 소, 초까지 포함한 종교이론서 전체를 간행하는 게 국가적 사업이 되기도 하고, 불교계의 큰 업적이 되기도 했어. 우리나라는 고려시대에 이런 대규모 간행 사업이 여러 차례 일어나. 해인사 팔만대장경도 고려시대에 만들어진 거야.

그런데 생각해봐. 기본적인 경전만 수백인데, 율, 논, 소, 초가 더해진 장경을 누가 다 읽겠어? 뛰어난 불교 승려도 그러기는 어려워. 기본 경전 읽기도 쉽지 않은 일인데, 율과 론, 소와 초를 언제 다 읽겠니? 대다수 경전은 산스크리트어 원전을 한자로 옮긴 거야. 원전의 의미를 다시 알아야만 할 때는 산스크리트어 경전을 읽어야 해. 어느 세월에 산스크리트어를 배워 원전의 의미를 되새기겠어? 평범한 승려에게는 한자도 어려운데 말이야. 산스크리트어 발음대로 옮겨 쓴 한자 경전도 있거든. 이런 건 어떻게 읽어야 하겠니?

결국, 경전 읽기를 편법으로 진행하는 방법이 고안돼. 뜻이 있으면 길이 있는 거야. 경전을 담은 통을 한 바퀴 돌리면 경전을 한 차례 읽은 것으로 친다든가, 경전이 꽂힌 서고(書庫)를 한 바퀴 돌면 그 안의 것을 다한 차례씩 읽은 셈 한다든가, 경전의 주요 어구를 쓴 천을 줄에 꿰어 바람에 날리게 하고 그것을 쳐다보기만 해도 수없이 읽은 것으로 치는 등등의 방법이 발명되었어. 경전을 소리 내어 읽기만 해도 깨달음을 방해하는 번뇌의 기운을 끊고 사악한 존재들을 물리칠 수 있는데, 경전 통을 돌려 읽을 수만 있다면 이보다 좋은 일이 어디 있겠어? 승려나 신자들로서는 너무나 좋은 방법이 아니겠니?

불상을 만드는 비용을 내거나, 절을 짓는 데 소요되는 노동력을 제공해도 선업이 쌓이고 내세에 복을 누리게 된다는 믿음도 널리 퍼졌어. 사람들은 사원과 관련된 어떤 일에 연결만 되어도 미래의 삶이 열린다고도 믿게 되었어. 사원에 드나들기만 해도 복을 받는다면 그런 일을 하지 않을 사람이 몇이나 있겠니?

그런데 선종은 이런 행위나 효과를 거부하고 부정해. 붓다가 된 싯다르타처럼 조용히 자신의 내부를 들여다보고 우주가 운행되는 원리를 꿰뚫어 보려 애써야 한다고 주장했어. 물론 이를 위해서는 출가하여 수행하는 것이 좋고도 바른 방법이겠지. 그러나 세간에 남아 있는 재가 상태로도 가능하다고 그래. 세속의 한가운데서 사원을 세우고 불상을 만들며 경전으로 사업하는 것이 깨달음과 무슨 관계가 있느냐는 거야.

중국에서 시작된 선이 한국에도 들어왔어. 도시의 불교가 산중의 불교로 바뀐 건 통일신라시대가 저물어가던 무렵이야. 높은 직급의 승려들이 화려한 장삼을 입고 말을 탄 채 궁궐만큼 커다란 사원과 사원 사이를 오가던 시기에 일어난 일이지. 선종은 석가모니 붓다가 자신과 비슷한 누더기 차림의 제자들과 소박한 식사와 차로 하루를 마치며 삶의 진실과 동행하던 그때로 돌아가려 했어. 불교도 스스로 원형 회복 운동에 나섰다고 할까?"

선종 승려는 왜 경전을 읽지 않을까

"그럼 참선하는 사람들은 전혀 경전을 읽지 않나요?"

진석이 물었다. 웬일로 질문이 간단했다. 혜진을 흉내 낸 건가? 부드러운 낯으로 두 사람의 얼굴을 번갈아 보던 내가 말을 이었다.

"선종은 중국에서 일어났어. 달마를 시조로 삼지. 선종은 경전이 없어. '불립문자(不立文字)'야. 선종에서는 경전의 주석서를 써서 경전화하는 게 허용되지 않아. 경전에 매여 깨달음을 위한 수행을 소홀히 한다면 이것이야말로 본말이 전도된 게 아니냐는 거야. 선종 승려들은 이런 걸 어리석은 일이라고 일갈하지.

선종이 일어나기 전 중국에서 불교는 기득권 집단의 종교가 되어 있었어. 왕후장상의 기부가 계속되자 사원은 왕실이나 대귀족 가문에 버금가는 대지주가 되었지. 현물이 많으니 고리대금업을 하는 은행이나 금고의 역할도 겸했어. 불교사원은 지역마다 경제의 중심인 동시에 정치·사회의 거점이었지. 지식 활동도 상당 부분 불교사원을 중심으로 이루어졌어. 사원은 때로 군사적 거점으로도 여겨졌어. 이래저래 수행하기 위해 모인 사람들이 세상의 중심에 서게 된 거야.

사원에서는 위계질서도 뚜렷했어. 국가의 관료체계와 유사한 시스템이 사원 안에서 작동했으니까. 유럽의 교회처럼 사원도 정치·사회의 주요한 집단 가운데 하나가 된 거야. 어떤 면에서는 사회적으로 가장 주요한 집단이기도 했지.

남북조시대의 중국에서 불교는 도교와 주도권 경쟁을 벌였어. 북조와 당에서 벌어진 '삼무일종의 법난(法難)'은 불교 탄압의 대표적 사례야. 북위 태무제, 북주 무제, 당 무종, 후주 세종이 불교를 탄압한 이 사건은 표면적으로는 불교와 도교의 갈등, 불교와 도교의 사회적·종교적 영향력이 원인이 된 것처럼 보이지만 꼭 그렇지도 않아.[135] 이런 법난은 도교보다는 불교사원의 정치적·경제적 힘이 지나치게 커진 데 대한 반작용이라고도 할 수 있어. 몇 차례 폐불(廢佛)을 겪으면서 불교 안에서도 반성의 기운이 일었어. 선종도 그런 과정에서 출현한 거야.

한국에는 통일신라 후기에 선종이 들어왔어. 진골 중심의 교종 사원이 보여주는 폐해가 선종이 들어와 자리 잡을 수 있게 도운 거야. 교종 사원들이 왕경에 집중되어 있었던 까닭에 선종은 지방사회에 정착했어. 사실 귀족 불교에 대한 반발은 신라 중대부터야. 몇몇 승려들이 이를 주도했지.

삼국통일 전쟁이 한창일 때, 원효와 의상은 기존 불교의 귀족 중심주의에 의문을 던지며 불교의 새 길을 찾으려 했어. 진골 가문 출신의 의상은 지방에 화엄10찰을 세우면서 골품의 차별을 넘어선 불교를 주창했지. 6두품 출신의 원효는 떠돌이 거사가 되어 아예 평범한 백성들이 사는 마을로 들어갔어.

불교의 대학자였던 두 사람의 행보는 기득권의 보호자로 자리 잡아가던 불교에 대한 비판이자 새로운 포교 방향을 제시하는 것이었어. 백성들이 불교의 어떤 측면에 귀 기울여야 하는지를 보여주는 것이기도 했지. '나무아미타불, 관세음보살'을 외는 것만으로도 내세 정토왕생을 꿈꿀 수 있다면 억지로 불교사원의 갖가지 행사에 나갈 일도 없는 거야. 귀족과 어깨를 나란히 하려 몸으로 사원의 온갖 행사를 뒷받침할 필요도 없지.

선종은 신라 하대에 지방사회에서 성장하던 호족들에게 환영받았어. 일자무식에 바닥에서 일어난 호족들에게 '불립문자'에 '승려도 손수 농

연등(양양 낙산사) 연등회와 팔관회는 삼국시대 이래, 한국 불교사원을 중심으로 펼쳐진 가장 큰 행사였다. 여러 토속신에 대한 제의가 포함된 팔관회는 조선시대 이후 열리지 않았으나, 순수 불교 행사인 연등회는 개별 사원 차원에서 계속 열렸다. 물론 연등회가 계속될 수 있었던 것은 불자들의 정토왕생에 대한 소망이 유교 성리학의 압박조차도 이겨낼 수 있을 정도로 강렬했기 때문일 것이다.

사지어 먹고살 것을 마련하라'는 식의 선종은 매력적일 수밖에 없었지. 경전을 몰라도 된다니, 붓다를 불교에 대한 지식 없이도 만날 수 있다니, 얼마나 귀에 솔깃했겠니?

　　신라 하대에 구산선문을 중심으로 선종의 영향력은 크게 확대되었어. 불상과 탑, 경전에서 벗어날 것을 선언한 선종이 새롭게 성장하는 지방 세력의 후원자가 된 거야. 종교적으로도 새 시대가 열린 거지."

한국과 일본, 티베트의 불교는 어떻게 다를까

"잠깐 일본에 갔을 때 보니까 일본의 천왕상들은 너무 험상궂던데요. 한국 건 그렇지 않은데. 티베트 불화도 봤더니 천왕인지 보살인지 해골로 만든 목걸이를 하고 있더라고요. 같은 불교라도 나라마다 좀 다른 것 같아요."

혜진이 일본이나 티베트불교 미술의 이미지 때문인지 코끝에 살짝 주름을 지으며 말했다. 최선생도 호기심이 생기는지 혜진과 나를 번갈아 보았다.

"지금의 티베트불교는 라마교라고도 하지. 유목민족인 티베트 사람들에게 불교는 어떻게 이해되고 받아들여졌을까? 건조하고 차가운 고원지대 유목은 '척박한 환경에서 살아남기'야. 티베트고원은 삶과 죽음이 맞붙어 하나처럼 보이는 곳이지. 바람과 추위, 변덕스러운 날씨, 희박한 공기. 티베트에서는 녹색의 바다 같은 초원을 볼 수 없어. 자갈밭 비슷한 게 끝없이 펼쳐진 곳이 많아. 정말 척박한 곳이지. 그 때문에 티베트의 종교에는 늘 죽음의 그림자가 어른거려.

생존이 쉽지 않은 환경이 티베트불교 회화에도 그대로 배어 있어. 만다라는 티베트불교 회화에서 자주 다루는 주제야. 깨달음의 과정과 경지를 도형으로 나타낸 게 만다라인데, '궁극의 진리'에 이르는 길을 그림으로 보여주는 거지. 현실에서 만다라는 예배와 주술의 대상이기도 해. 밀교에서는 만다라를 보며 다라니를 외워. 그런데 실제로 밀교에서는 신비적 주술행위가 일반화되어 있어. 만다라 앞에서 붓다의 경지에 곧바로 이르는 '즉신성불'의 본래 의미는 잊혔지. 밀교는 비밀스러운 가르침을 통해 깨달음에 이르려는 종파야.

일본 불교에도 밀교적 성향이 강하게 나타나. 티베트와는 매우 다르지만 말이야. 지진과 화산 폭발이 일상이고 태풍과 쓰나미에 노출된 채 살아가는 사람들에게 신비적 주술은 매력적일 수밖에 없어. 주술적인 토착신앙과 불교신앙이 자연스레 하나로 녹아들게 되지. 신도와 불교가 갈등 없이 공존하는 것도 일본적인 현상이라고 할 수 있어.

일본 불교에서 승려는 가족을 이루고 절을 운영해. 이것은 티베트나 한국과 다른 점이야. 물론 일본에도 한국처럼 출세간으로 수행하는 종파가 있어. 그런데 소수지. 일본에서는 절이 세상에서 벗어난 자의 수행 공간이 아닌 가업이야. 어떻게 보면 일본에서는 출가라는 개념이 조금 낯설다고 할 수 있어. 때문에 '성불하다'라는 말도 혼이 현세에 남으려 애쓰지 않고 저세상으로 가는 것을 뜻해. 일본 불교에서 절대적 자유, 정각, 깊은 깨달음의 경지는 익숙지 않은 개념이야.

한국 불교에도 밀교적 흐름은 있어.[136] 그러나 주류는 아니야. 삼국통일전쟁 시기, 고려 후기에 잠시 성행했지.[137] 한국 불교의 주류는 선종이야. 이런 까닭에 한국의 사원에서는 밀교를 연상시키는 주술적 행위도 거의 이루어지지 않았어. 전통신앙을 흡수했지만, 샤먼이 사원의 권속이 된 것도 아니고.

우리나라 불교에서 승려는 출가한 자이고 세상과 인연을 끊은 사람이야. 구도를 위한 참선에 들어가면 세상의 모든 것이 잊히지. 통일신라 하대부터 선종 계열의 흐름이 주류를 이루면서 세속과 출세간의 단절은 더욱 뚜렷해져. 깨달음에 대한 이론적 접근도 지속해서 이루어지고. 주로 산골짝 깊은 곳에 자리 잡은 불교사원은 세속과 거의 접촉하지 않아. 세상과 단절하려는 의도도 강해. 겨울에 드는 '동안거'나 여름에 드는 '하안거'를 통해 불교사원에서 다시 개별적으로 고립되는 상황을 만들어내기도 해. 깨달음에 깊이 들어가기 위해서야. 한국 불교가 티베트나 일본의 불교와 구별되는 것도 이런 지점이라고 할 수 있지."

제12장

신선신앙
: 장생의 욕망, 불사의 삶

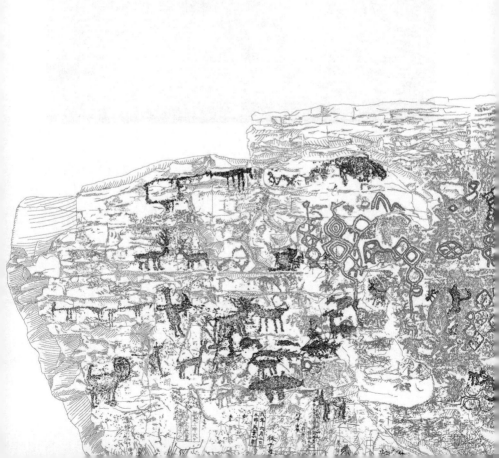

하늘을 나는 신선(통구사신총 벽화 모사도, 고구려, 국립중앙박물관) 신선은 누구의 도움도 없이
하늘을 날 수 있다. 그러나 다수의 신선은 학이나 용, 봉황과 같은 상서로운 새와 짐승을 타고 하
늘을 날아다닌다.

아침에 최선생이 딸 혜진에게 싱싱한 회 한 접시 먹이려 감포에 간다기에 바닷바람도 쐴 겸 우리 부자도 따라붙었다. 나에게 감포는 감회가 남다른 곳이다. 대학 마칠 즈음 두 번째로 참가한 고고 발굴 현장이 감포 봉길고분군이었다. 30년 전, 대학원 석사과정에 있을 때 꼬박 100일 동안 이곳에 머무르며 신라가 진한의 소국이던 사로국 시절의 고분을 여럿 발굴했다. 물론 학생이라 인부처럼 흙 파고 나르면서 잔일을 돕는 게 다였다. 그래도 그 덕분에 유적에 대한 감을 익혔다. 그때 숙소 겸 밥집이었던 할매횟집은 없어진 지 오래다. 최선생이 안내한 자칭 단골집은 대왕암횟집이었다.

신선은 죽지 않는다?

"신선놀음이 따로 없지. 용이 된 문무왕이 지키는 바다를 보며 이렇게 싱싱한 회를 먹으면 이게 신선이지 뭐겠어?"

저 스스로 신선이 된 최선생이 혼자 건배사를 했다. 갑자기 진석이

‘그렇구나’ 싶은 표정으로 나에게 물었다.

"아버지, 신선은 정말 죽지 않아요? 연금술로도 불사약을 만들 수 있어요?"

바다 풍경에 넋을 놓고 있던 나는 눈을 껌뻑거리다가 아들을 마주 보며 질문을 되뇌었다.

"신선? 신선은 몸이 죽지 않게 된 사람이야. 늙지 않게 된 것이기도 하지. 하지만 그림에는 흰 수염이 길게 무릎 아래까지 내려온 노인으로 나와. 그렇게 늙은 뒤 신선이 되었는지 몰라도 보통 그런 모습으로 그려지지. 오랜 노력으로 불사의 경지에 이르렀는지, 불사약을 먹고 죽지 않게 된 건지는 때 따라 다 달라. 죽지 않게 되었다고 해서 아무렇게 살아도 영원히 살 수 있는 것은 아냐. 신선처럼 살지 않으면 다시 평범한 사람이 되니까. 그럼 늙고 병들어 죽음에 이르는 거야.

신선이 되려는 사람은 죽지 않는 몸이 되기 위해 불로 익힌 것을 먹지 않고 건강에 극히 좋은 것을 날 것으로 오랜 기간 먹기도 해. 수십 년 동안 이렇게 생식을 하면 살은 어린아이처럼 되고 몸은 가벼워져 날개 없이 날 수 있다고 믿었지. 그러나 무심코 불로 익힌 것을 입에 대면 그때부터 몸이 다시 평범한 사람의 그것으로 바뀌는 거야. 이미 신선의 몸을 얻은 자가 일부러 익힌 것을 먹지는 않겠지만 말이야.

신선이 되면 한순간 맨몸으로 하늘로 날아올라 신선의 세계로 간다고 믿었어. 죽어서 무덤에 묻혔던 사람이 신발 한 짝만 남기고 사라져 신선이 되었음을 알게 되는 일도 있다고 하지. 신선이 되는 과정이 이렇게 다른 건 신선 수행으로 이른 경지가 다 달라서라는 거야.

신선이 된 사람은 불사의 세계로 삶터를 옮겨. 그렇다고 신선이 된 뒤 이 세상과 완전히 단절된 상태로 사는 것도 아냐. 땅 위에는 여전히 신

음악을 연주하는 남녀 선인(중국 보계청동기박물관) 신선의 삶이 구체적으로 그려지는 과정에 자주 이야기되는 것이 생황(笙簧)이나 소(簫)와 같은 악기를 다루는 모습이다.

선이 되기를 원하여 애쓰는 사람이 많거든. 그런 자를 돕는 것도 신선이 할 일 가운데 하나니까. 신선들은 잠깐씩 자신이 살던 세상으로 돌아와 이런 사람들을 돕는 거야.

신선이 되면 먹는 것에 매이지 않아. 물론 신선도 먹지. 신선으로 살기 위해서도 음식이 필요하거든. 다만 이 세상에서 구하기 어려운 걸 먹지. 신선이 가장 즐기는 음식 중 하나가 옥이야. 세상 사람은 이 옥을 찾지도 못하고 먹지도 못해. 그러나 신선은 쉽게 구해서 먹어.

신선은 평범한 사람들이 겪는 희로애락에서 벗어난 존재야. 성적인 욕구에 시달리지도 않아. 신선은 인간관계로 말미암은 번민과 고뇌에서 도 자유로워. 평범한 사람이었지만 그런 상태에서 벗어난 사람이지. 그러니 평범한 사람도 신선 되기를 꿈꿀 수 있는 거야."

신선은 신인가, 사람인가

"그럼, 신선은 사람이에요, 신이에요?"

호기심이 동하는지 회를 먹던 젓가락을 상에 내려놓으며 혜진이 물었다. 열심히 설명을 듣던 진석은 다시 회 접시에 젓가락을 가져갔다.

"신선신앙이 성립되던 시기의 신선은 신보다 사람에 가까웠어. 그러나 교의체계를 갖춘 도교에서는 신선이 신에 가깝지. 신으로도 숭배돼. 도교의 신은 수없이 많아. 신선은 도교의 신 가운데 하위의 무리에 속하는 경우가 비교적 많지. 물론 신선은 사람의 생사를 주관하거나 자연의 질서에 관여하지는 않아. 세상의 소소한 일에 개입하기는 하지만 거기서 그쳐. 세상 질서에 근본적인 변화를 가져올 정도의 신통력을 지니지도 않았어. 그런 면에서 신선은 신과 사람 사이에 있다고 할 수 있어.

신선의 겉모습은 여러 가지야. 반은 사람, 반은 짐승이기도 하고, 온전한 사람 모습이기도 하지. 신선은 그들만의 세상에 살아. 사람이 접근하

선계로 가는 신선(강서대묘 벽화, 고구려, 북한 남포) 선계는 하늘도 아니고 땅도 아니다. 사람도 신도 아닌 신선은 두 세계의 경계에 사는 존재다. 그러나 도교신앙이 체계화하면서 신선도 신으로 인식되고 설명된다.

기 어려운 높고 아스라한 산꼭대기나 바다 한가운데 있는 섬 같은데 말이야. 당연히 산이나 섬의 둘레로는 넓고 깊은 강이나 큰 바다가 펼쳐져 있어. 그래야 사람 세상과 나누어지지 않겠니?

땅이나 바다의 특정한 공간을 삶터로 삼고 있어서 자기들이 발붙인 곳에 변고가 있으면 아무리 신선이라도 삶이 흔들려. 봉래니 방장이니 하는 섬의 산꼭대기에 살던 신선들이 커다란 혼란에 빠졌던 적이 있어. 세상을 창조했다는 여와신이 이런 섬들의 네 모서리를 떠받들던 거대한 거북들을 한 마리씩 붙잡아 다리를 잘랐거든. 기울어진 하늘을 받치려고 말이야. 공공이란 거인이 하늘을 받치는 기둥 역할을 하는 부주산을 들이받아 부러뜨리는 바람에 하늘이 터지고 한쪽이 기운 거지.[138] 섬 한 귀퉁이가 기우뚱거리니 신선들로서는 삶터가 무너지는 것처럼 느껴지지 않았겠어?

신선이 사는 세상은 산의 중턱쯤에 뚫린 깊은 동굴에 있기도 해. 무릉도원이 그런 곳이지. 나무꾼이나 어부가 동굴 안 깊숙한 데서 발견한 낙원 말이야. 그런 데서는 시간이 세상과 다르게 흘러. 세상의 100년이 도원에서는 1년이 될까 말까지.[139] 이런 시간의 흐름조차 신선의 수명에는 아무런 영향을 끼치지 못해. 이미 불사에 이르렀는데 세상의 100년이나 도원의 1년이 무슨 의미가 있겠어?

몸이 늙지 않고 병들지도 않는다면 시간의 흐름이 사람의 삶을 좌지우지하기는 어렵지 않겠니? 혹 어떤 나무꾼처럼 우연히 이런 곳에 들어가면 그의 삶도 이곳의 시간에 좌우되어 사실상 불사를 경험하게 돼. 그렇지만 그가 세상이 그리워 되돌아간다면 다시 세상의 시간에 지배받게 되지. 멈추었던 시계가 돌아가면서 몸이 늙고 병들게 되는 거야.

신선은 사람의 세상을 떠난 사람이야. 비록 신의 경지에는 이르지 못했어도 신에 가까운 존재가 되었으니 먹지 않아도 피곤함을 느끼지 않고, 쉬거나 잠들지 않고도 어디든 다니고 싶은 데를 갈 수 있어. 그런데도 신선은 옥이든 하늘 복숭아든 음식을 먹고 차를 마신다고 하거든. 사람의 세상을 떠났지만 사람과 완전히 절연된 존재는 아닌 거지.

신선은 사람의 세상을 떠났지만, 신이 세상에 관여하려 할 때 심부름꾼이 되어 세상의 사람들과 만나기도 해. 서로 복잡하게 얽히지는 않더라도 세상 사람의 일에 관여하기도 하지. 신선은 불사를 꿈꾸고 이루었지만, 어떤 상처를 입어도 회복하는 불멸에 이른 건 아니야. 감히 신의 경지에 이르려고 욕심내지는 않지.[140] 신과 신선 사이에는 알게 모르게 경계가 그어져 있어. 그 선을 넘으려는 신선 이야기는 전하지 않지만 말이야. 사람들이 불사는 꿈꾸어도 불멸은 욕심내지 않았기 때문인지도 모르지."

선계(仙界)는 하늘인가, 땅인가

"그러고 보니 신선이 사는 세상은 하늘도 아니고 땅도 아니네요. 도화원 같은 데도 동굴로 구분되었으니 땅이라고 할 수 없고요."

진석이 마치 뭔가 깨달은 듯 한마디 했다. 혜진과 최선생도 그 말이 일리가 있다는 듯 고개를 살짝 끄덕였다.

"그래, 신선이 사는 곳은 하늘도 땅도 아니지. 하늘과도 닿아 있고 땅과도 이어져 있어. 신선이 되면 땅에서 하늘로 날아 올라가. 그렇지만 그 신선이 가서 발을 디딘 곳은 뿌리가 땅에 닿아 있지. 평범한 사람이 가기는 극히 어려워도 땅에서 떨어진 곳은 아니거든.

신선은 땅에서 솟아오른 아득한 산의 봉우리, 구름에 가려진 그런 세계에 살아. 수평선 너머 무엇이 있는지 모르는 망망대해 한가운데 솟은 섬의 꼭대기나 구름도 닿지 못하는 높은 곳에 신선의 세계가 펼쳐져 있지. 산속 깊은 곳도 마찬가지야. 아무도 모르는 산속 동굴 안에도 그런 세계로 가는 입구가 있으니까. 조금 전에 말한 복숭아꽃이 만발한 넓은 별세계, 도화원 같은 데 말이야.

신선은 하늘로 오를 수도 있고 땅으로 내려올 수도 있어. 하늘과 땅의 경계를 거처로 삼은 자, 사람도 신도 아닌 자, 둘의 속성을 다 지닌 자가 신선이야. 두 세상에 다 관여할 수는 있지만, 어느 곳의 질서도 바꾸지 못해. 두 세계의 손님이나 비슷하지. 거대한 산은 본래 하늘과 땅 사이를 잇는 사다리이자 기둥으로 여겨졌어. 그런 곳을 거처로 삼는 걸로 보아도 신선은 두 세계를 잇는 존재라고 할 수 있지. 두 세계의 삶을 모호하게 누릴 수 있으니 거처가 경계에 있는 것도 자연스럽다고 해야 할 거야.

중국에서 불사의 신선세계는 '방사(方士)'로 불리는 사람들에 의해 이

야기됐어. 방사는 수련이나 약으로 불사의 삶에 이를 수 있다며 중국의
제후와 귀족, 일반 백성들의 귀를 솔깃하게 했던 사람들이야. 이미 자신
은 불사의 삶을 누리고 있다는 방사들도 있었어. 자기들은 세상일에 깊
이 관여하지만 실은 신선이라는 거야.

　진시황이 세상을 어지럽힌다는 이유로 산 채로 매장한 사람들도 사실
은 방사들이야. 역사책에는 유사로 나와. 진시황도 결국 이 방사들의 이
야기에 넘어가. 곰곰이 들여다보면 방사도 두 세계의 경계에 있던 사람
들이지. 진시황에게 불로불사가 가능하다며 '불로초'를 구하는 탐사대
를 꾸리게 한 서불도 방사야.[141] 서불은 동남동녀 3천과 배를 얻어내서
황해의 깊고 아득한 안갯길로 들어선 뒤 돌아오지 않았어. 진시황의 궁
전에 남아 이 사람들을 기다리던 다른 방사들은 죽임을 당했겠지? 경계
에 있던 사람들의 최후라고 할까?"

서왕모를 만나러 가는 동왕공(중국 섬서성 수덕, 후한시대, 서안비림박물관) 신화전설에 따르면 세계의 동쪽 끝에 사는 동왕공은 일 년에 한 차례 곤륜선계의 주인인 서왕모를 만나러 세계의 서쪽 끝으로 긴 여행을 떠난다. 견우와 직녀 사이에는 하늘을 두 세계로 나누는 은하수가 있지만, 동왕공과 서왕모 사이에는 온 세상이 있다.

선계는 어떻게 시작되었을까

"신선이 사는 세계가 따로 있다는 이야기는 누가 처음 했어요? 신선이 했어요, 사람이 했어요?"

혜진이 선계가 어떻게 세상에 알려졌는지를 물었다. 이런 건 답하기가 참 어렵다는 생각이 들었다. 늘 시작과 끝은 제대로 알려지지 않은 경우가 많으니까. 나는 눈을 감고 머리를 좌우로 몇 차례 흔들어 굳어질 기미를 보이던 목이며 어깨를 풀었다. 최선생도 내 흉내를 냈다.

"신선 세상이 어떻게 시작되었는지는 확실치 않아. 처음에 선계는 세상 끝에 있는 것으로 인식되었어. 세상의 서쪽 끝에 있다고 알려진 곳이 바로 곤륜선계(崑崙仙界)야. 동쪽 끝에는 동해 한가운데 봉래, 방장, 금강

우인(중국 산동성 제남 대가촌, 후한, 산동성박물관) 우인은 신선의 조형에 가깝다. 한나라 때 만들어진 화상석 속의 우인은 동왕공, 서왕모를 시중들고 상서로운 새와 짐승에게 먹이를 주는 존재이다.

이라는 세 개의 신산이 떠 있다고 이야기되었지.

선계에는 수많은 신선이 살지만, 각각의 거처가 어디에 어떻게 마련되어 있는지는 알려지지 않았어. 곤륜선계에는 서왕모라는 주관자가 있어. 그러나 동해의 삼신산에도 주관자가 있는지는 몰라. 서왕모의 배우자로 알려진 동왕공이 동해 삼신산에 사는지도 명확하지 않아.

동왕공은 1년에 한 차례 서왕모를 만나러 곤륜산으로 가. 서왕모가 동왕공을 만나러 간다는 이야기도 있어. 두 선인은 각각 희유라는 거대한 새의 동쪽 날개와 서쪽 날개 위에 있는데, 날개 사이 새 등의 깃털 없는 곳만도 너비가 만 구천리야. 그러니 둘 사이의 거리는 얼마겠어?[142] 희유의 몸 전체가 하늘 위에 떠 있는 선계인 거지.

인간세상에 가끔 모습을 보이는 신선들이 동쪽 끝에서 왔는지, 서쪽 끝에서 왔는지는 아무도 몰라. 황하 하류 평야지대에서 가장 높은 산은 태산이야. 그러나 황하 상류로 거슬러 올라가면 기암준령이 나와. 머리에 눈을 인 높은 봉우리가 끝없이 이어지기도 하지. 이런 곳은 중원이라 불리던 하남 평원지대의 바깥이야. 변방 정도가 아니라 변방 너머지. 가보지 못한 곳, 알지 못하는 곳이 불사의 선계로 상정된 거야. 서쪽 끝의 곤륜선계가 바로 그런 곳이고.

마을이나 도시에 전하는 신선 이야기는 인간세상과 신선 세계가 멀지 않다는 느낌을 줘. 백성들의 입에서 신선 이야기가 그치지 않고 오르내렸다면 이건 선계가 마을 너머 큰 산으로 상정되었음을 암시하는 것일 수도 있어. 고구려 강서대묘 벽화에 보이는 삼신산도 평양과 남포 사이 강서지역의 큰 산이 모델이었을 수도 있는 거지."

선계에도 위계가 있을까

"신선 사이는 어때요? 스님들도 가만 보면 위아래가 있잖아요? 신선들도 그래요?"

진석이 물었다. 사내들은 대체로 위아래에 관심이 많다. 권력과 서열에 민감하기 때문일까? 나는 잠시 숨을 고르고 말을 이었다. 혜진은 위아래를 따지는 이야기가 나오자 관심이 떨어지는지 자기 아버지 최선생에게 작은 소리로 회가 참 싱싱하고 맛있다느니 하며 음식 품평을 했다.

"신선은 얻은 도력이나 수행의 경지로 등급이 정해져. 살아서 신선이 되어 선계로 올라갔으면 천선(天仙)이라 하고, 수행하여 신선이 된 뒤 명산대천에서 노닐면 지선(地仙)이라 하지. 죽은 줄 알고 장사 지냈더니 몸은 사라지고 신발과 지팡이만 남았으면 시해선(尸解仙)이라고 해.

신선이 되는 과정에도 등급이 있듯이 신선의 세계에도 위계가 있어. 『태평경』이라는 책에서는 신인, 진인, 선인, 도인, 성인, 현인으로 나누는데, 이건 역할이나 능력에 따른 등급일 뿐이야. 『진령위업도』라는 책에서는 위계가 복잡하게 세분되어 있어. 도교의 신들은 대다수가 별의 화신이야. 그러나 도교 신의 등급은 일반적인 6등급 별 밝기 분류보다 더 복잡하게 나뉘어. 이 도교 신들 가운데 상당수가 세상에서 말하는 신선이야.[143]

도교의 신과 신선신앙의 신선이 어떻게 다른지는 일률적으로 나누어 설명하기 어려워. 도교의 신은 신화의 주인공인 신이 아니야. 일본 신사에 봉안되는 조상신들과 달라. 도교 경전에는 신선이었던 신들이 여럿 나와.

위계의 차이에도 불구하고 신선들은 대개는 개별적으로 움직여. 서로 관여하지 않지. 신선 중 다수는 인간세상에 모습을 보이려 하지 않아. 굳이 선계를 떠날 이유가 없거든. 이미 불사를 얻었으니 선계에서 위계를 올리려 애쓸 것도 없어. 장생불사에 만족하는 거지. 장생불사라고 해서 '죽음'에서 완전히 벗어난 건 아니지만 말이야.

신선이라도 불의의 사고로 죽음에 이를 수도 있어. 온전히 그대로 있으면 장생불사를 누리는 것일 뿐이지. 중국의 지괴소설에서 죽는 신선 이야기가 등장하는 것도 이 때문이야. 악하고 신령한 존재들이 신선을 잡아먹을 수도 있거든.

사람이 아닌 다른 생명도 신선이 돼. 『신선전』이라는 책에는 닭도 주인을 따라 불사약을 먹고 장생불사의 신선이 된 이야기가 나와. 실제 중

육박(六博)에 몰두하는 두 선인(중국 사천성 신진애묘 출토 석함 화상, 후한시대, 삼협박물관) 육박은 한나라 때 크게 유행한 놀이지만, 후대에는 놀이 방법조차 정확히 전하지 않는다. 화면 속의 두 선인은 술동이를 옆에 두고 술을 마시면서 놀이에 열중하고 있다.

국과 일본의 신괴소설에는 사람이 아니면서 불사약을 먹고 장생불사의 세계로 들어간 생명체의 이야기도 여럿 있어. 오랜 기간 신선술을 연마하고도 여의치 않아 요괴가 된 사람의 이야기도 있고. 불사를 이루었다 해도 요괴가 되면 사람 세상을 떠나지 못해. 선계는 요괴를 받아들이지 않거든. 하지만 어쨌든 이건 예외적인 경우야. 장생불사 신선의 삶을 꿈꾸는 것은 사람이니까. 신선도 사고를 내면 귀양살이를 해. 신선신앙이 도교에 흡수되면서 황제 비슷한 존재로 옥황상제가 등장하고 관료적인 위계가 만들어지면서 나타난 현상이지."

신선에게는 어떤 능력이 있을까

"신선의 능력은 어디까지예요? 위계에 따라 능력이 다른가요?"

진석이 덧붙여 물었다. 최선생과 혜진은 여전히 둘이 따로 속닥거렸다. 나는 곁눈질로 슬쩍 저들을 보고는 다시 진석을 향해 말을 이었다.

"신선은 사람이 신선 되는 것을 돕지. 불사의 선약을 만들고 선계와 인간계를 오고 가. 하늘 위 신의 세계로도 가지. 그러나 죽은 자를 되살리지는 못해. 영이 되어 다른 사람이나 생명체의 몸으로 들어가지도 못하지. 잠시 이 물건이 저 물건처럼 보이게 할 수는 있어도 이것이 저것이 되게 완전히 바꾸지는 못해. 자신의 육신을 그대로 지니고 있어서 혼만 이리저리 다니는 일은 거의 없거든.

신선은 인간세상의 질서에 깊이 개입하지 않아. 그러기를 원하지도 않지. 세상에서 일어나는 온갖 일에 끼어들어 이래라저래라 하지 않아. 그런 것이 싫어 세상을 떠났기 때문이야. 전쟁이 일어난다고 그것을 막으려 하거나 이미 벌어진 전쟁에 한쪽 편을 드는 일도 없어. 세상사에 무관하기를 원해서 신선이 되었으니까. 세상의 질서는 신의 손안에 있어. 세상을 돌아가게 하는 건 바로 사람 자신이고. 신선은 이런 일에서 손을 뗀 존재야. 신과 인간 사이에서 자유로운 불사의 삶을 추구하지.

신선은 불사라서 역사를 기억해. 사람의 습성을 잘 알지. 그래서 사람의 삶을 도울 수 있지만, 적극적으로 나서지는 않아. 얽히는 게 싫어서야. 사람 사이에 깊이 들어가지도 않고. 신선끼리도 가능한 한 참견하지 않아. 어떻게 보면 신선은 철저히 개별적이야.

신선은 자신에게 어떤 능력이 있는지 굳이 밝히지 않아. 자기를 과시하지 않지. 『신선전』 같은 걸 읽어보면 신선끼리도 서로에게 별 관심이

거문고 타는 신선(무용총 벽화, 고구려, 중국 집안) 거문고도 신선이 즐겨 다루던 악기 가운데 하나다. 그림 속 신선은 귀가 당나귀 귀고, 목은 비정상적으로 길다. 당나귀 귀를 복두로 가렸다고 하는 신라의 경문왕도 신선의 경지에 올랐던 인물이라고 볼 수 있다.

없어. 그래선지 어떤 신선에게 어떤 능력이 있는지는 알려지지 않았어. 기록도 없어. 물론 기억된 적도 거의 없지. 신선은 같이 있어도 따로 있는 거나 마찬가지야. 어쩌다 만나 차를 마시고 바둑을 두어도 각각의 삶이 있고 그것에 충실해. 신선은 세상을 떠났을 뿐 아니라 이웃과 공유하는 것에서도 벗어난 존재에 가깝지."

신선 그림에 얽힌 사연

"'신선'하면 백발에 긴 수염 할아버지가 떠오르는데, 그건 왜 그래요? 절에 가면 산신도 그렇게 그려져 있던데요?"

진석이 신선의 모습을 묻자 따로 이야기를 나누던 부녀가 나를 향해 얼굴을 돌렸다. 아무래도 신선의 생김새에는 관심이 쏠리나보다.

"사람은 신선이 되는 과정에서 몸이 달라지기도 해. 귀가 당나귀 귀처럼 길어지기도 하고 목이 기린처럼 길게 빠져나오기도 하지. 겨드랑이에 날개가 돋기도 해. 등뼈가 솟아올라 꼽추 같은 모습이 되기도 하고. 신선은 겉보기에도 보통사람과 달라.

신라의 경문왕도 신선의 경지에 오른 인물이야. 왕은 귀가 당나귀 귀여서 별도로 만든 두건(복두, 幞頭)을 머리에 썼다니까. 왕이 잘 때 가슴 위에 뱀이 앉아 있어 보통사람이 가까이할 수 없었다는 것도 경문왕의 신선으로서의 능력과 관련 있어.[144] 신화와 전설의 세계에서 뱀은 불사와 재생의 상징이거든. 경문왕은 불사를 꿈꾸었고 어떤 수행을 통해 신선의 경지에 올랐던 게 확실해. 이것이 승려 일연이 쓴 『삼국유사』에는 괴이한 이야기로 전하는 거지.

고구려 고분벽화에도 신선이 자주 묘사돼. 무용총 벽화에는 목과 귀가 긴 남녀가 마주 앉아 거문고를 연주하는 모습이 그려졌어. 둘 다 선인인 거야. 이 두 선인 위쪽에는 학을 타고 하늘을 날거나 허공을 흐르는 강한 기운을 타고 하늘을 나는 선인도 묘사되었어. 불사의 경지에 오른 천선은 하늘도 자유자재로 난다고 했잖아. 이걸 그림으로 보여주는 거야.

한국의 전설에는 겨드랑이나 등에 날개가 솟은 아기장수 이야기가 있어. 이런 이야기를 전한 사람들은 신선의 세계에 살기를 꿈꾼 게 확실해. 나라에서 아기장수의 집이나 마을을 어떻게 할까봐 아기가 잠든 사이에 날개를 자르자 아기가 죽었다는 식의 이야기는 신선이 되려고 수행에 몰두하다가 타인이나 바깥 세계의 개입으로 실패하고 좌절하는 경우를 에둘러 표현한 것일 수도 있어. 세상과의 인연을 끊으려는 자를 세상이 용납하지 않았다는 거지.

통일신라 말기에 세상이 어지러워지자 신선신앙과 관련한 이야기가 백성들 사이에 널리 퍼진 것 같아. 경문왕 이야기도 그중 하나라고 봐야지. 진성여왕도 왕위를 물려줄 인물로 헌강왕의 서자 요를 불러들여 등을 어루만지며 이런 말을 하거든. '내 형제자매는 골상이 남과 다르다. 이 아이도 등 위에 두 뼈가 솟았으니 참으로 왕이 될 그릇이다.'[145]

신라 사람들이 아니더라도 왕가의 사람들이 보통사람과 다른 신체적 특징을 지녔다는 생각은 고대사회에 보편적이었어. 아무나 왕이 되는 게 아니라는 걸 귀족이나 일반 백성들이 알게 하려는 거지. 뭔가 다르다는 거야. 능력이 특별하다든가, 신체가 다르다든가. 이런 관념이 신선을 보통사람과 구별하게 하는 징표로 채택되었을 수도 있어. 신선이나 하늘세계 사람은 다르다는 관념이 왕가에 받아들여져 세상에 널리 퍼졌을 수도 있고.

고대사회에는 엑스터시에 빠져 비몽사몽간에 신의 말씀을 전하는 샤먼이 있었어. 이 사람들은 정신적으로뿐 아니라 신체적으로도 보통사람과는 달랐다고 해. 실제 시베리아 고아시아족 샤먼들에게서 그런 측면이 보인다는 인류학적 보고도 있지. 사실 샤먼과 신선은 뿌리가 같거든. 둘 다 보통사람과는 달라야 한다는 인식의 대상이라는 점도 같아. 신라 골품제도의 기원을 여기에서 찾아야 할지도 모르겠어."

불사약 레시피

"저, 먹으면 신선이 된다는 불사약은 어떻게 만들어요?"

혜진이 물었다. 불사약 만드는 법은 최선생도 모르는가? 궁금증이 이는지 딸과 함께 나를 보았다. 진석도 관심을 보였다.

"불사약 재료에는 구하기 어려운 게 많아. 불사약을 만들어 마시고 신선이 된 사람들이 극히 적은 것도 이 때문이야. 불사약으로 신선이 된 사람들은 바로 선계로 떠나니까, 어떻게 불사약을 만들었는지도 사실 잘 모르지. 후대의 사람들은 처음부터 다시 불사약 만들기에 들어가야 하거든.

알려진 불사약의 기본재료 가운데 하나가 단(丹)이야. 단사 말이야. 불사약을 단약으로 부르는 것도 이 단사 때문이지. 단은 다루기 어려운 재료야. 수은과 납도 불사약의 재료로 중요시돼. 수은과 납은 중금속이어서 중독을 일으키면 치료하기 어려워. 중국의 역대 황제 가운데 수은과 납 중독으로 죽은 사람이 여럿 있어. 불사약인 단약을 먹었지만 중금속 중독이 된 거지. 고려의 왕 중에도 도사가 건넨 단약을 먹고 죽은 이들이 있다고 해. 고분벽화에 그려진 검은 그릇에 담긴 붉은 액체가 이 단약이야. 검은 그릇은 칠기고.

불사약의 또 다른 필수재료가 금이야. 금도 다루기 어려운 금속이지. 사실 금을 정련하기도 쉽지 않아. 중국의 불사약 제조자들은 고구려에서 정련된 금을 얻었다고 해. 고구려 고분벽화에는 단약 사발이 몇 차례 묘사되어 있어. 고구려에서도 정련된 금과 단사를 재료로 불사약을 만들려고 애썼다는 증거로 볼 수 있지.

유럽에서는 연금술로 금을 얻으려 했어. 중세부터 오랜 기간 이런 노

단약사발을 받쳐 든 신선(오회분4호묘 벽화, 고구려, 중국 집안) 천의 자락이 금빛으로 빛나는 선인의 두 손에는 붉은 액체가 가득한 검은 사발이 들려 있다. 중금속인 수은은 귀금속인 금과 함께 불사약의 중요한 재료 가운데 하나로 여겨졌다.

력이 계속되었지. 유럽 화학산업도 연금술을 기초로 발전했다고 하니까. 물론 유럽 연금술은 이슬람 연금술에 빚진 부분이 많아. 중국에서는 연단술에 많은 사람이 달려들었어. 단약을 제조하는 기술이지. 그러나 연단술의 목적이 불사약 제조였고 개별적으로 비밀리에 이루어졌기 때문에 기술이나 지식이 공유되지 않았어. 중국의 연단술이 근대 화학산업으로 발전하지 않은 것도 이 때문이야.

불사약은 지금도 많은 사람의 관심사야. 불로불사는 오랜 기간 왕부터 백성에 이르기까지 많은 사람의 꿈이자 소망이었으니까. 동아시아의 약초학이나 의약업이 불사약 만들기에서 동력을 받은 부분도 적지 않아. 생전에 진시황이 불로불사를 꿈꾸며 중국 천지에서 모았던 약초는

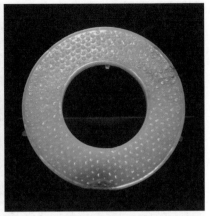

얼굴에 씌운 장례용 옥(중국 서주만기, 상해박물관), 옥벽(중국 전국시대, 상해박물관) 중국에서 옥은 불변과 재생의 상징이다. 신석기시대 후기 지배자들의 무덤에서는 옥으로 만든 다양한 장식물이 출토된다.

함양 남쪽의 진령산맥 곳곳에 심어졌다고 해. 진령산맥 일대는 지금도 중국 약초의 고향으로 불리지. 진시황이 남긴 의미 있는 유산 가운데 하나라고 해야 할 거야."

"그러니까, 불사약을 먹으면 다 신선이 된다는 거죠? 사람도, 닭도. 그런데 실제로는 중금속 중독으로 죽는다는 거 아녜요?"

진석이 황당하다는 표정을 지으며 낮게 혀를 찼다. 혜진이 그런 진석이 좀 이상한지 힐끗 보고는 바로 나를 향해 얼굴을 돌리며 물었다.

"금과 수은, 이런 거 말고 다른 재료는 뭐가 있나요? 불사약 만드는 데 필요한 거요."

"별의별 게 다 있지. 천하를 통일한 진시황이 불로초를 구할 사람 삼천 명을 바다로 보낸 건 아까 이야기했지? 봉래니 방장이니 하는 신선들의 땅에 가서 불사의 약초를 구해오라고 한 거. 그런데 방사 서불과 함께 떠난 사람들은 진시황이 죽을 때까지 돌아오지 않았잖아? 생각해봐. 정말 불로초를 구했다면 돌아갈 이유가 없잖니. 신선이 되었다면 굳이 죽음이 지배하는 사람 세상으로 돌아갈 이유도 없지 않겠어? 반대로 불로초를 못 구했다면 돌아갈 수 없어. 왕이 죽일 테니까. 어떤 경우라도 되돌아갈 수 없는 거야.

불사약의 재료는 다양해. 가장 중요한 재료는 금과 단사, 수은, 납 같은 것이지만 이외에도 영지라든가 여러 가지 약초가 필요하지. 유럽 연금술에 등장하는 두꺼비 눈물같이 기괴한 것도 있어. 재료 구하기가 만만치 않으니 불사약 만들기는 어려울 수밖에 없어.

달에서 불사약 찧기에 여념이 없는 옥토끼는 본래 서왕모가 다스리는 곤륜선계에서 지냈어. 곤륜선계에서 하던 일을 달에서도 하는 거지. 고구려 고분벽화에는 불사약을 들고 하늘을 나는 신선들이 나와. 강서대묘 벽화에는 삼신산이 그려져 있고. 상서로운 새를 타고 이 산을 향해 날아가는 신선도 나오지. 이미 신선이 되었는데 왜 불사약 사발을 손에 받쳐 들고 있겠어? 신선도 불사약이 필요하다는 뜻 아니겠니? 곤륜산이며 달에서 옥토끼가 찧는 불사약도 어디에 쓰려는 거겠어? 선계에서 쓸 거라는 거야. 불사약은 신선이 된 이후에도 필요한 거지."

신선은 무엇을 먹을까

혜진이 물었다.

"신선이 되면 더는 뭘 먹지 않아도 되는 것 아닌가요? 옥도 먹고 불사약도 먹고, 뭔가 좀 이상해요."

진석도 의견이 같은지 고개를 끄덕였다. 최선생은 아무 말 없이 내가

옥의를 입은 초왕(중국 강소성 서주 사자산 서한초왕릉 출토, 중국 국가박물관) 중국 한나라의 제후 가운데 다수는 재생을 가능하게 한다는 옥의가 입혀진 상태로 매장되었다. 한나라 때는 서역에서 가져온 최고급 옥 조각을 금실로 꿰어 만든 옥의가 최고로 여겨졌다.

입 열기만 기다렸다.

"사람은 짐승의 고기나 생선을 불에 구워 먹어. 온갖 곡식, 뿌리도 불로 삶거나 쪄서 먹지. 살아 있는 것을 죽여 조리해 먹는 게 인간이야. 세상에 비린내며 썩은 내가 가득할 수밖에 없지. 신선이 되려는 사람은 이런 음식부터 멀리해야 해. 곡식이며 열매, 잎이며 껍질, 뿌리 같은 걸 생것으로 먹어야 하지. 물론 짐승이나 생선은 아예 입에 대지 말아야 하고. 생것을 오래 먹어 몸속에 쌓인 익은 것의 찌꺼기를 모두 밖으로 나오게 해야 살은 아기처럼 부드러워지고 몸이 가벼워져. 그럼 하늘로 날아오를 수 있지.

솔잎이며 대추 같은 것은 신선이 좋아하는 음식 가운데 대표적인 거야. 세상에서 구하기 어렵다는 영지도 신선이 먹는 음식 중 하나지. 높은 경지에 이른 신선은 아예 사람이 먹을 수 없는 걸 먹어. 옥 말이야. 하늘을 자유자재로 날아다니는 신선은 옥도 쉽게 구하거든.

곤륜의 옥은 예로부터 유명해. 중국의 왕과 제후들이 구하려고 애쓰던 보물 중의 보물이지. 신선들 사이에서도 가장 좋은 옥은 곤륜의 옥이었어. 세상의 서쪽 끝에 있다는 곤륜산은 아래는 좁고 위는 넓어 접근하기도 어려운 곳이야. 산 둘레를 감고 흐르는 약수는 나는 새의 깃털도 빠트릴 수 있어서 날아서도 건널 수 없어. 사당이라는 열매를 부리에 문 봉황만 이 강을 건너 곤륜에 이를 수 있어.[146] 그런 곳에서 나는 옥이니 곤륜에 사는 신선 아니면 구경도 못 하지.

그런데, 사람이 먹는 건데 신선도 찾는 게 있어. 선계에도 있고 사람 세상에도 있는 거. 바로 술이야. 온갖 기담과 설화, 전설과 민담에는 술을 말로 마시는 신선들이 나와. 신선이 술을 마실 때는 낮이고 밤이고 없어. 한번 마시기 시작하면 끝이 없을 정도로 마시지. 왜냐고? 술이 본래 신의 음식이기 때문이야. 제사를 마치면 사람들이 제사상에 놓였던 술을 마시면서 "복 마신다!"라고 하거든. 이미 신이 맛본 술이라서 그걸 마시는 게 복인 거야. 신에게 바쳐지고 신이 맛본 술이니 신선도 마실 수 있는 거 아니겠어?"

"에이, 뭔가 좀 이상하다! 술은 발효음식이잖아요? 생것도 아니고요. 술 마시는 신선 얘기는 술꾼들이 지어낸 것 같은데요?"

진석이 핀잔주듯 말했다. 혜진과 최선생이 진석의 말을 듣고 소리 내어 웃었다. 나도 같이 웃었다. 창을 닫았는데도 파도 소리가 제법 커다랗게 네 사람의 귀를 울렸다. 창 너머로 대왕암이 또렷하게 눈에 들어왔다.

제13장

도교
: 무위자연과
기층신앙

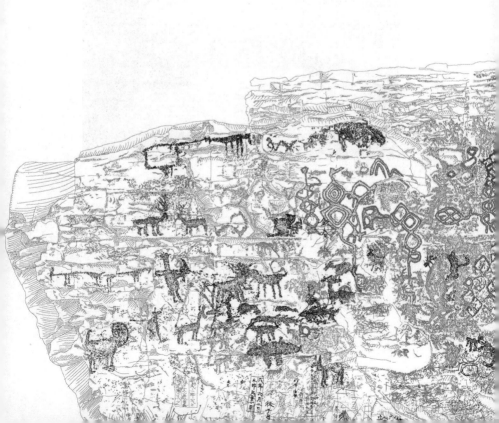

노자(중국 당나라 시대, 서안비림박물관) 중국 춘추시대 초나라 사람 이이(李耳)를 가리키는 경우
가 일반적이다. 노자는 『덕도경』 5천언을 지은 것으로 전하며 말년에 중국의 서쪽 경계인 함곡관
을 지나면서 문지기에게 이 책을 맡겼다고 한다.

나는 바닷가가 고향이라 어디서든 해변길을 걸을 때면 그렇게 마음이 편할 수가 없다. 마음이 힘들거나 몸이 지쳤을 때 나는 바닷가를 찾았다. 오랜만에 아들 진석과 해변길을 걸으니 왠지 듬직했다. 뭔가 이룬 것 같은 느낌도 들었다. 최선생과 혜진은 근처의 감은사 석탑을 봐야겠다며 따로 갔고 대왕암 해변길에는 나와 진석뿐이었다. 부자만 남으니 오히려 걷는 마음이 홀가분했다. 진석이 물었다.

"아버지, 도사와 신선은 어떻게 달라요? 도사라고 하면 산신 같기도 하고, 신선 같기도 하고요. 뭘 잘하면 '도사네!' 하잖아요? 정체를 모르겠더라고요."

도교는 어떤 관념과 신앙으로 이루어졌을까

"도사는 본래 도교의 사제야. 도관(道觀)이라는 도교 사원을 지키며 수행하는 사람이지. 불교사원의 승려와 같아. 산신이나 신선과는 달라. 흰 수염에 백발을 한 노인도 아니고. 도사 특유의 복장도 있어. 우리나라에서는 찾아보기 어려워. 서울, 인천의 차이나타운에는 도관이 한두 곳 있을 테니까 아마 도사도 있겠지.

도교는 노자와 장자로 대표되는 도가사상과 무속신앙이 섞이면서 성립되었어. 중국 춘추시대의 전설 속 인물이기도 한 노자는 『덕도경』(원래는 도덕경이 아니라 덕도경이야)에서 우주의 진리인 도(道)를 말하면서 이를 이루기 위한 '무위(無爲)'를 주장했지. 약육강식으로 살아가는 사회, 눈앞의 이익을 좇아 배신과 살인을 서슴지 않는 세태가 제정신으로 돌아와 제자리를 찾으려면 '인위'를 버리고 '무위'로 돌아와야 한다는 거야. 억지와 조작에서 벗어나 자연 그대로의 상태를 회복해야 평화와 안정이 이루어진다고 했어.

공자가 인위적인 조건인 예의와 염치, 분수를 지켜야 한다는 주장으로 사회 혼란을 수습하려 했다면 노자는 이와 대극적인 입장이었던 셈이야. 본래의 자연상태가 이상적이니 그런 세계로 돌아가야 한다고 한 거지. 무위의 덕이 온전히 펼쳐지는 길이 바른길이라는 거야.

노자와 장자의 주장은 도교를 이룬 줄기의 일부일 뿐이야. 도교는 여러 갈래의 신앙과 교리를 아우르며 출현했어. 자연세계의 모든 존재에 신성을 부여하고 자연과의 교감도 주장했지. 도교는 성립과정에서 전통적인 무속신앙에 도가사상을 더하고, 다시 민간에서 유행하던 여러 가지 신앙 양상에도 의미를 부여하며 받아들였어. 신선신앙, 점성학, 음양오행설, 풍수설 등등 민간에 퍼져 있던 온갖 신앙과 주술, 점복술 등을 도교신앙의 일부로 수용했지. 중국에서 도교가 성립하는 과정은 자연세계에 존재하는 수많은 신과 교감하는 과정이기도 해.

도교는 인간이 문명 이전의 자연상태에 가까워지는 게 장생불사에 이르는 궁극적인 방법이라고 보고 수행하는 종교로도 볼 수 있어. 도교의

팔괘를 짚은 신선(위, 오회분4호묘, 고구려, 중국 집안), 팔괘와 별자리(아래, 중국 은천 복희묘) 하늘, 땅, 번개, 바람, 물, 불, 산, 늪을 나타내는 기호. 팔괘를 서로 조합해 만들어낸 64괘로 우주의 운행을 예측하고 설명하는 『주역(周易)』의 역학(易學)이 성립했다.

여러 종파 가운데 수행을 중요시하는 그룹이 있어. 수행법은 여러 가지인데, 내단(內丹)을 중심으로 기를 순환시키는 호흡법이나, 복약, 식이 등의 요법으로 심신을 건강하게 바꾸어 장생에 이르려는 외단(外丹) 등이 그것이야. 중국 한나라 때 유행한 도인(道引)이라는 기(氣)체조도 수행법의 하나지.

도교는 불교에서 많은 것을 빌려오고 영향을 받았어. 불교 경전의 영향으로 정리되기 시작한 도교의 경전인 도장은 수와 종류가 대단히 많아. 도교의 경전은 지금도 불어나고 있어. 불상을 본뜬 도교의 신상들도 다수 만들어졌지. 그렇지만 두 종교 신상의 차이는 뚜렷해. 도교에서는 깨달음을 장식으로 나타내지는 않거든. 불교의 조상처럼 화려한 장식, 영락이니 보관 같은 게 없어.

성립 이후, 불로장생과 제액초복에 초점이 맞추어지면서 도교 신자들 사이에서는 복약과 재초(齋醮)에 대한 관심이 높아졌어. 최고의 신들을 기리며 신에게 온갖 것을 간구하는 재초가 늘어나자 도관의 도사도 재초를 주관하는 일이 잦아졌어. 재와 초는 신에게 올리는 제의야. 제사를 올리면서 기도문을 읊조리지. 재초에는 다양한 등급이 있어. 국가 단위에서 드리는 재초는 규모도 아주 컸지. 복약과 불로장생이 짝이라면 재초와 제액초복도 표리관계라 할 수 있어."

도교에서 왜 별자리 신앙이 중요한가

"천문학도 도교와 관련 있나요? 북극성이며 북두칠성 같은 게 신앙 대상이라는 이야기도 하더라고요."

노인성을 사람으로 그린 수(壽)노인도(조선 후기, 국립중앙박물관) 남두육성으로 통칭되는 별자리의 카노푸스별을 가리키며, 남극성, 수성, 남극노인 등으로도 불린다. 도교에서 남두육성은 사람의 수명을 담당한다.

진석의 물음에 나는 속으로 놀라며 잠시 걸음을 멈추었다. '아니, 이런 이야기는 어디서 들었지? 도교가 별자리 신앙과 관련 있다는 이야기는 어지간해서는 알기 어려운데?' 나는 조금 놀랐다는 것을 굳이 내색하지는 않았다.

"잠깐 쉬자. 여기 앉을까?"

내가 가까운 벤치로 가 앉으며 진석에게도 자리를 권했다.

"관련이 깊지. 도교의 중심 줄기 가운데 하나가 별자리 신앙이거든. 도교에서는 별과 별자리를 신격화해. 북극성, 북두칠성, 남두육성 등처럼 밤하늘에서 관찰되는 주요 별자리는 모두 도교의 신이야. 등급도 높아.

옛날부터 별자리는 인간 삶에 영향을 끼치는 존재로 인식되었어. 실제 천문관측 결과는 절기를 정하는 근거가 되었고 기후나 환경 변화를 예측하는 근거로 쓰이기도 했어. 별이 어느 자리에 있는지를 보는 사람에게는 그것이 무슨 의미를 지니는지 정하는 권리도 주어졌지. 별의 위치는 세상일이 어떻게 돌아갈지를 미리 알게 해주는 나침반 역할도 했어.

별자리가 삶의 길흉화복과 밀접한 관련이 있다는 생각도 자연스레 생긴 거 같아. 그런데 이런 생각이 별자리를 신격화하고 숭배하게 만든 거야. 별자리의 화신, 별자리의 신이 인간의 생사와 길흉을 정한다는 거지. 별자리신을 숭배하는 제의가 시작되고 일반화된 거야.

도교에서 별자리신들은 특정한 날짜에 치러지는 재초의 주인공이야. 이때는 각 신격에 맞는 부적들도 만들어져 사람들에게 팔려. 사람들은 이것을 몸에 지니고 다니거나 집의 특정한 자리에 붙여두지. 특정한 별의 기운을 타고 난 사람들은 세상에 큰 영향을 끼친다는 믿음도 생겨났지. 몸에 별자리 모양의 반점이 있었다는 신라의 김유신도 그런 인물 가운데 한 사람이야.[147]

별자리의 위치가 달라지면 세상의 질서도 바뀌어. 물론 여기에 맞추어 사람들이 움직여주어야 하지만 말이야. 정치적 갈등이나 풍파가 여기에서 비롯되기도 하지. 역성혁명이며 반혁명이 시도되는 것도 이 때문이야. 혜성이 출현한다든가, 특정한 별의 위치가 예기치 않게 바뀐다든가 하면 흉조로 여겨져서 이를 막으려는 온갖 노력이 기울여지기도 해."

고구려의 천문지식과 도교의 별자리 신앙

"그럼, 고구려의 해신, 달신 신앙도 도교의 별자리 신앙과 통하나요?"

진석이 물었다. 나는 바다 쪽으로 잠시 눈길을 돌렸다가 얼굴을 진석에게로 향했다. 오늘따라 아들의 얼굴 이목구비가 또렷하게 눈에 들어왔다.

"해신과 달신의 아들, 하늘에서 내려보낸 황룡의 머리를 딛고 하늘로 올라간 사람, 고구려의 시조왕 주몽은 살아서 하늘로 올라간 사람이야. 그러니 사람의 모습으로 온 신이라고 봐야겠지. 해신 해모수가 아버지니 아버지의 뒤를 이어 해신이 되었겠지.

고구려 고분벽화에는 해와 달이 자주 나와. 말기 고분벽화에는 해신과 달신도 묘사되지. 하늘의 동쪽과 서쪽에 해와 달이 그려질 때 남쪽과 북쪽에는 남두육성과 북두칠성이 표현돼. 이런 그림은 고구려 사람들이 해와 달, 주요 별자리에 특별한 관심을 기울이고 신앙의 대상으로도 삼았다는 근거로 볼 수 있어.

고구려 사람들이 해와 달을 숭배할 때 머리에 떠올린 것은 주몽신과 유화신이었을 거야. 유화신과 주몽신을 모신 사당에는 해와 달도 함께 그렸겠지. 주몽과 유화를 신으로 모신 사당은 해와 달을 모신 곳이기도 했을 거야.

도교의 주요한 신앙 대상 가운데 한 부류가 별자리신이야. 그래서 별자리마다 특별한 기능과 역할이 상정되었어. 별자리의 화신이 그런 기능과 역할을 담당한다고 믿었지. 북두칠성과 남두육성은 사람의 수명과 관련이 깊은 별자리야. 특히 남두육성의 화신인 남극노인은 도교 신자가 수명과 관련하여 제사하고 빌어야 하는 주요한 신앙 대상이었어.

우리나라 삼국시대나 고려시대의 빼어난 인물 가운데는 별자리의 화신으로 믿어진 사람이 여럿 있어. 신라의 김유신도 그중 하나였지. 김유신 가문은 방술이니 둔갑술이니 하는 도교와 관련된 활동과도 관련이 있어.[148] 중국에서는 도교신앙의 영향으로 별자리의 화신이 있다는 사고가 일반화되어 있었어. 어쩌면 이런 신앙이 도교에 흡수되었을 수도 있지만 말이야.

고구려의 별자리 신앙은 삼국 중에서도 두드러져. 408년 제작된 덕흥리벽화분에는 60개의 별자리가 표현되었는데, 별자리의 화신들도 함께 그려졌어.[149] 견우와 직녀 외에는 모두 새나 네발짐승이지. 견우와 직녀는 고구려인에게 널리 알려진 별자리였고 전설의 주인공이었을 거야.[150] 별들의 강인 은하수를 사이에 두고 견우와 직녀가 헤어짐을 아쉬워하는 장면이 벽화로 그려졌어. 견우는 소를 끌며 제 갈 길을 가고 직녀는 치마 끝이 물에 젖는지도 모르는 채 님의 떠나는 모습을 바라보고 있지.

조선시대에 돌에 새겨진 천상열차분야지도는 고구려에서 유래한 원본이 있었다고 해. 1467개의 별이 292개의 별자리로 표현되었는데, 천문학에서는 걸작 중의 걸작이라고 봐. 수백 년에 걸친 천문관측의 결과가 검은 돌 위에 담겨 있지. 천문관측은 이렇게 정교하게 이루어졌지만, 그렇다고 중국 도교의 별자리 신앙이 고구려에 뿌리내린 것 같지는 않아."

고구려는 왜 당나라가 보낸 도사를 받아들였나

"우리나라에는 도교 별자리 신앙이 별 영향을 끼치지 않았다는 말씀이네요. 도교가 정식으로 소개되기는 했어요? 고구려나 신라, 백제에?"

"정식으로 들어오기는 했지. 잠시 자리도 잡았고. 그렇지만 민간에는 별 영향을 끼치지 못한 것 같아. 우리 주변에 도관은 없잖아. 도사도 없고. 사실 도교는 중국의 전통종교라는 이미지가 강해. 그래선지 중국 바깥에서 제대로 자리 잡은 경우는 없는 것 같더라고.

도교는 중국 삼국-위-진시대에 틀이 잡히고 남북조 때 제대로 자리 잡지. 널리 유행한 건 당나라 때야. 당을 세운 고조 이연이 노자 이담의 후손이라면서 도교를 진흥시키는 데 열심이었거든. 당나라는 한때 도교를 국교로 대우하기도 했어. 도관을 많이 세우고 이웃 나라에 도사를 파견하기도 했지. 고구려도 그 이웃 나라들 가운데 하나야.

고구려는 여러 차례 수나라의 침입에 시달렸어. 그래서 수나라를 이은 당나라와는 우호관계를 유지하려고 애썼지. 당나라가 도교를 전면에 내세우자 고구려는 당나라에 도사와 도교 경전을 요청했어. 당나라에서도 도사를 보내 고구려왕과 신하들 앞에서 도교의 가르침을 전하게 했지.

수나라와 갈등을 빚던 시절 고구려는 수나라 사신이 평양의 숙소를 벗어나지 못하게 했어. 백성들과의 접촉을 막았음은 물론이고. 전쟁에 대비해 고구려의 여러 가지 정보가 수나라에 흘러들지 못하게 하려는 거였지. 그러나 당나라와 평화롭게 지내려던 고구려왕은 당나라에서 보낸 도사가 고구려의 여러 곳을 자유롭게 다니게 했어. 그 덕에 당나라의 도사는 고구려 땅에서 첩자 노릇을 하는 데 아무런 제한을 받지 않았지. 당나라 도사는 풍수지리설에 따라 고구려의 중요한 지역의 기운을 막거나 흩트러뜨리는 일도 서슴지 않고 했다고 해.[151]

고구려에도 도교신앙과 유사한 종교적 흐름이 있었기 때문에 당나라에서 도교를 수용했다는 말도 있어. 고구려 사람들은 음양오행설이라든가 신선신앙에 대해 이미 잘 알고 있었거든.[152] 중국 삼국시대와 남북조 시대 초기에 유행한 오두미도(五斗米道) 같은 도교 초창기의 종파는 고구려에도 전해졌으니까.[153] 당나라에서 고구려에 전한 건 여러 갈래의 흐름을 통합한 교단 도교였어.

노자을(乙)본(곽점1호묘 출토, 중국 전국시대, 형문시박물관) 노자의 가르침을 정리한 글로 가장 오랜 것은 전국시대 곽점초묘(郭店楚墓)에서 출토된 죽간에 기록된 것이다. 초묘에서 출토된 노자 죽간본은 좀 더 이른 시기의 기록이 담긴 갑본과 이를 바탕으로 정리된 을본으로 나뉜다.

　　당나라에서 도사들을 보내기 전 고구려에서는 이미 오두미도가 유행하고 있었어. 물론 불교의 반발을 받았겠지. 고구려에서 도교와 불교의 갈등이 표면화하는 건 연개소문이 권력을 잡은 이후야. 권력자 연개소문이 도교를 적극적으로 받아들이고 후원했다는 기록이 있어.[154] 연개소문은 솥의 세 발처럼 여러 종교가 병립하는 게 고구려에 좋다고 했다지만, 국교로 후원받던 불교로서는 탐탁지 않았겠지. 도교와 불교 사이에 갈등이 일자 고구려의 고승들이 백제나 신라로 망명하는 일이 일어나. 여러 차례 이런 일이 있었겠지. 그럴 때마다 도교는 세력을 키웠을 거고. 이때부터 고구려에서는 불교 세력이 약해져.[155] 대신 신라와 백제에서는 불교가 부흥하지."

내가 도사라면 도교를 어떻게 전했을까

"내가 당나라에서 파견된 도사였다면 이런 생각으로 왔겠지."

해동 세 나라에 대해서는 소문으로만 들었다. 점잖고 예의 바르며 욕심이 없다고 했다. 일찍이 공자는 해동에 군자가 많다고 했다던가? 욕심이 없다니 우리의 원시천존(元始天尊)께서 가르치신 것을 그대로 실천하고 산다는 건가? 태상노군이 기뻐하실 일이다.

황제께서 도사 몇을 고구려에 보내려 하신다는 소문이 돌았다. 어떻게 나도 거기에 끼어볼 수 없을까? 이럴 때 해동에 가지 않으면 언제 가겠는가? 요동의 고구려는 꼭 한번 가보고 싶은 곳이다. 원시천존께 빌고 서왕모에게 머리를 조아리다가 점괘를 내보니 '길하리라' 한다. '동방에 가서 빛을 쬐리라' 이런 글귀도 얻었다. 하늘을 쳐다보며 내 별은 어디쯤 있는고 물으니, 북극 황성의 빛이 내 눈에 들어온다. 옳다구나 했다.

고구려의 서울 평양은 우리 당나라의 장안에 못지않았다. 규모는 장안만 못했지만, 짜임새가 있고 무엇보다 정갈했다. 모든 게 깨끗했다. 붉은 기와를 올린 건물이 거리에 가득했고 거리를 다니는 사람들은 얼굴이 휜했다. 키도 크고 체격도 좋았다. 우리 일행이 안내된 곳도 붉은 기와집이었는데, 안팎이 깨끗하고 잘 다듬어져 있었다. 온돌이라 불리는 따뜻한 돌 평상 같은 것이 방 한편에 침대처럼 올라와 있었다. 올라앉으니 정말 엉덩이가 따뜻하다. 기분이 좋고 편안해진다.

고구려의 대신과 귀족들은 표정은 부드러우나 몸에서는 기운이 강하게 뿜어나와 마주 앉아 대화하기가 힘들었다. 우리를 안내한 관리는 그나마 속도 부드러워 대하기에 어려움이 없었다. 『덕도경』에 관해 묻기에 잘 대답해주었다. 원하면 책을 주겠다고 했더니 더는 말이 없었다.

불교사원을 한 곳 방문하고 싶다고 했다. 그러나 관리들이 허락지 않았다. 대신, 가고 싶은 다른 곳을 말하라고 하기에 영험한 산신이 계시는 곳에 가고 싶다고 했다. 관리들이 좋다고 한다.

왕께서 허락하셨다며 우리를 북쪽으로는 묘향산, 남쪽으로는 구월산까지 안내한다. 나와 친구 도사들은 기운이 범상치 않은 곳에서는 땅 기운을 막는 부적을 써 몰래 바위 밑에 넣거나 틈서리에 끼웠다. 강한 기운을 내쏘는 물길을 만나면 기운이 얽히도록 바위 하나씩 자리를 옮겨 물길이 얽히게 했다. 우리를 안내하던 관리들은 '이렇게 하면 좋다'고만 하면 그렇게 했다. 정말 의심이 없는 사람들이었다. 게다가 손님 대접은 얼마나 극진한지. 한쪽으로는 겸연쩍기도 하고 마음이 좀 아팠다. 그래도 황제께서 몰래 명하신 일이다. 해야 할 일은 해야 하지 않겠는가?

도교신앙은 삼국에 어떤 영향을 미쳤을까

"백제나 신라에선 도교가 유행하지 않았어요?"

"삼국에 전해진 중국 도교가 어느 정도 자리 잡았는지는 알 수 없어. 신선신앙이나 별자리 신앙 같은 게 동아시아에서는 보편적이어서 도교의 이런 부분은 어느 정도 익숙했겠지. 그러나 중국적인 색깔이 짙은 부분은 어떻게 받아들였을지 잘 모르겠어."

둘이 일어서 다시 해변길을 걷기 시작했다. 해풍에 섞인 해초 냄새, 키 큰 해송에서 번져 나오는 솔잎향이 기묘하게 어우러지면서 우리 두 사람의 코를 자극했다.

"도교에는 샤머니즘과 산신 숭배, 별자리 신앙, 신선신앙이 복합되어 있어. 이런 점에서 도교가 삼국에 수용되어 자리 잡을 여지는 충분히 있지. 실제 도교적 현상으로 부를 수 있는 신앙 양상이 삼국에도 보여. 어떤 이는 신라 화랑의 풍류도가 도교신앙과 관련 있다고 해.

중국에서는 교단 도교가 성립되기 이전의 도교를 원시도교라고 해. 불교의 영향과 자극을 받아 성립한 교단 도교는 도사가 주관하는 도관에서 행하는 재초가 기본이야. 도사의 재초가 삼국에 어느 정도 수용되어 행해졌는지는 확실치 않아.

고구려에서 유행한 오두미도는 후한 말기에 성립해 삼국시대에 유행한 천사도(天師道)의 성립 당시 이름이야. 처음 신도가 될 때 이전까지의 삶에 대한 속죄와 치병의 대가로 쌀 다섯 되를 내게 해서 이런 이름이 붙었지. 남북조시대 중국의 북위시대에 성립된 신천사도와는 다른 종파야. 신앙공동체를 지향하던 오두미도는 정치적 분열, 사회적 혼란, 질병과 전쟁에 시달리던 평범한 백성들에게 매력적인 도피처였어.

백제는 낙랑을 통해 원시 도교와 만났음이 확실해. 백제를 거쳐 일본으로 간 낙랑 유민 가운데는 일본 도교의 시조로 숭배받는 이도 있어. 낙랑 출신으로 보이는 왕인은 도교에 대해 잘 알던 인물이거든. 백제에서 벼슬 살다가 일본으로 갔지. 일본의『연희식』이라는 문서에는 낙랑, 백제에서 행해진 게 확실한 도교의 주문이 그대로 실려 있어. 백제의 왕궁 정원에 조성된 방장선산 같은 건 신선신앙과 관련 있지.[156] 이 신선신앙이 도교의 한 부분으로 인식되었을 수도 있어.

백제나 신라 모두 지배층 인물들이 노장사상을 알고는 있었어. 백제의 장군 막고해나 신라의 충신 김후직이 노자나 장자의 저서를 인용하거든.[157] 신라의 김인문도 노자와 장자를 즐겨 읽었다는 기록이 있고 말

원시천존(중국 당나라 시대, 상해박물관; 중국 북위시대, 서안비림박물관) 도교의 최고신인 삼청(三淸)은 원시천존, 영보천존, 도덕천존이다. 원시천존은 우주가 운행하는 원리인 도를 인격화한 것으로 우주 질서의 창시자이기도 하다.

이야.[158] 그렇지만 교단 도교가 두 나라에 어느 정도 소개되고 자리 잡았는지는 확실치 않아.

신라에는 통일 이후 당나라에 유학을 다녀온 지식인들을 통해 교단 도교가 제대로 소개되었을 수 있어. 왕실과 관련한 일화도 있지.[159] 통일신라 말기에는 김가기, 최치원 등 중국 도교에 일가견이 있던 유학생 출신 도사나 관리들도 있었지.[160] 그러나 신라에서 도사가 주관하는 도교의 재초가 행해졌는지, 도교 행사가 열려도 어느 정도 규모나 빈도였는지는 구체적인 기록이 없어서 알기 어려워.

신라의 화랑과 낭도들은 산천을 다니면서 심신과 풍류도를 닦고 국가 유사시에는 전장에 나갔던 청년들이야. 낭도들 사이에 불교 승려가 섞여 있는 예는 있어도 도사가 있었다는 이야기는 없어. 화랑이 미륵의 현생으로 인식된 것도 화랑도가 불교와 관련이 깊다는 걸 보여주지. 후에는 화랑이 유교, 불교, 도교를 아우르는 존재로 인식되기도 하지만, 그건 통일신라시대 말기 이야기야."

도교와 신선신앙을 구별할 수 있을까

"도교와 신선신앙의 관계가 참 애매하네요."

"대부분 신선신앙을 도교의 한 부분으로 보지만 시기와 지역에 따라 다르지. 신선신앙이 처음 유행할 때는 아직 도교가 제대로 모습을 갖추지 못했을 때니까."

평일이라 그런가? 해변길에 사람이 거의 보이지 않았다. 이야기를 나누며 걷는 데도 아들과 함께라서 그런지 편안했다.

"신선신앙이 도교의 주요한 줄기인 건 사실이야. 그러나 개념이나 범주에서 도교와 신선신앙은 차이가 있어. 둘 다 『도덕경』을 출발점으로 삼고 있지만, 교단 도교에서는 제액초복을 위한 재초가 중요해. 주술신앙에 바탕을 둔 행위도 다양하게 행해지는 편이지. 신선신앙은 장생불사, 불로불사를 추구하면서 심신을 닦아. 신선신앙에서는 주문을 쓰거나 외고 부적을 만들어 지니고 다니는 게 그리 중요하지 않거든.

도교의 최고 신앙 대상은 도를 체현한 초월적 존재들이야. 원시적 우주를 인격화한 원시천존도 그 가운데 하나지. 별이나 별자리의 화신도 주요한 신앙 대상이고. 신선은 도교의 수많은 신앙 대상 가운데 한 부류야. 사실 신선과 도교의 다른 신 사이를 나누기가 그리 쉽지는 않아. 신선 자신은 장생불사를 누린다고 해. 하지만 신처럼 불멸은 아니지. 신선은 죽을 수 있거든.

도교의 신들은 형상화되어 도관에 모셔져. 서왕모는 신선신앙의 대상에서 출발하여 도교의 신격 가운데 높은 자리에 모셔진 드문 사례야. 민간의 주술적인 신앙 대상에서 도교의 신격으로 전환되어 도관에 모셔지는 경우도 종종 있어. 도장에는 언급되는 신격이 무수히 많아. 도사들도 다 알지 못할 정도지. 산천에서 유래한 신들도 많아. 신선신앙이 도교의 줄기 가운데 하나로 받아들여지면서 신선이 되기 위한 여러 가지 처방과 기술도 도장에 포함되었어.

한국 도교는 중국 도교와 달라. 한국 도교는 중국의 전형적인 교단 도교와 구별돼. 별자리 신앙과 관련된 중국 도교의 주요한 신격이 내단(內丹) 수행 중심의 한국 도교에서는 그리 중요한 위치를 차지하지 못해. 이런 것도 눈여겨볼 필요가 있어.

한국 도교는 삼국시대 이래 산천신앙을 기반으로 발전했고 심신수련에 초점이 두어졌어. 어떤 면에서는 신선신앙에 더 깊이 경도되었다고 할 수 있지. 도관에서 행하는 재초를 중요시하고 주문을 외며 부적을 만들어 건네는 중국 도교와 다른 점이기도 해. 종교로서의 자취를 뚜렷이 남기지는 못했지만, 한국 도교는 독자적인 길을 걸었다고도 할 수 있어. 도관이며 도사가 따로 없다는 점에서 한국 도교는 종교로 규정하기가 아주 모호한 상태로 남아 있어."

유불선 삼교(三敎) 융합 관념과 고대 한국

"도교와 불교 사이는 어땠어요? 유교와 도교 사이는요?"

진석이 점점 어려운 걸 물었다.

"글쎄, 어떻게 봐야 할까? 가깝지도 멀지도 않은 사이?"

나는 모호하게 답한 뒤, 잠시 말을 멈추고 걷기만 했다. 진석도 말없이
나란히 걸었다. 사실 서로 다른 종교 사이란 참 애매하다. 한없이 배척할
수도 없고, 상대의 존재를 무조건 인정하기도 쉽지 않다.

"남북조시대 중국의 남조에서는 유불선, 이럴 때 선은 선교로도 부르
는 도교를 말하는데, 삼교 사이에 경계선을 따로 긋지 않았어. '교양인
은 세 종교를 다 아울러야 하지 않는가?' 이런 입장이었지. 융합이 시대
사조였다고 할까? 삶의 길을 찾는 데 유불선을 가릴 것이 무엇이냐는 거
야. 갈래가 달라도 지혜를 하나로 모으면 더 큰 진리에 이를 수 있는 것
아닌가 하는 거지. 일상이 유교적 가치관의 영향 아래 있어도 중국에서
종교는 다른 영역으로 취급되었어. 조상신 제사만 치르는 유교는 종교
로 여기지 않는 경향이 있었지.

도교와 불교는 서로 갈등하고 주도권 경쟁도 했지만, 영향도 많이 주
고받았어. 전래 초기에 불교는 도교의 개념과 용어로 교리를 설명했지.
불교의 경전이나 승려제도, 사원은 교단 도교의 성립에 큰 영향을 끼쳤
고. 도교미술은 불교미술의 영향으로 성립하고 발전했어.

고대 한국에서 도교와 불교 사이에 갈등이 있기도 했지만, 삼국시대
후기부터는 종교적 차이에 초점을 두지 않으려는 경향이 강했어. 특히
통일신라시대 후기에는 삼교 융합의 흐름이 강하게 나타났지. 당나라에
서 공부하고 돌아온 승려와 지식인들이 이런 흐름을 주도했어. 통일신

라 말기의 최치원은 당나라에서도 이름이 알려진 유학파 출신 지식인이야. 불교사원인 합천 해인사의 승려 현준은 최치원의 형제 가운데 한 사람이지. 최치원이 신라 정치제도 개혁에 실패하고 은거지로 찾은 곳이 합천 해인사야.[161] 최치원은 신선신앙이나 도교에 대해서도 잘 알고 있었어. 최치원에게 유불선 삼교 융합은 낯설지 않은 개념이었지.[162]

신라 하대의 불교 승려에게 산천신앙은 기본 지식에 가까웠어. 불교와 산천신앙의 관계는 아주 밀접했지. 산신각이나 삼성각이 불교사원의 시설 가운데 하나인 것도 불교와 산천신앙의 관계를 잘 말해줘. 신라의 화랑들은 풍류도를 즐겼다고 했는데, 이게 산천신앙과 관계있는 표현이야. 화랑 중에는 승려 낭도들이 많았지만, 그들을 포함한 모든 화랑과 낭도들은 하나같이 신선신앙과 관련된 지식을 자연스레 받아들이고 실천에 옮겼어. 화랑과 낭도들이 충효라는 유교적 개념을 바탕으로 심신을 연마한 건 잘 알려진 사실이고.

유교가 정치운영의 기본원리처럼 받아들여지던 당시 상황에서 유교 지식은 승려가 갖추어야 할 기초 지식이었어.[163] 최고 지식인 그룹의 일원이었던 불교의 고승들이 유불선 삼교를 두루 알고 있는 것도 전혀 낯설지 않았지. 승려와 국가의 고위 관리 사이에는 삼교에 관한 대화도 자연스럽게 이루어졌어. 다만, 고대 한국에서 삼교의 하나이던 선이 반드시 중국식 교단 도교를 의미하는 건 아니야. 삼교의 선은 전통적인 산천신앙과 신선신앙을 하나로 묶은 개념에 가까웠지.[164] 중국과 한국의 삼교 융합도 이 부분에서는 차이가 있어."

백제에 온 중국 남조의 도사

"네가 유불선을 꼼꼼하게 나누지 않던 중국 남조의 도사인데 백제에 갔다고 해봐. 백제에서도 불교 승려와 차 마시고, 유교 소양이 있는 관리와 도에 관해 이야기를 나누지 않았겠어? 아마 이런 식이었겠지."

황제께서 "해동 백제에는 누구를 보낼꼬? 백제왕이 이 나라 문물을 많이 그리워한다니, 누가 바다 건너 그 나라에 가서 이 나라의 크고 아름다움을 알게 할까?" 하신다. 내가 백제에 가 그 사람들에게 우리를 알리리라. 그들과 함께 살면서 이 나라의 크고 강하고 아름다움을 알게 하리라. 마음먹고 중서랑에게 주청하기를 청했다. 이 나라에서 무료하고 편안한 삶을 누리는 게 도사로서 할 일은 아니라고 태상노군께서 말씀하시지 않았는가?

와박사(瓦博士)니 뭐니 온갖 공장(工匠)에 화사(畫師)까지 가득 배에 올라 바다를 건넜다. 다행히 큰 풍랑을 겪지 않아 백제 큰 강어귀까지 무사히 닿았다. 기벌포라 부르는 곳에 닻을 내리고 왕궁에서 기별 오기를 기다렸다. 내 나라 양(梁)에서처럼 주변의 풍경이 온화하고 아기자기했다. 다만 양에는 큰 산이 없는데, 이곳은 강어귀부터 산봉우리가 비죽거리고 올라간다. 우리나라의 서울 건강(建康)의 서쪽 천 리에는 이런 산과 비교할 수 없는 높은 산이 있다지만 내가 살던 땅은 사방이 못과 호수다. 이곳의 서울은 또 어떨까?

왕께서 특히 나와 말씀 나누기를 좋아하신다. 하루는 사비 거리의 백성들도 만나게 해달라고 청을 드렸다. 그러면서 백성들에게 하늘의 뜻, 태상노군의 말, 사람의 길에 대해서 말해도 되는지 여쭈었다. 왕께서 미소 지으며 뜻대로 하라고 하셨다. 다만 다른 것과 비교하여 흥보는 일은 삼가라고 하셨다. 붓다의 길을 틀린 길이라 말며, 불교사원의 승려들과 마주쳐 '길'을 두고 다투지 말라

산수봉황문전(백제, 국립중앙박물관) 백제의 유물인 용봉대향로나 산수봉황문전은 도교신앙의 산물로 인식되고 있다. 이 장식문 전돌에 가는 선으로 묘사된 기와집과 인물은 도관과 도사로 해석되고 있다.

고 하셨다. "양에서는 승려와 도사가 서로 만나 차를 마시며 '도'에 대해 논하기를 즐깁니다. 걱정 않으셔도 됩니다." 했다.

이곳 백제의 백성들은 순박하고 따뜻하다. 패를 짓거나 서로를 탓하는 것을 즐기지 않는다. 그러니 대하기가 무척 편하다. 붓다의 길과 태상노군의 길이 어떻게 다른지를 되묻기도 했다. 이들도 믿는 신이 많고 신심도 깊다. 천지신명은 세상 어디에나 있다며 아침에도 빌고 저녁에도 빈단다. 이곳 사람들은 이득을 다투기보다 나누어 가지기를 좋아한다. 주고받되 주기를 더 좋아한다. 굳이 도를 말해 무엇 하랴. 사원에 있으나 도관에 있으나 한결같으면 도를 나누어 설명할 필요도 없으리라. 나도 내 나라로 돌아가지 말고 이 사람들과 지내다가 이곳에 뼈를 묻어야 할까보다.

도교 미술은 삼국에 어떤 흔적을 남겼을까

"아버지, 우리나라에 도교미술 작품이 남아 있나요? 절에 있는 산신각이나 삼성각에 걸린 그림 말고 삼국시대 거요."

진석이 이건 좀 알고 싶은지 말투가 상당히 진지했다. '얘가 종교를 주제로 작품을 구상하려는 건가? 도교는 자료도 적고 이미지화도 쉽지 않을 텐데?' 나도 덩달아 진지해졌다. 하긴 신선 그림은 많다. 그러나 조소 작품은 복 주는 배불뚝이 신선의 세속화된, 정체가 모호한 모습 말고는 희소하다.

"고구려 고분벽화에는 고구려인의 도교신앙과 연결될 수 있는 그림이 남아 있어. 벽화로 그려진 해와 달, 별자리는 고구려 시조 주몽왕과 관련된 그림이지만, 이 중 북두칠성과 남두육성은 도교신앙과 관련하여 해석할 수도 있는 그림이야.

덕흥리벽화분이나 안악1호분에는 별자리가 형상화된 특이한 형태의 새와 짐승들도 벽화로 남아 있어. 이들은 고대 중국의 기서 『산해경』에 보이는 신이한 생명체를 연상시키는 존재들이야. 고분벽화의 별자리 화신 그림으로 보아 『산해경』의 생명체들도 본래는 신이었던 게 확실해. 이들은 신선신앙과도 관련되었을 거야. 도교의 별자리 신앙과도 연결되었겠지.

고구려 감신총에는 서왕모가 그려졌어. 서왕모는 도교의 주요한 신격이기도 해. 감신총에 그려진 서왕모는 선계인 곤륜산의 주관자지만 고구려에 알려진 도교 계통 미술과 연결될 수도 있어. 낙랑에 알려진 도교 주문이 백제를 거쳐 일본까지 전파된 걸 고려하면 충분히 가능성이 있지.

고구려 후기 벽화분인 오회분4호묘에는 팔괘(八卦)가 벽화로 남아 있어. 도사로 보이는 한 인물이 팔괘의 하나를 짚고 있지. 팔괘를 하나씩 그리는 과정으로 보이기도 해. 고구려에 알려진 도교와 관련하여 주목되는 그림이야. 도교의 이론체계에서 태극도설은 주요한 의미가 있거든. 한편 오회분4호묘에 그려진 10인의 인물들은 모두 연꽃에서 태어난 연화화생이야. 벽화의 인물들에 불교와 도교의 이미지가 중첩된 경우라고 볼 수 있지.

고구려는 중국의 남북조와 교류가 잦았어. 중국의 남북조에서 도교의 지위는 상당했지. 불교에 전혀 밀리지 않았어. 길림성 집안의 국내성에 남아 있는 고구려의 후기 고분벽화에 단약 사발을 든 선인들이 등장하는 것도 도교미술과 관련될 수 있어. 물론 기본내용은 신선신앙이지만, 도교의 주요한 줄기로서 신선신앙이 인식되어 표현된 사례일 수 있는 거야. 새와 용을 타고 하늘을 나는 선인들도 신선신앙에서 유래한 존재지만, 도교의 신격으로 상정하는 것도 가능해.

이런 단약 사발을 든 인물들의 모습은 도교 신선수행의 외단법과 관련되었을 수 있어. 내단법과 달리 외단법은 단약의 복용 등의 방법으로 신선의 경지에 이르려는 거니까. 중국의 기록에는 고구려 사람들은 금을 복용할 수 있게 정련할 수 있다고 했거든. 고구려 사람들은 중국 도교에서 말하는 외단법으로 신선이 되려 노력했을 수 있는 거야.

중국 산동성박물관 화상석의 서왕모(중국 산동성 미산 출토, 탁본 촬영본, 후한시대) 신선신앙에서 중요한 존재였던 서왕모는 도교에서도 왕모낭낭(王母娘娘)으로 불리며 신으로 숭배된다. 장생불사를 이루게 하는 복숭아 반도(蟠桃)를 나누어주는 모임인 요지연(瑤池宴) 반도회의 주관자로 묘사되기도 한다.

그러나 고구려나 신라, 백제에서 중국의 교단 도교와 관련된 신상이 만들어지지는 않았던 것 같아. 당나라에서 고구려에 천존상을 보냈지만, 백제, 신라에도 보냈는지는 확인되지 않아. 도교 삼청 중의 하나인 원시천존이나 태평노군이 삼국에서는 낯설었을 것 같아.[165] 이름으로도 벌써 익숙지 않잖아? 삼국의 신화에서는 원시 우주가 상정되지도 않아. 일시적으로 고구려나 백제에 도관이 만들어지고 도사가 재초를 행했을 수는 있어. 하지만 도교미술의 조상 활동은 거의 이루어지지 않은 것 같아. 그런 까닭인지 남아 전해지는 것도 없어."

교단 도교가 자리 잡지 못한 이유

"결국, 중국 도교는 삼국에 정착하지 못했다고 봐야겠네요. 고구려 연개소문이 적극적으로 받아들였다지만 당나라와의 전쟁이 시작되면서 곧바로 사그라졌을 수도 있고요."

"그렇지. 그렇게 보는 게 맞을 것 같아."

둘이 도교 이야기를 주거니 받거니 하는 동안 평지 해변길은 끝나고 걷기 어려운 솔숲 구릉이 눈에 들어왔다. 차도만 이어지고 보도로 삼을 길도 보이지 않았다. 발길을 대왕암 쪽 해변으로 되돌렸다.

"도교를 이루는 주요한 신앙의 줄기들은 삼국에서도 자생하고 있었어. 도교적 현상도 찾아볼 수 있지. 그러나 중국의 교단 도교가 삼국에 들어와 자리 잡았는지는 말하기 힘들어. 고구려에서 사원을 도관으로 바꾸고 중국 당나라에서 보낸 도사를 그곳에 거주하게 하지만 일시적이었던 것 같아.

삼국에서는 불교가 수용되고 정착하는 과정에서 전통신앙 요소들이 위축되고, 일부는 불교에 흡수되었지. 전통신앙의 여러 요소가 모여 교

삼황(중국 상해 성황묘) 삼황은 보통 문명의 시조인 복희, 여와, 신농을 가리키지만, 성황묘에 모셔진 세 신격을 일컫기도 한다. 상해 성황묘에 모셔진 중심 신격은 명 태조가 성황신으로 책봉한 명나라 장군 진유백과 한나라 대장군 적광, 바다 운항을 지켜주는 여신 천후낭랑 등이다.

단 도교를 성립시킨 중국과 차이를 보이는 부분이야. 삼국의 별자리 신앙이나 산신신앙은 불교에 흡수되었어. 음양오행설과 풍수지리설도 불교 승려가 펼쳐나가는 실천 지식의 일부가 되었지. 신선신앙의 신앙 대상도 알게 모르게 불교신앙 대상의 하위 신격처럼 자리매김되었어. 산신령이 불교의 신격 가운데 하나로 자리 잡은 것과 같은 이치야. 붓다, 보살, 천왕, 아라한보다는 못하지만, 산신령도 불교 신격의 하나가 된 거지.

음양오행설과 별자리 신앙이 복합된 사신(四神)도 불교신앙 요소가 되었어. 사신이 불법을 보호하는 호법신중(護法神衆)의 하나처럼 된 거야. 고구려 장천1호분 벽화에서 사신은 붓다와 보살, 천인, 예불공양자들을 지키는 존재야.

이미 몇 번 말했지? 7세기에 고구려는 당나라와 우호관계를 유지하려고 국가적 차원에서 교단 도교를 받아들여. 고구려의 왕과 대신들이 당나라에서 온 도사의 강론을 들었지. 도관도 만들었어. 그렇지만 당나라 도사들이 보여준 간첩 행위를 고구려 사람들이 몰랐겠니? 고구려와 당나라가 일촉즉발의 상태로 돌입했을 때, 도사들이 더는 도관에서 재초를 주관하지 못했을 거야.

부여에서 발견된 금동대향로는 백제에서 도교의 재초를 행할 때 사용했을 가능성이 있어.[166] 그러나 그 가능성은 반반이야. 금동대향로의 종교적 정체성이 좀 애매하거든. 도교용인지, 불교용인지 말야. 신라에서는 노장이 잘 알려졌지만 산천신앙이 강했고, 뒤늦게 받아들인 불교의 영향이 워낙 강해서 교단 도교가 설 자리가 좁았던 것 같아. 교단 도교와 결이 다른 고유의 신선신앙이 산천신앙과 더 잘 어우러졌다고 할까?"

도교의 미래

"신선신앙은 몰라도 교단 도교는 중국의 주류 민족인 한족의 종교에 가까워. 중국은 다민족국가지만 사실상 한족이 중심이야. 그런 까닭에 교단 도교는 한국이나 일본에 전해져도 정착되기 어려워. 일본의 신도가 중국이나 한국에 전해진다 해도 신자를 얼마나 모으겠니?

도교는 도가에서 시작되었다고 하지만 내용상 민간에서 유행하거나 수용되던 모든 신앙 현상의 종합체에 가까워. 도가의 출발은 노장에서 정리된 무위자연설이야. 종교로서의 도교에서 중시되는 것은 별자리 신앙, 신선신앙, 산천숭배지. 다양한 분파가 있지만, 기본적으로 도교는 이상적 자연상태로의 회귀를 꿈꾸면서도 현실에서 수와 복을 누리려는 사람들을 신도로 거느려. 신선의 삶을 지향하면서도 현실을 개선하기 위한 주술적 제의 역시 중요시하지.

중국의 교단 도교는 전통신앙의 여러 요소가 복합된 상태로 중국인의 일상에 자리 잡고 있어.[167] 수명과 복이 주제인 모든 신앙 양태가 도교와 관련이 있지. 일상의 질서와 인간관계에는 유교가, 일상의 관념과 신앙 생활에는 도교가 깊이 자리 잡고 있다고 해도 과언이 아니야.

한국인에게 도교는 여전히 낯선 종교야. 불교 시대를 지나고 유교 성리학의 시대를 거친 한국인의 일상은 도교와 거리가 멀어. 무속적 사고와도 거리를 둔 21세기의 한국인에게 신선신앙과 별자리 신앙에 깊이 뿌리 내린 도교적 사고와 제의는 별로 매력적이지 않을 것 같아. 현대 한국인은 중국인이나 일본인처럼 수명과 복에 크게 매달리지도 않아.

일본인에게도 도교는 익숙지 않은 종교야. 일본에서는 별자리 신앙의 전통이 약하거든. 일본의 신도는 자연 만물에 대한 숭배를 바탕으로 성립한 종교야. 별자리신을 주로 섬기며 신선의 삶을 꿈꾸는 도교, 재초를 올리며 신에게 복과 수명을 위해 기도하는 도교가 일본인에게는 별 감흥을 일으키기 어려운 것 같아. 게다가 일본인에게 불교와 신도는 자연스레 얽혀 있어. 도교가 끼어들 여지가 별로 없지.

중국인 디아스포라 거주지에는 예외 없이 도관이 세워지고 도사가 재초를 행해. 그러나 같은 유교문화권 국가인 한국, 일본, 베트남 사람이 새로 정착한 곳에는 도관이 세워지지 않아. 중국은 우주 탐사 기술을 지닌 몇 안되는 나라 가운데 하나야. 그런데도 중국인에게 별자리 신앙과 신선신앙은 중요한 의미를 지녀. 과학적 탐사와 종교는 영역이 다른 거지."

제14장

유교
: 통치이념과 사회질서

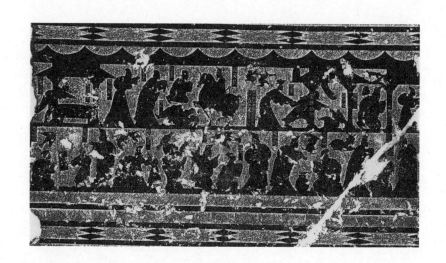

예교 교훈(중국 가상 무량사 석실 동벽 화상 탁본, 후한시대, 산동성박물관) 화면의 여러 장면은 예와 질서를 지키지 않아 서로에 대한 신뢰가 떨어진 사회에서도 한 사람, 한 사람이 예교를 지키면 사회질서가 회복된다는 사실을 강조하고 있다.

"여긴 어릴 때 와본 기억이 나요."

양동마을 입구로 들어서면서 혜진이 옛 기억을 떠올렸다. 최선생은
딸과 이곳에 온 것이 좋은지 싱글벙글했다. 나도 아들이 아장거릴 때 여
기에 같이 왔지만, 진석은 기억이 없는 듯했다. 감포에서 한달음에 여기
까지 왔으니 경주의 동쪽 끝에서 서쪽 끝으로 온 셈이었다. 해는 서쪽으
로 뉘엿거리고 있었다.

유교의 예치(禮治)란 무엇인가

"조선시대 마을은 느낌이 좀 다른 것 같아요. 여기서도 과거 보려고
공자왈 맹자왈 했겠네요? 어른들은 예의니 명분이니 했을 거고요. 공자
는 왜 예이며 질서를 그렇게 강조했대요?"

진석이 반가(班家)의 기와집들을 이리저리 둘러보며 한마디 했다. 나
도 아들의 눈길이 가는 곳을 같이 좇다가 말을 받았다.

"공자는 천자의 나라인 주나라가 명분상으로만 제후국들을 통치하던

춘추시대의 인물이야. 공자가 살던 시대는 수백 개의 제후국이 각자 살 길을 찾아야 하는 시대였어. 다투고 싸우는 약육강식의 시대가 시작되고 있었지. 공자는 이런 시대를 질서 있고 평화로운 사회로 바꾸려면 어떻게 해야 하는지 답을 찾으려 애썼어. '이대로 두면 서로 속이고 죽이며 빼앗는 게 상식이 될 게 아닌가? 한 걸음 더 나아가 만인의 만인에 대한 무한투쟁이 벌어질 것 아닌가?' 하는 생각이 든 거지.

공자가 태어난 노나라는 제법 규모를 갖춘 나라였는데도 이웃 제나라에 밀리며 땅과 사람을 잃고 있었어. 그런데도 나라를 지켜야 할 대부들은 서로 잡아먹지 못해 안달이니, 노나라의 미래가 눈에 보였던 거야. 공자가 알기로도 주변에 이미 사라진 작은 나라들이 많았어. 노나라나 제나라의 먹이가 된 나라들 말이야. 노나라도 결국 그런 나라의 하나가 될 게 확실했어. 실제 노나라의 대부들 가운데 누구누구는 제나라에 줄을 대고 있다는 소문이 공자의 귀에도 들어왔지.

공자는 경, 대부, 사가 각자 자리를 지키며 그 너머를 넘보는 일이 없어야 한다고 보았어. 각자 제자리를 지키면 나라와 나라 사이의 갈등과 투쟁도 그칠 것이라는 거지. 제후국들이 저의 자리를 잘 지킨다면 천자국의 권위도 회복되고 천하는 안정되리라 생각한 거야. 그러면 백성들의 삶도 편안해질 거라는 거지. 제 할 일을 아는 게 우선이다. 세상의 어지러움도 제자리를 알면 바로 잡히리라 싶었어. 이게 유교의 예치야.

공자는 제자들과 천하를 다니며 자신의 이런 깨달음을 받아들일 것을 요구했어. 세상은 이런 공자를 비루먹은 개처럼 길을 헤매고 다닌다고 비아냥거렸지. '이상통치론' 비슷한 이 예치론을 품고 오랜 기간 제후국들을 돌아다녔지만 어떤 나라도 공자의 이런 제안을 받아들이지 않았지. 고개만 끄덕인 거야. 사실 현실이 그렇지 않았거든. 어떤 나라가 예치론을 붙잡고 있다 쳐. 이웃 나라가 이걸 존중해주지 않으면 어쩔 거야? 오히려 얼씨구나 하며 군대를 국경 너머로 보내오면 이쪽만 끝장날 텐데!

공자가 말한 유교적 예치는 주나라가 천하를 제패한 뒤 정립시킨 봉건적 신분제와 사회제도에 바탕을 둔 이론이야. 어떤 면에서는 실제와 상관없이 이런 상태였을 거라고 가정한 이상론이지. 이후 공자의 제자들은 스승이 주장했던 '제 분수 지키기'를 더욱 자세히 가다듬고 논리화시켜. 어떤 급진적인 자들은 엄한 규범을 도입하여 강제로 예치를 이루려 하기도 했어. 법가는 유가에서 가지 쳐 나온 순자의 숭례론에 바탕을 두고 예와 법을 동일시하면서 성립한 새로운 학파야. 법을 사회질서의 기준으로 삼고 국가 차원에서 예치를 시도한 거지. 바탕에 성악설을 깔고 있어. 한편 사람의 성품을 다듬는 데 주력해야 한다는 이들도 있었어. 맹자와 그의 제자들이 이런 입장이어서 '내성론자'로 불려. 이들은 성선설에 근본을 두고 인과 의에 기초한 통치가 이루어져야 한다고 주장했어. 후대 유가의 주류는 이 내성론자들이야."

유교는 어떻게 대세가 되었을까

우재 손중돈의 옛집 관가정 앞에 한참 서 있던 진석이 고개를 갸웃거리며 물었다.

"그런 예제론이 어떻게 살아남았어요? 시대가 받지 못했는데?"

나는 관가정 모서리 섬돌 앞에 쪼그리고 앉아 있다가 일어나며 말을 이었다.

"중국의 전국시대는 법가를 통치이념으로 채택한 서쪽의 강자 진나라가 마침표를 찍어. 강력한 법치주의로 국력을 결집한 뒤 동쪽의 6국을 멸망시킨 거야. 진나라는 도량형을 통일하고 문자도 일원화시켰어. 군현제도를 채택하여 전국을 행정적으로도 같은 제도 아래 두려고 했지. 제자백가의 전적을 불태우며 사상의 통일까지 시도했어.

그러나 거기까지였지. 여기저기서 다양한 이유로 강력한 반발이 일어났어. 수백 년 내려온 옛 6국 지배층의 기득권이 일시에 포기될 수 있겠니? 지역 지배자들이 백성들을 동원하여 반발했어. 이것이 불씨가 되어 곳곳으로 번졌지. 수도 함양에서 내려오는 온갖 명령들은 '언제까지 어떻게 하라'는 게 많았어. 예외가 없었지. 지키지 못하면 바로 형벌이고. 이게 법가식 통치의 특징이기도 해. 진나라가 아니었던 지역에서는 이런 게 익숙지 않았거든. 결국 곳곳에서 반란이 일어났어.

그런데도 진의 중앙에서는 진시황의 후계자 자리를 놓고 권력투쟁이 일어났어. 지방 단위의 저항이 불길이 되도록 버려둔 거야. 지킬 수 없는 법령으로 고민하던 자들이 법가식 지배를 부정하고 반란의 선두에 섰어. 진나라식 문자와 엄격한 행정이 낯설었던 제와 노, 서북지역과 문화적 성향의 차이를 절감하던 초 땅이 가장 먼저 진의 통치에서 벗어났어. 진에서 떨어져 나가려는 힘이 진이 중앙에서 잡아당기는 힘을 압도하기 시작했지.

진이 무너지자 법가의 통치는 종말을 맞았어. 엄격한 법치주의에서 벗어나려던 사람들은 새로운 왕조인 한이 이전보다 완화된 정치사회제도를 도입하기를 바랐어. 군현제는 폐지되고 군국제가 시행되었지. 군국제는 중앙지배와 지방자치가 교묘히 배합된 지배체제야. 경우에 따라 지방에 군이 설치되기도 하고 국이 세워지기도 했어. 또 한나라에서는 유교적 예제에 입각한 유가의 내성과 이론이 국가의 새로운 통치이념으로 수용되었어. 명분론, 예치론에 입각한 '제자리 지키기'가 하늘의 뜻이라는 이론이 전국에 퍼졌지.

법가식 경직성에서 벗어난 유교적 예치가 새 왕조의 통치이념이 되었어. 무정부주의적 성향으로 흐를 수 있는 노자의 도가적 사고는 배제되었지. 유교적 예치는 신분적 지배를 확고히 하면서도 유연한 행정체제를 병행할 수 있게 했거든. 하늘과 땅이 서로 응한다는 동중서의 천인감응설도 이때 제시되었어. 이 이론도 유교적 예치를 정교하게 다듬는 데 도움을 주었어. 유교가 중국을 넘어 동아시아 전역으로 확산할 수 있었던 것도 이런 식으로 다듬어진 예치론 덕이라고 해야 할 거야."

유교는 동아시아를 어떻게 바꿨을까

"동아시아 각국에서도 유교적 예치는 의미 있게 받아들여졌어. 동북아시아의 부여, 고구려, 백제는 이 유용한 신분제 지배이념을 받아들여 국가 체제를 정비하는 데 활용했지. 한의 관리와 상인들이 세력을 떨치던 곳에서 신분제의 틀이 자리 잡게 되자 유교적 예치는 사회적 상식 비슷하게 되었어. 신분의 분계선을 인정하고 이것을 복식 같은 것으로 확인시키는 거니까 수용해서 익숙해지기에도 그리 어렵지 않았지.

그러나 문화권이 다른 국가 사이를 유교적 질서로 치환시켜 설명하는 건 다른 문제야. 국가 사이의 역학관계는 고정적이지 않잖아? 수시로 변하지. 중국에서 성립한 왕조와 주변 나라들 사이의 외교 관계가 그랬지. 중국 주위의 나라들이 중국의 군현을 상대할 때와 중국의 중앙 왕조

신라의 관리(왼쪽), 임신서기석(가운데), 최치원 초상(오른쪽, 이상 국립경주박물관) 삼국도 유교적 논리와 제도를 받아들이면서 충효(忠孝)를 사회의 최우선적 가치로 세우려 애썼다. 유불선 삼교를 아우르는 인물로 알려진 신라의 최치원은 당나라에서 귀국한 뒤 유교적 사고와 인식을 기초로 진골 중심의 신라 사회를 개혁하려 애썼다.

를 대할 때 어떻게 달라야 하는지 설명하는 책자가 있는 것도 아니었으니까.

유교적 예치는 한자문화권으로의 편입 여부와 밀접한 관련이 있어. 동아시아 나라들은 한자문화를 수용하면서 사서오경을 기본 서적으로 받아들였어. 한자를 기록수단으로 받아들이는 나라에 사서오경에 담긴 유교적 관념과 질서가 자연스레 소개되는 거야.[168]

공자는 '군군신신(君君臣臣), 부부자자(父父子子)'를 말했어. 임금은 임금답고 신하는 신하다우며, 아비는 아비답고 자식은 자식다워야 한다는 거야. 만일 임금이 임금답지 못하고 아비가 아비답지 못하면 어떻게 되겠는가? 왕도정치가 구현되지 못한다면 패도정치가 그 자리를 차지하는 것 아닌가? 역성혁명도 여기서 싹틀 수 있다! 물론 공자는 그런 상황을 상정하거나 예견하지는 않았어. 그러나 공자의 뜻과 관계없이 후대에는 유교적 예치와 왕도정치의 실현 여부를 역성혁명의 꼬투리로 삼기도 하는 거야. 동아시아 전체가 이 이론의 영향 아래 들어가는 거지."

유교는 고대 한국에 어떤 영향을 주었을까

관가정에서 나와 심수정에 들렀다, 다시 무첨당 쪽으로 발길을 옮기는 중에 혜진이 물었다.

"그 예치라는 게 한국에는 어떤 영향을 주었어요?"

유교 이론에 별 관심이 없는 최선생은 저만치 휘휘 앞서 걷고 있었다. 진석은 두 사람에게서 한두 걸음 떨어진 채 고즈넉한 한옥 담장의 모습을 휴대폰 카메라에 담았다.

"동북아시아의 부여는 중국 왕조들과 '이소사대(以小事大)'로 불리는 조공, 책봉 관계를 맺었던 것 같은데 기록은 제대로 남아 있지 않아. 부여가 은상(殷商)이나 주와 직접 접촉했는지도 확실치 않고. 춘추시대 말에 산동의 제나라와 접촉했을 가능성이 거론되는 정도야. 아직 유교적 예치에 입각한 국가 사이의 상하관계가 설정되기 이전이지. 역사기록상 부여가 중국 산동의 제나라나 하북의 연나라와 접촉한 때는 전국시대야.

전국시대의 연, 제와 동북아의 부여, 고조선이 외교 관계를 맺었다고 해도 중국의 사상과 관념이 바로 동북아의 두 나라에 전파되었다고 보기는 어려워. 아마 통일왕조인 한나라가 국가적 차원에서 유교를 받아들인 이후에야 유교적 예치에 입각한 국가 간 관계 설정이 시도되었을

거야. 한이 동북아의 부여, 고조선에 명분과 예치에 입각한 국제질서를
요구했을 가능성이 있지.

중국에서처럼 고대 한국에도 경, 대부, 사로 불리는 신분계층이 존재
했을 가능성은 그리 커 보이지 않아. 춘추시대와 전국시대를 거치면서
중국에서 분화되고 정립된 신분제도가 고대 한국에까지 수용되지는 않
았던 것 같아. 그러나 유교적 예치라는 개념은 동방 나름의 방식으로 이
해되고 받아들여졌을 가능성이 있어.

고대 한국에서는 지배계층 전체를 가리키는 용어로 '국인'이라는 말
을 썼어. 고구려에서 국인은 '가(加)'로 불렸지. 가는 절풍이라는 모자를
썼는데, 대가는 절풍에 새깃을 꽂아 스스로 소가와 구분했어. 그렇지만
소가나 대가나 가에 속하는 사람들은 누구나 국가 중대사를 결정하는
자리에 참여했어. 생각해보면 소가는 중국의 사(士)에 해당하는 계층이
었던 것 같아.

유교적 지식과 관념에 익숙해지면서 고대 한국의 귀족이 지녔던 자립
성이며 배타성은 희석되었을 수 있어.[169] 물론 유교적 소양이 제대로 자
리 잡지 못한 상태에서는 국왕에게 유리해 보이는 예치론이 귀족들에게
는 불편했겠지. 왕권을 강화하는 데만 활용될 수 있는 이런 이론을 굳이
받아들일 이유가 없을 테니까 말이야.

삼국이 통일되던 7세기까지 유교의 지식과 관념이 삼국의 정치 질서
를 결정하는 핵심 요소는 아니었던 것 같아. 일정한 수준에서만 통치 행
위를 원활히 하는 매개 역할을 했을 가능성이 오히려 커. 유교적 예치가
실제 힘을 발휘하려면 유교적 소양을 갖춘 계층이 먼저 출현해야 했을
테니까."

유교와 고구려

"그럼 유교적 예치 이론이 삼국에는 별 영향을 주지 못했다는 건가요?"

그새 혜진과 나를 따라붙은 진석이 물었다. 회재 이언적의 집으로 잘 알려진 무첨당이 코앞이었다. 한옥 골목이라선가 걷기에 참 편하다는 느낌이 들었다.

"그런 건 아니고, 제한적이었던 것 같아. 고구려는 중국의 군현인 현도군을 물리치면서 국가 수립의 기초를 닦았어. 그 때문에 고구려가 건국하는 과정에는 토착 한인들도 참여했지. 유리왕의 정비(正妃) 두 사람 가운데 한 사람이 한인인 것도 이 때문 아니겠니? 고구려는 압록강 중류 계곡지대에 흩어져 살던 부여계 이주민, 즉 예맥인이 주류였지만 한인, 선비, 말갈 등등 여러 민족이 고구려 건국에 힘을 보탰고 영역 확장에도 참여했지. 고구려 초기의 관직 이름에 토착적 요소와 한나라의 군현관료제에서 유래한 요소가 섞여 있는 것도 이 때문이야. 이러한 민족적·사회적 다양성이 고구려의 강점이자 취약점이었어.

건국 당시 고구려의 영역에 거주하던 한인들은 고조선 멸망 이전부터 동방으로 이주하여 터 잡은 사람들이야. 현도군이 설치되면서 새로 이주한 한인들이 여기에 더해졌지. 중국의 한 왕조가 유교를 통치이념으로 삼고 군현에 이를 적용하려 한 건 잘 알려진 사실이야. 따라서 현도군에도 유교적 통치이념과 질서가 적용되었다고 봐야지. 그래서 고구려는 성립 당시부터 한나라가 채택한 유교적 질서와 이념을 잘 알고 있었을 가능성이 커.

고구려 초기의 왕계는 5대까지 '해'씨야. 6대 태조왕부터는 '고'씨가 왕계를 잇지. 태조왕이라는 시호에서도 고구려에서 일어난 변화를 읽을 수 있어. 역성혁명에 가까운 변고가 있었는지는 몰라. 그러나 명시적으로는 왕성 변동의 원인이 언급되지 않았어. 태조왕의 통치 기간이 비정상적으로 긴 거로 봐서는 왕계가 변하는 과정에 상당한 정치적 혼란이 있었던 것 같아. '왕이 왕답지' 못하면 국인이 왕을 바꿀 수 있다는 식의 사고가 공유되었다는 사실이 기록으로 남아 있는데, 5대 모본왕의 시해는 이에 대한 방증일 수 있어.[170]

백성을 하늘로 여긴다는 생각도 유교적 예치와 관련 있지. 고구려와 신라에서 국인의 의견은 하늘의 뜻을 보여주는 것으로 이해되었어.『삼국사기』에는 왕위계승과 관련해 유교적 관념이 작용했다는 느낌을 주는 기사들이 여럿 있거든. 유교적 사고가 국인이라 불리는 지배세력 안에 부분적이나마 소개되고 수용되었을 가능성도 매우 커.

『삼국사기』에는 고구려의 고국천왕이 흉년으로 품 팔 곳조차 없어 주저앉아 우는 청년을 보고 가슴 깊이 아픔을 느꼈다는 기사가 나와.[171] 왕은 이 사건을 계기로 봄 춘궁기에 나라에서 곡식을 빌려주고 가을 추수기에 백성이 갚게 하는 진대법을 시행해. 왕의 이런 모습은 유교에서 언급하는 왕도정치의 모델 그 자체라고 할 수 있어. 왕도와 패도는 민을 대하는 태도의 차이를 뜻하기도 해.[172] 힘에 의지하면 패도요, 베푸는 마음인 인에 의지하면 왕도라고 그러지. 고구려 초기와 중기의 왕들 가운데는 유교적 예치에 바탕을 두고 통치하려는 인물들이 여럿 보여. 적어도 고구려에서는 유교적 예치와 왕도정치가 어느 정도 자리 잡고 있었다고 봐야지."

삼국의 체제 정비와 유교

"이 무첨당이라는 건물은 참 예쁘네요! 느낌이 무척 좋아요."

혜진이 무첨당이 주는 분위기에 흠뻑 빠져 감탄사를 그치지 않았다. 섬돌 위로 올라갔다 내려오기를 몇 번 반복하더니 건물 뒤로 돌아갔다. 내 곁에 선 채 건물의 기둥이며 처마를 살펴보던 진석이 갑자기 생각난 듯 물었다.

"백제나 신라는 어땠어요? 유교를 받아들이고 이해했나요?"

나도 아들처럼 건물 처마와 기둥을 한차례 유심히 들여다보고는 편안한 표정으로 말을 이었다. 어느새 혜진이 둘 곁에 와 붙으며 설명 들을 채비다. 저가 오고 싶었던 곳에 온 까닭일까, 얼굴빛이 오얏꽃처럼 밝고 맑았다.

백제는 소수의 부여계 이주민이 한강 유역으로 내려와 한계 토착세력과 힘을 합쳐 세운 나라야. 백제가 건국될 즈음 한강 일대는 북쪽 낙랑의 영향을 받고 있었어. 낙랑군을 오가는 지역의 유력자도 여럿 있었지. 낙랑에서 내려온 한나라의 상인들이 주로 머문 곳도 한강 일대 마을이었어. 백제는 한계 문물의 영향을 받으면서 건국할 수밖에 없었어. 백제의 관료제가 건국 초부터 잘 정비된 모습을 보이는 것도 이 때문이야.

고구려, 백제와 달리 신라에는 한 군현관료제의 영향이 거의 미치지 못했어. 가야는 철 무역으로 낙랑과 연결되었지만, 신라는 그렇지 않았어. 신라는 3세기까지 지역국가로서의 입지도 애매했어. 가야로부터 바깥 세계의 정보를 얻는 수준이었지. 고립된 사회였던 신라가 바깥 세계에 눈뜬 건 고구려의 보호를 받으면서부터야. 고구려 사신을 따라 중국과 교류하면서 넓은 세상에 눈뜨게 되지.

북한산 진흥왕 순수비(왼쪽, 신라, 국립중앙박물관), 정효공주묘비(오른쪽, 발해, 중국 연변박물관) 진흥왕 순수비에는 하늘의 명을 받아 백성을 편안하게 하고자 상대국의 영토를 경략하고 이를 살펴본다는 식의 유교적 천명사상과 왕도사상이 피력되어 있다. 남북국시대 발해 제3대 문왕의 4녀 정효공주묘비에는 공주가 남편이 죽은 뒤 수절하다가 죽었다는 내용을 담고 있다. 유교적 질서와 가치관이 발해의 왕실과 귀족 사이에 지켜지고 있었음을 알게 한다.

고구려와 백제는 한나라의 군현과 접촉하고 수시로 한의 이주민을 받아들였으니 한나라의 관료제나 문물에 익숙할 수밖에 없어. 왕도정치가 무엇인지도 알고 유교적 예치도 이해했지. 한나라의 문헌들도 소개받아 소화했을 테니까.[173] 고구려의 기초 교육시스템인 경당에서는 한자교육과 한나라 문헌 읽기가 이루어졌어.[174] 고구려의 젊은이들은 자연스레 유교적 논리와 이념을 익혔다고 볼 수 있지.[175] 고구려나 백제는 한나라의 유교문화에 일찍 노출되었지만, 신라는 4세기 후반 국제사회에 나오기까지 유교와는 거리가 있었던 것 같아."

유교가 삼국의 국제관계에도 영향을 주었을까

"중화와 이적(夷狄)이라는 말도 유교에서 나온 거죠?"

혜진이 최선생과 나를 깜짝 놀라게 했다. 젊은이들은 관심도 없고 잘 알지도 못하는 용어가 혜진의 입에서 툭 튀어나오니 놀랄밖에.

"얼마 전 TV 인문학 강연에서 들었어요. 조선시대 진경산수화 이야기를 하면서 중화니 이적이니 하더라고요." 내가 '얘가 아는 게 많네!' 하고 기특해하며 말문을 열었다.

"유교적 예치는 화이론(華夷論)과도 관련이 있어. 물론 예치를 말하면서 화이론이 제시되는 건 아니지. 왕도정치가 이루어지는 문명사회를 '화'라고 한다면 그 대척점에 있는 게 '이'야. 중심과 주변을 나누는 논리지. 중심의 문명이 주변의 야만을 교화의 대상으로 본다는 거야. 예치라는 개념에 숨은 화이론은 중심과 주변의 관계를 설정하는 데서 한 걸음 더 나아가 문명과 야만이라는 차별론, 여기서 배태되는 위계론으로 가지 쳐갈 수 있어. 예치라는 개념 안에 차별적이고 위계적인 국제관계를 설정하게 하는 장치가 숨어 있다고 볼 수 있지.

차별이 차별을 부른다는 말이 있지? 강약으로 위계가 설정되면 차별은 자연스럽게 따라붙어. 이걸 화이론과 연결하고 중심과 주변의 관계로 정리할 수도 있지. 중국의 화이론은 중국과 동북아시아, 중국과 동남아시아 관계에도 적용되었어. 이런 관념이 고구려에 수용되면서 동북아시아 안에서도 중심과 주변의 관계가 설정될 수 있게 되었지. 고구려가 전성기에 신라를 보호국으로 삼고 '동이'로 규정한 것도 화이론의 연장선이라고 생각하면 자연스러운 현상이야.[176] 고구려 외의 나라는 이적인 거지.

무씨사 석궐과 돌사자(중국 산동성 가상, 후한시대) 무씨 가문 3인의 사당 석궐에 새겨진 화상의 중심주제는 충효이다. 한나라가 채택한 유교 중심의 사회체제는 후한시대에 서방으로부터 전해진 불교에서도 충효와 관련된 위경(僞經)을 만들어 보급시키게 했다.

일본 역사에서도 한 왕조나 고구려의 화이 관념과 유사한 논리 적용의 예를 찾아낼 수 있어. 일본에서 국가 체제가 정비되자 열도 안에서 중심과 주변을 나눠. 천황체제는 일본식 화이론의 표현이라고 할 수 있지. 천황이 중심이 된 정권이 주변의 이적을 다스린다는 개념이거든. '에미시〔蝦夷〕'라고 불리던 원래의 일본열도 토착인들이 이적이 되는 식이야. 일본열도 대부분 지역에 천황을 중심으로 한 정치체제가 정립되자 열도 바깥으로 외연을 확장하려는 시도가 뒤따랐어. 이런 과정에서 국력의 우열관계를 가리지 못했던 신라도 이적에 포함하려는 태도가 나타났지.

남북국시대의 발해도 국가체제가 정비되자 화이론에 바탕을 둔 천하관을 주변에 적용하려 해. 영역 안으로 들어온 말갈부락에 적용하는 데서 한발 더 나아가 영역 바깥의 말갈과 거란에도 이걸 요구하려고 하거든. 발해가 당나라와의 관계에서는 사용하지 않던 황제국 의식을 인접한 다른 부족이나 나라에는 적용하려 애쓴 흔적이 남아 있어.

화이론은 한자문화권의 동아시아 국가들에서 공통으로 나타나. 국력의 강약에 따라 적용 범위가 달라지지. 국력이 성할 때는 화이론의 중심을 자처하다가 쇠하면 이를 거두어들이는 일이 반복되었어. 유교적 예치 이념에 내재한 이 가시를 빼지 않는 한 동아시아 국가들 사이의 선린공존은 요원한 일이었다고 할 수 있지."

사람과 사회를 보는 유교의 시각

"사람 사이도 그래요?"

혜진이 내처 물었다. 진석도 물음이 같다는 표정이었다. 최선생의 얼굴도 나에게 설명을 재촉하는 듯했다. 해가 많이 기울었다. 하루를 좀 늦게 시작했더니 두 번째 답사지인 양동마을에서 일정을 마쳐야 할 듯했다. 성오재로 돌아갈 즈음이면 짧은 겨울 해가 산 너머로 이울겠지?

"그래, 먼저 카스트로 시작하는 게 좋겠군. 인도의 카스트는 종족과 집단별로 직업과 신분이 정해지는 사회제도야. 카스트 때문에라도 인도는 들어가 정착하기는 쉬우나 독립하여 나오기는 어려운 사회라고 할 수 있지. 작든 크든 한 집단이나 종족이 인도에 들어가면 자연스레 특정 카스트에 속하게 돼. 가죽 세공을 하는 사람들은 가죽을 다루는 보다 큰 카스트의 하위 카스트에 속하게 되는 식이지. 인도에서는 남자의 직업에 따라 가족 전체의 카스트가 정해져.

군인, 농부, 상인으로 특정 카스트에 속하게 되면 집단으로 성씨가 부여되고 해당 성씨의 사람들은 오랜 시간이 흘러도 소속 카스트를 벗어나기 어려워. 인도사람들에게 성씨가 중요한 것도 이 때문이야. 인도사람인지가 문제가 아니라 어떤 성씨의 인도사람인지가 중요한 거야. 인도사람들은 성씨로 상대를 판단하고 교제할지를 결정해.

유교에서 신분은 양인/천인같이 비교적 큰 틀 안에서 정해져. 이 때문에 신분 내에서 이동하는 건 크게 문제가 되지 않아. 신분 안에서의 세부적인 분류를 전제로 차별이 강제되지는 않거든. 원칙적으로 왕 이외에는 모두 백성이고, 관료도 양인인 평민에게서 나와. 물론 현실적으로는 양인 중의 상층인 호민이라든가 사대부, 귀족 출신이 관료가 되지. 평범한 백성들은 지식인 관료에게 예를 지켜야 하고.

유교적 사고에서 왕은 백성의 삶을 편안하게 할 의무가 있어. 왕은 왕으로서의 자질이 있다는 걸 백성에게 보여주어야 해. 부정적 평가를 받으면 왕의 권위와 정당성이 바닥으로 떨어져. 왕의 자리도 위태로워지지. 백성은 백성대로, 관료는 관료대로, 왕은 왕대로 제 의무를 다해야 하는 거야. 물론 각 신분이나 직업 상호 간 지켜야 할 의무도 있어. 이런 점에서 고립적이고 배타적인 카스트와 유교적 분수는 구별되지.

삼국에 알려진 유교적 관념과 질서는 신분질서를 안정시키는 데 도움을 주었어. 유교는 신분의 경계를 넘어서지 말 것을 강조하니까. 정치·사회적 안정이 제 분수를 지키는 데서 출발한다고 강조하거든. 이런 사고는 사회 통제수단으로 아주 효과적이야. 윗사람의 권위를 존중하고 그 앞에 순종하는 게 우선으로 요구되는 거야. 신하가 제 역할을 하고 자식이 도리를 지키는 거 말이야. 이렇게 모두가 제 분수에 맞게 산다면 아래 사람이 위 사람을 넘보는 일은 없겠지.

『삼국사기』에는 충과 효를 다했느냐 여부를 따지는 이야기가 자주 나와.[177] 충과 효는 그 사회에서 유교적 관념이 관철되는지를 판단하는 기준점이 되지. 삼국이 국가의 통치를 원활히 하기 위해 유교를 받아들여 어떻게 활용했는지를 보여주는 부분이기도 하고."

내가 유교 지식인이라면

"네가 삼국시대 신라에서 유학을 공부한 지식인이라고 생각해봐. 이 경우라면 물론 평범한 백성은 아니지. 이런 식으로 생각하고 행동했을 수 있어."

사서삼경을 공부하고 『전국책』부터 『십육국춘추』까지 다 읽었다. 공자께서 어떤 세상을 꿈꾸었고, 이후 세상이 어떻게 돌아갔는지 알 것 같다. 『십육국춘추』는 매우 인상적이었다. 영웅호걸들의 시대라고 하지만 예의와 염치를 잃고, 명분이며 강상(綱常)을 무시하는 일이 비일비재하던 시대의 혼란이며 참상이 눈에 선했다. 백성들은 이놈 저놈에게 몇 번이나 세금을 내다보니 먹을 것이 부족하여 굶는다. 배와 등이 붙고 그것도 모자라 전쟁터에 내몰린다. 아비규환의 시대다. 어떻게 하면 살아남을까만 고민하던 시대. 그런 시대에 나지 않은 것만 해도 어딘가?

그러나 가만히 돌아보면 아버지와 내가 살아가는 이 시대도 태평성대는 아니다. 내 나라 신라는 수시로 고구려와 백제의 침입에 시달린다. 그러면서도 우리 신라는 이웃한 가야 나라들은 하나씩 을러대고 공격하여 항복하게 만든다. 선대왕의 선대왕 시대에 가야의 마지막 나라가 항복하여 신라 땅이 되었고 그 백성들은 노예가 되었다. 왕경의 노비 가운데는 대가야에서 관리로 지내던 인물들도 여럿 있다.

지금의 우리 대왕은 여왕이다. 중국에는 여왕이 없다는 데 우리는 있다. 선대왕의 선대왕께서 당신의 가문을 '천축의 석가족'이라고 하여 왕실의 다른 가문과 구별하셨다. 이런 까닭에 성스러운 가문의 자손 아니면 왕이 될 수 없게 하시니 왕자가 없으면 공주라도 즉위할 수밖에 없게 되었단다. 그러니 왕실의 다른 갈래 사람들이 불만을 품고 사사건건 나라의 일에 손사래를 치고 심지어 고개를 쳐들기도 한다. 이 나라가 편안치 않은 것도 이 때문이다.

공자께서 말씀하셨다. 왕부터 필부까지 제자리를 잘 지키면 하늘이 돕는다. 하늘이 주신 일이 있으니 누구나 그 일에 충실해야 한다! 그런데 당장 내 곁에도 그렇게 하지 못하는 이들이 여럿 있다. 여왕이 나라를 다스리는 것도 이상한 일이지만 그렇다고 신하이면서 왕을 능멸하면 누가 윗사람을 공경하겠는가? 거리의 백성들이 나라의 관리에게 고개를 쳐들어도 할 말이 없지 않겠는가?

이제는 여염에서도 나랏일을 입에 올린다니 주제넘은 짓이다. 백성은 그저 저 스스로 먹을 만큼, 나라에 세금 내고 제 입에 풀칠할 만큼 열심히 제 일에 힘쓰면 된다. 온 힘을 모아 농사짓고 길쌈하는 것이 백성의 할 일이 아니던가? 하늘에서도 이를 기뻐하는 것 아닌가?

하늘은 내게도 나라가 잘 돌아가도록 애쓰라 하셨다. 나 같은 미관말직이 윗사람 일까지 참견할 수야 없지만 내 일은 잘해야 하지 않겠는가? 나라의 녹을 먹는 자로 귀족관료와 백성 사이에서 관서의 맡은 일을 잘한다면 이보다 좋은 게 어디 있을까? 대왕께서 뜻하는 일도 내 손을 거쳐 이루어지는 것 아닌가? 내가 백성을 편안케 하는 일을 마무리하지 않는가?

오늘도 관서 일을 마치고 새로 얻은 책을 읽는다. 어두운 관솔불 아래서 글을 읽으려니 깨알 같은 글자로 적힌 탓에 눈이 빠질 듯하다. 이러다 눈이 더 어두워지면 어떻게 책을 읽고 문서를 다루지? 그러나 성현의 가르침을 담은 새 글을 읽는 것은 보람 있는 일이다.

삼국 백성은 유교적 질서를 어떻게 받아들였을까

"삼국시대 백제의 평범한 백성이 유교 지식을 배웠다면 어떤 생각을 했을까요?"

진석이 내가 한 말을 흉내 내며 질문했다.

"글쎄, 백제의 평범한 백성이라! 이렇지 않았을까?"

나는 아들의 질문 아닌 질문에 기분 좋게 답했다.

소문으로는 대왕께서 우리 무지렁이 백성들이 굶지 않고 겨울을 나는 것을 가장 기뻐하셨다고 한다. 백성이 잘 먹고 편히 지내게 하는 일이 임금의 일이요, 하늘의 뜻이라며 농사짓기에 어려움이 없게 물 댈 저수지를 더 만들라고 하셨단다. 우리는 우리 대왕을 성군이라 부르며 우러른다.

우리 대왕은 어릴 적부터 유난히 효성이 깊어 선대왕께 성심껏 했단다. 동궁에 계시면서도 늘 선대왕의 잠자리를 직접 돌보시고 드실 음식까지 일일이 미리 맛보며 챙기셨다고 한다. 오히려 선대왕과 왕비께서 태자의 건강을 걱정했을 정도라고 한다. 이웃 신라와 고구려에는 물론이요, 바다 건너 당에도 태자의 효성이 알려져 당나라에서는 우리 대왕을 '해동증자'라 했으니 우리 백제에는 큰 자랑거리 아니었겠는가?[178]

이전에 신라가 우리 백제가 베푼 은혜를 저버리고 땅을 빼앗으며 백성 잡아가기를 손바닥 뒤집듯 하더니 선대왕 때 크게 혼이 났다. 그때 지금의 대왕이 수시로 전장에 나가 용맹스레 제일 앞에서 말을 달리셨단다. 내 아버지도 수자리로 나가 대왕의 군사가 되었는데, 그만 적군의 화살에 맞아 돌아가셨다. 전쟁을 마치자 나라에서 전사자 집안에는 베와 곡식을 내렸다. 대왕도 태자궁의 곳간에서 귀한 옷감을 내어 옷 한 벌치만큼씩 보내왔다. 집에는 아직 그때 내려받은 옷감이 그대로 있다. 대왕의 안녕을 위해 곡식도 한 됫박 따로 신줏단지에 담아 안방 다락에 올려두었다.

우리 대왕은 인의를 저버린 나라인 신라가 예의와 염치를 알기를 원한다. 우리 백성들 생각도 대왕과 같다. 대왕이 군사를 내기로 마음먹고 명령을 내리면 우리는 충성을 다하여 왕명을 받들 것이다. 마을의 관리들도 우리와 마음이 같다.

그런데 우리 위에 있는 높은 관리들 가운데는 대왕의 뜻을 받들지 않으려는 분도 있다고 한다. 이 나라의 대신이요, 강족(强族)이면서 어찌 대왕의 뜻과 명에 불만을 품는가? 왕은 하늘의 뜻으로 자리에 오른다고 했다. 왕을 거스르면 하늘을 거스르는 것이다. 하늘이 땅과 사람을 외면하면 농사도 흉년이 든다고 하지 않는가? 높은 나리들도 대왕의 뜻을 잘 받들기를 천지신명께 빌어야겠다. 아침저녁으로 빌면 하늘이 저들의 마음을 움직이시겠지.

유교에서는 왜 제사를 강조할까

내가 말을 마치자 그럴듯하다고 여겼는지 다들 잠깐 소리 내어 웃었다. 최선생이 두 청년을 대신해 의견을 냈다.

"유교의 제사에 대해서도 한 말씀 해주시우. 전통제사도 다음 세대엔 민속으로만 남을 텐데."

"그럽시다." 내가 선선히 답했다.

"공자는 괴력난신(怪力亂神)을 말하지 말라고 했어. 어떤 이들은 귀신은 보이지 않으니 섬기거나 두려워할 것이 없다고 하고. 그러나 공자가 귀신에 대해 말하지 않은 것은 자세히 알지 못하면 말을 내어 세상을 어지럽게 할 것이 없다는 뜻이야. 귀신이 있고 없음을 논한 게 아니지. 공자도 스스로 조상 제사를 잘 받들었어. 조상이 세상을 떠나면 신이 되었다가 때 되면 제삿밥 받으러 온다는 게 당시의 보편적인 믿음이었어. 공자도 이런 사실을 잘 알고 있었지.

조상신 제사는 중요해. 세상에 질서가 있듯이 조상신 제사에도 순서가 있지. 제사를 지낼 때 지켜야 할 것도 여러 가지야. 구구절절. 모든 게 예의의 문제요, 하나하나가 세상의 질서와 이어져 있으니까 말이야. 집에서부터 잘해야 거리로도 나가고 관청으로도 간다는 거지. 수신제가치국평천하(修身齊家治國平天下)! '안에서 새는 바가지는 밖에서도 샌다'는 말이 있어. 수신제가가 먼저라고 했으니 내 몸이 바르고 집안이 잘 다스려지는 것이 첫째요, 시작인 거야. 집안을 잘 다스리려 할 때, 가장 먼저 할 일은 조상 제사라는 거지.

경과 대부, 사가 올리는 제사는 왕의 그것과는 달라. 그러나 격식은 어디에나 있으니 이를 잘 갖추고 지켜야 했어. 평범한 백성도 제 아비와 조부의 제사는 기억하고 날을 지켜 간소하게라도 예를 차리는 것이 좋다고 했지. 제사로 그 가문의 법도 있음을 안다고 했어. 기본이 잘 갖춰졌는지를 두고 세인의 입에 오르내리지는 않아야 한다는 거야. '격식대로 제물을 갖추고 순서대로 절하며, 나가고 들어옴도 있어야 하리라!' 조상신이 제사상 받기를 마쳤으면 후손들은 이를 감사하며 제사상을 물려. 그런 다음 올렸던 술을 나누어 마시며 바르게 제사 지냄으로 말미암은

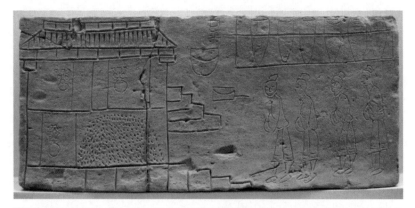

제사(중국 사천성 성도 출토 한화상전, 후한시대, 삼협박물관) 사당은 제사를 지내기 위해 짓는 건물이다. 중국의 한나라에서는 지방에서 유교적 교양과 덕망이 있는 사람을 추천해 올리면 관리로 임명하는 제도를 시행했다. 이 제도로 '효렴(孝廉)', 곧 대단한 효자는 나라의 관리가 될 수 있었다. 그러나 효렴 판단의 기준이 애매했으므로 지방에서는 얼마나 정성 들여 장례와 제사를 지내는 인물인가에 맞추어 추천이 이루어지는 경우도 많았다. 이것이 향리의 호족과 백성들이 과도하게 재물을 동원하여 장례와 제사를 지내려 애쓰게 하는 사회적 폐단을 불러왔다.

복이 개인과 가문에 미치기를 기원하는 거야.

조상신을 잘 모시면서 가문이 모여 우의를 돋우고 위아래의 질서를 굳게 하는 거지. 후손들이 이를 보며 배우게 하는 거고. 제액초복(除厄招福), 액을 없애고 복을 부르는 게 다른 게 아니라 조상신 제사를 바르게 치르느냐, 아니냐로 정해진다는 거야."

유교의 미래

"공자는 질서의 회복으로 평화가 도래한다고 했어. 자신의 자리를 알고 지키면 사회적 모순과 갈등이 증폭되는 일이 없다고 본 거야. 그런데도 공자의 시대에 세상은 전쟁의 시대로 치달았어. 오히려 전쟁은 더 격렬해졌지.

피가 강을 이루는 전쟁이 극에 달하고 마침내 세상이 하나의 나라로 합쳐졌어. 이제는 질서의 정착과 유지가 현안이 된 거야. 권력자로서는 공자학파의 제안이 매우 유효한 방법론으로 여겨졌어. 한나라 때 유교가 정치와 사회 전반에 수용된 것도 이 때문이야. 직업과 신분의 제자리 찾기가 질서의 회복과 같은 뜻임이 확인되었지. 유교가 중국 사회의 안정에 크게 이바지한 게 바로 이 부분이야.

유교는 정치사회 질서에 대한 이론을 기반으로 성립한 사상체계야. 자연히 유학자들은 왜 질서가 의미를 지니는가를 설명하려 애썼어. '하늘의 뜻'이라고만 주장해서는 설득력이 부족하니까, '하늘은 무엇인가'를 답하려고 했고. 하늘을 막연한 인격으로 규정해서도 곤란하잖아? 민간신앙의 바탕에 있는 샤머니즘적 사고와 무엇이 다른지도 답해야 하니까 말이야.

유학자들은 음양오행설과 불교의 인연설, 업설을 참고하며 답을 찾아나갔어. 태극도설로도 정리되는 성과 이에 대한 논리 개발이 시도되었지. 이와 기의 관계에 대한 논의도 펼쳐졌어. '본성이 있고 이것이 작동하는 원리가 있다, 원리가 작동하게 하는 기의 작용도 말해야 한다'고 생각했지. 이기일원론, 이기이원론, 이기일원론적 이원론, 사단칠정설 등이 차례로 논의된 것도 이 때문이야.

논리적으로 우주의 작동원리를 풀어보려는 노력이 계속되었지만, 유교에는 내세론이 없어. 유교는 죽은 자가 어떻게 되는가에 답하지 않아. 죽은 자의 혼이 조상신의 세계로 돌아간다는 식의 오래된 사고를 붙잡고 있을 뿐이야. 믿고 기댈 수 있는 초월적 존재, 조상신이 아닌 전지전능한 신에 대해 말하지 않지. 어떤 면에서 유교는 극히 인문주의적이야. 유교적 사고는 종교를 통한 구원, 영생을 추구하는 인간의 본성을 마주 보지 않아. 인간의 본성은 이에 대한 답을 요구하는데 말이야."

제15장

고분벽화
: 삶과 삶 사이의
예술과 신앙

진시황릉 병마용(위, 중국 진나라 시대, 섬서성 함양), 대행렬(아래, 덕흥리벽화분, 고구려, 북한 안악)

왕과 귀족들이 내세의 삶을 위해 살았을 때 함께하던 사람들을 여럿 데려가던 관습은 언젠가부터 흙으로 구운 인형으로 대체되었다. 순장 풍습이 유지되었던 부여와 달리 고구려에서는 무덤칸 안에 내세의 이모저모를 그림으로 그려 순장이나 인형 부장을 대신했다. 중국에서는 오랜 기간 인형도 묻고 벽화도 그렸다.

2박3일 동안의 휴가 아닌 휴가도 마무리할 시간이었다. 차를 가지고 내려와 편하게 다니기는 했지만 올라가는 길이 지루할 것은 각오해야 했다. 대전 지나면 길이 막힐 게 확실했다. 이번에는 아들 진석이 먼저 운전대를 잡기로 했다. 내가 조수석에 앉아 등받이를 뒤로 더 젖히며 편한 자세를 취하자 기사가 된 아들이 물었다.

"아버지, 고분벽화에는 이것저것 다 담겨 있다면서요? 이전에 고분벽화에는 불교, 도교, 신선, 비천(飛天) 다 있다고 그러셨죠? 고분벽화에는 왜 이것저것 다 그려요?"

한잠 잘까 했는데, 아들이 지적 호기심을 발동시켰으니 어쩌랴. 등받이를 다시 바로 하고 내가 최근에 가장 많이 공부한 분야에 대한 설명을 시작했다.

고분벽화란 무엇인가

"무덤은 죽은 자의 공간이야. 죽은 자가 가게 될 새 삶터를 위한 곳이기도 하지. 저세상 삶이 어떻게 될지를 예측하고 거기 맞춰 살 수 있게 살림살이를 넣어두거나 새 삶의 모습을 그려 그대로 살기를 기원하는 장소이기도 해.

무덤 안에 살림살이를 넣어두고 새 삶의 모습을 그려두는 관습은 동서고금에 두루 확인돼. 고구려 벽화고분에도 이 세상 삶에 바탕을 두고 그린 저세상 삶의 모습이 그려져 있어. 이집트와 그리스, 로마, 중국에서 유행했던 고분벽화가 고구려 사람 사이에서도 선호된 거야.

고구려 고분벽화는 이승과 저승에 대한 당대의 기록이야. 산 자와 죽은 자의 마음이 모여 형상화되어 남겨진 경우지. 과거와 현재에 대한 기록이자 미래에 대한 예언이기도 해. 현재를 그린 것이면서 미래를 나타낸 두 세계, 두 시대의 모습이지.

화가는 주문자에게서 살고 싶은 새 세상에 대해 듣게 돼. 죽은 자, 죽을 자가 꿈꾸는 저세상 삶의 모습을 듣고 머릿속에 담아두지. 그러나 화가가 마음에 그리는 저세상 삶도 있어. 듣고 받아들인 내세 삶의 모습이 있거든. 주문자가 묘사하며 소망한 저세상이 화가가 꿈꾸거나 알고 있는 저 세계의 모습과 일치할까? 그러기는 쉽지 않지.

화가는 주문받은 것, 자신이 알고 받아들인 것을 조합하며 새로운 밑그림을 그려. 현재에 발을 디딘 새로운 미래를 창안해내지. 때로 화가가 그린 것은 현재에서 크게 벗어난, 형상화하기 어려운 내세일 수도 있어. 무덤주인이 될 자 외에는 아무도 등장할 수 없는, 알려지지 않은 다른 세상일 수도 있지.

각각의 무덤 안에 서로 같은 그림이 그려지지는 않아. 생각하고 그려낼 수 있는 내세가 같은 경우는 없기 때문이겠지. 123기나 되는 고구려 고분벽화도 그려진 게 다 달라."

저세상 삶을 그리는 일

"저세상 삶을 그린다고 그대로 되겠어요?"

운전 중이어서일까? 진석이 짧게 물었다. 운전에 열중하는 아들의 옆얼굴을 잠깐 보고는 말을 이었다.

"그림은 본래 주술행위로 시작되었어. 시간이 남아서 놀이 삼아 형상을 바위나 벽에 재현한 건 아니라는 거지. 고대에는 기호화된 문자에도 신비한 힘이 깃들어 있다고 믿었어. 그러니 간략해지기 이전의 그림은 어떻겠니?

무덤 안에 그린 그림은 저세상 삶에 대한 인식, 신앙과 의지가 복합된 결과물이야. 그림대로 될 것이라는 믿음이 바탕에 깔려 있지. 현세를 재현한 그림이라도 현세의 복사는 아니잖니? 더 나은 내세 삶의 꿈이 그 그림에 배어 있는 거야.

실제 그려진 그대로 내세 삶이 이루어질지는 아무도 몰라. 그렇게 되기를 바랄 뿐이지. 누구나 그렇게 믿으면 입증할 필요가 없잖아? 혹 그렇게 되지 않았다면 다른 이유가 또 있을 테니까. 고구려 벽화는 저세상 삶이 믿는 대로, 원하는 대로 되리라는 확신 속에 주문되고 작품으로 남겨졌어. 현세 삶의 반복, 불교 정토로의 왕생, 사신의 보호를 받는 완벽한 내세 삶, 이런 것이 이루어지리라는 강한 믿음이 벽화로 남은 거야. 이런 걸 읽어내는 게 벽화 연구지.

벽화는 성격상 창작화라기보다 공예화에 가까워. 그러나 장식적 기능의 그림으로만 인식되는 오늘날의 공예화와는 달라. 내용상으로는 종교화로 봐도 될 것 같아. 믿음과 주술적 효과를 전제하지 않으면 그릴 수 없는 그림이었을 테니까 말이야."

내세에 더 나은 삶이 가능하다면

"그럼, 현재보다는 더 좋게 그리겠네요. 제후였으면 왕으로, 신분이 낮은 사람이었으면 더 높은 사람으로, 이런 식으로요."

"그렇지. 그러나 늘 그런 것도 아니야. 다른 차원의 삶을 꿈꾸고 그걸 그림으로 남기기도 하지."

"그런가요? 어떻게요?"

"고구려의 초기 고분벽화는 현세 삶이 내세에 더욱 나은 상태로 재현되기를 꿈꾸며 그려졌어. 죽은 자가 이생에서 누린 것 이상으로 저 생에서 누릴 수 있다면 그야말로 최상이라는 믿음이 그림의 바탕이 되었지. 이런 바람 위에 그려진 그림은 주로 생활의 이모저모에 대한 것이지. 그런데 내 삶이 저세상에서 더 좋은 삶으로 펼쳐진다면 같은 시대에 나와 같은 꿈을 꾼 다른 사람들의 내세는 과연 어떨까? 이런 물음이 떠오를 수 있어.

하지만 한번 생각해봐. 내세 삶이 어떨지는 개별적으로 꿈꾸고 그려져. 철저히 개별적이지. 누가 왕이 되고 싶은 바람을 그림에 표현한다고 치자. 그렇다고 내가 한발 뒤로 물러나 자신을 스스로 제후로 상정할 이유는 없거든. 하지만 엄격한 신분제를 바탕에 깔고 있는 사회에서 아무나 내세 삶을 왕처럼 그리지는 못해. 현실이 용납하지 않을 테니까. 아무도 내용을 알지 못하게 한다? 그건 어려운 일이지. 어차피 누군가의 입을 통해서든 벽화 내용이 흘러나가지 않겠어? 아마 알게 모르게 넘지 못할 어느 정도의 선이 있었겠지. 이 선을 넘지 않는 지혜가 작동했을 거야.

벽화의 바탕이 되는 내세관도 시대 조류가 있어. 때로 사회적 차원에서는 용납될 수 없는 유형이 있었을지도 모르지. 불교가 공인되기 이전

소라를 담은 고배(위, 국립경주박물관), 음식상 나르는 시녀들(아래, 무용총 벽화 모사도, 고구려, 국립중앙박물관) 무덤칸 안에 벽화를 그리는 관습은 삼국시대 국가 중에도 고구려에서 크게 유행했다. 신라나 가야에서는 늦은 시기까지 그릇에 음식을 담아 죽은 이와 함께 묻었다.

의 신라에서 개인적으로 불교를 믿어 사후 재생을 염두에 두지 않는다고 해도 화장을 하기는 어려웠을 거 아니야? 불교신앙이 널리 퍼지고 사회적으로도 세력화되기 전에 말이야.

불교가 수용된 뒤 자손이 선업을 쌓으면 조상이 정토왕생할 수 있다는 믿음이 널리 퍼지자 탑을 세우고 불상을 만드는 일도 활발해졌어. 귀족들이 조상의 정토왕생을 희구하면서 불교사원에 재물이나 땅을 공양하는 일도 많아졌지. 재화가 사원으로 쏟아져 들어갔어.

고분벽화가 연꽃으로 장식되는 것도 이와 유사한 관념이 유행하면서일 거야. 죽은 자의 바람, 산 자의 소망이 연꽃 장식 고분벽화를 출현시킨 거지. 고구려 환문총 벽화는 주제가 생활풍속이었다가 동심원문으로

동심원문(환문총 내부, 고구려, 중국 집안) 환문총에 처음 그려졌던 것은 생활풍속 장면이다. 그러나 처음 그렸던 벽화는 회로 덮이고, 그 위에 새로 그려진 것은 동심원들이다. 새로운 내세의 꿈을 연꽃도 아닌 동심원으로 나타내기로 작정한 건 누구였을까?

바뀌어. 아마 이런 일도 불교신앙의 유행이라는 새로운 흐름에서 비롯되었겠지."

고구려 환문총 벽화는 왜 두 번 그려졌나

"그 환문총이라는 무덤에선 왜 벽화가 두 번 그려져요? 벽화가 한 번 더 그려진 건 또 어떻게 알았고요?"

"아, 그 환문총은 중국 집안에 있는 고구려 귀족의 무덤이야. 1500년도 더 된 오래된 유적이지. 고구려의 귀족무덤 벽화가 두 번 그려진 게 확인된 첫 번째 유적이야. 주제까지 완전히 달라졌어. 처음 그려진 건 백회로 덮였고 두 번째 그려진 게 환문이야. 환문은 동심원인데, 무덤칸 벽이 온통 동심원으로 채워졌지.

무덤주인이 새로 그려달라고 했는지, 죽은 조상을 위해 후손이 화공에게 새로 그리게 했는지는 아무도 몰라. 두 번째 그림을 그린 화가가 첫 번째 그림도 그렸는지, 아니면 새 작가가 새로 그림을 그렸는지 그것도 모르고.

환문총에 처음 그려진 그림은 생활풍속에 관한 거야. 일상생활의 여러 모습이지. 이런 주제의 그림이 그려진 건 죽은 이나 죽은 이를 보내는 사람들이 무덤에 묻힌 이가 현세와 같은 내세 삶을 누리기를 바란 까닭이야. 이 그림이 백회로 덮였는데, 무덤칸 습도가 너무 높아 이슬이 맺히고 벽이 젖으면서 숨겨졌던 첫 번째 그림이 바깥으로 배어 나온 거야. 춤추는 여인의 모습이 제일 먼저 위로 올라왔지.

고구려 사람이 춤추는 장면은 무용총의 그림이 유명해. 춤 장면은 생활풍속이라는 주제를 이루는 여러 제재 가운데 하나야. 생활풍속을 그린 다른 고분벽화에서처럼 환문총에도 사냥, 행렬, 음식 시중 장면이 그려졌을 거야. 그런 장면이 모조리 백회로 덮인 거지.

환문총 벽화의 두 번째 주제는 장식무늬야. 여러 가지 색으로 칠한 동심원문이 벽을 가득 채우면서 무덤칸의 분위기도 달라졌겠지. 일상생활의 갖가지 장면으로 활기찼던 내세 삶의 공간이 상징적인 장식무늬 덕에 차분해진 거야. 동심원문은 붓다나 보살의 머리 뒤에 그려지던 원광에서 볼 수 있어. 붓다나 보살의 원광은 삶의 진리를 깨달았다는 표시야. 동심원문이 무덤칸 벽에 그려진 것은 죽은 이나 그의 가족, 후손 가운데 누군가가 무덤에 묻힌 이의 새로운 내세로 불교의 정토를 꿈꾸게 되었

연꽃에서 태어나는 정토(장천1호분 벽화, 고구려, 중국 집안) 불교는 생명이 네 가지 방식으로 태어난다고 말한다. 사람은 태생으로 어머니의 몸에서 나지만, 정토의 모든 존재는 연꽃에서 태어나 부모와 자식 사이의 인연에서 자유롭다. 그러나 고구려 장천1호분에 묻힌 부부는 정토에서도 부부의 인연이 이어지기를 간절히 바랐던 까닭에 화가에게 연꽃에서 함께 태어나는 모습을 그려달라고 부탁했다.

기 때문이야.

무덤구조로 보아 환문총은 5세기 중엽 즈음에 지어졌어. 고구려가 동아시아의 강국으로 떵떵거리던 시기에 만들어진 거야. 장수왕이 통치하던 시기지. 불교가 고구려의 국교이던 시대야. 세상이 온통 붓다를 믿으며 복을 구하던 때지.

이 시기에 고구려에서는 연꽃으로 장식된 고분벽화가 유행했어. 연화장세계에서의 새 삶을 꿈꾸던 사람들이 불교사원으로 몰려들던 바로 그때야. 환문총의 주인도 그런 대열에 합류하려고 했는지 몰라. 그런데 의문이 생기는 건 자신의 쉼터를 연꽃이 아닌 동심원문으로 장식하게 했다는 거야. 주인의 아들이나 다른 후손이 동심원문을 선택했는지도 모르지. 동심원문이 연꽃보다 더 의미 있다고 생각했을 수도 있고. 아무튼,

환문총의 동심원문은 풀리지 않는 수수께끼 중의 하나야."[179]

부부의 인연과 정토왕생

"벽화가 두 번 그려진 무덤이 또 있어요?"

"그럼, 있지. 장천1호분이라는 무덤인데, 완전히 주제를 바꾸어 다시 그려진 경우는 아니야."

"어디 있어요?"

"이것도 집안 국내성 지역에 있어. 도시 변두리 언덕배기에 있지. 조사된 지 오래지 않아 벽화가 훼손되었어."

"안타까운 일이네요."

"그래, 안타까운 일이지. 불교에서는 인연으로부터 자유로워지면서 정토왕생이 이루어진다고 말해. 사실 사람의 과거와 현재, 미래를 잇는 강력한 끈이 인연이야. 만남도 인연이고, 함께 사는 것도 인연이지. 핏줄로 얽힌 인연은 인위적으로는 끊을 수 없어. 그래서 부모-자식으로 얽힌 인연을 가장 질긴 인연, 인연 중의 인연이라고 그러지. 자식은 부모와 피와 살을 공유한 분신과도 같은 존재니까. 누가 이 인연에서 벗어날 수 있겠어?

장천1호분 벽화에는 남녀 어린아이가 연꽃에서 태어나는 장면이 그려져 있어. 본래 연꽃에서 태어나면 부모와 자식 사이의 인연이 성립하지 않으니까 인연에서 벗어나지. 정토는 인연에서 자유로운 자가 태어나는 곳이야. 윤회의 수레바퀴에서 벗어난 자가 정토에서 태어나거든. 정토에서 나면 이 세계, 저 세계에 거듭 태어나며 새로운 인연을 맺을 필

선계의 삶을 누리는 부부(중국 후한시대, 유림한화상석박물관) 선계의 사슴을 탄 우인들이 불로초의 일종인 영지(靈芝)가 자라는 뜰 안 정자의 무덤 주인 부부를 향해 오고 있다.

요가 없는 거지. 얽히고설킨 삶에서 해방돼.

연화화생(蓮華化生)은 정토에서 태어나는 상태를 묘사한 거야. 인연에서 완전히 자유로운 자의 모습을 연화화생 장면에서 볼 수 있어. 어머니의 몸이 아니라 연꽃을 자궁으로 삼은 거니까, 온전한 자유를 얻게 되는 거야. 그런데 남녀 두 아이가 연꽃에서 함께 난다면 이건 오히려 인연 중의 인연이 되는 거지. 홀로 나야 하는 연꽃에서 두 아이가 함께 태어난 거니까, 떼려야 뗄 수 없는 인연을 맺게 되는 거야.

고구려 사람들은 결혼할 때 수의도 만들어.[180] 부부의 인연을 소중히 여겨 일생을 함께하자는 약속의 표시인 거지. 죽을 때 입을 옷인 수의를 같이 마련했으니 부부는 정이 더 도타워지는 거야. 고구려 사람들은 무덤을 만들 때도 반드시 부부를 한자리에 두려고 관대를 두 개 마련해. 부부의 인연을 소중히 여기는 관습에서 비롯된 행위라고 봐야겠지.

장천1호분 말고 다른 고분벽화에도 연꽃에서 사람이 태어나는 모습이 그려졌어. 삼실총, 통구12호분, 성총에도 연화화생이 묘사되어 있어. 그러나 이런 고분벽화의 연꽃에서 태어나는 이는 둘이 아니라 하나야.

남녀 둘이 연꽃에서 동시에 머리를 내미는 모습은 장천1호분 벽화에만 그려져 있어.

장천1호분의 널방은 연꽃으로만 장식되었어. 주인부부가 연화장세계에 태어나기를 바라면서 연꽃을 벽화의 주제로 삼은 거야. 처음 이 방의 벽 위쪽에는 연화화생이 그려져 있었어. 그런데 어떤 이유에선지 이 그림들을 백회로 덮고 벽에서처럼 연꽃을 그렸어. 방을 아예 정토로 만들려고 그랬는지, 다른 이유가 있는지 그건 알 수 없어. 여하튼 장천1호분 벽화의 주제는 단순하고 확실해. 정토든 어디든 장천1호분에 묻힌 부부는 함께 살겠다는 거야. 절대 떨어지지 않겠다는 거지."

하늘과 정토는 같을까, 다를까

"아버지, 어머니처럼 짝꿍 중의 짝꿍이었나보네요. 그럼 장천1호분 무덤주인부부는 정말 정토에 갔을까요? 혹시 정토가 어떤 곳인지 잘 몰랐던 것 아네요? 연꽃에서 나더라도 함께 나면 하늘세계 아닌가요?"

"그래, 그럴 수도 있겠네. 그렇다고 하늘세계에 태어나면서 연꽃에서 난다? 하긴 안 될 것도 없지.

불교가 전해진 뒤 삼국시대 사람들에게 하늘과 정토가 구별되었을까? 그렇지 않을 가능성이 커. 사실 불교에서 말하는 정토와 사람들이 일상 속에서 생각하는 하늘세계는 명백히 달라. 정토는 세상에서의 인연이 전혀 의미를 지니지 않는 곳이야. 이 세상의 질서가 통하지 않는 데지. 그렇지만 하늘은 통해. 이 세상과 닿아 있으니까. 전통적인 사고에서 하늘은 땅 위와 비슷하면서 다른 곳이야.

불교에서 하늘세계는 윤회하는 6개의 세계 가운데 하나야. 33개의 층으로 나뉘어 있지. 불교의 하늘세계 가운데 일부는 물질계에 걸쳐 있고, 다른 일부는 그 너머에 있어. 육도윤회의 세계에서도 다른 다섯 세계와는 구별되는 세계라고 할 수 있지.

삼국시대 사람들이 불교에서 말하는 하늘세계와 자신들이 일상적으로 안다고 믿었던 하늘세계를 구별했을까? 삼국시대 사람들은 구별하여 인식하지 않았을 것 같아. '하늘이면 다 하늘이지, 이 하늘이 있고 저 하늘이 있겠는가?' 했겠지. 굳이 나누어 설명하고 이해하려 애쓸 이유가 없거든.

삼국시대 사람들에게 하늘은 전통신앙에서 설정한 저세상과 비슷한 곳이야. 사실 둘은 모호하게 얽혀 있어. 서쪽 끝, 혹은 북쪽 끝을 향해 여행하다보면 땅끝에 이르고 그곳에 조상신의 세계가 있다고 믿었어. 그 세계는 하늘세계의 가장 낮은 곳, 하늘의 끝이기도 해. 그곳에서는 이 세상에서의 지위, 경험, 기억, 관계가 작용해. 이 세상에서 알고 만나던 사람을 그곳에서 만날 수 있지. 죽은 뒤, 반쯤 신이 되어 서로 만나 회포를 풀 수도 있는 거야.

불교신앙을 가지게 된 이후에도 사람들의 하늘에 대한 인식은 그리 달라지지 않았을 수 있어. 새로 알게 된 인왕이나 제석천이 그곳을 다스린다는 관념 정도가 더해졌을까? 정토 역시 하늘세계로 인식되었을 수 있어. 물론 정토는 인왕이나 제석천보다 높은 분이 다스리지. 붓다와 보살의 세계니까. 관세음보살이나 미륵보살 같은 분을 만날 수 있는 곳이고. 그런 점에서 정토는 보통의 하늘세계와는 구별되는 곳이지.

정토에 대한 바른 인식이나 관념은 가지고 있지 않았을 수 있지만, 삼국시대 사람들은 정토왕생을 간절히 바랐어. 오죽하면 연꽃으로만 장식된 고분벽화가 등장하겠니? 고구려 사람들에게 연꽃으로 장식된 무덤 칸은 연화정토로 여겨졌을 거야. 그곳에 누운 이의 혼은 더는 윤회의 세계에서 돌고 도는 게 아니라 정토에서 살 거라고 믿은 거지. 그렇게 믿으며 죽으면 하늘이자 정토인 곳으로 갈 거라 믿고 또 바랐을 것 같아."

죽어서도 신선의 삶을 누릴 수 있을까

내 기억에 고속도로 휴게소에서 향 좋고 맛난 커피를 마주친 적이 거의 없었다. 그래도 아들과 커피를 한 잔씩 뽑아 마시고 운전석에 앉으니 피로가 느껴지지 않았다. 진석은 한잠 잘 기세였다.

"고분벽화에는 신선이 자주 나와. 고구려에는 죽어서 신선이 되려는 사람이 많았던 것 같아."

나는 아들이 기사 조수 역할을 하게 하려고 미끼를 던졌다.

"신선요? 죽어서 무슨 신선이 돼요? 하긴 죽어서 신선이 된 경우가 있다고 말씀하시긴 했죠."

신선 이야기는 흥미로운지 진석이 반문을 했다.

"전에 얘기했지만, 신선은 장생불사의 경지에 이른 사람이야. 그러나 장생불사도 자연상태에서 가능하지, 인위적으로 죽임을 당한다면 신선이라도 어쩌지 못해. 죽는 거지.

흥미로운 건 죽은 줄 알았는데 신선이 된 경우야. '시해선(尸解仙)'이 그거지. 죽은 뒤 장사를 지냈는데, 관을 열어보니 허리끈과 신발만 남아 있어 신선이 된 걸 알았다는 거야. 평범한 사람의 눈에는 죽은 것으로 보였지만 실상은 신선이 된 걸 나중에 알게 된 거지. 죽은 것처럼 보였을 뿐이라는 거야. 그렇다고 누구나 그러는 건 아니고, 어느 정도 수행이 깊어야 가능한 거야. 신라 진평왕 때의 승려 혜숙처럼 말이야. 갑자기 죽어 고개 동쪽에서 장사를 지냈는데, 고개 서쪽에서 오는 혜숙을 마주쳐서 이상하다 싶어 관을 열어보니 짚신 한 짝만 남아 있었다는 거지.[181] 감포에서 말하지 않았던가?

중국의 삼국시대 오나라의 권력자 손책은 신선이라는 소리를 듣고 일부러 우길이라는 선인을 죽였어.[182] 그리고 난 뒤 손책은 온몸이 죽음의 기운에 휩싸여 스물여섯이라는 젊은 나이에 세상을 떠나. 그런데 죽은 줄 알았던 우길은 살아 있어! 사람들 눈에는 육신이 칼날을 맞고 형장의 이슬이 되었지만 그렇게 보였을 뿐인 거야. 거꾸로 우길을 죽인 자가 죽임을 당한 거지.

고분벽화에는 하늘을 날거나 하늘에서 생명책 같은 것에 뭔가를 써넣는 인물이 등장해. 단약을 달이려는 듯 불을 피우는 선인도 보이고, 단약 사발을 두 손에 받쳐 들고 학을 탄 채 하늘을 나는 선인도 있어. 누군가에게 단약을 건네러 가는 거겠지.

신선도 어떤 의미에서는 유한한 존재야. 인간으로 살던 시절의 육신을 그대로 지니고 있으니까. 비록 불사를 누리게 되었어도 육신은 유지해야 하는 거지. 그런 의미에서 진정한 불사는 제 몸에서 벗어나야 가능해. 단약조차 필요 없는 구름 같은 존재가 되어야 하는 거지. 비가 되어 내리고 구름이 되어 흐르는 무산신녀 같은 존재가 진짜 불사의 신선인 거야.[183] 중국의 『신선전』에는 온갖 신선이 등장하지만, 천변만화하는 수준의 신선은 찾기 힘들어. 신선이 된 뒤에도 남는 숙제는 육신을 벗는 것이 아닐까 싶어. 벽화고분에 묻힌 이가 꿈꾸던 신선의 삶이라는 것도 그런 거겠지."

천인화생(개마총 벽화 모사도, 고구려, 국립중앙박물관) 불교적 개념인 화생은 도교에도 수용되었다. 그러나 도교의 화생은 연꽃이 아니라 운기(雲氣)를 모태로 삼아 이루어진다.

고분벽화의 사신은 어떤 존재인가

진석이 잠이 달아났는지 커피 남은 것을 홀짝거리며 물었다.

"아버지, 고구려 고분벽화는 사신으로 유명하다면서요? 그런데, 사신이 벽화의 주인공이 된 이유가 뭐예요? 어떤 이는 음양오행설과 관련이 있다고 하던데요? 음양오행설도 같이 설명해주세요."

"그 음양오행설은 내가 정리해놓은 게 있거든. 이따 집에 가서 거실 컴퓨터를 봐보렴. 바탕화면에 따로 폴더를 만들어뒀어. '고대 사상'이라는 제목의 파일을 보면 돼. 샤머니즘도 같이 있어."

"그래요? 전 아버지 책 원고인 줄 알고 열어보지 않았죠. 그럼, 사신만 먼저."

"사신은 별자리들의 화신이야. 여러 개의 별자리가 하나의 형상을 이룬 거지. 물론 중근동과 유럽의 12궁도와는 다른 별자리야. 서양의 별자리들은 보통 1개가 한 형상인 경우가 많지만, 동아시아의 사신은 해가 지나는 길의 28개 별자리가 7개씩 방위별로 나뉘어 형상화된 거야. 밤하늘에서 잘 보이는 견우성이나 직녀성과 비교해봐도 무게감이 있지. 사신은 본래 동서남북 방위별 수호신이야.

사신은 우주적 신수로 인식되어 죽은 자의 내세를 지키는 존재로 상정되었어. 고구려 후기 고분벽화의 주제이기도 하지. 고구려 후기 벽화고분은 사신만 그려진 사신도 무덤이야. 이 점에서 다른 지역의 벽화고분과 구별되지. 중국의 벽화고분 중에도 사신도 무덤은 없어.

물론 중국에서도 사신은 고분벽화의 주요한 제재이지. 그러나 유일한 주제가 된 사례는 없어. 신선이 동반되거나 다른 장식이 더해지지. 사신이 모두 등장하는 예도 많지 않아. 무덤칸의 네 벽을 나누어 장식하는 사례도 찾아보기 쉽지 않지. 이런 점에서 고구려의 사신도 고분벽화는 특별해. 고유의 구성이라고 할 수 있지.

고구려의 사신도 고분벽화는 사신에 대한 고구려 사람의 개성 있는 해석과 수용의 결과로 이해되고 있어. 유명한 강서대묘와 강서중묘에서는 사신이 무덤칸 네 벽의 온전한 주인공이야. 사신 외의 요소라고 해봤자 주작과 현무 발밑에 묘사된 험한 바위산 정도지. 사신만의 세계가 구현되었다고 할 수 있어.

연꽃 장식 고분벽화가 고구려에서만 발견되듯이 사신으로만 채워진 고분벽화도 고구려에서만 볼 수 있어.[184] 연꽃으로 정토를 나타내듯

사신도(강서대묘 벽화 투시도, 남면에서 북면을 향한 장면, 고구려, 국립중앙박물관) 무덤 안에 그려지는 사신은 사신 형상의 지세를 대신하는 존재다. 하늘 별자리들의 집합이기도 한 사신은 죽은 이를 하늘의 기운 안에서 보호한다.

이 사신으로 하늘세계를 표현했다고 할 수 있지. 벽면에 사신 외의 요소를 배제한 것도 연꽃에서와 마찬가지 관념이 작용했기 때문일 거야. 온전히 하나에 집중하여 그것에 모든 것을 맡기는 태도에서 비롯되었다고 할까? 이런 벽화고분에서 죽은 자는 죽음 이후의 세계로 사신이 지켜주는 내세 공간만 상정하고 있다고 해도 과언이 아니야. 내세 삶의 안전을 사신에게 다 의지하는 거지."

하늘세계 삶도 사신의 보호를 받아야 할까

"그런데, 왜 내세 삶을 사신에게 보호받아야 해요? 무슨 해코지하는 게 있나요?"

"해코지당할 수 있다고 보는 거지. 그렇지 않으면 굳이 사신을 그렇게 크게 벽면 가득 그릴 이유가 없어.

죽은 자는 어디에서 새 삶을 꾸릴까? 하늘? 땅끝? 아니면 땅속? 청룡, 백호, 주작, 현무는 우주적 방위신이야. 별의 화신이니 사신은 본래 하늘에 있는 존재지. 죽은 자는 하늘로 올라가 이 사신의 보호를 받으려 하는 거야. 한편 이런 신수로부터 보호받는 이가 평범한 사람일 수는 없지. 죽어서 신이 되는 자 아니겠어? 사신에게 보호받는 사람이 누운 자리는 황룡의 자리야. 황룡은 우주의 중심에 있어. 황룡의 자리에 누운 자는 황룡과 같은 존재인 거야.

죽은 자가 왜 새 삶터에서 사신의 보호를 받아야 하겠어? 우주의 중심은 그 자체로 보호받는 세계일 텐데? 누가 감히 우주의 중심을 넘볼 수 있겠어? 우주의 한가운데를 침범하려는 자가 정말 있을까?

중국 한나라 때 성립한 천인감응설에 따르면 '지성이면 감천'이야. 사람이 정성을 기울이면 하늘과 땅이 감동하여 소원을 이루어줘. 그런데 음양의 기운을 간직한 하늘과 땅은 또 서로 감응하지. 땅의 일은 하늘로부터 영향을 받고, 하늘의 일은 땅에서도 이루어져.

풍수지리설에 입각하여 신중하게 생각한 끝에 무덤자리를 정하는 것은 죽은 자의 삶이 산 자의 세계에 영향을 미친다고 보기 때문이야. 묏자리가 좋으면 죽은 자의 내세 삶도 편안하고 후손인 산 자의 세계에도 복이 더하여져 '왕후장상'에 이를 수 있다는 거지. 하늘과 땅이 서로 응답한다는 거야.

중국의 한~위진 시기에는 상지술(相地術) 때문에 무덤 자리를 둘러싼 갈등과 충돌이 자주 일어나. 풍수지리설에 입각한 사신지세, 사세(四勢)를 찾지 못하면 어떻게 해야 할까? 무덤칸에 사신을 그려 넣어 같은 효과를 일으켜 누리는 거야. 처음부터 사신이 지키는 무덤을 만드는 거지. 사신도 고분벽화가 유행하는 것도 이 때문이라고 할 수 있어. 물론 중국에서는 사신을 배치하는 방식도 다르고 사신에 동반시키는 존재도 늘 있지만 말이야.

고대에는, 심지어 중세에도 그림은 주술적 효과를 일으킨다는 믿음이 강했어. 그러니 우주적 방위신인 사신을 그린 그림이 주술적 효과를 일으키리라는 믿음은 당연히 존재했지. 만일 사신의 보호를 받지 못해 무덤에 누운 죽은 자가 편치 않고, 이로 말미암아 후손의 삶도 어려움을 겪는다면 어찌할 거야? 반대로 사신의 보호를 받아 무덤에 누운 이가 하늘세계의 삶이 편하고 이 때문에 후손의 현재와 미래가 긍정적으로 바뀐다면, 부와 복을 누리고 장수하게 된다면? 너도나도 다투어 화가에게 가서 무덤 안에 사신도를 그려달라고 하지 않겠니?"

새로운 내세를 꿈꿀 수 있을까

"듣고 보니 그러네요. 지금도 어떤 사람들은 명당자리를 놓고 싸운다잖아요? 동아시아에선 사신지세가 참 중요했네요. 그런데, 굳이 명당자리로 복을 받아야 하는지 모르겠어요. 내세도 중요하지만, 현재에 충실한 게 더 의미 있는 것 아닌가요?"

"사람마다 다르지. 내일을 꿈꾸며 오늘을 견디는 사람이 있고, 오늘의 행복을 내일의 꿈과 바꾸지 않겠다는 사람이 있잖아. 고분벽화로 그려진 내세의 모습이 시대에 따라 바뀌듯이 말이야.

고구려 사람들의 전통적인 내세관은 저세상에서도 이 세상의 신분과 지위가 유지된다는 계세적(繼世的) 내세관이었어. 저세상의 질서도 이 세상과 다름이 없다는 거지. 백제와 신라 사람들도 고구려 사람들과 생각이 같았던 것 같아. 결국, 이 세상에서 어떤 지위에 이르느냐가 중요했지. 이 세상에서 그가 어떤 상태였느냐가 저세상 삶에서도 중요한 의미를 지니니까 말이야.

계세적 내세관을 지닌 사람의 내세 삶은 현세에서의 경험과 지위가 출발점이야. 그런데 고분벽화에는 주인공의 현세 경험을 과장한 듯한 장면이 자주 나와. 장군 정도의 벼슬을 지냈는데, 그림으로 그려진 건 제후의 그것과 같다든가. 내세에는 현재보다 높은 직급의 삶을 누리겠다는 의지가 벽화로 표현된 거지. 실제 그렇게 될지는 문제가 아니야. 그렇게 되리라는 확신이 그림에 담겨 있다고 봐야지.

그렇다고 죽은 자가 내세 삶에서 터무니없이 높은 직급이나 지위를 꿈꾸는 건 아닌 것 같아. 어차피 출발은 현실의 삶이니까 말이야. 만일 현실과 내세 사이에 지나친 격차가 있다면 이루어지지 않을 꿈을 꾸는 거나 마찬가지여서이기도 해. 아무래도 현실을 최대한 높이 끌어올리는 것이 먼저가 아니겠어? 죽기 전에 현실에서 부와 권력을 최대한 쟁취할 필요가 있는 거지. 게다가 터무니없이 내세 삶을 높이는 건 현실에 대한 부정으로 비칠 수도 있고. 지켜야 할 경계가 있는데, 그 선을 무시하고 넘다가는 신분제 아래서 용납되지 못할 수도 있지.

불교는 내세 삶이 열려 있음을 강조해. 현세에 많은 선업을 쌓기를 권

유주자사 진의 묘지명(덕흥리벽화분, 고구려, 북한 남포) 묘지명은 무덤주인이 석가모니불의 제자임을 선언하면서도 정토왕생에 대한 소망은 말하지 않고, 주공과 공자, 무왕이 정한 좋은 날과 때에 장례를 지냈으니 후손이 잘되고 후세까지 무덤을 찾는 이도 끊이지 않으리라는 희망을 말한다. 이 경우, 주인공이 꿈꾸는 내세 삶의 공간이나 성격은 모호한 상태로 남아 있다고 보아야 할 것이다.

하지. 불교사원에 시주하거나 이웃에게 선행을 베푸는 게 선업이라고 선언하거든. 석가모니 붓다의 전생담(轉生談)은 이웃을 위한 희생이 주제야. 이걸 그림으로 그려 보여주는 것도 선업의 필요성과 효과를 강조하기 위해서지. 내세에 인간계나 천계로 전생하려면, 아니 아예 정토에 왕생하려면 높은 수준의 선행을 쌓아나가야 한다는 거야.

불교에서 말하는 내세는 지위와 신분이 승계되는 곳이 아니야. 부와 권력은 손에 잡고 있어서는 의미가 없고, 나눠줘야 한다는 거야. 쟁취하여 손에 쥐어야 할 것은 지위와 권세가 아니라 '희생적 선행'인 거지. 불교를 믿으면 세상에서 할 일의 성격이 달라져. 현세 삶의 초점이 달라지는 거야."

새 삶터는 어디인가

"삼국시대 사람이 불교신앙을 가지게 될 때는 좀 헷갈렸겠어요. 죽은 뒤에 어디로 가야 하나? 조상신 세계로 갈지, 신선이 산다는 선계로 갈지, 정토라는 데로 갈지, 좀 갈팡질팡했을 것 같은데요?"

"그런 면도 있지. 내가 그 시대에 살았어도 갈피를 못 잡았을 것 같은데? 이런저런 생각을 많이 했을 것 같아. 예를 들면 이런 거지."

내가 이 세상 삶을 마친 뒤 갈 곳은 어디일까? 조상신이 계신 곳인가, 아니면 신선이 산다는 선계일까? 선한 일을 많이 하면 간다는 불교의 하늘세계일까? 하늘세계보다 좋은 곳이 정토라는데, 혹 그런 곳일까?

나는 저세상 삶에 대해 많은 생각을 했다. 죽으면 당연히 저 먼 곳 어딘가 있다는 조상신의 세계로 간다는 말을 철석같이 믿었어. 사실 내 주위의 다른 사람들도 비슷한 생각을 했을 거야. 온 곳이 그곳이면 가는 곳도 그곳 아니겠어? 그 세계에서 누구는 오래 머물고 누구는 오래지 않아 이 세상에 돌아온다고 했지. 세상 어떤 곳이든 아기로 다시 태어나 새 삶을 시작한다고 했어. 나도 그럴 것으로 생각했지. 물론 저세상에서 사는 모습이 이 세상과 다르지 않다면 똑같은 삶이 반복되는 것 아닌가? 그건 좀 그렇다는 생각이 들기는 했어.

젊은 시절, 나라에 새 바람이 불더니 너도나도 서역 먼 곳에서 온 붓다의 가르침 아래 들어가겠다고 법석을 떨었지. 머리를 아기처럼, 아니 죄수처럼 밀어버린 사람들이 이곳 국내성에 왔어. 저들은 서역에서 왔다고 했지. 저들이 말하기를 사람은 죽으면 조상신의 세계로 돌아가는 것이 아니라 여러 세계 가운데 하나에 다시 태어나 고통스럽게 살기도 하고, 즐겁게 살기도 한다는 거야. 소나 돼지로 날 수도 있고, 사람이나 하늘의 신선으로 날 수도 있다면서. 아귀로 나기도 하고 지렁이 같은 미물 중의 미물로 날 수도 있다고도 했지. 아귀는 뭐고, 신선은 또 뭔가? 우리는 그런 말이 헷갈리기도 하고 무섭기도 했어.

이들 중의 어떤 이는 말하기를 정토라는 세상에 나면 더는 나지도 죽지도 않는다고 했어. 여기저기 끌려다닐 것 없이 영원한 자유를 누릴 수 있다고도 했지. 이들의 이야기는 두서가 없었고, 이 사람이 말하는 것과 저 사람이 말하는 것이 달랐어. 그런데 이들은 연꽃을 중시했지. 무슨 깨달음의 상징이라면서. 그러자 사람들이 저들을 흉내 내 연꽃 모양으로 등을 만들어 들고 다니는 일도 있었어.

이 나라 대왕의 명도 있고 세상 분위기도 그러한지라 나도 결국 저들이 머문다는 절에 갔지. 옛날 관청 자리를 나라에서 절로 만들어 저들이 있게 했다는 그곳 말이야. 저들이 다시 잘 정리하여 말하기를 하늘은 천왕이 다스리는 곳이요, 정토는 붓다와 보살들이 다스리는 세계라고 했어. 하늘이 아니라 정토에 나면 다시 태어날 필요가 없다고 했지.

이후로 나는 열심히 절에 다니지만, 여전히 헷갈려. 그럼 조상신의 세계는 어디로 갔나? 원래 없던 곳이 아니라면 어딘가 있을 것 아닌가? 혹 내가 하늘에 나면 나라도 없어지고 나이도 의미 없어지는가? 아기로 나는가, 어른으로 나는가? 이것저것 묻고 답을 들어야 할 것이 많다. 그러나 누가 이런 물음에 답을 줄까?

내가 고분벽화를 그리는 화가라면 무엇을 그릴까

"하하, 정말 그래요. 제가 만일 고분벽화를 그리는 화가라도 그 시대에는 헷갈렸을 것 같아요. 그리던 걸 계속 그리기도 그렇고, 주제며 내용을 바꾸기도 쉽지 않고요. 고민이 많았을 것 같아요. 이런 식이었을지 모르죠."

아버지에게서 배운 대로 그린 지도 벌써 이십 년이 다 되어간다. 아버지가 남겨준 밑그림들을 바탕으로 부분적으로만 조금씩 바꾸어 그림을 그린다. 아버지의 밑그림은 할아버지에게서 내려왔다. 할아버지의 밑그림은 누군가에게서 받은 오래된 것을 할아버지가 다시 그린 것이라고 한다. 그러니 본래의 밑그림은 아주 오래된 것이다.

내가 받은 밑그림도 벌써 오래되어 낡고 너덜거린다. 이것을 아들에게 그대로 물려주어야 할까? 아직 확신이 서지 않는다. 아들도 이 그림을 그릴 수야 있겠지만 정말 옛 그림 그대로 그릴지는 알 수 없다. 본인이 정말 그러기를 원하는지도 묻고 싶다. 어떨까? 물어볼까?

세상이 달라졌고 나도 달라졌다. 아들이 열심히 그리기 시작할 때는 얼마나 달라질까? 내가 아버지에게서 물려받은 이 밑그림은 세상의 삶을 그린 것이다. 우리네 삶의 이모저모가 이 밑그림에 다 담겨 있다. 물론 주로 귀족 대가의 일상을 그린 것이다. 커다란 기와집을 삶 틀로 삼아 그려졌다. 뼈대 있는 큰 가문 사람들의 삶을 재현한 것이라서 제법 번듯하다.

할아버지 때부터 조금씩 달라지기는 했으나 우리가 그리는 그림은 주로 옷가지에 곁들인 장식무늬나 집의 기둥을 장식하는 정도다. 장면은 거의 그대로다. 사냥이나 무용, 상차림, 놀이 같은 것들이고 각각의 규모에 변화가 있을 뿐이다. 그림 속 주인의 행차 장면에 우리 같은 사람이 뒤따라간다.

요즘은 붓다를 믿는 이들이 많아졌다. 집집이 연꽃 등을 만들어 처마 밑에 걸어놓기도 하고 들고 다니기도 한다. 그러면 복이 온다는 것이다. 주로 붓다가 났다는 날 어간에 일어나는 일이다. 그런 날 절은 안팎을 드나드는 사람들로

미어터진다. 그곳에 가면 서역 사람에게 배운 대로 머리를 깎은 민머리들이 포대기 같은 옷을 걸치고 종도 치고 북도 울린다. 절집 안에 들어앉아 목탁이라는 것을 두드리며 경전을 외기도 한다. 저들이 믿는다는 붓다를 나는 아직 잘 알지 못한다. 그러나 이미 우리네 삶 한편에 붙어 앉았으니 모른척하기도 어렵다. 어떤 이는 무덤 안에 연꽃을 그려달라는 주문도 한다니, 나도 그런 주문을 받으면 어쩔지 모르겠다.

"하하, 그래. 그럴 수도 있겠네. 그나저나 서울까지 이럴까? 아예 도로가 주차장 비슷해지는데, 언제 풀릴지 내비게이션에는 내내 빨간 선으로만 나타나네."

"허리는 안 아프세요? 어디 잠깐 갓길에 세우고 교대할까요?"

진석이 제법 어른스레 말하며 아버지를 걱정했다.

"괜찮다. 이런 걸 한두 번 겪는 것도 아니고, 아마 곤지암 정도 가면 풀릴 거야. 그런데 너 배고프지 않냐? 휴게소 들러봤자 차 댈 자리도 없을 텐데. 아버지는 슬슬 배가 고파진다!"

"저도 그래요. 조금만 더 참지요, 뭐. 집에 들어가면 얼큰하게 육개장 라면이나 끓여 먹을까요?"

"그러자."

제16장

고대의 사상과
종교의 본질을
상상하며

일출(강릉 경포)과 설산(중국 천산) 자연 속 장대한 풍경이나 특정한 현상과 마주치면서 품게 되는 경외감과 신비감도 사상이나 신앙의 첫걸음을 내딛게 하는 요인 가운데 하나라고 할 수 있다.

하루를 쉬어도 집에서 쉬어야 피로가 풀린다더니, 주말 저녁 늦게 집에 들어왔는데도 아침에 일어나니 몸이 거뜬하다. 아들 진석도 웬일로 해가 중천에 오르기 전에 깼다. 경주산 보리빵과 커피로 간단히 아침식사를 마치고 부자가 나란히 산책길에 나섰다.

"뭐 좀 알겠니? 감이 좀 와?"

"글쎄요. 오히려 의문이 더 많아진 것 같기도 하고, 잘 모르겠어요."

"목걸이를 꿰진 못하더라도 뭘 꿰어야 하는지 정도는 알 것 같지 않니?"

"뭐, 큰 그림으로는 대략 나눌 수 있을 것 같기도 해요. 무지개 색 나누는 정도? 아무튼 박물관이든 산이든 거기에 있는 것 하나하나 건성으로 지나칠 건 아니라는 생각은 들어요. 사상이 뭔지, 이념이 뭔지, 종교는 뭔지 깊이 묻고 답해봐야 할 것 같아요. 아버지가 한번 더 큰 덩어리로 나눠 설명해주시면 더 좋고요."

사상은 어떻게 만들어지고 전파되나

"그래. 정리하자면 사상은 자신에게 뭔가를 묻고 답하려고 애쓰면서 시작된다고도 할 수 있어. 이건 확실하지. 신념은 개인적이지만 사상은 집단적이야. 이념은 사회라는 범주를 넘어설 수 있다는 게 특징이고. 신앙도 본래는 극히 개인적인 것이지만, 제도화·사회화 과정을 거치면 종교가 돼. 종교는 개인을 떠난 다수의 신앙인 거지. 집단적이고 사회적인 현상이야.

신념이 확대되어 사상이 되는 길을 걷게 되면 스스로 운동성을 지니게 돼. 이 경우, 개인은 사상에 종속된다고 할 수 있어. 사상에 동의하는 개인들이 집단을 이루고, 이 집단이 사상의 운동성에 동력을 부여하게 되는 거야. 사상이 바퀴 달린 마차처럼 굴러가기 시작하는 거지.

신념이 신앙이 되고, 사상이 종교가 되는 것은 논리적인 설득력 너머에서 일어나. 설득하기보다 믿게 만들려고 애쓸 때 신앙이 성립되고, 결국 종교의 터가 마련되거든. 신앙과 종교로 차원이 달라지면 개인이든 집단이든 강요에 가까운 수준으로 주변에 동조하기를 요구하게 돼. 안으로 다지고 바깥으로 확장하려 하지. 외연을 넓히고 핵이 단단해지게 하려고 애써. 조직은 더 정교해지고 결속력은 말할 수 없을 정도로 강화돼. 이렇게 되면 자유로운 이탈이나 가입이 어려워져. 유연성은 떨어지고 경직성이 높아지는 거야. 결국 교조화의 길을 걷는 거지.

신앙과 달리 사상이 성립되고 전파되는 과정에는 강제력이 작용하지 않아. 자유로운 선택과 동조를 바탕으로 확장의 길을 걷지. 사회적 정착 과정도 비교적 자유로워. 그러나 사상의 내면화 과정이나 결과는 주의 깊게 살펴볼 필요가 있어. 사상이 수용되고 내면화되면 신앙과 경계를 나누기 어려워지는 경우가 많거든. 신념의 신앙화, 사상의 종교화는 부지불식간에 진행되는 경향이 있어. 내면화라는 게 때론 논리나 이성적 판단 너머로 나아가는 걸 의미하기도 하니까. 내면화에 신비주의적 체험이 개입하면 신념은 신앙이 되고 사상은 종교가 되는 거야.

관념이나 논리는 유연성을 띨 수 있어. 그러나 신앙은 강제력을 지니지. 특정한 관념이나 존재에 몰두하게 만들고 그것에 매몰되게 강제하는 경향이 있어. 자유롭고 유연한 사고와 태도를 그대로 유지하기 어렵게 만들지. 인간 자신이 단순하지 않고 가변적인 여러 요소로 조합되어 있기 때문이라고 해야 할까? 마음은 다차원적이야. 많은 것을 수용하여 논리 너머로 나아가게 하는 것도 마음이야."

진석이 흥미롭다는 듯 눈을 크게 떴다.

"아버지, 듣고 보니 신앙과 사상 사이가 그리 먼 것도 아니고 그렇다고 아주 가까운 것도 아니네요. 어떻게 보면 내면화 과정에서 갈래가 달라지는 면도 있고요. 내면화 과정에 신비적 체험이 있느냐 없느냐가 갈림길의 이정표가 되는 건가요? 사실 신비라는 건 설명하거나 이해하지 못하는 현상을 가리키는 말이잖아요? 세균이나 박테리아가 원인인 걸 알면 전염병 같은 것도 더는 신의 심판이 아닌 것처럼 말예요. 이전에는 신비였는데 지금은 아닌 것도 있지 않나요?"

신비는 단순 한 현상인가, 초월적 힘의 표현인가

"그래, 네 말대로 신비는 나타난 현상을 이해할 수도, 설명할 수도 없을 때 쓰는 말이야. 신비는 특별한 힘의 표현이기도 해. 누가 그것을 가능하게 하는지, 무엇이 그렇게 했는지는 몰라도, 이미 일어났거나 누군가가 겪은 사건의 경험담으로 우리 앞에 오지. 신비는 어디에나 있고 언제라도 일어나.

신비는 겪고 놀라며 사실임을 믿을 때 힘을 발휘해. 매우 경험적이지. 그런 까닭에 제삼자에게는 이야기에 불과해. 스스로 겪기 전까지 신비는 가능성 이상이 될 수 없으니까. 겪지 않은 신비는 정보이자 지식이야. 분석의 대상일 뿐이지. 전달하는 자에게도 신비는 흥미로운 이야깃거리에 불과하거든.

이해하고 설명할 수 있을 때, 신비는 현상이 돼. 객관적 지식이자 정보로 받아들여져. 번개는 무엇인가? 왜 구름이 비가 되는가? 바람은 무엇이고 빛은 무엇인가? 이런 주제는 과거에는 신비였고 지금은 자연적 현상으로 설명이 가능한 것이지.

지식과 정보는 현재까지를 설명해. 과거의 일부에 대해서도 말하지. 아직까지는 태양이 너무 강하게 불꽃을 내쏘지 않는다는 식이야. 만일 태양의 불꽃이 지금까지의 경계를 넘어서면 지구는 불탄다고 말하는 데서 그치지. 불꽃이 더 심해지지 않게 하는 힘이 있는지, 그것이 작동하기 때문에 불꽃이 경계를 넘지 않는지는 설명하지 못해. 현상을 이해하고 그것을 논리적 지식으로 정리해 전달할 뿐이야.

그러나 신비는 모든 가능성을 열어놓지. 어떤 일도 가능하며 어떤 일도 일어날 수 있음을 믿게 하는 거야. 신비는 논리의 확장이라고 할 수 있어. 차원을 달리하는 논리이기도 하지. 신비는 인식의 한계를 넘어선단다. 일종의 '점프'라고 할까? 차원이 무한정 확장될 수 있을 때는 신비도 논리적인 현상이야. 인식의 범위 안에 있다고 할 수 있어.

2차원에서는 3차원이 신비고, 3차원에서는 4차원이 신비야. 차원 간 현상이 신비인 셈이지. 신비는 지식의 경계를 알게 해. 경험 영역의 한계를 알게 하지. 신비는 마음의 차원이기도 해. 마음이 열리면 보고, 듣고, 느낄 수 있어. 그런 점에서 신비는 오감 너머에, 그리고 경계와 그 너머에 있다고 할 수 있어. 결국, 마음의 눈으로 보아야 하는 게 신비야. 신비는 미지의 세계로 들어가는 문이자 열쇠라고도 할 수 있어. 신비는 그 자체로 차원 너머를 직감하게 하지. 신비는 말 그대로 '문 너머'야."

나는 말을 마치면서도 저 자신에게 묻는다. 내가 겪은 신비는 뭐지? 나도 신비를 겪었던가? 아들 진석이 아비가 목마르지 않을까 염려되는지 얼른 생수 한 잔을 건넨다.

"아버지, 한 가지만 더요. 신비를 마음의 눈으로 보아야 한다면 신도 그런가요? 신비는 보통 신앙과 관련이 있잖아요? 신이 눈에 보이는 건 아니지만, 있다고 믿고 대화를 시도하는 사람들이 있고요. 그러다가 신비 체험을 하고 믿음이 더 깊어졌다는 사람도 생기잖아요."

보이는 것으로 보이지 않는 것을 알 수 있나

"그래. 신상이나 신전은 보고 만지고 느낄 수 있지. 보이지 않는 신을 모시는 곳이 신전이고, 신비 체험에다 상상력을 더해 신의 모습을 나무나 돌, 쇠로 만든 것이 신상이야. 그렇다고 신상을 모신 신전에서 누구나 신을 만날 수 있는 건 아니야. 신전의 사제에게 신을 볼 수 있느냐고 물으면 어떤 대답이 돌아올까? 그가 정직한 사제라면 모호하게 답하겠지. 그러면서도 "신은 계신다"라고 할 거야. 종교와 관련된 건물은 신이 있음을 전제로 하고 지어지니까 말이야. 사제들은 신이 있다고 믿고 그 자

리에 있는 사람들이야. 자신이 신이 있음을 확인시켜주는 사람이라고
생각하지.

보이는 것으로 보이지 않는 것을 증명하려는 경우는 많아. 상상의 동
물들은 그려지고 만들어지면서 존재하는 것처럼 가정돼. 그러다가 어느
순간 이런 동물들이 있다고 믿어지는 거야. 용(龍)이며 드래건(Dragon)
으로 불리는 상상의 동물이 대표적인 사례지. 이들 역시 결국 신앙의 대
상이 돼.

믿는 자에게 믿음의 대상은 실재해. 보이지 않지만 있다고 믿지. 미스
터리를 풀려는 사람들에게는 미스터리가 실재하는 것처럼 말이야. 나무
가 흔들리면 바람이 분다는 걸 알 수 있잖아? 풍랑이 일려면 바람이 불
어야 해. 물이 얼면 공기가 차가워진 것이고, 물이 따뜻하면 기온이 올라
간 거야. 누가 울면 그에게는 슬픈 일이 있는 거고, 그가 웃으면 재미있
거나 기쁘기 때문이지. 그런 걸로 미루어보면 보이는 것과 보이지 않는
것은 늘 함께 있어.

시간이 흘러가기 이전의 사건은 기록이나 영상을 통해 알 수 있지. 혹
보이지 않더라도 기록이 있다면 사건이 일어났음을 알 수 있어. 사람들
사이의 관계도 서로를 어떻게 대하는지를 보면 알 수 있잖아. 관계라는
것은 보이지 않으면서도 보이는 거지.

에너지 역시 보이지 않아도 있는 거잖아. 그런 점에서는 보이는 것이
기도 해. 에너지도 보이는 것과 보이지 않는 것의 경계에 있다고 할 수
있어. 그럼, 신도 그럴까? 믿음으로 존재를 확인할 수 있을까? 사제가 있
고 신전이 있다고 해서 보이지 않아도 있다고 할 수 있을까?

개별적인 것과 집단적인 것은 달라. 종교적인 측면에서는 집단의 힘
으로 개인의 체험을 넘어선 결단과 고백을 끌어내려는 경우가 많다는

폐허로 남은 실크로드의 토성(우즈베키스탄 테식칼라) 광대한 초원에도 길은 있다. 초원에 만들어진 길에는 일정한 거리마다 길목이 있고, 그런 곳에는 어김없이 작은 성이나 객잔이 선다. 길을 오가는 이들은 이런 곳에서 만나 물자를 교환하고 소식을 주고받는다. 이런 길목 성이나 객잔은 종교나 이념, 사상이나 철학이 만나고 섞이는 자리이기도 하다.

게 문제인 것 같아. 집단이 개인을 압박하는 힘은 정당성과 정체성을 스스로 무너뜨리며 발휘될 수도 있어. 그러면서 보이는 힘으로 보이지 않는 세계를 불신하게 만드는 거야. 결국, 특정한 종교 공동체나 사회, 집단의 이념적 발판을 해체하는 결과를 불러오게 돼. 조선의 주자성리학자들이 양명학자들을 박해하거나 제거해 오히려 그들 스스로가 사회를 개혁하고 이끌어나갈 능력을 지니고 있지 못하다는 사실을 확인시킨 거나 비슷해. 유럽 중세 말, 근대 초의 마녀사냥 역시 결과적으로는 중세 교회의 사회적 지도력이 바닥에 이르렀음을 보여준 거야. 근대의 문을 열어준 셈이지."185

"정통과 비정통, 이단 논쟁, 종파 분리 같은 것도 그런 과정에서 생기는 거 아녜요? 억지로 신앙 고백이나 고해성사를 요구하고, 다른 의견이나 체험은 집단의 힘으로 눌러버린다든가, 종교 지도자들이 정치권력을 가진 사람들처럼 행동하면서 갈등이나 충돌이 일어나잖아요. 물론 그럴 땐 작은 무리나 개인이 피해를 보죠. 옳고 그르고도 없는 것 같아요."

진석이 조금은 흥분한 투로 말에 꼬리를 붙였다. '어디서 종교 분쟁이나 갈등에 관한 이야기들을 좀 들었나보다.' 이런 생각을 하며 나는 이제 좀 쉬고 싶어졌지만, 그래도 그냥 마무리 짓기는 좀 그래서 생수를 한 모금 더 마시고 입술을 축인 뒤 말을 이었다.

사상과 이념, 종교와 신앙의 분파는 왜 생겨나나

"사실은 그래. 종교적 갈등이나 충돌은 특정한 신앙적 가르침을 서로 다르게 이해하거나 해석하는 데서 출발하지. 이견이 집단화되면 분파를 이루게 돼. 특정한 논리를 해석하고 실천하는 방식을 서로 다르게 제시하는 두 그룹이 있다면, 한 그룹은 분파가 되는 거야. 이미 어느 정도 공감을 이루는 해석과 다른 이해방식을 제시한 그룹이 분파 그룹이지. 이 분파가 규모를 갖추고 운동력도 확보하면서 새로운 세대로 계승되면 새로운 갈래가 되어 터를 잡는 거야. 만일 그렇지 못하면 소멸의 길을 걷게 되는 거지.

사실 분파는 발생하기 쉬워. 교리를 해석하고 실천하는 방식에서 자꾸 이견이 생기니까. 이견은 늘 이해관계를 깔고 있어. 집단이나 세력, 계층, 국가의 서로 다른 이해관계가 그 바탕에 있지. 분파 이견의 근거가 된 해석의 관점이나 논리를 정리하는 건 그다음 문제야. 그런 건 수단에 불과해지는 경우가 많거든.

논리는 여러 가지 방식으로 재정리될 수 있어. 개념을 이루는 기본적인 단어의 해석이나 규정을 새롭게 해서 새로운 논리를 제시하는 것도 가능하지. 특정한 개념이나 관념이 더 폭넓게 해석되느냐, 오히려 좁게 해석되느냐가 문제야.

규모와 세력이 지속해서 확장되고 강화되면 새로운 분파가 기존의 본류를 흡수할 수도 있어. 하지만 분파는 보통 새로운 중심이 되는 길을 택해. 재해석, 재규정으로 출발했어도 신개념, 새로운 관념으로 정의하면서 또 하나의 본류가 되려고 애쓰지.

브라만교에서 나온 불교는 초기에는 분파처럼 보였어. 그러나 결국 새로운 본류라고 선언한 경우야. 종교로서 동력을 잃은 브라만교는 힌두교로 변신했지. 유대교에서 나온 기독교도 분파가 아닌 새로운 본류가 되었어. 가톨릭을 개혁하려고 시작한 개신교도 그런 경우라고 할 수 있지. 물론 기독교라는 큰 틀 안의 종파에 가깝다고 이해되기도 해. 유대교를 모태로 삼은 이슬람교도 새로운 본류가 된 경우야.

유가에서 시작된 유교는 핵심적인 개념을 새로 제시하면서 주자성리학, 양명학 등으로 변화해. 하지만 다른 갈래의 분파를 만들어내지는 않았어. 법가는 유가를 모태로 하면서도 독립된 학파로 정립되려 노력했지. 도교도 도가를 기반으로 여러 갈래의 신앙을 통합해 출현한 종교야. 도교의 분파들은 큰 틀 안에서는 병존한다고 할 수 있어.

종교라도 학문적인 검토와 연구의 대상이 되었을 땐 학파라고 해. 조선의 서학은 기독교 및 서구 문명을 뭉뚱그린 개념이야. 동학은 서학에 대비되는 개념으로 동방 고유의 종교와 신앙, 사상과 학문의 집합체를 가리켜. 이런 사례에는 분파라는 개념을 적용하기 어렵지."

버려진 불교사원(캄보디아 앙코르와트) 사람들은 한때 거대했던 이 인공 관개도시와 사원들을 떠났다. 그러나 수백 년 뒤에는 이미 밀림의 일부가 된 지 오래인 사원 몇 곳의 구석진 곳에 불이 밝혀지기 시작했다. 힌두교나 불교의 승려들에게 앙코르와트는 여전히 깨달음을 향한 길목으로 의미를 지닌 곳이었다.

　"분파 이야기로 가니까 좀 어려워지네요. 서양에서는 기독교의 신교와 구교 사이에 종교전쟁이 있었잖아요? 그런데 문득 교리 차이가 얼마나 크기에 전쟁을 벌일까 하는 생각도 들더라고요. 뭐, 십자군 전쟁이나 그 이전 무슬림의 정복전쟁도 서로 다른 종교집단 사이의 전쟁이기는 하죠. 그러고 보니 이념이나 종교가 전쟁의 근거로 제시되는 경우가 자주 있네요."

　아들 진석이 반은 나름의 의견을 덧붙여 종교 갈등과 충돌의 역사를 짚어본다. 내가 잠시 말을 그친 채 머릿속으로 '종교가 민족이나 사회에 끼치는 영향은 어느 정도일까'를 묻고 답해본다.

사회구조와 사상, 종교, 신앙

"이렇게 질문해보자. 과연 사상이나 종교가 민족성 및 사회구조를 변화시키는가? 이런 질문에 답하기는 쉽지 않아. 전제조건이 붙잖아. 예를 들면 '민족성을 규정할 수 있는가?' 같은 질문 말이야. 사회구조는 이야기하기 쉽지만, 민족성은 그렇지 않잖아? 자칫 인종주의로 흐를 수도 있으니까 가부를 말하기도 쉽지 않지. 그렇지만 민족성을 논의할 수 없는 것도 아니야. 어느 정도 공유되는 이미지 같은 게 있기는 하니까 말이야.

유럽의 라틴계는 쾌활하고 게르만계는 차분하다는 게 일반적인 평가야. 정서에 호소할 수 있는 사람과 논리에 붙잡힌 사람이 구별되는 거나 비슷하지. 법과 규율에 익숙하며 조용한 환경에 잘 적응하는 사람이 있는가 하면 규율을 자의적으로 해석하고, 떠들썩하게 사귀며 어울리기를 잘하는 사람이 있어. 누군가 게르만계는 쾌활, 명랑하고 라틴계는 조용, 차분하다고 평한다면 '이상하다? 그렇지 않은데?' 하며 고개를 갸우뚱거릴 거야. 민족에 따라 특성이 다르게 나타난다는 평가도 어느 정도는 가능하다는 생각이 들어.

몽골인이나 티베트인은 용맹하고 호전적이라는 평가를 받았어. 이 사람들이 라마교를 받아들인 뒤에는 불교의 계율을 잘 지켜 이웃을 돕고 이웃과 평화롭게 지내는 순한 양같이 되었다고 해. 고원 유목이든 초원 유목이든 유목은 척박한 환경에서 이루어져. 당연히 이런 데 사는 사람들은 공동체의 규율을 잘 지키고 서로 돕지. 갈등과 충돌을 미리미리 예방하면서 가축을 잘 돌보는 데 몸과 마음을 모으게 돼. 그러나 목초지가 부족해지고 인구가 늘어 인구에 대한 압박이 커지면 이웃의 영역을 넘볼 수밖에 없어. 자연스러운 현상이야. 결국 씨족 사이에 충돌이 일어나고 이것이 전쟁으로 번지는 거야.

그렇다면 라마불교가 티베트와 몽골 사람을 바꾸었을까? 그렇기도 하고 아니기도 하다고 해야 할 것 같아. 원래 유지되던 덕목이 종교를 매개로 선택의 여지가 없는 유일한 덕목이 되었다고 해야겠지. 많은 경우, 아니 어쩌면 대부분의 종교전쟁에서 종교는 명목이야. 바탕엔 토지와 부에 대한 욕구가 깔려 있지. 계층이나 계급, 민족과 사회 사이의 갈등도 있고.

민족성이나 사회구조, 환경은 서로 얽혀 있어. 거기에 종교와 신앙까지 더해지면 어떤 현상이나 경향을 읽어내는 게 간단하지가 않아. 지진, 화산 폭발, 태풍, 쓰나미 같은 재해에 시달리는 일본인이나 눈과 얼음의 세계를 품고 사는 스칸디나비아인들은 규율을 잘 지켜. 이것도 티베트, 몽골의 종교, 민족과 같은 맥락에서 이해가 가능하지. 개인적 일탈이 공동체 전체의 안녕을 위태롭게 한다면 공동체는 어떻게 할 것 같아? 개인을 통제하거나 아예 제거하려 들지 않겠어? 척박한 환경이 공동체의 안녕을 우선으로 삼게 만드는 거지. 거꾸로 종교나 신앙도 거기에 맞추어지고. 사실 어느 것이 먼저라고 말하기도 어려워.

변하는 것이 있는가 하면 변하지 않는 것도 있어. 사실 이 둘 사이의 경계도 유동적이야. 어떤 각도에서 보는가에 따라 답이 달라질 수 있거든. 어떤 면에서는 답조차도 가변적이야. 완전한 답이 없는 게 인간에 대한 질문이요, 인간의 삶 아니겠어?"

"그럼 이렇게 서로 다른 환경에서 자라고 익숙해진 규율도 다른 사람들이 한자리에 있으면 오해도 쉽게 일어나고 갈등도 자주 생기겠네요? 대학 생활도 그런 것 같아요. 서울 애들과 지방 애들이 다르고, 심지어 강남과 강북이 다르다는 느낌도 있어요. 서로 간에 보이지 않는 거리라고 할까? 사실 말투도 많이 달라요. 젊으니까, 편견이랄 게 적으니까 서로 어울릴 수 있는 거죠. 하지만 어떤 애들은 며칠 보이더니 아예 따로 노는지 학과 자료실에 나타나지도 않아요."

진석이 제 대학 생활에 빗대어 사람 사이에 존재하는 '차이'와 '거리'를 말한다. 나도 잘 아는 부분이다. 하지만 요즘은 그 차이와 거리를 읽어내고 따라가기 벅차다. 모든 게 너무 빨리 변한다. 2학년이 다르고, 1학년이 다른 게 눈에 띌 정도다.

생각과 행동이 다른 사람들과 어떻게 지낼 것인가

"아마 이런 걸 거야. 너도 아르바이트를 하면서 사회생활 중에 겪을 일이고. '공리공존, 공평무사를 강조하는 사람이 실제 행동으로는 다른 모습을 보인다. 자신의 이해관계에 도움이 되는지 아닌지로 갑자기 태도가 달라진다. 그럴 때는 논리고 절차고 따지지 않는다. 무모하고 몰염치하게 일을 처리한다. 그러면서도 여전히 공평과 논리를 강조하고 절차의 중요성에 목소리를 높인다.' 이런 사람과 한 직장에서 지내거나, 지속해서 만나 일을 해야 한다면 어떻게 해야 할까? 사실 국가나 민족 사이의 관계에서도 이와 유사한 일이 자주 일어나. 사회에서는 물론이고.

그럴 때는 그가 그렇다는 사실은 기억하되 개인적으로 문제를 제기하거나 면박을 주어서는 안 돼. 문제가 되는 부분은 공적인 모임에서 절차를 밟아 검토하고 개인 사이의 관계는 어그러지지 않게 하는 게 좋지. 본인이 주도하는 일이나 사업에 문제가 되는 인물이 개입하거나 참여하지 않도록 주의를 기울이는 것도 중요하고. 문제를 일으킬 수 있는 사람과는 공적인 모임에서만 만나고 사적인 교제나 약속은 피하는 거야.

생각도 행동도 다른 사람들과는 어떻게 대화하며 교제할 것인가가 늘 문제가 돼. 시각이나 가치관이 다르면 다른 선택, 다른 행동을 하게 마련이거든. 정당이 여러 개 존재하는 것도 이 때문 아니겠니? 사회생활 중엔 나와 다른 사람들을 수시로 마주쳐. 나와 다른 게 많은 사람과 일해야 하는 경우도 적지 않지. 어떻게 해야 할까?

첫 번째 기억해야 할 원칙은 '공존'이야. 그러려면 일과 대화를 병행해야 해. 충돌이 예상되는 화제는 피하고, 그래도 이런 경우가 발생하면 응대하지 않는 거야. 일에 초점을 두고 그것이 잘 진행될 수 있도록 신경을 쓰는 게 오히려 바람직해. 일의 진행방식, 그러니까 일의 속도와 내용에도 감각이나 견해, 능력의 차이가 발생할 수 있어. 그런 부분에 주의를 유지하고 중간에 조율하는 것도 좋아.

사회생활이나 일상의 다른 부분에서도 서로 다를 수 있다는 걸 염두에 두어야 해. 마음에 여유를 가지고 탄력적으로 접근하는 게 중요하지. 결국 '케이스바이케이스'(case by case)야. 왜 다양한 사례가 있겠어? 서로 다르다는 걸 인정하고 받아들이는 게 중요한 거야. 요구받지 않은 일에는 개입하지 않는 것도 충돌을 방지하는 좋은 방안이야."

"그건 그렇다 쳐요. 그렇게 애쓰는 데도 결국 갈등이 일고 충돌이 일어나면 어떻게 해요? 이념이나 종교가 아니라도 그럴 일은 많잖아요. 여럿이 같이 있으면 아무리 친해도 결국은 '쨍그랑' 소리가 나거든요. 안 날 수가 없죠. 문제는 한번 그러기 시작하면 쉽게 풀어지지 않는다는 거예요. 어떨 때는 더 심해지기도 하고요. 엉뚱한 데로 번져나가기도 하고. 시작은 별것 아닌데, 나중엔 아주 많이 커지는 거죠."

진석이 얼굴을 찌푸리며 마치 지금 그런 일을 겪는 듯이 말한다. 나도 그런 일은 자주 겪는지라 나름 아들에게 해줄 말은 있다. 물론 이건 이론이고 원칙이다. 실제 현장에서는 그때그때 다르니까.

갈등은 어떻게 풀어가는 게 좋은가

"견해차가 크면 갈등으로 발전할 수 있어. 갈등이 끓어오르는데도 그대로 두면, 김이 빠지지 못한 압력밥솥 비슷해지지. 결국 터져. 심지가 타올라 불꽃이 끝에 이르기 전에 꺼야 하는데, 그렇게 못하면 어떻게 되겠니? 작은 충돌이 쌓여 전쟁으로 번지는 거나 비슷해. 어쨌든 출발점은 이견이야.

이견은 여러 가지 이유로 발생해. 세상을 보고 반응하는 방식이 달라서이기도 하고, 현재의 상태를 지키거나 미래를 보장받기 위해 서로 다른 의견을 내서이기도 하지. 하지만 단순히 반대하고 싶어서, 질투로, 심지어 기분이 안 좋아 이견이 제시되기도 해. 굳이 태도를 바꾸는 게 싫어서, 자존심 때문에 이견을 고집하는 때도 있지. 무지와 편견이 지나쳐서 이견이 나오기도 해.

이견을 잘 풀어 넓은 범위에서 공감대를 만드는 게 중요해. 이견 사이의 거리를 부지런히 좁혀 일치하는 데까지 간다면 갈등은 예방할 수 있어. 충돌까지 가지는 않는 거야. 견해 차이가 더 벌어지기 전에 틈을 메우려는 노력이 중요한 것도 이 때문이지. 아주 작은 틈이라도 그대로 두면 더 벌어지잖아. 그 전에 메우고 붙여야 해.

봉합선이 남아 있지 않게, 아예 사라지게 하는 게 좋아. 봉합 이후에도 일치를 위한 노력을 지속해서 기울이는 게 중요한 것도 이 때문이야. 봉합선을 아예 없애려고 함께 애쓰다보면 완전한 일치를 경험할 수도 있잖아. 구심력이 강해질수록 원심력은 약해지니까 말이야.

이견은 언제나 나와. 관계성에 작용하는 힘도 수시로 달라지지. 원심력의 원인을 잘 찾아내야 하고, 구심력을 강화하는 조치도 계속되어야 하는 거야. 어떤 것도 멈춘 상태 그대로 있지는 않아. 어떤 형태나 방향으로든 힘은 작용하니까. 모이기도 하고 흩어지기도 하는 거야. 개인과 개인, 집단과 집단, 개인과 집단 사이의 관계는 늘 가변적이거든. 여러 가지 유형의 힘이 개인과 집단, 세력, 국가 사이에 발생하고 작용하니까 주의를 기울여야 하는 거지.

이견을 해소하는 데 가장 효과적인 것은 무엇일까? 마주 보고, 서로에게 시간과 진심을 쏟아내는 것 외에 다른 방법이 없어. 투자 없이 결과를 얻기는 어렵잖아? 일반적으로 사람 사이의 관계는 당기려고 하면 떨어져 나가. 내가 당기면 그도 당겨. 이럴 때 내가 한 발 더 내딛고 그에게로 가면 최선의 효과를 거둘 수 있어. 내가 쥔 것을 놓을 수 있다는 사실을 상대가 알게 하는 거지. 상대도 마찬가지 아니겠어? 결국 사람은 둘 사이의 정중앙에서 만나. 어떻게 보면 당연한 거야. 삶의 진리라고 할까?"

"아버지 말씀은 결국 소통이 중요하다는 거네요. 그렇죠? 미리미리 불을 끄고, 불씨가 남았는지 확인하라는 거죠? 가능하면 불씨가 일어나지 않게 하고 말예요. 그렇지만 그건 이상일 뿐이죠. 소통이라는 게 말처럼 쉬운 것도 아니고 말예요."

"그래, 소통이란 게 참 어려워. 나도 이 나이까지 적응이 안되는 게 그거거든. 어떻게 소통해야 하나? 어떻게 하면 차이와 다름을 좁히고 줄이나? 그런 게 고민이 되지."

아비도 아들의 말에 고개를 끄덕이며 수긍한다. '오히려 가장 어려운

게 소통일 수도 있어. 그러려면 마음부터 열어야 하는데, 그게 쉽지 않으니 문제 아닌가?'

어떤 생각과 태도로 살 것인가

"세상을 보는 눈은 여러 가지야. 사회적 기준도 하나가 아니고. 경험, 상식, 교양도 천차만별이기 쉬워. 상대의 뜻이 내 뜻과 같은지 확인하기는 매우 어렵지. 눈이 다르고 경험이 다르면 같은 용어에 대한 이해나 수용, 대응도 다 다를 수 있으니까. 하나하나 주의 깊게 헤아려서 같고 다름을 확인하고 소통과 공유를 시도하는 게 오히려 나을 수 있지.

세상을 보는 눈이 크게 다르더라도 어느 정도까지는 사회적 합의가 가능해. 실제 그런 게 존재하기도 하고. 아무리 상식과 교양이 다르더라도 마땅히 여겨지는 최소한의 것은 있으니까 말이야. 그러나 사회변화의 속도가 매우 빨라서 생활양식이 급격하게 달라지고, 그 때문에 경험과 양식, 교양과 상식이 세대 간에 큰 차이를 보이게 된다면 어떨까? 그런 경우 세대를 넘어서고 지역을 초월한 교양과 지성은 설 자리를 잃는 거야.

만일 상식과 교양으로 여겨지는 게 한 세대 안에서도 작은 집단 안에서만 공유된다면 어떻겠어? 사회적 갈등은 급속히 증폭될 수밖에 없지. 갈등의 골은 깊어지고 충돌도 쉽게 일어나. 기존의 사회질서는 유지하기 어려워지고. 사회 안정을 가능하게 하는 세대 간, 집단 간 갈등의 완충지대가 사라지는 거야. 충돌의 비등점이 현저히 낮아져서 쉽게 '일촉즉발'에 가까워지는 거지. 이런 상황을 맞닥뜨렸을 때, 해결의 열쇠는 어

신도 사람도 떠난 신전(터키 라오디케아) 2017년 여름, 뙤약볕 밑에서 이 거리를 걸으며 이런 폐허를 통해서도 2천 년 가까운 시간 저편의 사람들과 만날 수도 있구나 하는 생각이 들었다. 이 그리스 신전도시 안에서도 여러 시간대가 교차하고 중첩된다는 사실에 새삼 놀라기도 했다.

디에 있을까? 소통과 공유에 대한 기대감을 한껏 낮추면서 대화의 장을 유지하고 넓혀가는 것 외에는 다른 방법이 없을 거야.

소통과 공유가 중요하지만, 그 폭을 좁히는 '빠른 변화' '이질적 경험의 확대'라는 현상을 제어하는 것이 가능할까? 변화의 속도가 더 빨라진다 해도 이런 변화에 적응하는 것이 오히려 대응책이 되지 않을까? 상대에 대한 편견과 몰이해를 줄이려는 노력이 오히려 현실적일 수 있어. 일종의 대안이라고 할까? 다른 것을 나쁜 것으로 규정하는 데서 벗어나는 거야. '함께'와 '다양성'에 방점을 찍고 가치를 부여하는 거지. 격차를 인정하되 나누는 것에 높은 점수를 매기는 거야. 사회적 격려를 덧붙이는 것도 좋은 방법이지. 함께해야 한다는 당위성으로 서로의 격차와 이견을 좁혀나가는 것도 대안이 될 수 있어. 어차피 함께 갈 수밖에 없지 않겠어?"

우리는 산책을 마치고 집으로 돌아와 각자 시간을 보냈다. 저녁식사를 마친 뒤 소파에 앉아 휴대폰으로 이메일을 정리하던 내게 진석이 말을 건넸다. 아침 산책길에 나눈 대화가 좀 미진하다고 생각했나보다.

"아버지, 어떻게 살 것인가는 어떻게 죽을 것인가와 짝을 이루는 문제인 것 같아요. 아버지는 삶과 죽음의 경계라는 게 있다고 생각하세요? 전 잘 모르겠더라고요. 한때는 깊이 생각한 적도 있는 것 같은데, 지금은 다 잊었어요."

나도 이 질문이 새삼스럽다. 생각해보니 사상이니 종교, 이념이며 신앙이니 하는 것도 결국은 삶과 죽음의 문제를 묻고 답하는 과정이요 결과가 아닌가? 삶과 죽음 사이에 종교도 있고 이념도 있는 것이라는 생각이 든다.

삶은 무엇이고, 죽음은 무엇인가

"이렇게 질문을 던질 수도 있지. 삶과 죽음은 어떻게 나누어질까? 삶과 죽음의 경계는 어디일까? 무엇을 삶이라 하고 무엇을 죽음이라 하지? 육신에서 신진대사가 이루어지는 상태가 삶일까? 치매를 포함하여 정신활동이 현저히 떨어지는 현상이 죽음으로 가는 길인가? 종교에서 말하는 '영혼이 잠자는 상태'도 죽음인가? 얼이 빠져 있어도 신진대사가 온전하면 삶인가? 아니면, 육신은 움직여도 얼이 없으면 죽음이라고 해야 하는가?

이런 식의 질문도 가능해. 육신과 얼, 몸과 혼은 하나인가, 둘인가? 마

피라미드(고왕국 시대, 이집트 기자) 피라미드는 청동기시대 이집트 고왕국이 지닌 지식과 기술의 집합체이자 영생의 소망이 낳은 극단적인 거대 건축물이다.

음은 혼이 있어야 하는가? 육신만 있어도 마음의 자리가 있는가? 혼과 영은 다른가? 혼과 백이 둘이면 몸속에도 같이 있는가? 혼이 있으면 영도 있다고 할 수 있는가? 영이 살거나 죽는다는 건 무슨 뜻인가? 영과 영혼은 같은가, 다른가?

삶은 스스로 판단하고 행동할 때 의미와 가치를 지닌다고 할 수 있어. 자신의 행동에 의미를 부여할 수 있을 때 '삶을 영위한다'고 말하지. 삶은 신진대사 이상의 것이야. 원인과 결과를 예측하고 책임질 수 있을 때 삶이 바로 섰다고 평가하기도 해. 육신의 신진대사에도 불구하고 '멍'하게 살고 있으면 삶과 죽음의 경계에 있는 거나 다름없다고 해야겠지. 무엇엔가 매여 한쪽으로 치우친 행동과 말에서 헤어 나오지 못한다면? 그런 사람은 삶과 죽음의 경계에 있다고 해야 하지 않을까?

반면, 아주 평범하고 소박하게 삶의 조각조각을 돌보며 산다면 그는 살아 있다고 할 수 있어. 해야 한다고 생각하는 일을 하며 산다면, 이웃과 여러 가지를 나누고 있다면, 사람이 아니라도 여러 생명과 교감하며 산다면, 그는 살아 있다고 해야겠지. 부지런히 뭔가를 만들고 이루어 그것을 이웃과 나누거나 공유한다면, 그는 제 삶의 주인으로 살고 있다고 해야 할 거야.

길게 살려고 애쓰며 온갖 노력을 기울여 사는 시간을 조금씩 늘려나간다고 그를 제 삶의 주인이라고 할 수 있을까? 많은 것을 모으고 쌓아둔 채 그것을 바라보며 즐거워하고 때론 과시한다고 해서 그를 살아 있다고 말할 수 있을까? 고통과 슬픔에 찬 이웃을 외면하고 높은 담 안에 아름다운 저택을 짓고 산해진미를 즐기며 생의 즐거움이 이것이라고 확신하는 사람에게 '너는 네 삶을 잘 살고 있다'고 말할 수 있을까?

어떻게 보면 삶과 죽음은 상대적인 거야. 물리적이고 생물학적인 경계 너머의 것이기도 하지. 삶과 죽음은 경계를 짓기도 어렵다는 생각이 들어. 보편적 기준이 존재해서 그것을 제시할 수 있는 것도 아니고 말이야. 삶과 죽음은 가치의 문제이자 존재에 대한 실존적 인식과 의지의 문제이기도 해. 생물학적 실재 그 자체이기도 하고."

"결국은 삶과 죽음의 문제네요?"

"그렇지. 어떻게 살 것인가라는 질문을 던지고 답을 찾는 과정이기도 하지."

"그런데 신과의 대화 같은 건 마무리가 안된 것 같은데요? 이념이니, 사상이니, 신앙이니 하는 것도 그렇고요. 그냥 개개인에게 맡기면 그걸로 끝나는 건가요? 아버지도 신앙이니, 이념이니 고민만 하다가 답 찾는 여행은 어느 순간 그만두신 거 아녜요?"

"뭐라고 답하기가 좀 어렵구나. 내 전공은 아니지만, 그런 여행은 띄엄띄엄 이어졌다고 할 수 있지. 그런데 사실은 점점 어렵고 힘들어져. 슬슬 힘에 부치기도 하고, 끝도 없을 것 같고. 여전히 지평선 너머로 눈길은 주고 있지만 말이야. 뭐, 그렇지. 네게 한 이야기 중엔 아무에게도 하지 않고, 할 수도 없었던 것도 많아. 논란의 소지도 있고, 오해받기도 싫고. 아들에게는 그럴 일 없잖아. 그렇더라도 괜찮고."

"아무튼 아버지, 몇 주 동안 사상사 여행시켜주신 거 고맙습니다. 제겐 정말 특별한 여행이었어요."

"나도 고맙다. 지루한 순간도 잘 넘기고, 이야기가 좀 늘어질 때도 잘 참아주고 말이야. 내게도 모처럼 특별한 시간이었다."

진석이 제법 만족스러운 표정을 지으며 앉아 있던 긴 의자에서 일어나 거실 한쪽에 있는 컴퓨터를 부팅시켰다. 이제 자신만의 저녁 시간을 꾸릴 참인 듯했다. 부엌으로 가 커피포트에 물을 채우고, 웬일로 평소와 달리 유자차를 탈 준비도 한다. 아비가 일찍 자는 데 익숙해선지 내게는 차를 마실지 따로 묻지 않았다. 아들과 함께한, 길다면 긴 지적 여행이었다. 나름 여럿이서 생각을 당기고 푸는 과정을 반복했기 때문일까? 갑작스레 사위가 고요해지며 온몸이 나른해지는 느낌에 빠져들었다.

주

1 선사와 역사는 문자의 사용 여부로 나누기도 하지만, 매듭을 활용하는 결승문자를 사용한 잉카제국의 사례 외에도 유럽과 아시아, 아프리카에서 국가와 유사한 조직체를 출현시킨 비문자 혹은 무문자 사회는 여럿 발견된다. 근래의 고고 발굴 성과는 도시화나 계층 분화가 청동기 사회 출현 이전에 이루어졌을 가능성을 적극 고려하게 한다. 이 책에서 고대의 사상과 종교를 논하면서 기존의 선사와 역사 구분에 매이지 않으려는 것도 이 때문이다. 이와 관련하여 기원전 9천년 이전으로 거슬러 올라가는 터키의 신석기 유적 괴베클리테페가 기존의 농경, 도시화, 신전 축조가 서로 맞물린 현상이라는 신석기문명 이해를 재검토하게 한다는 사실도 유념할 필요가 있다. 괴베클리테페는 농경사회 출현 이전에 만들어진, 수렵채집시대 최초의 신전 도시다.

2 상아 조각상인 사자인간은 1939년 독일의 바덴뷔르템베르크의 홀렌슈타인슈타델이라는 동굴에서 지질학자 오토 뷜징에 의해 발견되었다. 3만 5천 년을 전후하여 만들어진 구석기 오리나시앙(오리냐크) 문화의 산물로 파악되는 가장 오래된 동물인간상이다.

3 호주 중심부 사막지대에는 원주민이 지금도 정기적으로 찾아와 모임을 열고 암채화를 그리는 전통이 유지되는 곳이 있다. 학자들은 원주민들의 이런 행동이 수만 년째 반복되고 있는 것으로 보고 있다. 엠마누엘 아나티 『예술의 기원: 5만 년 전 태초의 예술을 찾아』, 이승재 옮김, 바다출판사 2008, 258~59면 참조.

4 마리야 김부타스 『여신의 언어』, 고혜경 옮김, 한겨레출판 2016.

5 최초의 구석기는 약 250만 년 전 아프리카에서 출현한 것으로 알려졌다. 이때부터

약 10만 년 전 세석기(細石器)가 만들어져 중석기시대로 들어갈 때까지를 전기 구석기시대로 시대 구분한다. 한반도의 구석기시대는 100만 년 전에서 30만 년 전 사이에 시작되어 3만 5천 년 전에 전기 및 중기에서 후기로 넘어갔다는 견해가 비교적 널리 받아들여지고 있다.

6 곰은 인간이 처음으로 신앙 대상으로 삼은 동물 가운데 하나다. 나카자와 신이치 『곰에서 왕으로: 국가, 그리고 야만의 탄생』, 김옥희 옮김, 동아시아 2003 참조.

7 고고학에서는 중석기와 신석기를 구별한다. 그러나 여기에서는 사유나 이념에서 두 시기를 나눌 이유가 없어 함께 다룬다.

8 한국 신석기 유적과 유물을 통해서는 신석기 여신신앙을 둘러싼 관념과 제의 등의 실상이 잘 드러나지 않는다. 나는 신석기문명과 신앙의 보편성을 전제로 중근동과 유럽의 신석기문명 연구 성과를 적극적으로 수용하여 논의를 펼쳐왔다. 최근 중국의 동북 및 서북 지역 신석기 유적 발굴 성과도 논지 전개에 참고했다.

9 전호태 『살아 있는 우리 역사, 문화유산의 세계』, 울산대학교출판부 2004, 95면.

10 이집트에서 오랜 기간 제사장의 권력이 유지되었던 것도 이집트 사회가 신석기시대부터 제국 성립 이후까지 나일강 유역에서의 농경에 전적으로 의존했기 때문일 수 있다. '신과 대화하는 자'로서 제사장이라는 존재가 신성불가침으로 여겨졌기 때문 아닐까?

11 이탈리아 사르데냐 보노르바의 산탄드레아프리우 유적(기원전 4000~3500년)이 전형적인 사례에 해당한다. 지중해 연안의 신석기 거석문화는 일부가 청동기시대로 이어진다. 몰타의 임나이드라 석조사원(기원전 4000년 말)은 여신의 형상을 거석 구조물로 재현한 사례에 해당한다(마리야 김부타스, 앞의 책 152~54면). 동아시아에서는 신석기문화 여신 관념의 전형적인 사례를 중국 요령성 적봉 홍산문화 우하량유적(기원전 4500~3000년)의 여신묘에서 찾아볼 수 있다.

12 전호태 「한국 고대의 여신신앙」, 『역사와 경계』 108집, 부산경남사학회 2018.

13 신석기시대에는 뼈의 색깔인 흰색이 죽음을 의미했다. 반면 먹구름과 기름진 흙을 연상시키는 검은색은 풍요를 뜻했다(아리엘 골란 『선사시대가 남긴 세계의 모든 문양』, 정석배 옮김, 푸른역사 2004 참조). 죽음의 여신을 형상화한 사례는 마리야 김부타스, 앞의 책 198~205면 참조.

14 신석기 토기에서 청동기 토기로 이행하면서 나타나는 가장 큰 변화는 장식성이다. 신석기 토기의 장식성과 예술성은 신석기인들이 토기에 커다란 의미와 가치

를 부여했다는 증거로 볼 수 있다.

15 일반적으로 장거리 교역은 일대일로 이루어지지 않는다. 유럽의 대항해시대 이전까지 교역은 도시와 도시, 혹은 상업 중심지와 중심지 사이를 여러 차례 오가면서 이루어졌다. 먼 후대의 일이지만 그런 전형적인 사례를 실크로드 교역 기록에서 확인할 수 있다. 발레리 한센『실크로드: 7개의 도시』, 류형식 옮김, 소와당 2015 참조.

16 나카자와 신이치, 앞의 책.

17 번개를 하늘로 올라가는 땅신의 형상으로 보기도 한다. 아리엘 골란, 앞의 책 42면 참조.

18 전호태, 앞의 글.

19 단웅이라는 용어는 고려시대 이승휴가 지은『제왕운기』권하「지리기」본문에 딸린 주에서 언급된다. "본기(本紀)에 기록되어 있기를 상제 환인(桓因)에게 서자가 있었으니 웅(雄)이라고 했더라. 기록에 적혀 있기를 삼위태백(三危太白)으로 내려가서 홍익인간을 하도록 하라 하니 이에 웅이 천부인 세 개를 받고 천인 3천명을 데리고 태백산 꼭대기의 신단수(神檀樹) 아래 내려오니 이를 단웅천왕(檀雄天王)이라고 말하는 것이다. 손녀에게 약을 먹게 하여 사람의 몸을 이루게 한 후 단수신(檀樹神)과 혼인을 하게 하여 아들을 낳으니, 이름이 단군이다."

20 신종원은 '곰'이라는 말이 신을 뜻하는 '감'에서 왔고, 감으로 불린 대상은 본래 호랑이였다고 본다. 감을 한자로 '雄'熊으로 표기했다면 단웅은 호랑이신이 된다. 신종원『삼국유사 깊이 읽기』, 주류성 2019, 23~31면 참조.

21 유럽 고대, 중세 게르만 사회에서도 신앙 대상으로서 곰신은 빈번하게 언급되었다. 미셸 파스투로『곰, 몰락한 왕의 역사』, 주나미 옮김, 오롯 2014 참조.

22 그리스신화에서는 제우스가 황금비가 되어 청동탑에 갇힌 아크리시우스 왕의 딸 다나에를 임신시킨다. 영웅 페르세우스는 제우스가 공주 다나에에게서 얻은 반신반인이다.

23 단군신화의 천부인(天符印) 세 개도 청동기시대와 관련이 있을 것이다. 동북아시아 청동기시대의 의기(儀器) 중 첫째는 청동거울이고 다음이 청동방울이다. 이외에 옥과 청동검 정도가 신성한 기물에 포함될 수 있을 것이다. 중국 요령성 홍산문화 유적 출토 유물에서도 확인할 수 있듯이 옥은 신석기시대부터 신성시되었다.

24 유럽과 중근동의 경우, 신석기시대에서 청동기시대로의 전환 과정에서 민족 변동

까지 수반될 때는 서로 다른 신화의 융합이나 재구조화 현상이 나타난다. 가장 일반적인 것이 청동기 사회의 남신들이 신석기 사회 여신들을 배우자로 삼는 현상이다(조지프 캠벨 『여신들: 여신은 어떻게 우리에게 잊혔는가』, 구학서 옮김, 청아출판사 2016). 여신과 남신 사이의 권력관계가 바뀌는 일도 일어난다(미르치아 엘리아데 『세계종교사상사 1』, 이용주 옮김, 이학사 2005). 중국 신화에서도 이런 변화를 추정할 수 있다(송정화 『중국 여신 연구』, 민음사 2007).

25 시베리아 고아시아족 샤먼들에게는 땅과 하늘이 닿아 있다는 관념이 보편적이다. 우노 하르바 『샤머니즘의 세계』, 박재양 옮김, 보고사 2014 참조.

26 그리스신화는 주로 두 번째 세대 신들의 활약상을 담고 있다.

27 숙과 홀은 각각 순간적으로 나타났다가 사라지는 찰나적 현상을 의미한다. 『장자』「내편」에 실린 우화 중 하나다.

28 원가 『중국신화전설 I』, 전인초·김선자 옮김, 민음사 1992, 154~55면; 정재서 『이야기 동양신화: 중국편』, 김영사 2010, 35~38면.

29 뒤로 물러나 세상사에 관여하지 않는 신, 깊이 잠들어 깨어나지 않는 신이라는 개념도 이런 관념에서 출발했을 수 있다. 이외에 겨울에 잠들었다가 봄에 깨어나는 신이라는 개념도 보편적인 신 관념 가운데 하나다. 『구약성경』「열왕기상」18장에 제단 주위에서 춤추고 소리 지르며 몸을 자해함으로써 신을 깨우려 애쓰는 농경 사회의 사제들 이야기가 나온다.

30 이는 역사시대에도 변함없는 원칙이다. "19년 가을 8월에 제사 지낼 돼지가 달아나므로 왕이 탁리(託利)와 사비(斯卑)를 시켜 이를 쫓게 했다. 장옥(長屋)의 늪 가운데 이르러 이를 찾아내어 칼로 그 다리의 힘줄을 끊었다. 왕이 듣고 화를 내며 말하기를 '하늘에 제사 지낼 희생을 어찌 상처 낼 수 있는가' 하고, 드디어 두 사람을 구덩이 속에 던져 죽였다." (『삼국사기』 권13 「고구려본기」 1, 유리왕)

31 못에서 나온 노인이 준 편지를 읽고, 왕이 화살로 거문고갑을 쏜 이야기는 『삼국유사』「기이」 1, 사금갑조에 나온다. 노인은 편지를 읽으면 두 사람이 죽고, 읽지 않으면 한 사람이 죽는다고 했다고 한다. 이 말을 전해 듣고 왕이 편지를 읽지 않으려 하자, 전통신앙의 사제인 일관이 "두 사람은 보통사람이고, 한 사람은 왕"이라는 해석을 덧붙인다.

32 "그러므로 야곱이 그곳 이름을 브니엘이라 했으니 그가 이르기를 내가 하나님과 대면하여 보았으나 내 생명이 보전되었다 함이더라." (『구약성경』「창세기」 32장

30절)

33 청동거울에 반사되는 햇빛을 가리킨다. 삼한시대 한국 중남부의 소국들과 일본 열도의 작은 나라들의 지배자들에게는 청동거울이 '위신재(威信財)'로서 매우 중요했다. 초기 철기시대에도 청동거울은 소유자가 하늘로부터 지배자로서의 권위를 부여받았는지 아닌지를 내외에 확인시켜주는 증표로 받아들여졌던 것으로 보인다.

34 『구약성경』 「출애굽기」 17장, 르비딤에서 벌어진 히브리인과 아말렉의 전쟁.

35 고(古)아시아 종족의 샤먼이 엑스터시 상태에서 신의 말씀을 전할 때는 자기가 모시는 신의 목소리를 낸다. 우노 하르바, 앞의 책 참조.

36 청동기시대 전쟁의 가장 중요한 기능 가운데 하나는 노예 획득이다. 전쟁 포로는 대부분 노예가 되었다. 중국의 상나라에서는 전쟁 포로 가운데 일부가 인신 제물로 신에게 바쳐졌다.

37 실제 유럽의 사례를 보면 광산 노예의 인력 소모가 가장 심했다. 구리를 캐는 노동에 투입된 노예가 광산에서 살아 나오는 예는 전혀 없다시피 했다고 한다.

38 인도의 크리켓 스타 마헨드라 싱 도니는 고향인 란치에서 신으로 숭배받고 있다. 도니를 위한 동상이 만들어지고 사원이 지어졌으며, 도니를 기리는 축제도 정기적으로 열린다. 내셔널지오그래픽이 인도를 취재하면서 이 사실도 함께 다룬 적이 있다.

39 "여러 국읍(國邑)에는 각각 한 사람이 천신의 제사를 주재하는데 (그 사람을) 천군(天君)이라 부른다. 또 소도(蘇塗)를 만들어 거기에다가 큰 나무를 세우고서 방울과 북을 매달아놓고 귀신을 섬긴다."(『후한서』 「동이열전」 한); "또 여러 나라에는 각각 별읍(別邑)이 있으니 그것을 소도라 한다. 큰 나무를 세우고 방울과 북을 매달아놓고 귀신을 섬긴다. 그곳으로 도망친 사람은 누구든 돌려보내지 아니하므로 도적질하는 것을 좋아하게 되었다. 그들이 소도를 세운 뜻은 부도(浮屠)와 같으나, 행하는 바 좋고 나쁜 점은 다르다."(『삼국지』 「위서」 30, 오환선비동이전, 한)

40 울산 반구대암각화가 언제 새겨졌는지, 어느 시대 작품인지를 둘러싼 논쟁은 현재 진행형이다. 전체적으로는 신석기시대부터 청동기시대에 걸쳐 새겨졌다는 쪽으로 의견이 모이고 있다. 전호태 외 『울산 반구대암각화 제작연대론』, 울산대학교 반구대암각화유적보존연구소 2015; 전호태 외 『울산 반구대암각화와 천전리 각석 연구』, 울산대학교 반구대암각화유적보존연구소·한국암각화학회 2016 참조.

41 이하우『한국 암각화의 제의성』, 학연문화사 2011.

42 아리엘 골란, 앞의 책 402면; 미르치아 엘리아데, 앞의 책 192~95면.

43 나희라「울주 천전리 각석과 신라인의 바위신앙」,『신라문화』50호, 동국대학교 신라문화연구소 2017.

44 장장식「몽골의 '어머니바위' 신앙과 담론의 의미」,『실천민속학연구』5호, 실천 민속학회 2003; 조현설「동아시아의 돌 신화와 여신 서사의 변형: 모석(母石)·기 자석(祈子石)·망부석(望夫石)을 중심으로」,『구비문학연구』36권, 한국구비문학회 2013.

45 전호태『울산 반구대암각화 연구』, 한림출판사 2013.

46 엠마누엘 아나티, 앞의 책 502~508면.

47 아리엘 골란, 앞의 책 389~90면.

48 전호태「고령 장기리암각화 연구」,『한국고대사연구』88호, 한국고대사학회 2017.

49 반구대암각화에는 353점의 암각문이 새겨졌다. 이 중 동물상이 202점이고 고래목 에 속하는 바다짐승이 57점이다. 전호태·이하우·박초아『국보285호 울산 반구대 암각화』, 울산대학교 반구대암각화유적보존연구소 2018, 20~21면.

50 전호태『울산 반구대암각화 연구』.

51 천전리 각석에서는 253개의 명문이 발견되었다. 전호태·장명수·강종훈·남연의· 윤효정『울산 천전리암각화』, 울산대학교 반구대암각화유적보존연구소 2014; 전 호태「천전리 각석 명문 연구」,『한국고대사연구』91호, 한국고대사학회 2018 참조.

52 루마니아의 쿠쿠테니 신석기 채도문화, 중국 감숙성, 하남성 일대 신석기시대 앙 소 채도문화, 요령성 홍산 신석기 채도문화는 유사한 모티프를 이미지화한 사례 로 주목할 만하다. 다만 이런 지역의 신석기 장식무늬 토기문화가 뒤이은 청동기 무문토기 문화와는 연결되지 않는다. 지중해 연안에서는 신석기에서 청동기로 문 화 전승이 이루어지면서 도기가 신화전설을 그려내는 캔버스 역할을 한다.

53 전호태「울산 천전리암각화 동물문 연구」,『한국사연구』182호, 한국사연구회 2018.

54 김일권은 오줌바위의 별자리 가운데 하나를 카시오페이아좌로 해석한다. 김일권 『고구려 별자리와 신화: 고구려 하늘에 새긴 천공의 유토피아』, 사계절 2008 참조.

55 중국 길림성 집안에 소재한 고구려 우산하3319호분 곁의 판석에 고구려시대 인물 을 나타낸 선 그림이 있고 인물의 목과 가슴 부분에 옻판이 새겨졌다. 현재의 상태

로 보아 윷판이 먼저 새겨진 것으로 보인다.

56 김일권 『우리 역사의 하늘과 별자리』, 고즈윈 2008.

57 제주시 애월읍 상귀리 소재 항파두리 항몽유적지 주초석 위에 새겨진 윷판은 울산대학교 반구대암각화유적보존연구소에 의해 실측 조사가 이루어졌다. 전호태·이하우·홍승지 『한국의 윷판 암각화』, 울산대학교출판부 2019 참조.

58 터키의 괴베클리테페 같은 신전도시, 차탈회위크 같은 농업공동체 도시는 신석기시대에 출현하지만, 공동체 사이의 약탈 전쟁과는 거리가 있었던 것으로 보인다. 도시 사이의 갈등과 충돌, 약탈과 파괴는 청동기시대에 시작되었다고 보아야 할 것이다.

59 "왕이 왕위에 싫증을 내니, (하늘에서) 황룡을 보내 내려와 왕을 맞이했다. 왕이 홀본 동쪽 언덕에서 용의 머리를 디디고 서서 하늘로 올라갔다." (광개토왕릉비 1면)

60 이규보 『동국이상국집』 권3 「고율시」 동명왕편에 실린 내용 중 해당 부분이 있다. "나이가 많아지자 재능이 다 갖추어졌다. 금와왕은 아들 일곱이 있는데 항상 주몽과 함께 놀며 사냥했다. 왕의 아들과 따르는 사람 40여 인이 겨우 사슴 한 마리를 잡았는데 주몽은 사슴을 퍽 많이 쏘아 잡았다. 왕자가 시기하여 주몽을 붙잡아 나무에 묶고 사슴을 빼앗았는데, 주몽이 나무를 뽑아버리고 갔다."

61 "하백(河泊)의 손자이며 일월(日月)의 아들인 추모성왕(鄒牟聖王)이 북부여에서 나셨으니, 이 나라 이 고을이 가장 성스러움을 천하사방이 알지니." (모두루묘지명)

62 『산해경』의 기이한 생명체들 가운데 일부는 여전히 신적인 존재지만, 상당수는 사람이 먹으면 온갖 병이나 증상을 고치고, 액운이나 흉사를 막을 수 있는 것으로 소개된다. 예를 들어 「남산경」에 언급된 '성성이'는 긴꼬리원숭이와 비슷하게 생겼는데, 이것을 먹으면 달음박질을 잘하게 된다고 한다. 그러나 그림으로 소개된 성성이는 사람의 모습과 크게 다르지 않다.

63 "16년 봄 2월, 소아경(蘇我卿)이 (…) '이로 말미암아 신(神)을 청하여 가서 구원했으므로 사직(社稷)이 평안해졌습니다. 무릇 나라를 세운 신이란 하늘과 땅이 나뉘어 구분되고 풀과 나무가 말을 할 때, 하늘에서 내려와 나라를 세운 신입니다. 지난번에 그대 나라에서는 (사당을) 돌보지 않고 제사를 지내지 않는다고 들었는데, 지금이라도 앞의 잘못을 뉘우치고 신궁을 수리하여 신령(神靈)을 받들어 제사 지내면 나라가 크게 번성할 것입니다. 그대는 나의 말을 절대로 잊지 마십시오.'라고

했다."(『일본서기』 권19, 「흠명천황」)

64 고난을 겪고 이겨낸 영웅 이야기는 세계적 보편성을 지닌다. 조지프 캠벨『천의 얼굴을 가진 영웅』, 이윤기 옮김, 민음사 1999 참조.

65 "어느 날 고허촌장 소벌공이 양산 기슭을 바라보니 나정(蘿井) 곁의 숲 사이에 한 말이 무릎을 꿇고 울고 있어서, 그곳으로 가보니, 갑자기 말은 보이지 아니하고 다만 큰 알만이 남아 있으므로, 이를 깨보니 그 속에서 한 어린아이가 나왔다."(『삼국사기』 권1 「신라본기」 1, 시조 혁거세거서간)

66 "5년 정월에 용이 알영정에 나타나서 오른쪽 겨드랑이 갈빗대 밑으로 여자아이를 낳았는데, 한 노파가 이를 보고 이상히 여겨 데리고 와 기르며, 그 우물 이름을 따서 알영(閼英)이라고 이름 지었다."(『삼국사기』, 앞의 글)

67 "탈해가 그러면 기술(技術)로 다투어보겠느냐 하니 왕이 좋다 했다. 삽시간에 탈해가 매가 되니, 왕은 독수리가 되었고, 탈해가 또 참새가 되니 왕은 새매가 되었는데 그사이에 촌음의 간극도 없었다. 조금 이따가 탈해가 제 몸으로 돌아오자, 왕 또한 제 모습을 회복했다. 탈해가 이에 항복하여 가로되 '내가 술법을 다투는데 독수리에 대한 매, 새매에 대한 참새가 되었으나 (죽음을) 면한 것은 대개 성인이 죽이기를 싫어하는 인덕(仁德)의 소치라. 내가 왕과 더불어 자리를 다툼이 실로 어렵다' 하고 곧 절하고 나가니."(『삼국유사』 권2 「기이」 2, 가락국기)

68 늑도는 섬 전체에 선사시대 패총과 생활유적이 산재하여 면적의 반 이상이 국가 사적 450호로 지정, 보호받고 있다. 1979년 이후 여러 차례 고고학적 조사와 발굴이 이루어졌고 청동기시대부터 삼한시대에 걸친 유적과 유물이 다수 확인되고 수습되었다. 중국과 일본의 토기, 거울, 화폐 등도 다수 나와, 이 섬이 한동안 한국과 중국, 일본을 잇는 국제무역항으로 기능했음이 확인되었다.

69 "배가 곧 달아나 계림(鷄林) 동쪽 하서지촌(下西知村) 아진포(阿珍浦)에 이르렀다. 마침 포구 해변에 한 노파가 있어, 이름을 아진의선(阿珍義先)이라 하니 혁거세의 고기잡이 할미였다. 바라보고 말하기를 이 바다 가운데 본래 바위가 없었는데 까치가 모여들어 우는 것은 무슨 일인가 하고 배를 끌고 가서 찾아보니 까치가 배 위에 모여들고 그 배 가운데 궤 하나가 있는데 길이가 20척, 너비가 13척이나 되었다. 그 배를 끌어다 수풀 밑에 두고 길흉을 알지 못하여 하늘을 향해 고했다. 조금 이따가 궤를 열어보니 단정한 남아와 아울러 일곱 가지 보물과 노비가 그 가운데 가득 차 있었다."(『삼국유사』 권1 「기이」 1, 제4 탈해왕)

70 "산외(山外) 별포진(別浦津) 어귀에서 왕후는 배를 매고 육지에 올라 높은 언덕에서 쉬며 입은 비단 바지를 벗어 그것을 선물로 삼아 산령(山靈)에 주었다. (…) 이에 왕과 왕후가 함께 침전에 계실새 왕께 조용히 말하되 나는 본래 아유타국(阿踰陁國)의 공주로 성은 허씨요 이름은 황옥이며 나이는 이팔이라."(『삼국유사』 권2 「기이」 2, 가락국기)

71 중국의 역사기록에 등장하고 선사 및 역사 유적에서 장신구나 제의 용구로 발견, 수습되는 옥은 크림빛 백색의 연옥이다. 광물학적 분류에 따르면 현대에 보석으로 취급되는 옥은 경옥(硬玉)이다.

72 다이센고분은 인덕천황릉으로 알려졌으나 다른 대형 전방후원분들처럼 추정일 뿐이다.

73 "서쪽을 순행하다가 사슴 한 마리를 얻었는데 해원에 거꾸로 달아매고 저주하기를, '하늘이 만일 비를 내려 비류왕의 도읍을 물에 잠기게 하지 않는다면 내가 너를 놓아주지 않을 것이니, 이 곤란을 면하려거든 네가 하늘에 호소하라' 했다. 그 사슴이 슬피 울어 소리가 하늘에 사무치니 장맛비가 이레를 퍼부어 송양의 도읍이 물에 잠기게 했다. 송양왕이 갈대 밧줄로 흐르는 물을 횡단하고 오리 말을 타고 백성들은 모두 그 밧줄을 잡아당겼다. 주몽이 채찍으로 물을 긋자 물이 곧 줄어들었다. 6월에 송양이 나라를 들어 항복했다 한다."(이규보 『동국이상국집』 권3 「고율시」, 동명왕편)

74 "송양은 왕이 여러 번 천제의 손자라 자칭하는 것을 듣고 마음에 의심을 품어 그 재주를 시험하고자 하여, '왕과 활쏘기를 원하노라' 하고, 그린 사슴을 1백 보 안에 놓고 쏘았는데 그 화살이 사슴 배꼽에 들어가지 않았어도 힘에 겨워했다. 왕이 사람을 시켜 옥가락지[玉指環]를 가져다가 1백 보 밖에 달아매고 쏘았는데 기왓장 부서지듯 깨지니 송양이 크게 놀랐다."(이규보 『동국이상국집』 권3 「고율시」, 동명왕편)

75 "연력 9년 가을 7월 신사, 좌중변 정5위상 겸목공두 백제왕인정(百濟王仁貞), 치부소보 종5위하 백제왕원신(百濟王元信), 중위소장 종5위하 백제왕충신(百濟王忠信), 도서두 종5위상 겸동궁학사 좌병위좌 이예수 진연진도 등이 표를 올려 '저희들은 본계가 백제국 귀어왕에서 나왔습니다. 귀수왕은 백제가 처음 일어난 때로부터 16대 임금입니다. 대저 백제의 태조 도모대왕(都慕太王)은 태양신이 몸에 내려온 분으로, 부여에 머물러 나라를 열었습니다. 천제가 록(籙)을 주어 모든 한(韓)을 통

솔하고 왕을 칭하게 되었습니다.' 했다."(『속일본기』권40, 환무천황)

76 "16년 봄, 도읍을 사비로 옮기고 국호를 남부여라고 했다."(『삼국사기』권26「백제본기」4, 성왕)

77 "황천이 나에게 명하기를 이곳에 와서 나라를 새롭게 하여 임금이 되라 했으므로 이곳에 일부러 내려왔으니 너희들은 마땅히 봉우리 위에서 흙을 파면서 노래하되 '거북아, 거북아, 머리를 내어라, 그러지 않으면 구워 먹으리' 하고 춤추며 대왕을 맞이하여 기뻐 뛸 것이라 했다. 9간과 사람들이 그 말과 같이 모두 기뻐서 춤추며 노래하다가 얼마 아니하여 쳐다보니, 자색 줄이 하늘에서 내려와 땅에 닿았다. 줄 끝을 찾아보니 붉은 폭에 금합이 싸여 있었다. 열어보니 해와 같이 둥근 여섯 개의 황금알이 있었다. (…) 여섯 알이 변하여 아이가 되었는데, 용모가 매우 깨끗하므로 상에 앉히고 여럿이 절하며 극진히 위했다. 나날이 자라 십여 일이 지나매 신장이 9척이나 되었으니."(『삼국유사』권2「기이」2, 가락국기)

78 "가야산신(伽耶山神) 정견모주(正見母主)가 천신(天神) 이비가지(夷毗訶之)에 감응되어 대가야왕 뇌질주일(惱窒朱日)과 금관국왕 뇌질청예(惱窒靑裔)의 두 사람을 낳았다. 뇌질주일은 이진아시왕의 별칭이고, 뇌질청예는 수로왕의 별칭이다."(『신증동국여지승람』권29, 고령현 건치연혁;『여지도서』하, 경상도 고령 건치연혁조)

79 전호태「대가야 건국신화와 고령 장기리 알터 암각화」,『한국암각화연구』21집, 한국암각화학회 2017.

80 "영평(永平) 3년 경신 8월 4일에 호공(瓠公)이 밤에 월성 서리(西里)를 가다가 큰 빛이 시림(始林) 속에서 나타남을 보았다. 자색 구름이 하늘에서 땅에 뻗쳤는데 구름 가운데 황금 궤가 나무 끝에 걸려 있고 그 빛이 궤에서 나오며 또 흰 닭이 나무 밑에서 우는지라 이것을 왕에게 아뢰었다. 왕이 그 숲에 가서 궤를 열어보니 그 속에 아이 하나가 누워 있다가 일어났다. 마치 혁서세의 고사와 같으므로, 이로 말미암아 알지(閼智)라 이름하니 곧 우리말에 어린아이를 말함이다."(『삼국유사』권1「기이」1, 김알지)

81 마립간, 마루한은 대간, 대왕이라는 뜻이다. 마립간 시기는 대형 돌무지나무널무덤(적석목곽분)이 만들어지고 황금으로 만든 관과 귀걸이, 허리띠, 황금제 그릇들이 껴묻거리로 묻히는 시대이기도 하다. 황금제품이 왕권을 상징하던 시기라는 특징을 지닌다. 전호태『황금의 시대, 신라』, 풀빛 2019; 이한상『황금의 나라 신

라』, 김영사 2004 참조.

82 645년 당나라 대군이 요동성을 포위하자 고구려 사람들이 성안의 주몽사당에서
제사 지내며 기도했다는 기록이 『삼국사기』에 전한다. "성에는 주몽의 사당이 있
고 사당에는 쇄갑(鎖甲)과 작살창이 있었는데, 망령되게 말하기를 전연(前燕) 시대
에 하늘이 내려준 것이라 했다. 바야흐로 포위가 급해지자 미녀를 단장하여 여신
을 만들어 놓고, 무당이 말하기를 '주몽이 기뻐하니 성은 반드시 안전할 것이다'
라고 했다."(『삼국사기』 권20 「고구려본기」 9, 보장왕 4년 여름 5월조)

83 전호태 「웅녀의 동굴, 유화의 방: 신화 속 두 세계의 접점」, 『인문논총』 24집, 울산
대학교 인문과학연구소 2005.

84 "자신이 물속에서 태어났다고 하여 사람을 현혹시켰다."(『신당서』 권220 「동이
열전」, 고구려)

85 "또 『고기(古記)』에는 이렇게 말했다. 옛날에 부자 한 사람이 광주(光州) 북촌에 살
았다. 딸 하나가 있었는데 자태와 용모가 단정했다. 딸이 아버지께 말하기를, '매
번 자줏빛 옷을 입은 남자가 침실에 와서 관계하고 갑니다'라고 하자, 아버지가 말
하기를, '너는 긴 실을 바늘에 꿰어 그 남자의 옷에 꽂아두어라' 하니 그대로 따랐
다. 날이 밝자 실을 찾아 북쪽 담 밑에 이르니 바늘이 큰 지렁이의 허리에 꽂혀 있
었다. 이로 말미암아 아기를 배어 한 사내아이를 낳았는데 나이 15세가 되자 스스
로 견훤(甄萱)이라 일컬었다."(『삼국유사』 권2 「기이」 2, 후백제 견훤)

86 "당 숙종(肅宗) 황제가 왕위에 오르기 전 산천을 두루 유람하고자 하여 명황(明皇,
당 현종) 천보(天寶) 12년 계사년 봄에 바다를 건너 패강(浿江)의 서쪽 나루터에 이
르렀다. (⋯) (숙종이) 한 달을 머무르다가 (진의가) 임신했다는 것을 깨닫고 헤어
지면서 말하길, '나는 대당(大唐)의 귀한 가문 사람(貴姓)이오' 하고 활과 화살을
주며 말하길, '아들을 낳거든 이것을 주시오'라고 했다. 과연 아들을 낳아 작제건
(作帝建)이라 불렀다. 뒤에 보육을 추존하여 국조 원덕대왕(國祖 元德大王)이라 하
고 그의 딸 진의를 정화왕후(貞和王后)라 했다."(『고려사』 권1 「세가」 1, 고려세계)

87 일본에서는 규슈를 중심으로 간토지방까지 확산된 장식고분의 주인공들이 야요
이시대에 종말을 고하고 고분시대를 연 것으로 이해한다. 무덤 내부를 주사로 장
식한 장식고분에는 기하문 외에 선박, 화살과 활, 갑옷과 투구로 무장한 전사 등
대륙의 문물과 관련된 것들이 다수 그려졌다. 고분시대 전방후원분의 둘레를 장
식한 하니와(埴輪)의 주요 제재 중에는 장식고분 벽화 제재와 일치하는 것이 많다.

88 이는 신화에서 언급되는 황금시대를 묘사하는 장면 중 하나다. 황금시대에 대한 관념은 세계 각 지역의 창세신화, 천지개벽신화에서 보편적으로 발견된다(조지프 캠벨 『신의 가면 1: 원시 신화』, 이진구 옮김, 까치 2003). 구약성경에 묘사된 "이리가 어린양과 함께 살며 표범이 어린 염소와 함께 눕는" 평화롭고 이상적인 세계의 모습도 황금시대의 회고에서 비롯된 관념으로 볼 수 있다(『구약성경』 「이사야」 11장 6~9절).

89 인도에서는 창조의 신 브라흐마의 몸에서 나오지 않은 불가촉천민(달리트)은 카스트제도의 바깥에 있는 존재로 취급된다.

90 희생용 돼지로 말미암아 나라의 새 도읍 자리를 찾은 것도 신이 짐승을 사자로 쓴 경우라고 할 수 있다. "21년 3월에 교시(郊豕)를 놓쳐버렸으므로 왕이 희생을 맡아 보는 설지(薛支)에게 명하여 이를 쫓아 잡게 했다. 국내 위나암에서 찾았는데, 국내 사람이 집에서 이를 잡아 기르고 있었다. 설지가 돌아와서 왕에게 아뢰기를, '신이 교시를 쫓아 국내 위나암에 이르러 그 산수의 깊고 험한 형세를 보오니, 땅이 오곡을 심기에 마땅하고, 또한 미록(麋鹿)과 어별(魚鼈)의 생산이 많음을 보았습니다. 왕께서 만약 그곳으로 도읍을 옮기시면 곧 백성들의 이익이 무궁할 뿐 아니라 또한 가히 전쟁의 환난을 면할 것으로 생각됩니다.' 했다." (『삼국사기』 권13 「고구려본기」 1, 유리명왕)

91 나카자와 신이치, 앞의 책.

92 오히려 있다고 말한다. 고대사회에서는 신령이나 귀신의 존재가 일상 속에서 상정되고 인식되었다. "19년 9월에 왕이 병에 걸리자 무당이 말하기를, '이는 탁리와 사비가 저주하는 까닭입니다' 하므로 사자를 보내어 이를 사과했더니 곧 병이 나았다."(『삼국사기』 권13 「고구려본기」 1, 유리명왕); "5년 3월에 왕이 나라 동쪽 지방의 주·군에 행차했다. 이때 알지 못하는 사람 네 명이 어전(御前)에 나타나 노래하고 춤을 추는데, 그 모양이 괴이하고 또 의관도 다르므로 사람들은 말하기를, '산해정령(山海精靈)'이라 했다."(『삼국사기』 권11 「신라본기」 11, 헌강왕)

93 인천에는 맥아더장군을 신으로 모시는 만신(무당)이 있어 TV 프로그램을 통해서도 대중에 소개되었다.

94 도교에서 관우는 관성제군으로 무의 화신으로 여겨진다. 관장묘, 관제묘, 관성묘로도 불리는 관우 사당은 명나라 장수 진유격에 의해 1598년 조선 한양 숭례문 바깥에 남관왕묘로 처음 조선에 건립되었다. 이후 명에서 보낸 자금과 조선 왕실

이 낸 비용으로 1602년 동대문 바깥에 관우를 모시는 동묘가 건축되었다. 동묘는 1963년 보물 142호로 지정되어 보호받고 있다.

95 신내림을 겪고 무당이 되는 강신무와 달리 무당의 일이 가업처럼 승계되는 예도 있다. 이를 세습무라고 하는데, 한국의 경우 북부에서는 세습무, 남부에서는 강신무의 전통이 강했다. 지금은 북한지역이 공산화되면서 세습무의 전통이 거의 끊긴 상태다.

96 "이때 까마귀와 쥐가 와서 우는데, 쥐가 사람 말로 이르기를 '이 까마귀가 가는 곳을 찾아가보시오' 했다"라는 문장으로 시작되는『삼국유사』권1「기이」1, 사금갑조의 기사는 까마귀와 쥐가 신의 사자로 등장하는 전형적인 사례다.

97 건국 초 신라의 왕들이 '무당'이었다는 기사는 국가 성립 초기만 해도 샤먼의 정치사회적 역할과 비중이 매우 높았음을 알게 한다.

98 나는 한국암각화학회 회장으로 국제학술교류를 위해 2014년 6월 중국 운남성 곤명 운남대학과 와족 도시 창원의 사회과학원을 방문한 길에, 중국 최후의 원시마을이라는 옹정촌을 찾아간 일이 있다. 이미 관광지로 개발된 상태였으나 촌장과의 별도 인터뷰를 통해 마을의 정기적인 제사와 여러 가지 푸닥거리를 포함한 마을의 모든 행사와 개별 가족의 대소사는 자신을 거쳐 결정된다는 말을 들었다. 그중 하나가 한 해가 시작되는 날을 결정하는 것과 마을 청춘 남녀의 짝을 정해주는 일이었다. 혹, 이것도 원시 샤머니즘 사회의 오랜 유풍이 아닌가 생각된다.

99 시베리아 고아시아족들과 알래스카 이누이트족 샤먼에게서 일반적으로 발견되는 샤먼 승계 유형이다. 우노 하르바, 앞의 책 참조.

100 옥황상제는 중국의 일반 백성 사이에 알려진 도교의 최고신 가운데 하나이다. 도교의 공식적인 최고신인 삼청에 들지는 못하나 민간에는 널리 알려지고 숭배받는 신이다. 한국의 무속인들 사이에서도 옥황상제는 자주 언급된다. 도교가 한국사회에 끼친 영향 중의 하나라고 할 수 있다. 불교의 지옥 시왕 중 제5위의 왕인 염라대왕이 지옥을 다스리는 신이 되어 옥황상제와 함께 언급되는 것도 불교의 신이 샤머니즘에 수용된 결과로 이해할 수 있다.

101 중국의 도교는 여러 종류 신앙의 혼합체이기도 하다. 도교 정립 과정에 전통적인 무격(巫覡)신앙도 도교 신앙의 한 갈래로 흡수되었다. 도교 서적에는 하늘나라에서 잘못을 저질러 땅으로 귀양 온 신선 이야기가 자주 나온다. 신선의 전신(前身)은 무격에서 비롯된 방사(方士), 도교의 사제인 도사인 경우가 일반적이다

102 19세기 말, 열강의 간섭이 본격화할 때, 조선 고종의 왕비 명성왕후의 곁을 지킨 진령군도 그런 사례로 볼 수 있을 것 같다. 관우의 딸을 자칭한 진령군의 건의로 세웠다는 북(北)관왕묘에는 고종과 명성왕후가 자주 찾았고 이곳에서 진령군이 점을 치고 굿을 벌였다고도 한다. 1882년부터 그림자 권력이 된 진령군은 1894년 을미사변으로 명성왕후가 시해당하자 한양에서 종적을 감춘다.

103 일본 사쿠라이의 오미와신사는 미와산을, 시즈오카의 후지산혼구센겐타이샤라는 신사는 후지산을 신체로 모신다.

104 샤먼이 왕의 권력을 통제하려 한다는 인식을 주면 왕은 샤먼을 제거한다. "3년 7월에 왕이 평유원에서 사냥하는데 흰 여우가 울면서 따라오므로, 이를 쏘았으나 맞지 않았다. 무당에게 물으니 이르기를, '여우란 놈은 요망한 짐승으로 상서로운 일이 못되는데, 하물며 그 빛이 흰 것은 더욱 괴이하다 할 것입니다. 그러나 하늘은 곡진하게 말할 수 없는 까닭으로, 이런 요망하고 괴이한 놈을 내어 보이는 것입니다. 이는 임금이 두려운 마음으로 스스로 반성하여 잘못을 고치도록 하라는 것이오니, 임금께서 만약 덕을 닦으시면 가히 화가 바뀌어 복이 될 것입니다.' 했다. 왕이 이르기를, '흉하면 흉하고, 길하면 길할 뿐인데, 이미 요망하고 괴이하다고 해놓고서 또 복이 된다고 하니 이 어찌된 거짓말이냐' 하고 곧 그를 죽여버렸다." (『삼국사기』 권15 「고구려본기」 3, 차대왕)

105 "8년 9월에 태후 우씨(于氏)가 돌아갔는데, 임종할 때 유언하기를, '내가 행실이 좋지 못했으니, 장차 무슨 면목으로 지하에서 국양을 보리오. 만약 군신들이 차마 구렁에 버리지 아니하려면 나를 산상왕릉 곁에 묻어주기를 원한다.' 했으므로 그 말대로 장사지냈다. 그런데 무자(巫者)가 말하기를, '국양왕이 나에게 내려와 말하기를, 어제 우씨가 산상에 돌아온 것을 보고 분함을 이기지 못하여 그와 더불어 싸웠는데, 돌아와서 이를 생각하니 낯이 뜨거워서 차마 백성들을 볼 수 없으니, 나더러 조정에 알려서 저를 무슨 물건으로써 막아달라고 한다.' 하므로 능 앞에 소나무를 일곱 겹으로 심었다." (『삼국사기』 권17 「고구려본기」 5, 동천왕)

106 물질은 이 네 원소의 비율에 따라 형태가 다른 것이라는 이론이다. 사원소의 결합과 분리는 사랑과 미움이라는 이외 요소의 작용으로 이루어진다는 견해가 있고, 제5원소인 에테르의 영향을 받는다는 이론이 있다. 습함과 건조함, 차가움과 뜨거움에 의해 원소의 성격이 바뀐다는 견해도 제시되었다.

107 전호태 「고구려의 오행신앙과 사신도」, 『국사관논총』 48집, 국사편찬위원회

1993.

108 전국시대 말에 활동한 추연은 오덕종시설의 입장에서 수덕을 갖춘 진나라가 황제에서 하, 상, 주로 이어진 오덕 계승의 대미를 장식하는 듯이 설명했다. 그러나 한나라가 진나라를 잇자 음양가는 토극수, 즉 토덕의 새 왕조 출현을 인정할 수밖에 없게 되었다.

109 『삼국사기』 권14 「고구려본기」 2, 대무신왕 3년 겨울 10월조.

110 "5년 봄 2월 (…) 왕이 나라에 돌아와 여러 신하를 모아 잔치를 베풀며 말하기를 '내가 덕이 없어서 경솔하게 부여를 정벌하여, 비록 그 왕을 죽였으나 그 나라를 아직 멸하지 못했고, 또 우리 군사와 물자를 많이 잃었으니 이는 나의 허물이다' 했다. 이윽고 친히 죽은 자와 아픈 자를 조문하고 백성들을 위로했다. 이리하여 나라 사람들이 왕의 덕과 의(義)에 감격하여, 모두 나라의 일에 목숨을 바치기로 했다." (『삼국사기』 권14 「고구려본기」 2, 대무신왕)

111 중국 전한 무제시대의 인물인 동중서는 천인감응설과 음양오행론으로 재이와 상서, 군주의 통치권과 천명이 밀접하게 연결되었음을 설명했다.

112 전호태 『중국 화상석과 고분벽화 연구』, 솔 2007.

113 천인감응설이 제시된 정치적 의도와는 다르게 해석되고 적용된 경우다. 정치이론이 사회사상으로 확산, 정착되는 과정으로 볼 수 있을 것이다.

114 나희라 『고대 한국인의 생사관』, 지식산업사 2008; 마이클 로이 『고대중국인의 생사관』, 이성규 옮김, 지식산업사 1997.

115 허준 『동의보감: 한 가지 약으로 병을 쉽게 치료할 수 있는 처방전』, 동의보감연구회 편역, 한국학자료원 2015; 고미숙 『동의보감, 몸과 우주 그리고 삶의 비전을 찾아서』, 북드라망 2012.

116 오방신(五方神)이라는 개념도 불교에서 음양오행론을 수용한 결과로 보아야 할 것이다. "10월에 사천왕사(四天王寺) 오방신의 활줄이 모두 끊어지고 벽화의 개가 뜰로 쫓아 나왔다가 다시 벽으로 들어갔다." (『삼국유사』 권2 「기이」 2, 경명왕 7년)

117 "절의 위쪽에 미타고전(彌陁古殿)이 있는데, 곧 소성(昭成)대왕의 비 계화왕후(桂花王后)가 대왕이 먼저 세상을 떠났으므로 근심스럽고 창황하여 지극히 슬퍼하며 피눈물을 흘리면서 마음이 상했다. 이에 밝고 아름다운 일을 돕고 명복을 빌 일을 생각했다. 서방에 아미타(彌陁)라는 대성(大聖)이 있어 지성으로 귀의하면

잘 구원하여 와서 맞아준다는 말을 듣고, '이 말이 참말이라. 어찌 나를 속이겠는가?' 하고, 육의(六衣)의 화려한 옷을 희사하고 구부(九府)에 쌓아두었던 재물을 다 내어 이름난 공인들을 불러서 미타상 한 구를 만들게 하고, 아울러 신중(神衆)도 만들어 모셨다."(『삼국유사』권3 「탑상」4, 무장사미타전)

118 "씨명 미상의 다섯 비구가 있어 이곳에 내거하여 미타를 염불하고 서방정토를 구한 지 몇십 년에 홀연 성중이 서쪽에서 와서 맞이했다. 이에 다섯 비구가 각기 연좌대에 앉아 공중을 타고 통도사 문밖에 이르러 머물면서 천악을 간간히 연주했다."(『삼국유사』권5 「피은」8, 포천사오비구)

119 "옛적에 의상법사가 처음으로 당에서 돌아와서 대비진신(大悲眞身, 관음보살)이 이 해변 굴 안에 산다는 말을 듣고 인하여 낙산(洛山)이라 이름했으니 대개 서역에 보타락가산(寶陁洛伽山)이 있는 까닭이다."(『삼국유사』권3 「탑상」4, 낙산이대성관음·정취·조신)

120 도솔천은 천계를 이루는 하늘의 하나로 정토는 아니다. 그럼에도 정토처럼 취급된다. "원하옵건대 왕의 영령이 두솔천(兜率天)으로 올라가 미륵(彌勒)을 뵙고, 천손(天孫)이 함께 만나며, 모든 생명이 경사스러움을 입으소서."(함경도 신포 오매리 절골터 출토 금동판 명문)

121 진지왕 때의 화랑인 미시랑은 미륵이었다는 기록으로 보아 신라에서 화랑은 미륵과 동일시되었을 가능성이 있다.『삼국사기』권41 「열전」1, 김유신 상;『삼국유사』권3 「탑상」4, 미륵선화·미시랑·진자사.

122 욱면비는 살아서 서방극락정토로 갔으며(『삼국유사』권5 「감통」7, 욱면비염불서승), 노힐부득은 미륵불이 되고, 달달박박은 아미타불이 되었다(『삼국유사』권3 「탑상」4, 남백월이성 노힐부득·달달박박).

123 "선종이 미륵불을 자칭했다. 머리에는 금색 두건을 쓰고 몸에는 가사를 걸쳤다. 큰아들을 청광보살(靑光菩薩), 막내아들을 신광보살(神光菩薩)이라고 했다. 외출하면 항상 흰 말을 탔는데 비단으로 말갈기와 꼬리를 장식했다. 어린 남자아이와 여자아이들로 깃발, 일산, 향(香), 꽃을 들고 앞에서 인도하게 했고, 비구 2백여 명을 시켜 범패를 부르며 뒤를 따르게 했다. 또 스스로 경전 20여 권을 지었는데, 그 말이 요망하여 모두 도리에서 벗어났다."(『삼국사기』권50 「열전」10, 궁예)

124 "어느 날 무왕이 부인과 함께 사자사에 가려고 용화산 밑의 큰 못가에 이르니 미륵삼존(彌勒三尊)이 못 가운데서 나타나므로 수레를 멈추고 절을 올렸다. 부인이

왕에게 말하기를 '모름지기 이곳에 큰 절을 지어주십시오. 그것이 제 소원입니다.'라고 했다. 왕은 그것을 허락했다."(『삼국유사』 권2 「기이」 2, 무왕)

125 천녀가 된 여산신이 까마귀를 보내 출가를 권하는 사례도 있다. "용삭 초년에 사미 지통(智通)이 있었는데 본시 이량공의 가노(家奴)였다. 출가하던 7세에 까마귀가 날아와서 울며 말하기를 '영취산(靈鷲山)에 가서 낭지(朗智)의 제자가 되라' 했다. (…) 지통이 신조(神鳥)의 사실을 자세히 말했다. 승이 빙그레 웃으며 말하기를 '내가 바로 낭지다. 지금 당전(堂前)에 까마귀가 와서 알리기를 성스런 아이가 장차 스님에게 올 터이니 마땅히 나아가 맞으라 하므로 와서 맞는다.' 하고, 손을 잡고 감탄하여 가로되 '영조(靈鳥)가 너를 깨우쳐 나에게 오게 하고 또 나에게 말하여 너를 맞게 하니, 이것이 무슨 상서인가. 아마 산령(山靈)이 뒤에서 돕는 듯하다. 전에 이르기를 산의 주인은 변재천녀(辯才天女)라고 한다.'"(『삼국유사』 권5 「피은」 8, 낭지승운·보현수)

126 "여름에 사람이 죽으면 모두 얼음을 넣어 장사지내며 사람을 죽여 순장(殉葬)을 하는데, 많을 때는 백 명가량이나 된다."(『삼국지』 권30 「위서」 30, 오환선비동이전, 부여전)

127 "2년 6월에 진(秦)왕 부견이 사신 및 순도(順道)를 파견하여 불상과 경문을 보내므로, 왕은 사신을 파견하여 사례하고 방물을 바쳤다."(『삼국사기』 권18 「고구려본기」 6, 소수림왕)

128 "양나라 대통 원년(527) 3월 11일에 아도가 일선군(一善郡)에 들어오니 천지가 진동했다. (…) 모례는 나가 보고 깜짝 놀라며 말하기를 '지난날에 고구려의 승려 정방(正方)이 우리나라에 들어왔을 때 군신(君臣)들이 괴상히 여기고 상서롭지 못하다 하여 의논하여 그를 죽여버렸고, 또 멸구비(滅坵玭)라는 이가 그의 뒤를 따라 다시 왔을 때 먼저와 같이 죽여버렸는데, 당신은 무엇을 구하러 여기에 왔습니까? 빨리 문안으로 들어와 이웃 사람의 눈에 띄지 않게 하십시오.' 하면서 그를 데리고 들어가 밀실에 두고는 공양하기를 게을리하지 않았다."(『해동고승전』 권1 「유통」 1, 석아도)

129 "유사가 곧 모자를 벗기고 그 손을 뒤로 묶은 다음 관아의 뜰로 끌고 가서 큰 소리로 검명을 고했다. 참수할 때 목 가운데서 흰 우유가 한 마장이나 솟구치니, 이때 하늘에서는 꽃비가 내리고 땅이 흔들렸다."(『백률사석당기』); "15년에 처음으로 불법을 공행했다. (…) 이차돈은 죽을 때 말하기를, '나는 불법을 위하여 형을

받기로 했다. 만약에 불법이 신령이 있다면 나의 죽음에는 반드시 이상한 일이 있을 것이다.' 했는데, 이차돈의 목을 베자 그 달라진 목에서 피가 용솟음쳐 나오고 그 빛이 희어 마치 젖과 같았다. 이를 본 사람들은 이상하게 여겨 다시는 불법을 시행하는 일에 대하여 반대하지 아니했다."(『삼국사기』권4「신라본기」4, 법흥왕)

130 "9월에 호승(胡僧) 마라난타가 진나라로부터 이르렀으므로 왕이 궁중으로 맞아들여 예로 받들었다. 불법이 이로부터 시작되었다."(『삼국사기』권24「백제본기」2, 침류왕 1년)

131 "원년 겨울 12월에 살생을 금하고, 민가에서 기르는 매와 새매를 놓아주고, 고기 잡고 사냥하는 도구들을 태워버리라는 명령을 내렸다."(『삼국사기』권27「백제본기」5, 법왕)

132 "금관 호계사 파사석탑은 옛날 이 읍이 금관국이었을 때 시조 수로왕의 비인 허황후 황옥이 동한 건무 24년 무신에 서역의 아유타국에서 싣고 온 것이다. 처음 공주가 부모의 명을 받들어 바다를 건너 장차 동쪽으로 가려 했는데 파도신의 노여움에 막혀 이기지 못하고 돌아가 부왕(父王)에게 말했다. 부왕이 이 탑을 싣고 가라고 명하니 곧 쉽게 건널 수 있어서 남쪽 해안에 정박했다. (…) 탑은 모가 4면으로 5층이고 그 조각이 매우 특이하다. 돌에 미세한 붉은 반점이 있고 그 질은 무르니 우리나라에서 나는 것이 아니다."(『삼국유사』권3「탑상」4, 금관성 파사석탑)

133 "왕은 어린 나이로 즉위하여 한마음으로 불교를 믿고, 그 말년에는 머리를 깎고 중의 옷을 입고 스스로 법운(法雲)이라 이름하며 그 평생을 마쳤다. 왕비도 또한 이를 본받아 중이 되어 영흥사에서 살다가 돌아가시므로, 나라 사람들은 예의를 갖추어 장사 지냈다."(『삼국사기』권4「신라본기」4, 진흥왕 37년)

134 이러한 주장과 관련된 기록이 선덕왕 때 자장이 문수보살에게 들었다는 '천축찰리족(天竺刹利族) 운운'이다. "27대 선덕왕 즉위 5년 정관 10년 병신에 자장(慈藏) 법사가 서쪽으로 유학하여 오대산(五臺山)에서 문수보살의 수법을 감득(感得)할 새 문수가 이르되, '너의 국왕은 천축찰리족의 왕이니 미리 불기(佛記)를 받았으므로 별다른 인연이 있음이요, 동이(東夷) 공공(共工)의 족(族)과는 같지 아니하다' 하였다."(『삼국유사』권3「탑상」4, 황룡사구층탑)

135 북주 무제는 도교와 불교를 동시에 탄압했다. 불교 교단이 소유한 방대한 토지는

기본적으로 면세 대상이었다. 사원에 거주하는 승려와 일꾼들은 부역 대상에서 제외되었다. 불교 교단의 경제력이 커질수록 국가 재정은 약해지는 모순적 현상이 심해질 때 통치자는 폐불을 통해 일거에 문제를 해결하고 싶은 유혹에 끌리게 된다.

136 밀교와 관련된 일화 가운데 승려 밀본이 선덕여왕의 병을 고치고 김양도를 괴롭히던 귀신들을 내쫓은 두 사건이 후대에 전한다. 『삼국유사』 권5 「신주」 6, 밀본최사 참조.

137 신라와 당의 전쟁 시기에 활약한 명랑법사는 대표적인 밀교 승려다. 채색 비단으로 신유림 자리에 사천왕사를 세우고 문두루비법으로 당나라의 군선들을 침몰시켰다는 설화가 전한다. 『삼국유사』 권2 「기이」 2, 문무왕 법민; 『삼국유사』 권5 「신주」 6, 명랑신인 참조.

138 전호태 『화상석 속의 신화와 역사』, 소와당 2009, 111~12면.

139 도연명이 지은 『도화원기』 등에 등장하는 낙원은 다시 찾아갈 수 없는 곳이거나 잠깐 사이가 수십 년, 심지어 백 년이다. 신선세계에 들어갔다가 자신의 세상으로 되돌아온 사람은 서로 다른 시간의 흐름 때문에 낭패를 당한다.

140 신선신앙에 대한 초기 기록은 신선을 신으로 그리지 않는다. 신선과 신의 경계가 사라지는 것은 도교가 성립된 이후이다.

141 "제(齊) 사람 서불 등이 글을 올려 말하기를, '저 멀리 바다 건너 봉래(蓬萊), 방장(方丈), 영주(瀛洲)의 삼신산(三神山)에 신선이 사는데, 동남동녀를 데리고 가서 모셔오고자 합니다.' 이에 서불을 보내 동남동녀 수천을 뽑아 바다로 나가 신선을 찾아오게 했다."(『사기』 권6 「진시황본기」).『사기』 권118 「회남형산열전」에도 서불(서복)이 동남동녀 3천 명과 오곡 종자, 장인들을 거느리고 동해로 떠난 이야기가 나온다.

142 『신이경』 「중황경」; 전호태 『화상석 속의 신화와 역사』 35면.

143 "신인은 하늘을 주관하고 진인은 땅을 주관하며 선인은 풍우를 주관하고 도인은 교화와 길흉을 주관한다. 성인은 정치로 백성을 다스리고 현인은 성인을 보좌한다. 이는 모두 하늘의 다스림을 보좌하는 자이다." (『태평경』; 모종감 『중국도교사: 신선을 꿈꾼 사람들의 이야기』, 이봉호 옮김, 예문서원 2015, 39면에서 재인용)

144 "왕의 침전(寢殿)에는 매일 저녁이면 수많은 뱀들이 모여들었다. 궁인(宮人)들이 놀라고 두려워하여 쫓아내려고 하니, 왕이 말하기를 '과인(寡人)은 만약 뱀이 없

으면 편안하게 잠을 잘 수 없으니 쫓아내지 말라'고 했다. 언제나 잘 때는 혀를 내
밀어 온 가슴에 펴고 있었다. 왕이 임금의 자리에 오르자 왕의 귀는 갑자기 길어
져서 당나귀의 귀처럼 되었다. 왕후와 궁인들이 모두 알지 못했으나 오직 복두장
(幞頭匠) 한 사람만 그 사실을 알고 있었다."(『삼국유사』 권2 「기이」 2, 사십팔 경
문대왕)

145 "'나의 형제자매는 골격이 다른 사람들과는 다른데, 이 아이의 등 뒤에 두 뼈가
솟아 있으니 진실로 헌강왕의 아들이다' 하고, 즉시 담당 관리에게 명하여 예를
갖추어 받들어 태자로 봉하고 공경하게 했다."(『삼국사기』 권11 「신라본기」 11,
진성왕 9년 겨울 10월)

146 『산해경』, 정재서 역주, 민음사 1985, 84면; 전호태 『벽화여, 고구려를 말하라』, 사
계절 2004, 157면.

147 "17년 을묘(乙卯)에 태어났는데, 칠요(七曜)의 정기를 품고 태어났기 때문에 등
에 칠성문(七星文)이 있었고 또한 신기하며 기이한 일이 많았다."(『삼국유사』 권1
「기이」 1, 김유신). 김유신이 불교의 33천(天) 중 하나로 천왕이었다는 인식도 있
다. "당나라 황제가 그 글을 보고 생각하기를 그가 저이(儲貳, 태자)로 있을 때 하
늘에서 이르기를 "33천의 한 사람이 신라에 내려가 유신이 되었다"라고 한 일이
있어서 책에 기록한 바가 있는데, 이에 꺼내어 그것을 살펴보니 놀랍고 두렵기
그지없었다."(『삼국유사』 권1 「기이」 1, 태종춘추공)

148 장인성 『한국 고대 도교』, 서경문화사 2017.

149 김일권 『고구려 별자리와 신화』.

150 전호태 「고구려 고분벽화의 직녀도」, 『역사와 현실』 38권, 한국역사연구회 2000.

151 "왕이 기뻐하여 절을 도관(道館)으로 삼고, 도사를 높여 유사(儒士) 위에 앉게 했
다. 도사들은 국내의 유명한 산천을 다니면서 진압했다. 옛 평양성(平壤城)의 지
세는 신월성(新月城)이었는데, 도사들은 주문으로 남하(南河)의 용에게 명하여
(성을) 더 쌓게 하여 만월성(滿月城)으로 만들었다. 이로 인하여 이름을 용언성
(龍堰城)이라고 하고, 참서(讖)를 지어 용언도(龍堰堵)라고 하고, 또 천년보장도
(千年寶藏堵)라고도 했으며, 혹은 영석(靈石)을 파서 깨뜨리기도 했다."(『삼국유
사』 권3 「흥법」 3, 보장봉로 보덕이암)

152 전호태 「고분벽화로 본 고구려인의 신선신앙」, 『신라문화』 17·18합집, 동국대학
교 신라문화연구소 2000.

500

153 "고구려 말기 무덕·정관 연간에 나라 사람들이 오두미교를 다투어 신봉했다. 당(唐)나라 고조(高祖)가 이 소문을 듣고 도사(道士)를 파견하여 천존상(天尊像)을 보내고『도덕경』을 강의하니 왕이 나라사람들과 함께 들었다."(『삼국유사』권3 「흥법」3, 보장봉로 보덕이암)

154 "3월에 연개소문이 왕에게 아뢰어 말하기를 '삼교(三敎)는 비유하자면 솥의 발과 같아서 하나라도 없어서는 안 됩니다. 지금 유교와 불교는 모두 흥하는데 도교는 아직 성하지 않으니, 소위 천하의 도술(道術)을 갖추었다고 할 수 없습니다. 엎드려 청하오니, 당에 사신을 보내 도교를 구하여 와서 나라 사람들을 가르치게 하소서.' 했다. 대왕이 그러하다고 여겨서 국서를 보내어 청했다."(『삼국사기』권21「고구려본기」9, 보장왕 2년 3월)

155 "고구려의 보장왕이 도교에 혹하여 불법을 믿지 않으므로 스님은 방을 날려 남쪽으로 이 산에까지 왔다. 후에 신인(神人)이 고구려 마령(馬嶺)에 나타나서 사람들에게 '너희 나라가 망할 날이 며칠 남지 않았다'라고 했다."(『삼국유사』권3「흥법」3, 보장봉로 보덕이암)

156 "3월에 대궐 남쪽에 못을 파서 20여 리 밖에서 물을 끌어들이고, 사면 언덕에 버들을 심고 물 가운데 방장선산(方丈仙山)을 모방하여 섬을 쌓았다."(『삼국사기』권27「백제본기」5, 무왕 35년)

157 "이때 장수 막고해(莫古解)가 간했다. '일찍이 도가(道家)의 말에 만족할 줄을 알면 욕을 당하지 않고, 그칠 줄을 알면 위태롭지 않다고 했습니다. 지금 얻은 바도 많은데 어찌 더 많은 것을 바라겠습니까?' 태자가 이 말을 옳게 여겨 추격을 중단했다."(『삼국사기』권24「백제본기」2, 근구수왕 1년 겨울 11월); "(진평)대왕이 사냥을 매우 좋아해서 (김)후직이 간(諫)하기를 '(…) 노자(老子)는 (말 달리며 사냥하는 것은 사람의 마음을 미치게 한다고 했고 (…)'"(『삼국사기』권45「열전」5, 김후직)

158 "어려서 학문에 나아가 유가(儒家)의 책을 많이 읽었고, 겸하여 장자(莊子)·노자(老子)·불교의 설(說)도 널리 읽었다."(『삼국사기』권44「열전」4, 김인문)

159 "(당에서 보낸)『(도)덕경』등을 대왕이 예를 갖추어 받았다. 왕이 나라를 다스린 지 24년에 오악(五嶽)과 삼산(三山)의 신들이 간혹 현신하여 대궐 뜰에 나타나 (왕을) 모셨다."(『삼국유기』권2「기이」2, 경덕왕·충담사·표훈대덕); "왕이 여자로서 남자가 되었으므로, 돌날로부터 왕위에 오를 때까지 항상 부녀의 짓을 하여

비단주머니 차기를 좋아하고, 도류(道流, 도사)와 함께 희롱하므로, 나라가 크게 어지러워졌다."(『삼국유기』 권2 「기이」 2, 찬기파랑가)

160 김가기는 행적이 중국 도교 발생지 가운데 한 곳인 종남산에 마애비로 남겨질 정도로 도교에서는 중요한 인물이 되었다. 최치원은 한국 도교의 비조로 일컬어지는 인물이다. 장인성, 앞의 책 241~85면 참조.

161 "그는 최후로 집을 가야산의 해인사로 옮기고 숨어 살면서 모형(母兄) 부도(浮圖) 현준(賢俊) 및 정현사(定玄師)와 도우(道友)를 맺고 기거를 같이하며 늙도록 한가롭게 지내며 여생을 마쳤다."(『삼국사기』 권46 「열전」 6, 최치원)

162 "그러나 먼 데 이르는 것도 가까운 데서부터 시작되는 것이니 비유를 취한들 무엇이 해로우랴. 공자가 문하 제자에게 일러 말하기를 '내가 말하지 않으련다. 하늘이 무슨 말을 하더냐.'라고 했으니 저 유마거사가 침묵으로 문수보살을 대한 것이나 부처님이 가섭존자에게 은밀히 전한 것은 혀를 움직이지 않고 능히 마음을 전하는 데 들어맞은 것이다. '하늘이 말하지 않음'을 말했으니 이를 버리고 어디 가서 얻을 것인가. 멀리서 현묘한 도를 전해 와서 우리나라에 널리 빛내었으니 어찌 다른 삶이랴."(쌍계사 진감선사탑비, 최치원 찬)

163 "유교를 뿌리로 하고 불교를 줄기로 하며 중국을 거푸집으로 삼고 우리나라를 주물로 하니, 우리나라는 본래 어진 동방이라 도로써 제어하기가 쉬운 바이다. (⋯) 대사는 말이 없이 근세에 마음공부를 하셨으나 괴력난신을 힘쓰지 않으셨으니." (심원사 수철화상탑비, 최치원 찬)

164 최치원은 풍류도를 유불도 삼교 가르침의 핵심을 관통하는 신라 고유의 전통사상으로 인식하며 '선'으로 칭했다. 장인성, 앞의 책 283~84면 참조.

165 옥청인 원시천존, 상청인 영보천존, 태청인 도덕천존을 삼청이라 하여 도교에서는 최고신으로 모신다.

166 금동대향로에 도교적 이상세계가 상징적으로 표현되었다고 이해되기도 한다. 장인성, 앞의 책 153~60면 참조.

167 이 경우 교단 도교와 민중 도교는 따로 구분할 필요가 없을 듯하다. 어떤 의미에서 민중 도교는 일반 백성 중심의 천년왕국 운동이 벌어질 때 비로소 의미를 지니게 되는 것 아닌가 싶다.

168 통일신라시대에 이르면 중국에서도 동방의 유교 이해 수준을 높이 평가한 듯하다. "2년 2월에 당 현종이 (⋯) 신라는 군자의 나라라고 이르는 것처럼, 자못 서기

(書記)를 아는 것이 중국과 같다 하겠다. 경은 돈유(惇儒)인 까닭으로 지절사로 가게 한 것이니, 마땅히 경서의 뜻을 연설하여 대국의 유교가 성대함을 알게 하라고 했다.”(『삼국사기』 권9 「신라본기」 9, 효성왕)

169 “원년 8월 28일에 이찬 군관을 죽이고 교서를 내려 말하기를, ‘임금을 섬기는 규범은 충성을 다하는 것을 근본으로 삼고, 벼슬을 하는 의리는 두 마음이 없음을 근본으로 삼는다. 병부령 이찬 군관은 차례의 인연으로 드디어 윗자리에 오른 사람인데 능히 임금의 부족한 점을 돕는 깨끗한 절개를 조정에 다하지 못하고, 목숨을 저버리고 몸을 잊어가면서 충성을 사직에 나타내지 아니하고, 적신 흠돌 등과 더불어 교섭하며 그들의 역모 사실을 알면서도 일찍 이를 알리지 아니했다.”(『삼국사기』 권8 「신라본기」 8, 신문왕)

170 “6년(53) 겨울 11월에 두로(杜魯)가 임금을 죽였다. 두로는 모본 사람으로 왕의 좌우에서 시중을 들고 있었는데 죽임을 당할까 근심하여 울고 있었다. 어떤 사람이 말하기를 ‘대장부가 어찌 우는가? 옛사람이 말하기를 나를 어루만지면 임금이고 나를 해치면 원수라 했다. 지금 왕의 행실이 잔인하게 사람을 죽이니 백성의 원수이다. 네가 그를 도모하라.’라고 했다. 두로가 칼을 품고 왕 앞으로 나아가니 왕이 끌어당겨 깔고 앉았다. 이에 칼을 뽑아 왕을 해쳤다. 마침내 모본(慕本) 들판에 장사 지내고 이름을 모본왕이라 했다.”(『삼국사기』 권14 「고구려본기」 2, 모본왕)

171 “16년 겨울 10월에 왕이 질양으로 사냥을 나갔다가 길에서 앉아 우는 자를 보았다. ‘어떻게 우는가?’ 하고 물으니, 대답하기를 ‘신은 매우 가난하여 늘 품팔이를 하여 어머니를 부양하여 모셔왔는데 올해는 곡식이 자라지 않아 품팔이할 곳이 없어, 한 되 한 말의 곡식도 얻을 수 없어 우는 것입니다’ 했다. 왕이 말하기를 ‘아! 내가 백성의 부모가 되어 백성들을 이 지경까지 이르도록 했으니 나의 죄로다’ 하고, 옷과 음식을 주고 불쌍히 여겨 어루만졌다. 이에 내외의 담당 관청에 명하여 홀아비, 과부, 고아, 홀로 사는 노인, 병들고 가난하여 스스로 살아갈 수 없는 사람들을 널리 찾아 구제하게 했다. 담당 관청에 명하여 매년 봄 3월부터 가을 7월까지, 관의 곡식을 내어 백성 가구(家口)의 많고 적음에 따라 차등이 있게 진휼 대여하게 하고, 겨울 10월에 이르러 갚게 하는 것을 항식(恒式)으로 삼았다.”(『삼국사기』 권16 「고구려본기」 4, 고국천왕)

172 “9년 8월에 왕이 국내외 15세 이상의 남녀를 징집하여 궁정을 수리하게 했는데,

백성들은 굶주리고 역사에 시달려서 도망했다. 이때 창조리(倉助利)가 간하기를 '(…) 임금으로서 백성을 사랑하지 아니하는 것은 인(仁)이 아니고, 신하로서 임금을 간하지 않는 것은 충성이 아닙니다. 신이 이미 국상의 자리에 있으니 이를 말하지 않을 수 없습니다. 어찌 감히 칭찬을 바라는 것이오리까?'"(『삼국사기』 권17「고구려본기」5, 봉상왕)

173 "서적으로는 오경과 제자서 및 사서가 있으며, 또 표·소의 글도 중화의 법에 의한다."(『구당서』「동이열전」, 백제)

174 "습속은 서적을 매우 좋아하여, 문지기·말먹이 따위의 집에 이르기까지 거리마다 큰 집을 지어 경당(扃堂)이라 부른다. 자제들이 결혼할 때까지 밤낮으로 이곳에서 독서와 활쏘기를 익히게 한다. 책은 오경 및 『사기』, 『한서』, 범엽(范曄)의 『후한서』, 『삼국지』, 손성(孫盛)의 『진춘추』, 『옥편』, 『자통』, 『자림』이 있다. 또 『문선』을 대단히 귀중하게 여긴다."(『구당서』「동이열전」, 고려)

175 "을파소가 물러나서 사람에게 말하기를, '때를 만나지 아니하면 숨고, 때를 만나면 나와서 벼슬하는 것은 선비의 떳떳한 일이다. 지금 대왕이 나를 후의로써 대하니 어찌 지난날 은거하던 일을 생각하랴.' 하고 지성으로써 국사를 돌보고, 정교(政敎)를 밝히고, 상벌을 삼가고, 백성을 평안하게 하니, 내외가 태평했다." (『삼국사기』 권16「고구려본기」4, 고국천왕 13년 4월)

176 "5월에 고려대왕의 상왕공과 (…) 신라 매금은 세세토록 형제같이 지내기를 원하여 서로 하늘의 뜻을 따르기 위해 동으로 (왔다.) (…) 12월 23일 갑인에 동이 매금(東夷寐錦)의 상하가 우벌성에 와서 교를 내렸다."(충주고구려비)

177 "왕은 이 말을 듣고 노하여 황룡왕에게 알리기를, '해명은 사람의 자식으로서 불효(不孝)하니 청컨대 과인을 위해 그를 죽여달라'고 했다. (…) '하늘이 나를 죽이고자 하지 않으면 황룡왕이 나를 어찌하랴' 하며 드디어는 가서 그를 만났다." (『삼국사기』 권13「고구려본기」1, 유리명왕 27년 정월)

178 "의자왕은 무왕의 맏아들로서 용감하고 대담하며 결단성이 있었다. 무왕 재위 33년에 태자가 되었다. 부모에게 효도하고, 형제간에 우애가 있어서 당시에 해동 증자(海東曾子)라 불렸다."(『삼국사기』 권28「백제본기」6, 의자왕 1년 봄 3월)

179 나는 환문총 벽화가 다시 그려지는 과정을 다큐멘터리 스토리텔링 방식으로 풀이해본 적이 있다. 전호태 『비밀의 문, 환문총』, 김영사 2014 참조.

180 "남녀가 결혼하면 곧 죽어서 입고 갈 수의를 미리 만들어둔다."(『삼국지』「위서」

권30, 오환선비동이열전, 고구려)

181 "얼마 지나지 않아 혜숙이 갑자기 죽자 마을 사람들이 이현(耳峴) 동쪽에 장사지내었다. 고개 서쪽에서 오는 그 마을 사람이 있었는데 도중에 혜숙을 만나 그에게 어디로 가느냐고 물으니 답하기를 '오래 이 땅에 머물렀으니 다른 곳으로 유람하고자 한다'라고 했다. 서로 읍(揖)하고 헤어졌는데 반 리쯤 가다가 구름을 타고 떠났다. 그 사람이 고개 동쪽에 이르러 장례를 치르는 사람들이 아직 흩어지지 않은 것을 보고 그 이유를 다 설명하고 무덤을 열어 그것을 들여다보니 오직 짚신 한 짝만 있을 뿐이었다." (『삼국유사』 권4 「의해」 5, 이혜동진)

182 『삼국지』 배송지 주에 인용된 『수신기』의 기록이다.

183 초나라 양왕이 무산을 방문했다가 꿈속에서 겪은 이야기로, 『문선』에 인용된 송옥의 시 「고당부」에 나온다.

184 전호태 『고구려 고분벽화와 만나다』, 동북아역사재단 2018.

185 유럽의 마녀사냥을 중세 교회와 근대 부르주아 사회가 협력한 결과로 이해하기도 한다. 주경철 『마녀: 서구문명은 왜 마녀를 필요로 했는가』, 생각의힘 2016 참조.

찾아보기